컴퓨터 기초 및 중급에서 파워 유저까지

컴퓨터 고수가 되는 책

출판사 등록번호 : 제2020-000005호
신고연월일 : 2020년 9월 11일

제   목 : 컴퓨터 기초 및 중급에서 파워 유저까지
부   제 : 컴퓨터 고수가 되는 책
발행일 : 2025-12-08
발행처 : 가나출판사
발행인 : 윤관식
주   소 : 충남 예산군 응봉면 신리길 33-4
전   화 : 010-6273-8185
팩   스 : 02-6442-8185
홈페이지 : http://가나출판사.kr
Email : arm1895@naver.com
저   자 : 윤관식

파본은 구매처에서 교환해 드립니다.

ISBN : 97911-91180-22-0

-머리말-

안녕하세요.

우선 필자가 펴내는 모든 책은 옵셋 인쇄를 하는 것이 아니라 여러분 대부분이 사용하는 무한잉크프린터로 인쇄를 해서 책을 만듭니다.

옵셋 인쇄는 현존하는 모든 인쇄 방법 가운데 가장 좋은 인쇄 방법임에는 틀림이 없지만, 아쉽게도 옵셋 인쇄는 워낙 인쇄 장비가 크고 복잡하기 때문에 대량 인쇄가 아니면 안 됩니다.

필자가 펴내는 책은 현재 시판 중인 도서만 해도 20 여 종에 이르는데 이렇게 많은 종류의 책을 옵셋 인쇄를 한다는 것은 필자로서는 사실상 불가능합니다.

그래서 필자는 여러분 대부분이 사용하는 무한잉크 프린터로 인쇄를 하여 책을 펴내고 있으며 이 또한 거의 불가능한 일이라는 것을 모르는 사람은 아마도 없을 것입니다.

그러나 필자는 책을 만들어서 팔아야 먹고 살 수 있는 절박한 사정이었으므로 여러분 대부분이 사용하는 무한잉크 프린터를 분해를 해서라도 밤낮으로 주물러가면서 결국 프린터 1대로 100만장 인쇄하는 노하우를 터득하였습니다.

그래서 지금은 매일 수 천 장씩 인쇄를 하며 주문이 밀리면 하루에 7,000장 인쇄를 할 때도 있습니다.

대부분의 여러분은 평생 인쇄를 해야 할 정도의 수량을 필자는 단 하루에 인쇄를 한다는 말입니다.

물론 이렇게 되기까지 얼마나 피눈물나는 노력을 했을지는 여러분 상상에 맡기겠습니다.
이에 대한 설명은 이 정도로 하고요,..

이 책을 보시는 여러분 중에는 나중에 필자와 같이 무한잉크 프린터로 인쇄를 해서 책을 만드실 분이 있을 수도 있을 것입니다.

그 때는 필자가 지금 이 책의 서두에 이렇게 길게 설명하는 것을 두고두고 잊지 못하고 다시 읽으실 분이 분명히 있을 것입니다.

일단 이렇게 이 책은 옵셋 인쇄를 해서 만드는 것이 아니라 여러분 대부분이 사용하는 무한잉크 프린터로 인쇄를 해서 만든 책이라는 것을 아시고요..

그리고 또 한 가지, 이 책은 어떤 특정 분야의 전문 서적이 아니라는 점입니다.

예를 들어 필자의 저서 중에는 포토샵, 한컴 오피스 2024, 카메라 교본, 어도비 프리미어 등등의 전문 서적이 많습니다만, 이 책은 그러한 개별 전문 서적이 아니라는 점입니다.

요즘 스마트폰이 없는 사람이 없으므로 스마트폰으로 인터넷 등은 할 줄 알지만, 기본적으로 컴퓨터 기초가 없어서 컴퓨터로 할 수 있는 작업이 제한적인 분들을 위한 책이기 때문에 어떠한 한 분야의 전문 서적은 아니지만, 컴퓨터로 할 수 있는 수많은 분야를 다루는 일종의 종합선물세트라고 할 수 있습니다.

따라서 컴퓨터에 관한 보다 전문적인 지식을 얻고자 하시는 분이라면 더 없이 좋은 책이라고 할 수 있습니다.

그리고 또 한 가지 알아야 할 사항이 있는데요, 이 책은 전자책과 종이책으로 동시에 출간하는 책입니다.

즉, 종이책과 전자책의 원고는 동일하고요, 먼저 종이책 원고를 쓴 다음 전자책으로 변환을 하는 것입니다.

이 과정에서 의도치 않게 일종의 오류가 발생을 하는데요, 오류라고 하더라도 심각한 문제는 아닙니다.

예를 들어 삽화의 위나 아래에 있는 설명이 서로 뒤바뀌어 나타나는 등의 오류이고요, 이것도 처음부터 끝까지 한 두 번 있을 정도입니다.

따라서 전자책을 보시는 분은 이 책의 원래 원고는 종이책이며 종이책 원고를 전자책으로 변환을 했기 때문에 이런 정도의 약간의 오류는 있다는 것을 미리 아시고 읽어주시고요, 그리고 다음 내용 꼭 읽어보셔야 합니다.

이 책은 어도비 인디자인으로 편집하는 것이고요, 어도비사 는 마이크로소프트사에서 인수를 해서 지금은 마이크로소프트 어도비이고요, 마이크로소프트와 구글은 경쟁 상대이기 때문에 이 책 속에 무수히 많이 들어 있는 링크는 대부분 필자의 유튜브 채널에 올린 동영상 및 필자의 블로그에 올린 웹 문서인데요, 이 책은 어도비 인디자인으로 편집하고요, 이런 이유 때문에 어도비 epub 뷰어에서는 제대로 실행이 안 됩니다.

전자책은 대부분 필자의 유튜브 채널에 올린 동영상을 링크를 한 전자책이기 때문에 유튜브를 운영하는 구글 크롬에서 읽어들여야 원활하게 재생됩니다.

PC에서는 epub 파일을 선택하고 마우스 우측 버튼을 클릭하여 연결 프로그램을 Chrome(구글 크롬)으로 선택하면 확장 프로그램을 설치하시겠습니까 하고 물어오며 예 라고 대답하면 저절로 설치가 되며, 물론 자신의 PC에서 가장 잘 실행되는 다른 전자책 뷰어 프로그램을 사용하셔도 됩니다.

모바일에서는 앱스토어에서 epub 뷰어를 검색하면 여러 종류의 전자책 뷰어가 나타나는데요, 몇 개의 어플을 깔고 전자책을 읽어보아서 가장 잘 보이는 앱을 실행해서 보시면 됩니다.

이 점을 미리 아시고요, 이 책은 어떤 한 분야의 전문 서적은 아니지만, 오히려 이 책을 보시는 여러분에게 가장 적합한 도서가 될 수도 있는, 컴퓨터에 관한 종합선물세트입니다.

따라서 이 책으로 컴퓨터 파워 유저가 되신 후에는 스스로 판단하셔서 각자 원하는 전문 분야의 책을 구입하셔서 더욱 깊은 공부를 하시기 바랍니다.

모쪼록 이 책으로 여러분 모두 필자보다 훨씬 유능한 파워 유저가 되시기를 진심으로 기원합니다.

감사합니다.

-저자 윤관식 드림-

목차

컴퓨터 기초 및 중급에서 파워 유저까지....................................... 1
컴퓨터 고수가 되는 책.. 1

제 1 편 컴퓨터 기초.. 10
제 1 부 컴퓨터의 구조... 10
제 1 장 PC란.. 11
제1절 하드웨어/소프트웨어 12
제 2 장 운영체제.. 13
제 1 절 도스(Dos) 13
제 2 절 운영체제의 역할 17
[1]드라이브/파티션/폴더/파일 18
[2] HDD... 18
(1) 드라이브/파티션 24
제 2 부 제어판 28
제 1 장 관리 도구... 28
제 2 장 컴퓨터 관리 32
제 1 절 디스크 관리... 44
[1] 논리 드라이브 45
[2] 포맷.. 47
(1) 파일 형식 47
(2) 컴퓨터 작동 비트(Bit) 48
제 2 장 시스템 51
제 1 절 가상 메모리(페이징 파일) 51
[1] 램 상주 프로그램 54
(1)cpu-z 프로그램 소개 55
(2) 드라이버(Driver) 56
(3) 내 문서 다운로드 등의 경로 바꾸기 66
(4) 파일 속성(파일 탐색기 옵션)... 73
(5) 각종 응용 소프트웨어(프로그램) 76
(6)유틸리티(Utility).. 81
(7) 캐시/버퍼 84
(9) ChatGPT/구글 제미나이 소개 92
(10) 램 상주 프로그램 99

(11) 네이버 고클린(goclean) 소개 103
(12) Unlocker 소개.. 119
제 2 장 PC 이름 바꾸기 123
제 1 절 네트워크 123
[1] 공유기(ip 공유기) 126
(1) 공유기 설정 131

제 2 편 컴퓨터 중급편.. 139
제 1 장 컴퓨터 복구 145
제 1 절 HDClone 다운로드 150
[1] HDD 도킹스테이션 155
(1) 원본과 복제본 용량(매우 중요함) 156
(2) 볼륨 축소(디스크 용량 줄이는 방법) 157
(3) 웹브라우저 캐시 삭제 174
(4) 윈도우즈 32비트/64비트 확인하는 방법 177
제 2 장 인터페이스(Interface) 190
제 1 절 SATA 인터페이스 191
제 2 절 프린터 인터페이스.. 193
제 3 절 버스(Bus) 195
제 4 절 PCI-E 인터페이스 195
[1] 램(RAM) 205
[2] 복제한 SSD로 부팅 207
(1) 부팅 과정 209

제 3 편 윈도우즈 설치... 213
제 1 부 바이러스 백신 프로그램 214
제 1 장 멀웨어/랜섬웨어... 218
제 1 절 멀웨어/랜섬웨어란 219
제 2 부 윈도우즈 usb 설치 디스크 만들기............................. 221
제 1 절 GPT 디스크 227
제 2 절 Win 11 설치하기 237
[1] MS계정이 아닌 로컬 계정으로 설치 250
[2] Win 11 정품 인증... 255
[3] Win 11 네트워크 262

[4] 네트워크 초기화 264
[5] 재부팅 후 개인 네트워크로 설정 267
제 3 절 백업하는 방법 272
[1] 로보카피(Robocopy) 272

제 4 편 유튜브 277
제 1 부 유튜브 촬영 장비 280
제 1 장 DSLR 281
제 1 절 구글 애드센스 283

제 5 편 쇼핑몰 288
제 1 부 국세청 홈텍스 291
제 1 장 인증서 292
제 2 장 정부 정책 자금 294
제 3 장 소상공인진흥공단 295

제 1 편 컴퓨터 기초
제 1 부 컴퓨터의 구조

본격적으로 본문에 들어가기 전에 또 한 가지 미리 알아야 할 사항이 있습니다.

앞에서 잠깐 설명을 했습니다만, 이 책은 종이책과 전자책으로 동시에 출간되는 책이며 종이책과 전자책을 따로 쓰는 것이 아닙니다.

먼저 종이책을 쓰고 종이책을 전자책으로 변환을 하는 것입니다.

다시 말해서 종이책과 전자책은 동일한 원고입니다.

그러나 종이책과 달리 전자책은 종이책에서의 여백을 대부분 무시합니다.

예를 들어 종이책에서는, 보통 종이책은 편, 부, 장, 절.. 등의 목차를 미리 만들어 놓고 그 목차에 맞추어 원고를 집필하는 것이 대부분입니다.

그리고 예를 들어 위의 제목을 보시면 제 1 편 컴퓨터 기초라는 '편' 제목 바로 아래 제 1 부 컴퓨터의 구조라는 '부' 타이틀이 보이는데요, 종이책이라면 종이 한 장, 즉, 한 페이지에 '제 1 편 컴퓨터 기초' 이렇게 커다란 타이틀을 넣고 한 페이지 넘긴 다음 다른 제목이 들어가고 내용이 들어갑니다만, 이렇게 집필한 원고를 전자책으로 변환을 하면 종이책에서의 여백은 무시를 해 버리므로 전자책에서는 책의 구조 및 구성이 종이책과는 완전히 다르게 되어 버립니다.

그래서 이 책에서는 전자책과의 형평성 및 전자책에서의 문장 구성 등을 염두에 두고 '편, 부, 장 절..' 등의 타이틀 밑에 바로 본문이 들어가는 등의, 다른, 일반적인 서적과는 약간 차이가 있다는 것을 미리 아시기 바랍니다.

그리고 이 책은 다른 일반적인 도서들과 달리 우선 글씨가 큽니다.

글씨가 크기 때문에 가독성이 높고 특히 눈이 안 좋은 분들이 보시더라도 큰 무리없이 책을 읽을 수가 있습니다.

그래서 일반적인 서적과 약간씩 편집이 다르다는 것을 아시기 바랍니다.

제 1 장 PC란

위는 방금 구글에서 검색한 것이므로 참고만 해 주시고요, PC란 Personal Computer의 약자로 개인용 컴퓨터를 의미합니다.

여기서 컴퓨터도 엄밀하게 말하면 컴퓨터를 맨 처음 개발한 회사가 미국의 IBM이기 때문에 IBM컴퓨터이고요, 지금도 전세계의 대부분의 컴퓨터는 IBM 컴퓨터이기 때문에 IBM은 생략하고 그냥 컴퓨터라고 부르는 것입니다.

물론 PC는 IBM 외에도 소위 매킨토시로 불리는 애플 컴퓨터도 있습니다만 보편적이지 않기 때문에 이 책에서는 애플 컴퓨터는 다루지 않고요, IBM 컴퓨터만 다룹니다.

그리고 컴퓨터는 PC만 있는 것이 아닙니다.

알기 쉽게 얘기해서 슈퍼 컴퓨터도 있고요, 원래 IBM에서는 슈퍼 컴퓨터를 만들던 회사였습니다만, 일개 국가에서도 쉽게 구입하지 못할 정도로 비싸고 잘 팔리지 않자 컴퓨터를 많이 팔려고, 나아가 컴퓨터를 많이 보급시키려고 PC, 즉, 개인용 컴퓨터를 만들었으나 엄청난 슈퍼 컴퓨터만 만들던 IBM에서 작은 PC를 만들고 나니 너무나 작고 보잘것 없어서 자신들이 운영체제를 만들지 않고 당시 대학교 2학년 학생이던 빌게이츠에게 하청을 줘서 빌게이츠가 인류 최초의 PC 운영체제인 도스(Dos)를 만들었고요, 여러분이 혹시 초보라도 컴퓨터는 하드웨어와 소프트웨어가 있다는 것은 오늘날 모르는 사람은 아마 거의 없을 것입니다.

제1절 하드웨어/소프트웨어

여러분이 만일 초보자라도 컴퓨터는 그냥 빈 깡통이라는 말을 들어 보셨을 것입니다.

이러한 빈 깡통에 불과한 컴퓨터를 사용할 수 있게 해 주는 것이 바로 소프트웨어이며, 가장 먼저 PC를 사용할 수 있게 해 주는 원초적인 프로그램을 운영체제라고 합니다.

여러분이 만일 초보자라 하더라도 요즘 스마트폰이 없는 사람이 없으므로 스마트폰으로 전화를 걸고 인터넷을 하는 등은 누구나 할 수 있는데요, 이렇게 스마트폰도 빈 깡통에 불과하고요, 그 스마트폰으로 무언가 할 수 있게 하는 것이 소프트웨어이고요, 빈 깡통에 불과한 스마트폰을 사용할 수 있게 해 주는 원초적인 프로그램이, 스마트폰 속에도 운영체제가 들어 있습니다.

그리고, 최초에 IBM에서 PC를 개발했지만, PC는 필자 역시 개인적으로 펜티엄-2 시절까지 컴퓨터 사업을 했고요, 조립 PC를 무려 수 천 대를 조립 판매를 했습니다.

이렇게 필자 개인적으로 만든 PC만 해도 무려 수 천 대이고요, 우리나라의 삼성이나 엘지 등에서 만드는 PC는 그 수를 헤아릴 수 없이 많고요, 기타 전 세계적으로 만들어지는 PC는 그야말로 천문학적인 숫자라고 할 수 있습니다.

다시 말해서 최초에 PC를 개발한 것은 IBM 이지만, 이와 같이 전세계에서 천문학적으로 PC를 만들어 내고 있으므로 정작 PC를 개발한 IBM은 돈을 벌지 못하고,...

그 PC 안에 들어가는 운영체제가 없으면 PC를 사용할 수 없으므로 인류 최초의 PC 운영체제를 개발한, 당시 대학교 2학년 학생이었던 빌게이츠는 마이크로소프트사를 창업하여 오늘날 세계 최고의 갑부가 된 것입니다.

제 2 장 운영체제

제 1 절 도스(Dos)

앞에서 설명한 바와 같이 PC는 IBM에서 개발했지만, 그 PC를 움직이는 알맹이인 PC 운영체제는, 우리 지구라는 행성 최초로 빌게이츠라는 천재가 있어서 인류 최초의 PC 운영체제인 도스(Dos - Disk Operating System)를 개발했고요, 당시에는 컴퓨터 실력이라는 것이 바로 빌게이츠가 만든 도스(Dos)를 얼마나 잘 사용하는가 하는 것이 척도였습니다.

필자 역시 도스(Dos)를 열나게 공부했고요, 당시로서는 그야말로 도스의 달인의 경지에 다다라서 도스(Dos) 프로그램인 Q-Basic 프로그램으로 정보처리 자격증을 취득하기도 했습니다.

당시 필자가 정보처리 자격증을 취득할 때의 Q-Basic 프로그램은 오늘날의 화려한 프로그램과는 거리가 먼 그야말로 구석기인이나 사용할 법한 프로그래밍 언어입니다.

예를 들어 컴퓨터에 다음 문장을 입력합니다.

```
A = 1
B = 2
C = A + B
Print C
엔터..
```

이렇게 입력하고 위와 같이 엔터를 치면 화면에 3 이라는 숫자가 나타납니다.

그러나 이렇게 원시적인 프로그램을 가지고도 필자가 정보처리 자격증 시험을 치를 때 어느 학교의 학년별 혹은 학급별 석차, 최고 득점자, 평균, 최저 득점자 등의 데이터를 얻을 수 있었습니다.

지금은 물론 윈도우즈 운영체제를 사용합니다만, 지금의 윈도우즈 운영체제 역시 PC 최초로 빌게이츠가 개발한 도스(Dos)를 기반으로 작동하며 어떤 면에서 본다면 타자를 쳐서 명령어를 입력하는 도스(Dos)를 마우스로 실행하게 만든 것이라고 할 수도 있습니다.

실제로 지금도 PC에서 도스(Dos)를 실행할 수 있습니다.

여러분이 사용하는 PC 운영체제가 윈도우7이든, 윈도우10이든, 윈도우11이든 [시작]을 클릭하고 CMD를 입력합니다.

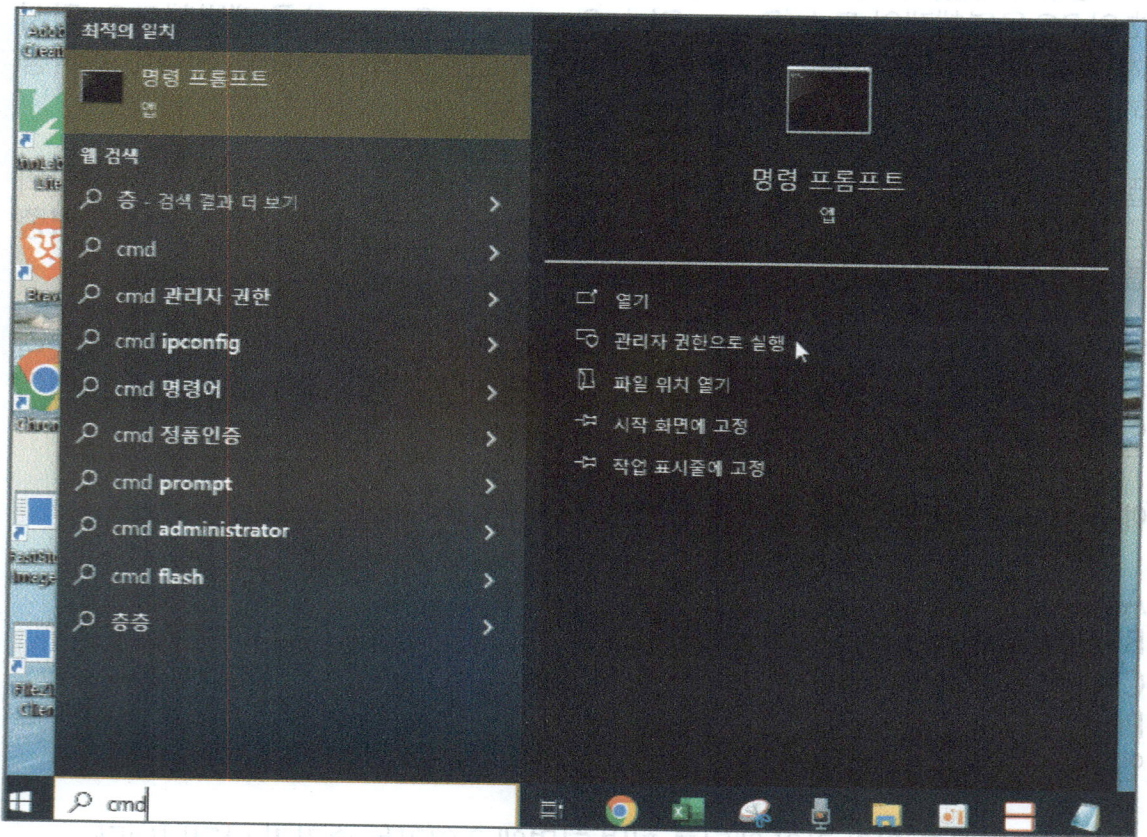

그리고 위의 화면을 참조하여 위의 마우스가 가리키는 [관리자 권한으로 실행]을 클릭하면 다음 화면에 보이는 도스 실행창이 뜹니다.

```
관리자: 명령 프롬프트

icrosoft Windows [Version 10.0.19042.1766]
c) Microsoft Corporation. All rights reserved.

:₩₩Windows₩system32>
```

옛날에는 이와 같이 모니터에 나타나는 검정 화면에 PC에서 무언가 작업을 하려면 원하는 명령어를 입력해서 실행해야 했습니다.

예를 들어 위의 화면에서 dir 입력하고 엔터를 치면 다음과 같이 현재 선택된 경로의 디렉토리(윈도우즈에서는 폴더라고 부름)및 파일들을 보여줍니다.

```
icrosoft Windows [Version 10.0.19042.1766]
c) Microsoft Corporation. All rights reserved.

:₩₩Windows₩system32>dir
C 드라이브의 볼륨에는 이름이 없습니다.
볼륨 일련 번호: 8014-873E

C:₩₩Windows₩system32 디렉터리

025-07-30  오전 08:26    <DIR>
025-07-30  오전 08:26    <DIR>
019-12-07  오후 11:56    <DIR>          0409
019-12-07  오후 06:08        12,088 69fe178f-26e7-43a9-aa7d-2b616b672dde_eventlogservice.dll
022-12-07  오후 10:57        13,168 6bea57fb-8dfb-4177-9ae8-42e8b3529933_RuntimeDeviceInstall.dll
021-12-25  오후 10:07        20,480 8014873E-0000-0000-0000-8C89A529CA24_20211225220649.db3
019-12-07  오후 06:09         3,176 @AdvancedKeySettingsNotification.png
019-12-07  오후 06:08           232 @AppHelpToast.png
019-12-07  오후 06:08           308 @AudioToastIcon.png
019-12-07  오후 06:08           450 @BackgroundAccessToastIcon.png
019-12-07  오후 06:08           199 @bitlockertoastimage.png
019-12-07  오후 06:08        14,791 @edptoastimage.png
019-12-07  오후 06:08           330 @EnrollmentToastIcon.png
019-12-07  오후 06:08           563 @language_notification_icon.png
019-12-07  오후 06:08           483 @optionalfeatures.png
019-12-07  오후 06:09           354 @StorageSenseToastIcon.png
019-12-07  오후 06:08           404 @VpnToastIcon.png
019-12-07  오후 06:09       195,443 @windows-hello-V4.1.gif
019-12-07  오후 06:09           714 @WindowsHelloFaceToastIcon.png
019-12-07  오후 06:08           518 @WindowsUpdateToastIcon.contrast-black.png
019-12-07  오후 06:08           810 @WindowsUpdateToastIcon.contrast-white.png
019-12-07  오후 06:08           518 @WindowsUpdateToastIcon.png
019-12-07  오후 06:08           691 @WirelessDisplayToast.png
019-12-07  오후 06:09           402 @WLOGO_48x48.png
022-07-26  오전 10:54       459,776 aadauthhelper.dll
022-07-26  오전 10:54     1,006,080 aadcloudap.dll
022-07-26  오전 10:55        98,816 aadjcsp.dll
022-07-26  오전 10:54     1,419,776 aadtb.dll
022-07-26  오전 10:54       170,824 aadWamExtension.dll
022-07-26  오전 10:59       461,824 AarSvc.dll
```

윈도우즈 탐색기에서 보면 다음과 같이 보입니다.

그리고 윈도우즈 탐색기에서는 마우스로 클릭해서 위와 같이 원하는 폴더를 열어 볼 수 있고요, 이전 운영체제인 도스(Dos)에서는 어떠한 작업이든 타자를 쳐서 명령어를 입력해야 실행이 됩니다.

이렇게 옛날 운영체제, 인류 최초로 빌게이츠가 개발한 도스(Dos)가 되었든, 오늘날의 윈도우즈 운영체제가 되었든, 혹은 이 외에도 여기서 거론하지 않은 여러가지 운영체제들이 있고요, 이러한 운영체제를 가장 먼저 깔아야 합니다. (컴퓨터에 프로그램을 까는 것을 인스톨(install) 한다고 합니다.)

그리고 이러한 기본 소프트웨어인 운영체제의 역할은 우선 시스템을 정상적으로 돌아가게 하고 감시를 하고 이러한 기본 소프트웨어인 운영체제는 단지 컴퓨터를 사용할 수 있게 하는 역할만 하는 것이지만, 이 바탕 위에, 예를 들어 우리나라 토종 워드인 한글 프로그램이나 엑셀 프로그램 등을 사용할 수 있도록, 해당 프로그램을 인스톨 할 수 있는 여건을 마련해 주는 핵심적인 역할을 합니다.

그래서 운영체제는 시스템(컴퓨터를 그냥 시스템이라고 표현합니다.)을 기동시키는 역할이 주된 역할이고요, 우리 눈에는 아무것도 하지 않고, 실제로 사용자가 사용 할 일도 별로 없지만, 실제로는 이 운영체제가 백그라운드에서 쉬지 않고 작동을 하기 때문에 컴퓨터가 켜져서 꺼질 때까지 이상없이 작동을 하는 것입니다.

컴퓨터가 켜진 상태에서 키보드의 [Ctrl + Alt + Del] 키를 누르면 나타나는 대화상자에서 [작업 관리자] 를 클릭하면 다음 화면이 나타납니다.

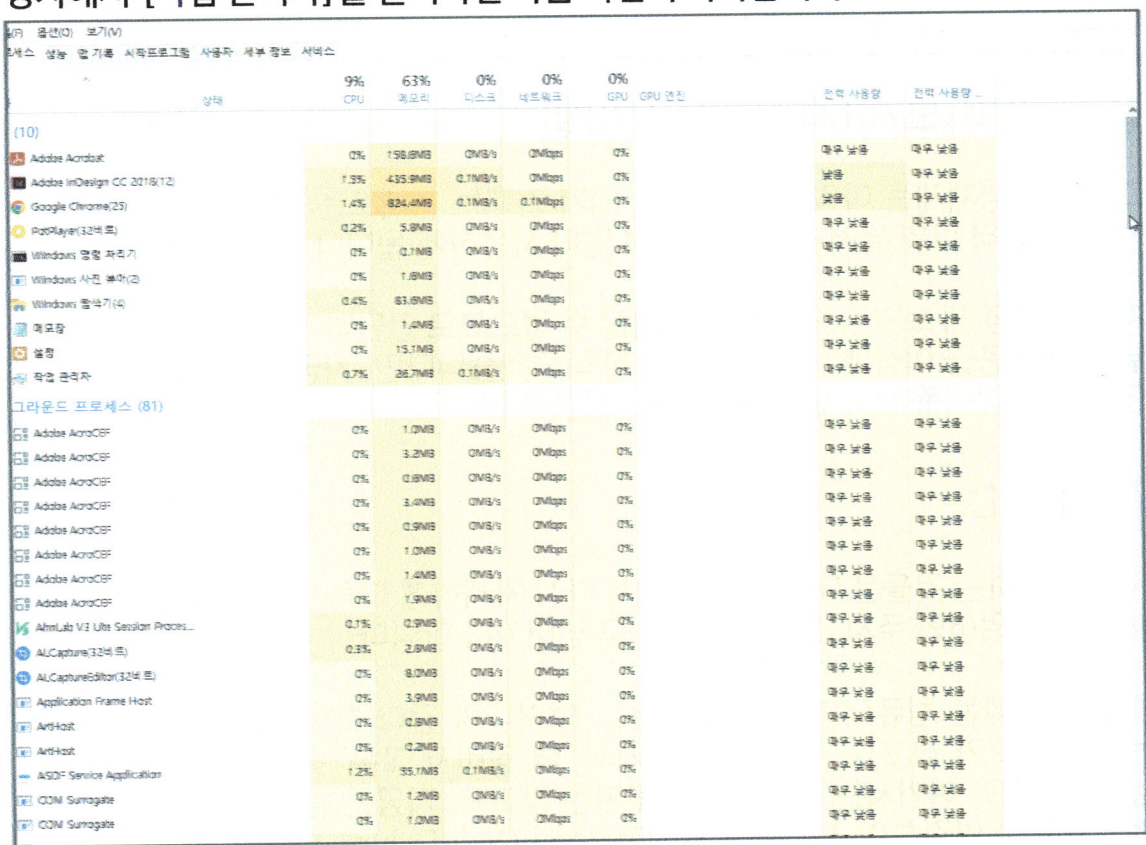

제 2 절 운영체제의 역할

위의 화면 우측 상단 마우스가 가리키는 것을 슬라이더라고 부르며 이 슬라이더를 클릭하고 밑으로 내리면 위에 보이는 것보다 훨씬 많은 프로세서를 볼 수 있는데요, 이와같이 운영체제가 겉으로는 보이지 않지만, 백그라운드에서 쉬지 않고 작동하는 수 많은 위에 보이는 프로그램들이 돌아가기 때문에 컴퓨터를 이상없이 사용할 수 있는 것입니다.

문제는 이러한 백그라운드 점유율이 너무 높으면 정작 컴퓨터를 사용하는데 버벅거려서 컴퓨터가 느려지므로 이 때는 백그라운드에서 작동하는 프로그램 수를 조절해야 하는데요, 이것은 중급을 너머 상급, 파워 유저(Power User)가 되어야 가능합니다.

그래서 이 책이 있는 것이고요, 여러분이 만일 초보자라 하더라도 걱정하실 필요가 전혀 없습니다.
이 책이 있으니까요..

[1] 드라이브/파티션/폴더/파일

그리고 운영체제는 아직 파워 유저가 되기 전에는 실제로는 별로 사용 할 일이 없지만, 컴퓨터 파워 유저가 되면 굉장히 많이 사용하게 됩니다.

지금은 설명 해 보았자 초보자는 이해할 수 없으므로 간단하게 설명을 하고 나중에 뒤에 가서 중급 이상에서 보다 자세하게 다루겠습니다만, 지금 설명하는 이유는 일단 개념은 이해를 하고 넘어가야 하기 때문입니다.

[2] HDD

지금 설명하는 것들은 대부분 뒤에 가서 다시 자세하게 다루게 되므로 잘 모르시는 분은 그냥 읽어만 주시고요, 그래도 알고 넘어가야 합니다.

컴퓨터 속에는 컴퓨터의 기본이 되는,.. 어머니와 같다 하여 마더보드라고 부르는 메인보드가 있고요, 필자의 다른 저서 "PC정비사 교본" 책을 보셔야 자세하게 알 수 있고요, 여기서는 자세하게 다루지는 않고요, 지금은 컴퓨터 속에 들어 있는 메인보드에 연결하여 사용하는 HDD(Hard Disk Drive) 및 SSD(Solid state Drive)에 대하여 간단히 설명을 하겠습니다.

컴퓨터라는 것은 전원을 켜서 끌 때까지의 모든 것은 메모리에서 이루어집니다.

메모리는 램(RAM - Random Access Memory)이라고 부르며 다른 말로는, 정확한 것은 시피유 속에 들어 있는 금값보다 비싼 초고속 메모리를 주기억장치라고 부르는 것이 맞지만, 대체로 지금 설명하는 메모리 - 램(RAM)을 주기억장치라고 부르기도 하고요, 컴퓨터에서 매우 중요한 역할을 하기 때문에 반드시 이해를 하고 넘어가야 합니다.

조금 전에 설명한 것과 같이 컴퓨터는 기본적으로 메모리 - 램(RAM)이 있으며 컴퓨터를 켜서 끌 때까지의 모든 것은 바로 이 메모리에서 이루어집니다.

컴퓨터는 2진수로 작동한다는 등의 내용은 여기서는 생략하고요, 일단 컴퓨터를 켜서 끌 때가지의 모든 것은 메모리에서 이루어지는데 이 메모리(RAM - Random Access Memory)는 전원이 들어와 있을 때만 기억을 하며 전원이 꺼지면 기억하고 있던 모든 것을 잊어버리는 휘발성 메모리입니다.

참고로 전원을 꺼도 기억하고 있던 것을 잊어버리지 않는 메모리도 있는데요, 이 것을 롬(Rom - Read Only Memory)이라고 부르며 컴퓨터 셋업 데이터가 들어 있어서 전원을 꺼도 컴퓨터의 셋업 설정치를 기억하고 있으며 이것을 롬바이오스라고 부릅니다만, 롬도 램이며 다만 배터리가 전원을 공급하기 때문에 메인 전원을 꺼도 데이터를 잊어버리지 않을 뿐입니다.

그리고 컴퓨터는 잘 모르더라도 자기가 사용하는 스마트폰의 기종 및 용량 등은 모르는 사람이 아마도 거의 없을 것입니다.

이렇게 필자가 사용하는 스마트폰의 메모리가 128Gb 용량이며, 스마트폰 역시 손바닥만한 컴퓨터이기 때문에 실제 PC와 똑같은 원리로 작동을 합니다.

그래서 PC 혹은 스마트폰을 자유자재로 사용할 수 있으면 역시 PC 혹은 스마트폰을 무리 없이 사용할 수 있는 것입니다.

다만 스마트폰은 크기가 작기 때문에 PC와 같이 키보드나 마우스가 없기 때문에 특수한 방식으로 입력 및 요즘은 AI가 발달하여 음성으로 입력할 수도 있습니다.

물론 PC에서도 음성으로 입력할 수 있기 때문에 이제는 죽어라 타자 연습을 하던 시절과는 다르지만, 그러나 아직까지는 AI가 아무리 발달했어도 아직은 직접 타자를 치는 것과는 많이 다릅니다.

이 때 스마트폰에서는 기본으로 내장된 메모리 용량을 사용하여 저장을 하며 추가로 슬롯이 있을 경우 TF 카드를 끼우거나 외장 메모리를 사용하기도 합니다.

이 때 스마트폰은 작기 때문에 마이크로 미니 SD카드를 사용하지만, PC는 크기 때문에 HDD 혹은 SSD를 사용하게 되는데요, 앞에서 설명한 바와 같이 컴퓨터는 켜서 끌 때까지 모든 것이 메모리에서 이루어지지만, 메모리는 전원이 꺼지면 기억하고 있던 모든 것을 잊어버리는 휘발성 메모리이기 때문에 따로 영구적으로 저장을 할 수 있는 보조기억장치에 저장을 하는 것이고요, 이것은 스마트폰에서는 크기가 작아서 HDD를 사용할 수 없으므로 기종에 따른 기본 메모리 혹은 확장 메모리에 저장을 하고요, PC에서는 HDD에 저장을 하게 됩니다.

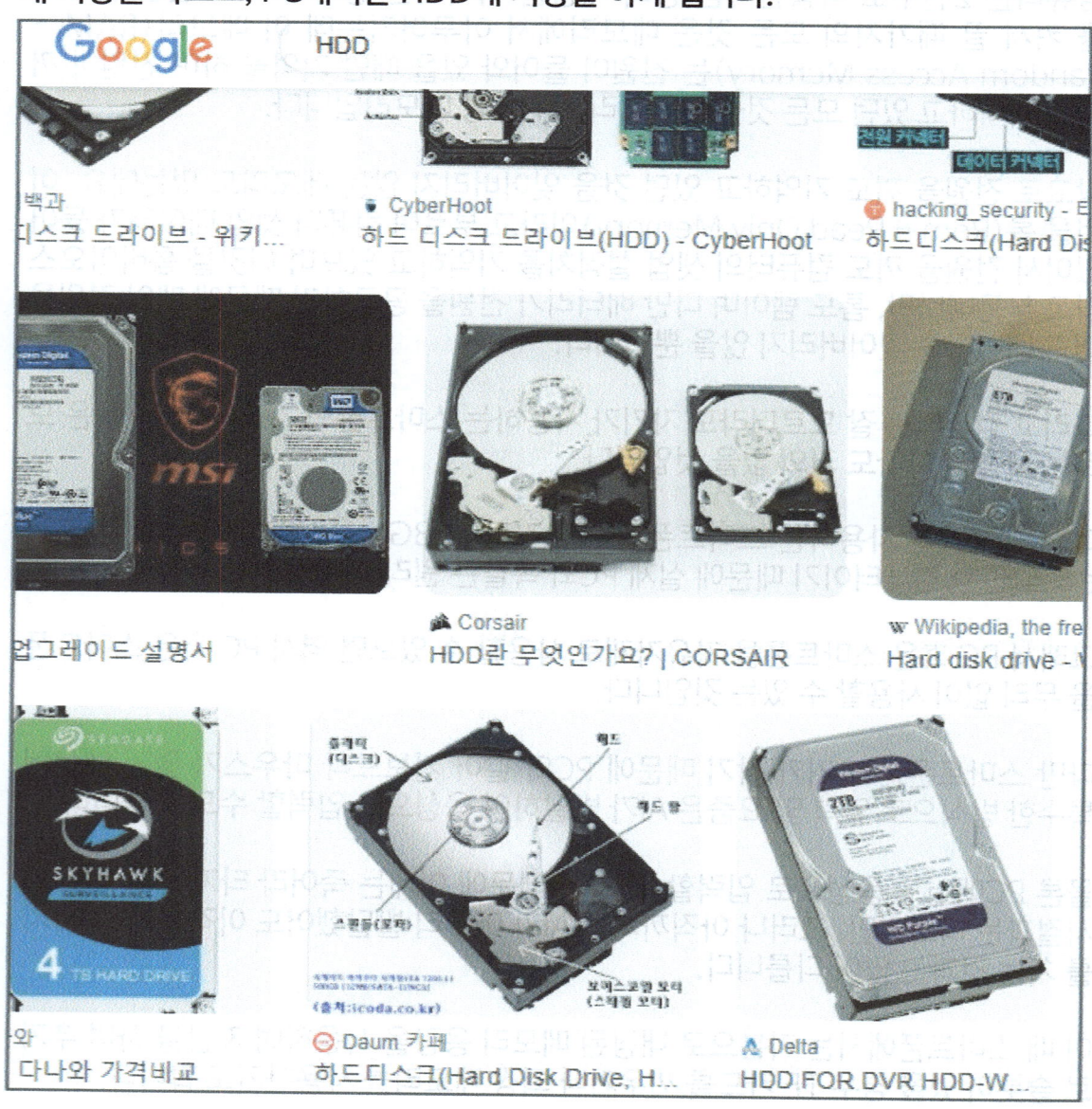

위의 화면은 방금 구글에서 검색한 것이므로 참고하여 주시고요, 앞의 화면에 보이는 것과 같이 HDD 안에는 플래터라고 불리는 둥근 레코드판과 같이 생긴 자기 기록 장치가 있고요, 이것(플래터)을 스핀들 모터가 고속으로 회전을 시키면서 엑세스 암이 읽어들이는 구조입니다.

여기서 중요한 것은 옛날 레코드판과 같이 회전하는 플래터에 기록된 데이터를 엑세스 암이 읽어들이는 방식이기 때문에 일단 스핀들 모터의 회전수는 5400rp에서 대체로 7200rpm, 이보다 빠른 모델은 10,000rpm이 넘기도 합니다만, 아무리 빨리 돌려 보았자 모터가 회전을 시키는 방식이므로 속도가 무한정 빨라질 수가 없습니다.

더구나 모터가 회전을 하는 방식이기 때문에 언젠가는 고장이 나게 되어 있고요, 특히 과거에는 HDD 기술이 부족하여 시도 때도 없이 수시로 고장이 나곤 했습니다.

그래서 과거 용산 등지에는 이렇게 고장난 HDD에 들어 있는 데이터를 복구해 주는 곳이 많이 있었는데요, 요즘은 HDD의 고장률이 거의 제로이므로 참 좋은 세상이고요, 이렇게 된 것은 바로 우리나라의 삼성전자가 있기 때문입니다.

과거 그토록 에러가 많이 나던 HDD를 우리나라의 삼성전자에서 생산하면서부터 에러가 줄기 시작하여 결국 에러율이 거의 제로가 되었습니다.

아쉽게도 우리나라의 삼성전자는 이제는 너무나 큰 글로벌 대기업이 되어 HDD 따위는 만들지 않고요, HDD를 만들던 설비 일체를 시게이트에 매각했습니다.

그래서 지금은 시게이트 HDD를 구입하면 삼성 하드 디스크를 구입한 것과 같다고 할 수 있습니다만, 실제로는 오늘날에는 어떠한 메이커의 HDD를 구입하더라도 에러율은 모든 메이커의 HDD가 에러율이 거의 제로입니다.

그러나 여전히 속도가 느리기 때문에 오늘날에는 대부분의 PC에 운영체제를 인스톨하여 부팅을 빠르게 하는 용도로 속도가 빠른 램디스크인 SSD를 사용하는 것이 일반적이고요, 아직은 SSD의 가격이 HDD보다 비싸기 때문에 SSD가 HDD를 완전히 대체하지는 못 하지만 머지 않아 SSD가 대세가 될 것은 확실합니다.

지금도 여유가 있는 분들은 고용량 SSD를 많이 사용하니까요..

앞에서 설명한 것과 같이 컴퓨터는 전원을 켜서 끌 때까지의 모든 것이 램(RAM)에서 이루어지며 왜 그런가 하면요, 램(RAM)의 속도가 빠르기 때문입니다.

그러나 램(RAM)은 전원을 끄면 기억하고 있던 모든 것을 잊어버리는 휘발성 메모리이기 때문에 영구저장장치인 HDD에 저장을 하는 것이고요, HDD는 앞의 화면에서 분해한 사진에 보이는 것과 같이 내부에 스핀들 모터가 고속으로 회전을 하면서 플래터를 회전시키고 플래터에 기록된 데이터를 엑세스암이 읽어들이는 구조이며 기본적으로 모터가 회전을 하는 구조이기 때문에 전기적으로 작동하는 램(RAM)에 비해 비교할 수조차 없이 속도가 느립니다.

그래서 컴퓨터를 켜서 끌 때까지의 모든 것을 HDD가 아닌 램에서 이루어지는 것이며 그래서 지금은 대부분의 컴퓨터에 HDD보다 속도가 빠른, 램(RAM)과 같이 빠른 속도로 작동하는 램 디스크인 SSD를 사용하며 SSD는 조금 뒤에 다루게 됩니다.

인류의 역사는 지구상에 존재한지 수 백만 년이 되지만, 인류의 문명이 시작 된 것은 고작 몇 천년에 불과하고 실질적으로는 컴퓨터가 개발된 불과 수십 년 사이에 이룩된 것이 대부분입니다.

그리고 컴퓨터 초기에는 지금 설명하는 HDD라는 것이 없었고요, 저장 매체의 역사까지 거론하지는 않겠습니다만, 대체로 FDD(Floppy Disk Drive)부터 소개를 하겠습니다.

플로피 디스크. 왼쪽부터 8인치 50,019 Bytes, 5.25인치 1,213,952 Bytes, 3.5인치 1,457,664 Bytes[1]

앞의 화면은 나무위키에서 인용한 것이고요, 오늘날의 관점에서 본다면 앞의 화면에 보이는 FDD(플로피 디스크 드라이브)를 알거나 특히 사용해 본 사람이라면 컴퓨터를 아주 오래 전부터 사용했다고 할 수 있습니다.

지금도 비교적 구형 컴퓨터를 사용한다면 컴퓨터 앞에서 볼 때 3.5인치 FDD가 달려 있을 것입니다.

물론 지금은 사용하는 사람은 없겠지만요..

그러다가 HDD가 개발되어 본격적으로 HDD 시대가 열리게 됩니다만, 초기의 HDD는 물론 불과 수 년~10여 년 전만 하더라도 HDD의 기술이 부족하여 HDD가 망가져서 HDD에 저장한 데이터를 몽땅 잃어버리는 일이 다반사였습니다.

필자 역시 우리나라 컴퓨터 1세대이므로 일찌기 필자의 일생의 모든 기록을 HDD에 저장해 놓았지만, 과거 열악한 HDD 때문에 모조리 사라지고 지금은 간신히 CD 혹은 DVD에 저장 해 놓은 데이터만 약간 살아 있는 상태입니다.

그리고 뒤에 가서 기회가 있으면 다시 다루겠습니다만, 랜섬웨어 공격을 몇 번 받아서 최근의 신형 HDD에 저장한 데이터마져 사라지는 일도 몇 번 있었고요, 컴퓨터는 가장 정확한 기계이지만, 아이러니하고 역설적이게도 가장 부정확한 기계이기도 합니다.

그러다가 우리나라의 삼성전자에서 HDD를 만들면서부터 HDD의 에러가 사라졌습니다.

다시 말해서 오늘날 컴퓨터에서 사용하는 HDD를 포함한 반도체는 우리나라의 삼성전자가 세계를 제패하였습니다.

참으로 자랑스런 일이 아닐 수 없는데요, 아쉽게도 삼성전자는 이제는 HDD 따위나 만드는 소규모 기업이 아니라 글로벌 대기업이 되어 HDD 생산 시설을 시게이트에 넘겨주었습니다.

그래서 오늘날 시게이트 HDD는 삼성전자 HDD라고 보아도 무방하고요, 그래서 필자는 HDD는 가능한 시게이트 HDD를 선호합니다만 오늘날에는 HDD 기술이 평준화되어 웬디(웬스턴 디지털), 일본의 히다찌 등에서 생산된 제품도 시게이트

HDD와 별반 차이가 없고요, 따라서 지금은 HDD의 메이커는 별 의미가 없는 시대가 되었습니다.

(1) 드라이브/파티션

지금까지 HDD에 대한 기초적인 설명을 했고요, 여러분 컴퓨터에는 최소한 1개 이상의 HDD가 장착되어 있고요, 컴퓨터는 전원을 켜서 끌 때까지 모든 것이 메모리(램 - RAM)에서 이루어지기 때문에 반드시 저장을 해야 하며 이렇게 저장하는 곳이 바로 영구 저장 장치, 보조기억장치인 HDD입니다.

여기서 영구 저장 장치라고 했지만, 실제로는 언제 사라질지 모르는 폭발물과 같은 것이 또한 HDD입니다만, 요즘은 기술이 발달하여 웬만해서는 HDD 에러가 생기지 않으므로 대체로 여러분이 저장한 데이터는 여러분 생애에 사라지지 않을 확률이 매우 높습니다.

그러나 이와 동시에 HDD를 망가뜨리는 랜섬웨어와 같은 악성 프로그램도 같이 발달을 하기 때문에 컴퓨터는 현대인의 필수품이면서 동시에 현대인을 망가뜨리는 악의 축이기도 한 이중성을 가지고 있다고 할 수 있습니다.

앞에서도 잠깐 설명을 했습니다만, 필자는 우리나라 컴퓨터 1세대로 필자의 필생의 모든 자료를 디지털화해서 컴퓨터에 저장했지만, 과거에는 HDD의 품질이 매우 열악하여 시도 때도 없이 HDD가 고장이 나서 저장해둔 자료가 사라지는 일이 빈번했고요, 요즘은 HDD의 고장률은 거의 제로이지만, HDD 자체를 고장나게 하는 것이 아니라 HDD에 저장된 데이터를 못 쓰게 만드는 랜섬웨어에 감염되어 결국 데이터를 못 쓰게 되므로 HDD는 여전히 요주의 저장 매체입니다.

참고로 랜섬웨어는 컴퓨터의 저장 장치인 HDD에 저장된 데이터에 암호를 걸어서 암호를 입력하지 않으면 HDD에 저장된 데이터를 읽지 못하게 하는 악성 프로그램으로서 예를 들어 대기업 등의 자료에 암호를 걸고 암호를 풀어주는 대가로 거액의 돈을 요구하는 것이 악성 해커들의 본성인데요, 필자의 경우 유명인이 아니어서 그냥 사라진 자료를 버리고 복구할 수 있는 데이터만 최대한 복구하여 다시 저정해 두는 극약 처방을 하였습니다.

이와 같이 렌섬웨어는 개인에게도 치명적인 바이러스이므로 예를 들어 컴퓨터로 금융 거래를 하는 것은 컴퓨터를 잘 다루는 고수가 되기 전에는 하지 않는 것이 만

수무강에 지장이 없습니다.
또한 컴퓨터의 고수 중에는 악성 해커가 되어 타인을 노리는 사람들도 매우 많으므로 컴퓨터를 기초부터 배워서 사용해야 하는 것은 선택이 아니라 필수인 것입니다.

이상의 HDD에 대한 기초 지식을 가지고 사용해야 하고요, HDD는 저장 장치로서 예를 들어 우리나라 전체를 HDD라고 할 수 있습니다.

이렇게 거대하고 광활한 저장 매체인 HDD에 그냥 아무렇게나 저장을 할 수는 없습니다.

우리나라도 서울, 경기도, 충청도, 전라도, 강원도, 경상도, 제주도 등이 있으며 서울에는 다시 중구, 동대문구, 서대문구.. 등의 구가 있으며 구 안에는 다시 동이 있으며 동 안에 있는 자기 집의 번지수가 있기 때문에 우편물이 도착하거나 네비게이션으로 주소를 찍고 모르는 길도 찾아갈 수가 있는 것입니다.

더우기 HDD는 새것 상태에서는 그냥 사용할 수가 없습니다.
일단 HDD를 사용하겠다는 선언을 해야 하며 HDD 한 개를 하나의 드라이브로 사용하거나 2개 이상으로 분할해서 사용하거나 어떠한 경우이든 컴퓨터에 이것을 알려줘야 합니다.

이것을 파티션(Partition)라고 하며, HDD 한 개를 하나의 드라이브로 사용하든 2개 이상으로 분할을 해서 사용을 하든 하나 이상의 파티션이 있는 HDD의 저장 공간을 드라이브(Drive)라고 합니다.

즉, 드라이브(Drive)는 우리나라로 치면, HDD 한 개를 하나의 드라이브로 사용한다면 HDD 한 개가 우리나라 전체와 같은 면적 개념입니다.

이렇게 드라이브(Drive)는 우리나라 전체와 맞먹을 정도로 거대한 공간이기 때문에 그냥 저장을 할 수도 있지만, 체계적으로 관리 및 저장을 해야 할 필요가 있습니다.

그래서 우리나라에도 서울, 경기도 등의 행정 구역이 있듯이 거대한 HDD에도 구역을 나누어야 합니다.

이것을 [폴더(Folder)]라고 하며 이와 같은 용어 및 개념들은 인류 최초의 PC 운영체제인 도스(Dos)를 만든 빌게이츠가 엿장수 맘대로 갖다 붙인 이름들이지만, 빌게이츠 나름대로는 최대한 기존의 인류 문명에서 사용하던 용어들을 사용한 것이지만, 필자가 컴퓨터 공부를 하던 때는 아직 컴퓨터에 관한 책도 거의 없었기 때문에 빌게이츠가 도스(Dos) 파일 속에 넣어 놓은 Readme.txt 파일을 번역을 해서 공부를 하였는데요..

처음에는 일반적인 영어사전, 콘사이스로 번역을 하다가 번역이 안 되어 점점 두꺼운 사전을 사용하다가 나중에는 두께가 한 뼘이나 되는 거대한 사전을 사다가 번역을 해서 공부를 하기도 했는데요, 그도 그럴 것이 인류 최초로 PC 운영체제를 만든 빌게이츠가 엿장수 맘대로 갖다 붙인 이름이기 때문에 영어 사전에 나오지 않는 단어가 수두룩했습니다.

지금은 이 단어들이 그대로 명사 혹은 대명사가 되어 통용되지만, 필자가 컴퓨터 공부를 하던 시대에는 한 뼘 두께나 되는 영어 사전도 번역이 안 되어 그냥 앞 뒤 몇 개의 단어만 번역을 하고 번역이 안 되는 부분은 대충 내용을 짐작해서 공부를 하였습니다.

이렇게 공부를 했어도 필자 나이 40대~50대에 이르러 컴퓨터 자격증을 약 10 여 개나 취득하고 관련 서적을 수십 권 집필하였으니 대부분의 여러분은 필자보다 젊은 나이일 것이므로 안 된다고 하지 마시고 분기탱천 모든 여러분이 필자보다 더 고수가 되셔야 합니다.

HDD 설명을 하다가 필자의 경험담을 소개를 했는데요, 여러분이 아직 초보라 하더라도 컴퓨터를 사용하기 위해서는 HDD를 사용해야만 하고요, HDD를 사용하기 위해서는 자신의 목적 및 파일의 성격에 맞는 폴더를 만들고 그 폴더 안에 자신이 원하는 프로그램으로 파일을 만들어야 합니다.

이 때 인류 최초로 PC 운영체제를 개발한 빌게이츠가 폴더 구조를 역트리 구조로 만들었습니다.

즉, 나무를 거꾸로 세워 놓은 것과 같은 구조로 맨 위에 가장 먼저 부모 디렉토리가 있고요, 그 밑으로 아들 디렉토리, 그리고 그 밑으로 손자.. 이런 식으로 나뭇가지를 거꾸로 세워놓은 형태 즉, 역트리 구조로 폴더 구조가 만들어지며 이러한 폴더들은 상위 폴더의 속성을 그대로 이어받는 특징을 가지고 있습니다.

옛날 같았으면 그야말로 나뭇가지를 거꾸로 그려 놓고 설명을 했겠습니다만, 오늘날은 그 정도로 컴맹은 거의 없으므로 그냥 설명으로 대신하는 것이고요, 다만 한 가지 주의 할 점이 있습니다.

앞에서 컴퓨터는 전원을 켜서 끌 때까지의 모든 것이 메모리(램)에서 이루어진다고 했습니다.

이 때, 사람의 위도 음식물을 위의 80% 이하로 채워야 위가 부담스럽지 않고 소화가 잘 되고요, 위가 꽉 차도록 먹으면 더부룩하고 답답하고 소화가 안 되어 독한 냄새가 나는 방귀가 뽕뽕 나오게 되고 심하면 약을 먹거나 병원에 가야 합니다.

컴퓨터에서 사용하는 메모리 역시 80% 정도만 사용하고 20% 정도가 남아 있어야 컴퓨터가 버벅거리지 않고 원활하게 돌아가는데요, 이는 메모리뿐만이 아니고 HDD 용량 역시 이 정도 여유가 있어야 합니다.

이 때 컴퓨터는 전원을 켜서 끌 때까지 모든 것이 메모리(램)에서 이루어지는데 디렉토리 구조를 너무 복잡하게 해 놓으면 이 모든 것을 메모리(램)에서 기억해야 하기 때문에 컴퓨터 사양이 떨어지는 PC에서는 버벅거리는 원인이 됩니다.

또한 인류 최초로 PC 운영체제를 개발한 빌게이츠가 최초에 도스(Dos)를 설계할 때 디렉토리 구조를 8단계까지 사용할 수 있게 하였습니다.

따라서 디렉토리 구조를 최대 8단계까지 사용할 수는 있지만, 이것도 매우 많은 것입니다.

가능한 디렉토리 구조를 작게 해야 메모리 부하를 줄여서 컴퓨터가 버벅거리는 것을 예방할 수 있습니다.

지금 설명하는 것을 제대로 이해를 못 하시는 분도 있을 것입니다.

그러나 조금 더 공부를 하여 이해를 할 수 있는 경지에 다다랐을 때 다시 한 번 읽어 보시면 큰 도움이 되실 것입니다.

일단 이 정도 기초 지식을 가지고 여러분이 시중에서 HDD를 새로 구입하여 지신의 컴퓨터에 장착하고 그 HDD를 사용할 수 있게 해 보겠습니다.

제 2 부 제어판

제 1 장 관리 도구

요즘은 옛날같이 완전 컴맹은 거의 없으므로 앞에서 비교적 간단하게 컴퓨터의 구조 및 옛날 운영체제인 도스(Dos) 등에 대해서 설명을 했고요, 앞장 마지막에, 여러분이 초보라고 하더라도 어떠한 컴퓨터이든지 컴퓨터 속에는 하나 이상의 HDD가 장착되어 있으며 이 HDD가 고장이 나서 교체를 하거나 추가 용량이 필요하여 추가로 HDD를 구입해서 장착을 한다 하더라도 그냥 쓸 수 있는 것이 아닙니다.

컴퓨터 뚜껑을 열고 본체 안에 직접 장착을 하거나 USB에 꽂아서 사용하는 외장 하드를 사용한다 하여도 여전히 HDD를 사용한다는 선언, 즉, 컴퓨터에 HDD가 달렸다는 것을 인식시키는 작업을 해야 사용할 수 있는 것입니다.

앞에서 간단히 오늘날 여러분 대부분이 사용하는 윈도우즈 운영체제가 아닌, 옛날 도스 운영체제에서 사용하던 도스 명령어도 소개해 드렸고요, 물론 여러분이 고수가 되면 다시 도스 명령어를 사용하겠지만, 지금은 윈도우즈에서 작업을 하고요, 윈도우즈 운영체제는 과거 도스 6.0~8.0 이후 윈도우즈가 개발되어 마우스를 사용하기 시작했고요, 이에 대한 에피소드를 소개하지 않을 수가 없습니다.

앞에서 컴퓨터의 역사를 간략하게 소개를 할 때 최초에 개인용 PC를 개발한 회사는 미국의 IBM이지만, 이러한 IBM에서 자신들이 개발한 PC는 깡통에 불과한데도, 그 깡통이 살아 있는 PC가 되게 만드는 운영체제를 자신들이 만들지 않고 당시 대학교 2학년 학생이던 빌게이츠에게 하청을 주게 됩니다.

그 때 IBM에서는 이렇게 개발한 PC가 한 3,000대만 팔렸으면 좋겠다는 생각을 했습니다.

원래 IBM에서는 그 때도 지금도 슈퍼 컴퓨터를 만드는 회사이기 때문에 쬐끄만 PC를 만들어 놓고 너무나 하찮게 여겨서 자신들이 운영체제를 만들지 않고 빌게이츠에게 하청을 준 것을 두고두고 후회를 하게 되며 반면 빌게이츠는 세계 최고의 갑부가 됩니다.

조금 전에 설명한 것과 같이 이렇게 개발된 PC가 한 3,000대만 팔렸으면 좋겠다는 IBM의 바램과는 완전 동떨어진, 무려 1만 배가 많은 3,000만 대가 팔리는 하늘도 놀라도 땅도 놀랄 일이 벌어지고 말았습니다.

더구나 IBM에서 PC를 개발했기 때문에 PC에 관한 대부분의 특허는 모두 IBM에서 가지고 있지만, 필자조차 개인적으로 수 천 대의 PC를 만들어서 판매를 했고요, 우리나라의 삼성, 엘지, 현대, 삼보, 늑대와 여우 등의 메이커 PC는 물론 용산 전자상가로 대표되는 조립 PC는 그 수를 헤아릴 수조차 많이 팔립니다.

정작 PC를 개발한 IBM에서는 자신들이 PC를 만들어 팔지도 못하면서 특허만 많이 가지고 있어서 천문학적인 특허 보유세를 내다가 하도 돈이 많이 들어가서 결국은 PC의 특허를 대부분 포기하기에 이릅니다.

허허 참.. 허허참.. 허허참.. 입니다.

그러면서 빌게이츠는 마이크로소프트사를 창업하여 승승장구하면서 드디어 도스(Dos) 시대의 막을 내리고 윈도우즈 시대가 열렸습니다.

필자는 윈도우즈 3.0을 맨 처음 사용했고요, 윈도우즈는 1.0부터 시작되었고요, 대략 386컴퓨터 중기부터 윈도우즈를 사용하기 시작하였습니다.

이 또한 컴퓨터의 역사 설명을 하지 않을 수가 없고요, 앞에서 컴퓨터 초기에는 HDD 라는 것이 없었다고 설명을 했고요, 그 때의 컴퓨터를 XT라고 부르고요, 286컴퓨터(정확히는 80286 컴퓨터입니다.)부터 AT컴퓨터라고 부르며 우리나라에 처음 들어온 XT컴퓨터를 아는 사람은 필자와 같은 우리나라 컴퓨터 1세대입니다.

암튼, PC를 개발한 IBM에서는 배가 아파서 죽을 지경입니다.

그래서 빌게이츠가 세운 마이크로소프트사에서 윈도우즈 운영체제를 출시할 무렵 마이크로소프트사의 윈도우즈 운영체제보다 훨씬 좋은 윈도우즈 워프 운영체제를 IBM에서 개발을 하여 그것도 돈도 받지 않고 무료로 배포를 하였습니다.

그런데 오호라 통제여..
마이크로소프트사의 윈도우즈 운영체제보다 더 좋은 윈도우즈 워프 운영체제를 공짜로 배포를 해도 도무지 사용하는 사람이 없는겁니다.

그도 그럴 것이, 앞에서 필자가 초기에 컴퓨터 공부를 할 때의 어려움을 잠깐 소개를 했는데요, 두께가 한 뼘이나 되는 영어 사전을 펼쳐 놓고 번역을 해도 번역이 안되어 일부 단어만 번역을 해서 도스(Dos) 공부를 했다고요..

그래서 당시 컴퓨터 실력이라는 것이 컴퓨터 실력이 아니고 도스(Dos)를 얼마나 잘 사용하는가 하는 것이 척도였습니다.

이렇게 어렵게 컴퓨터 공부를 한 전세계의 유저들은 그 진절머리 나는 도스(Dos) 공부에 질려서 또 다시 IBM에서 만든 윈도우즈 워프 운영체제를 배워야 한다는 중압감에 누구도 사용하지 않는 것이었습니다.

필자도 마찬가지였고요..

그래서 오늘날의 윈도우즈 11 에 이르기까지 빌게이츠가 세운 마이크로소프트사는 승승장구.. 물론 IBM도 가만히만 있는 것은 아닙니다.

몇 년 전에 우리나라의 연세대학교에서 IBM의 양자 컴퓨터를,.. 구입한 것도 아니고 5년 임대 형식으로 들여오는데 500억원 정도를 썼다고 합니다.

이렇듯 PC를 개발한 IBM은 여전히 건재하며 지금도 슈퍼 컴퓨터 및 미래의 양자 컴퓨터 분야에서는 타의 추종을 불허하는 독보적인 존재입니다.

미래의 양자 컴퓨터는 오늘날의 슈퍼 컴퓨터로 1,000년~2,000년이 걸릴 작업을 단 몇 분~몇 십분이면 완료한다고 합니다.

그 때가 되면 오늘날의 슈퍼컴퓨터가 개인용 PC 정도가 될지도 모를 일입니다만, 아직은 그 날이 아니므로 지금은 죽어라 타자 연습도 하고 컴퓨터 공부를 해야 합니다.

지금은 여러분이나 필자 모두 매일 컴퓨터를 사용하면서 수시로 저장을 하는 HDD를 컴퓨터에 인식시키는 방법을 설명하는 단원입니다.

여러분이 실력이 쌓여서 파워 유저가 되면 앞에서 잠깐 소개를 했던 도스 명령어를 사용하여 자유자재로 다루겠지만, 지금은 오늘날 대부분의 사람들이 사용하는 운영체제가 윈도우즈 운영체제이므로 윈도우즈 운영체제에서 작업하는 방법을 설명하겠습니다.

여러분이 컴퓨터 초보이든 중급 사용자이든 대부분의 사용자는 현재 윈도우즈 10을 가장 많이 사용할 것입니다.

어차피 윈도우7이든, 윈도우10이든, 윈도우11이든 기본적인 사용법은 별반 다르지 않지만, 실제로 작동 방식 등은 천차만별이므로 초보자의 경우 매우 헷갈리고 어렵게 느끼는 것이 당연합니다.

지금은 일부 특수한 경우를 제외하고는 윈도우 7은 거의 사용하지 않으므로 주로 윈도우 10을 기준으로 설명을 하고요, 윈도우 10을 사용하면 윈도우 11과 크게 다르지 않습니다.

바탕 화면 [시작]을 클릭하고 "제어판"을 입력하고 엔터를 치면 다음 화면에 보이는 제어판이 열립니다.

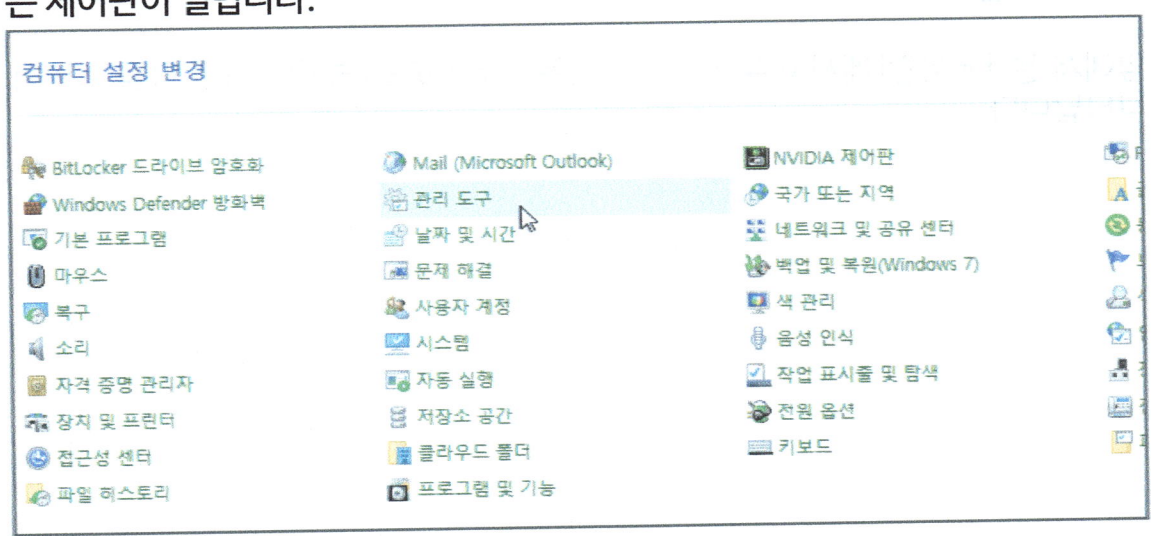

제어판은 문자 그대로 컴퓨터의 거의 모든 것을 제어하는 기능을 하므로 윈도우즈 운영체제를 사용한다면 수시로 들락거려야 하는 메뉴이고요, 이것이 바로 앞에서 설명한 운영체제의 역할입니다.

즉, 제어판은 윈도우즈 운영체제에 내장된 기능입니다.

컴퓨터에서 음악을 재생하거나 경고음 등을 울리게 하는 소리(사운드) - 스피커 및 마우스 등을 제어하는 것도 제어판에서, 키보드 등을 제어하는 것도 제어판에서 그리고, 지금 설명한 키보드, 마우스, 모니터 등 컴퓨터를 이루는 가장 기본적인 장치들을 콘솔이라고 하며 여러분이 나중에 파워 유저가 되더라도 이렇게 컴퓨터의 가장 기본이 되는 콘솔에서 사용하는 메모리는 건드릴 수가 없습니다.

제 2 장 컴퓨터 관리

제어판은 너무나 중요하므로 비교적 많은 지면을 할애하여 설명을 하겠습니다만, 어차피 이 책은 필자의 다른 저서인 [PC정비사 교본] 책 등에서 다루는 정도의 전문적인 내용은 지양하고 꼭 필요한 필수 기능 위주로 설명을 하겠습니다.

앞에서 여러분이 초보이든 중급 사용자이든 누구나 HDD를 사용하기 때문에 가장 먼저 HDD를 다루는 것이고요, HDD에 관한 모든 것은 제어판의 관리 도구에서 제어하게 됩니다.

앞에서 본 [제어판]에서 마우스가 가리키는 [관리 도구]를 클릭하면 다음 화면이 나타납니다.

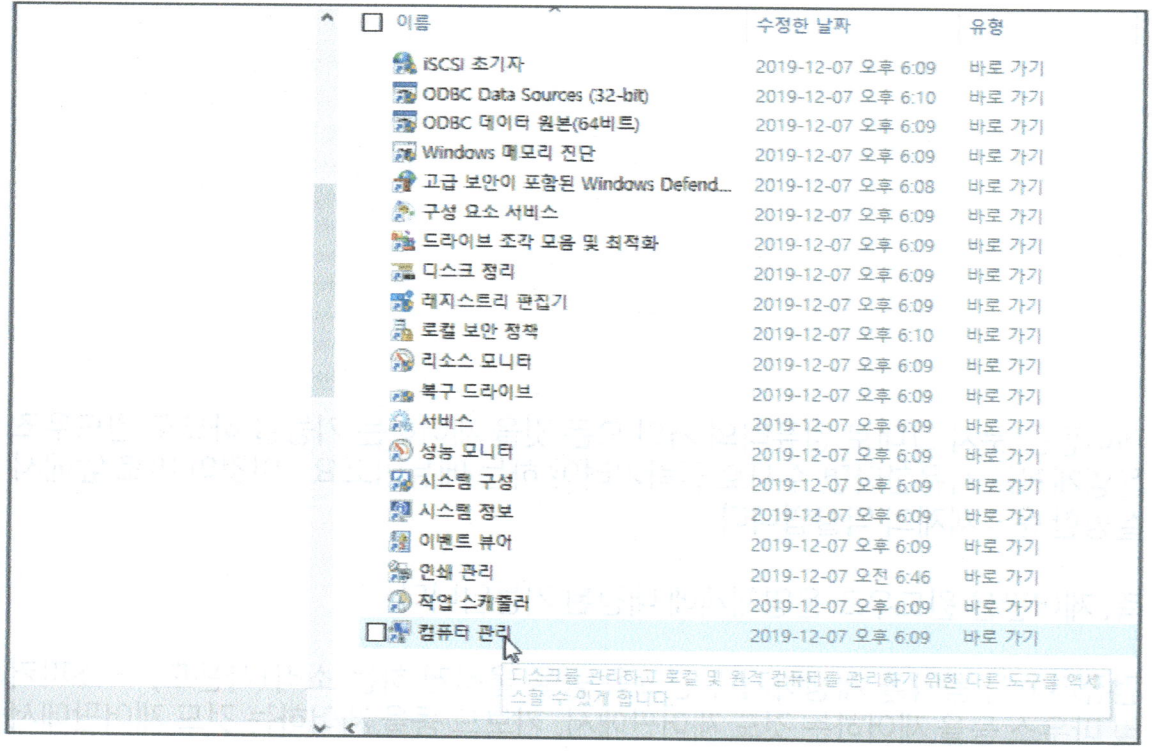

앞의 화면에서는 마우스가 가리키는 [컴퓨터 관리]를 그냥 클릭이 아니라 더블 클릭을 해야 다음 화면이 열립니다.

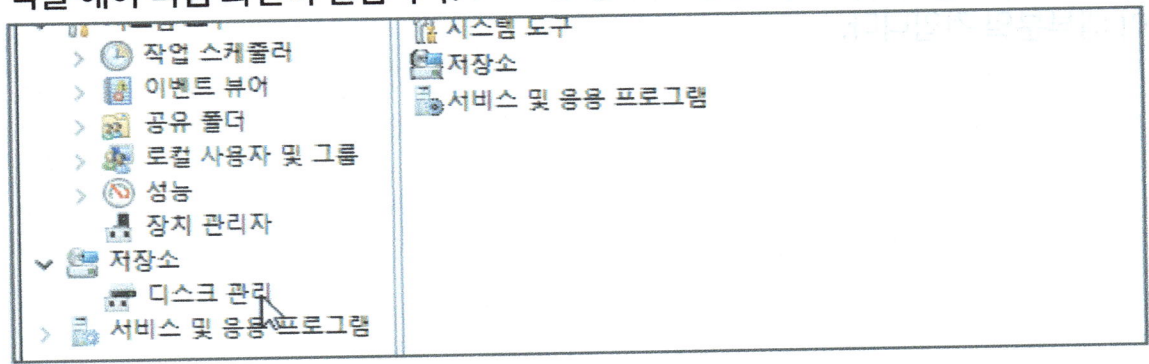

앞의 화면에서는 마우스가 가리키는 [디스크 관리]를 클릭하면 다음 화면이 나타납니다.

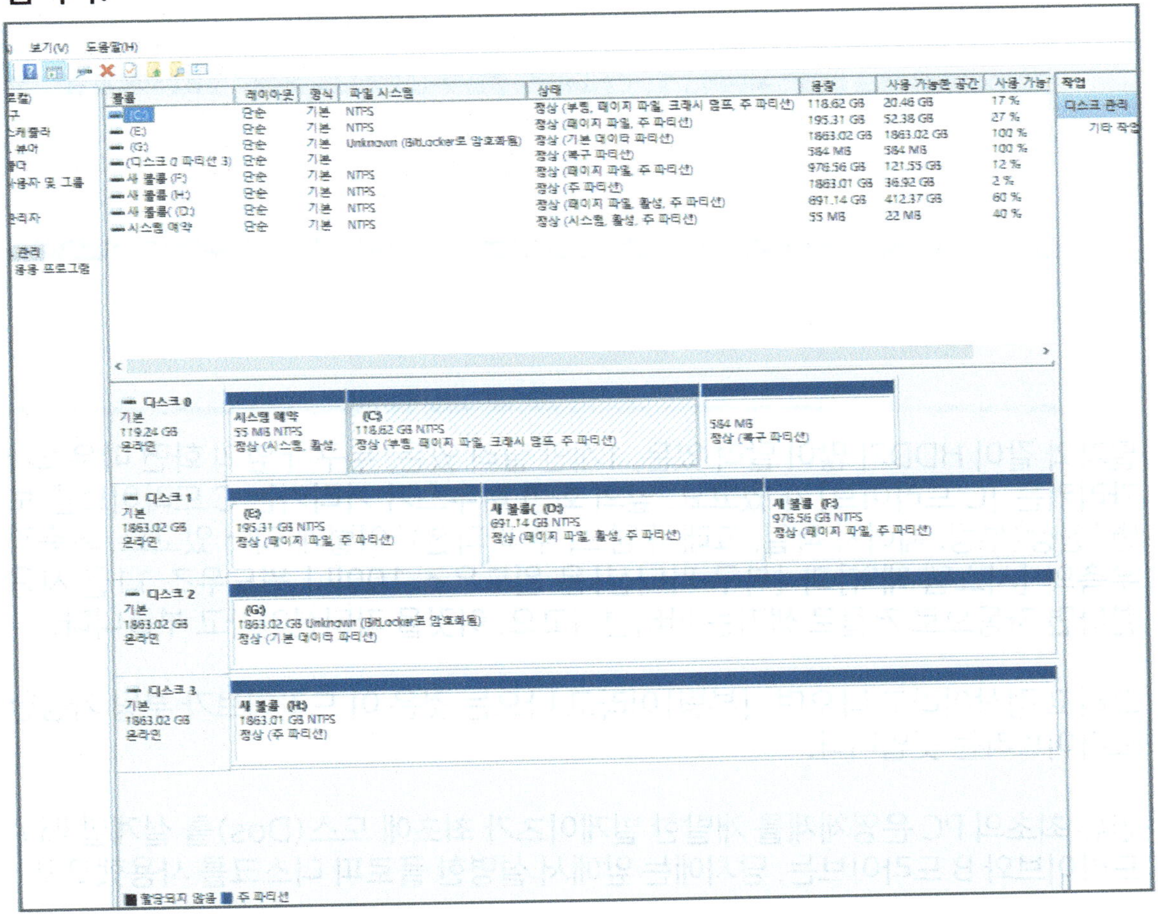

필자는 워낙 방대한 자료를 다루기 때문에 앞의 화면에 보이는 것과 같이 매우 많은 HDD가 보입니다만, 여러분은 대부분 한 개 혹은 2개 정도의 HDD가 보이는 것이 대부분일 것입니다.

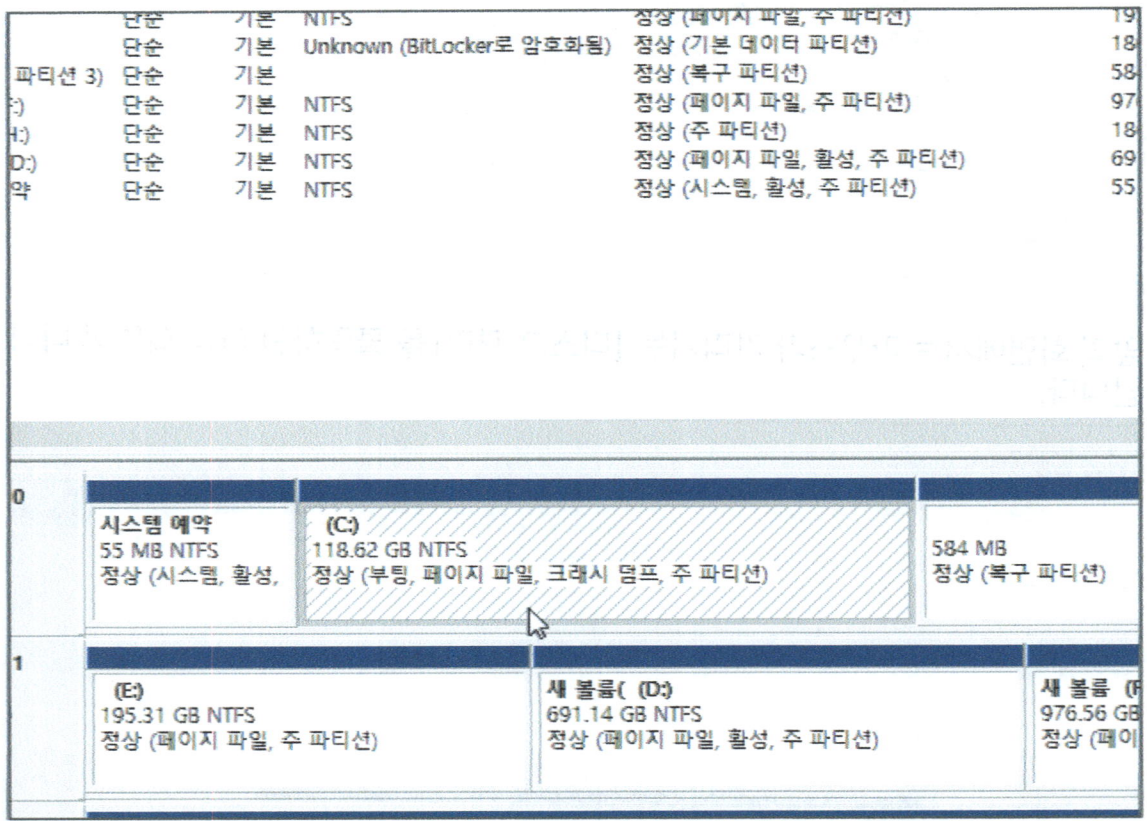

필자와 같이 HDD가 많이 달려 있든, 1개만 달려 있든, 누구나 앞의 화면 마우스가 가리키는 [C 드라이브]가 있고요, 앞의 화면 마우스가 가리키는 C 드라이브를 보면 "정상(부팅, 페이지 파일, 크래시 덤프, 주 파티션)" 이렇게 되어 있고요, 좌측과 우측의 [시스템 예약]과 [복구 파티션]은 윈도우즈 10이나 윈도우즈 11을 사용한다면 자동으로 저절로 생기는 파티션이고요, 이것을 파티션이라고 부릅니다.

그리고 정상이라고 나오며, [부팅]이라고 나오는 것은 이 드라이브가 부팅 가능한 드라이브라는 뜻입니다.

인류 최초의 PC 운영체제를 개발한 빌게이츠가 최초에 도스(Dos)를 설계할 때 A 드라이브와 B 드라이브는, 당시에는 앞에서 설명한 플로피 디스크를 사용했으므로 A와 B는 플로피 디스크 드라이브로, C는 부팅 드라이브로 예약을 해 놓아서 사용자는 이렇게 A, B, C 드라이브(드라이브 이름을 말하는 겁니다.)는 사용할 수 없고요, D~Z 까지의 영문 알파벳을 드라이브 이름으로 사용할 수 있게 하였습니다.

다시 말해서 A, B, C 라는 드라이브 명은 사용할 수 없으므로 제외하고 다른 드라이브명이 D라면 E~Z까지의 숫자 중에서 하나를 선택해서 마음대로 드라이브명을 바꿀 수 있다는 뜻입니다.

다음 화면을 보세요.

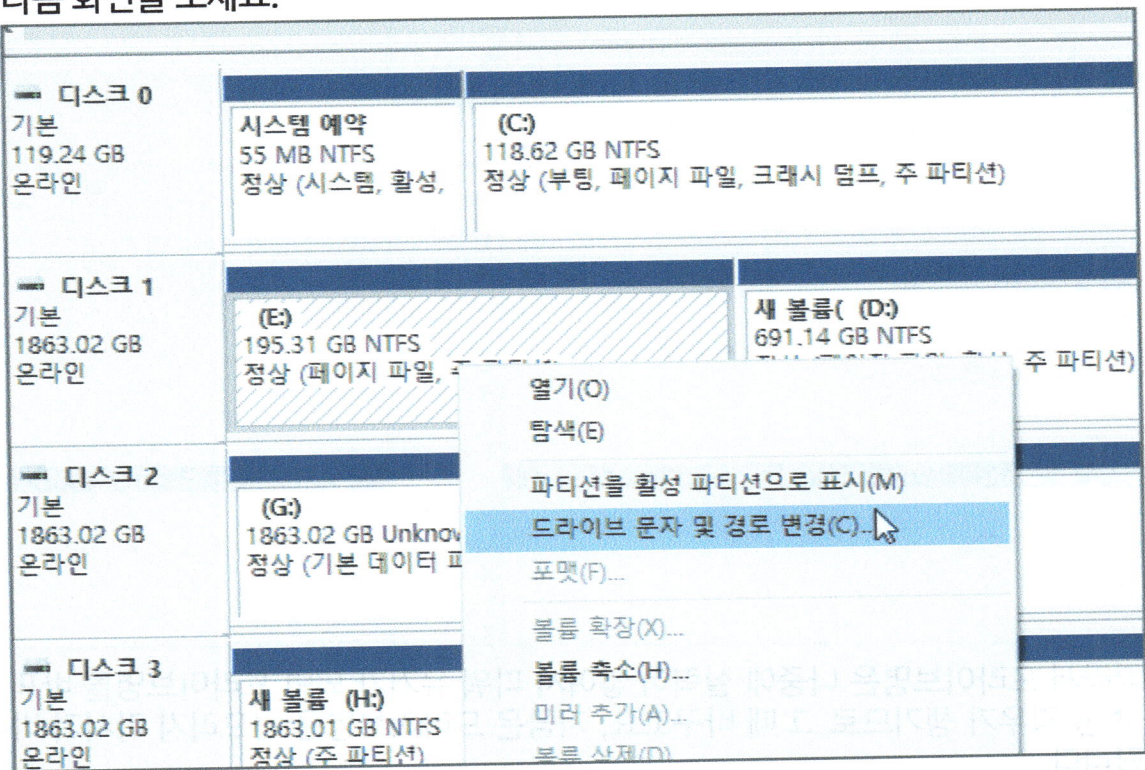

지금은 플로피 디스크는 사용하지 않으므로 어차피 A와 B는 쓸 수도 없고, 보이지도 않고요, C 드라이브는 부팅 드라이브이기 때문에 C 드라이브를 제외한 다른 드라이브를 선택하고 마우스 우측 버튼을 클릭하여 나타나는 앞의 메뉴에서 마우스가 가리키는 [드라이브 문자 및 경로 변경]을 클릭하면 다음 화면이 나타나서 원하는 알파벳을 선택하여 드라이브명을 변경할 수는 있지만,...

드라이브명을 변경하면 컴퓨터에 아주 중요한 경로(패스 – path)가 바뀌기 때문에 해당 드라이브에 특정 프로그램이 깔려 있을 경우 실행되지 않게 되고요, 또 특정 파일을 저장해 두었을 경우 이 경우에는 바뀐 경로로 찾아 들어가면 원하는 파일을 볼 수 있지만, 경로가 바뀌었으므로 해당 응용 소프트웨어에서 자동으로 이전 파일을 열지 못하게 됩니다.

따라서 드라이브명은 함부로 바꾸면 안 됩니다.

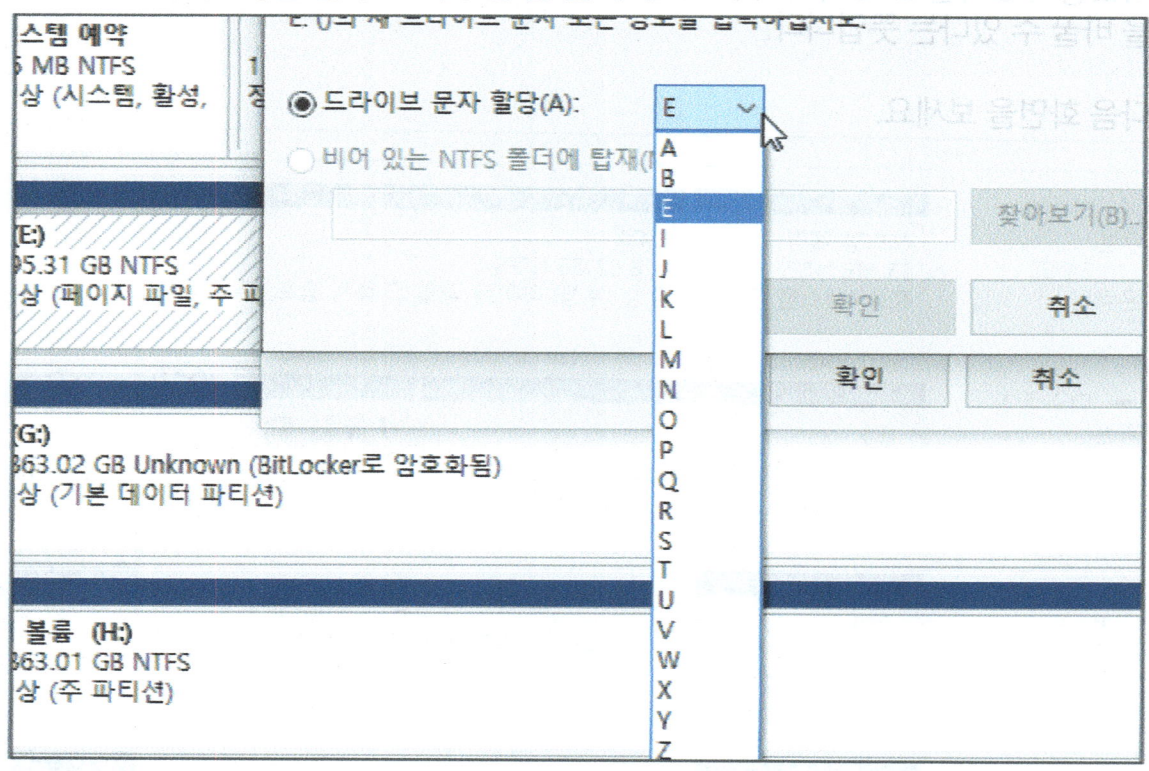

따라서 드라이브명은 나중에 실력이 쌓여서 파워 유저가 되면 드라이브명을 바꿔야 할 경우가 생기므로 그 때 바꾸고요, 지금은 드라이브명은 건드리지 마시기 바랍니다.

그리고 아까 설명하던 내용 중에 드라이브 밑에 보이는 설명에서 [페이지 파일] 이라는 것이 있는데요, 이건 굉장히 중요한 기능이지만, 아직 파워 유저가 되기 전에는 이해하기 어렵습니다만, 그래도 굉장히 중요한 기능이므로 최대한 알기 쉽게 설명을 하겠습니다.

컴퓨터는 가장 기본이 되는 어머니와 같다는 뜻으로 마더보드라고도 부르는 메인보드가 있고요, 여기에 컴퓨터의 심장이라고 불리는 시피유(CPU)가 끼워져 있고요, 이 시피유가 주변 장치들과 정보를 주고 받으면서 연산을 하여 그 결과를 모니터에 출력하는 것을 사용자가 보는 것이고요, 이렇게 시피유가 주변 장치들과 정보를 주고받는 통로를 인터페이스라고 부르고요..

여기서는 더 이상 복잡한 설명은 생략하고요,..

그리고 컴퓨터의 심장인 시피유가 10억분의 1초라는 나노초의 어마어마하게 빠른 속도로 연산을 하여 결과를 내 보내는 과정에서 가장 먼저 진정한 의미에서의 주기억장치, 즉, 시피유 내부에 내장되어 있는 금값보다 비싼 초고속 메모리를 주기억장치라고 부르며 이 주기억장치에서 초고속으로 연산이 이루어지며 시스템에 설치된 램(메모리)을 사용하여 연관 프로그램을 실행시키고, 그 결과치는 사용자가 모니터를 보고 영구 저장 장치, 보조 기억 장치인 HDD에 저장을 하게 됩니다.

이 때 시피유가 연산을 하고 메모리(램)를 사용하여 관련 프로그램을 실행시킬 때 메모리 용량이 부족하면 "메모리가 부족하여 실행할 수 없습니다" 라는 메시지와 함께 컴퓨터가 먹통이 되어 버리곤 했었습니다. (과거에..)

그래서 이 문제를 해결하고자 운영체제 개발사인 마이크로소프트사에서 결국 페이징 파일이라는 기발한 묘수를 찾아내게 됩니다.

시스템에 설치된 메모리(램)는 아무리 돈이 많아도 무작정 많이 끼울 수가 없습니다.

기본적으로 메인보드에서 지원하는 용량 이상은 끼울 수가 없고요, 운영체제에서 지원하는 용량 이상도 끼울 수가 없습니다.

따라서 컴퓨터를 사용하면서 메모리 부족은 무조건 일어나게 되어 있습니다.

왜냐하면 메모리 용량은 물리적으로 한계가 있는데 컴퓨터로 할 수 있는 작업에는 제한이 없기 때문에 결국은 어떠한 경우에도 메모리가 부족하여 실행할 수 없는 사태는 불가피하게 발생하는 것입니다.

과거에는 오늘날 여러분이 사용하는 메모리의 100만분의 일 정도의 아주 작은 양을 확보하고자 피눈물이 날 정도로 고생을 했고요, 그래서 도스(Dos) 사용자들은 오죽하면 PC 개발사인 IBM 에서 마이크로소프트사의 윈도우즈 운영체제보다 더 좋은 윈도우즈 워프 운영체제를 공짜로 줘도 사용하지 않은 것입니다.

각설하고,..
이렇게 시스템의 메모리는 무조건 부족할 수 밖에 없는데요, 왜냐하면 컴퓨터는 전원을 켜서 끌 때까지의 모든 것이 메모리(램)에서 이루어지는데 메모리가 부족할 수 밖에 없으므로 문제가 생기는 것입니다.

메모리(램)를 무한정 키울 수도 없고요, 과거에는 오늘날의 메모리 가격보다 100만배, 1000만배 더 비쌌습니다.

그래서 메모리가 워낙 비싸기 때문에(금값의 열배 백배 천배 비쌌습니다.) 아주 쬐끔만 넣은 것입니다.

그래서 그 양이 도스 시절에는 고작 640Kb입니다.
요즘은, 지금 필자가 이 책을 집필하는 컴퓨터는 10 년도 더 된 저사양 컴퓨터이며 필자가 예전에 PC 정비사 책을 집필하면서 중고 부품을 사서 직접 조립한 컴퓨터 이며 8Gb의 메모리를 장착하고 있습니다.

이 책은 정보처리 관련 서적이 아니므로 이진수에 대해서는 설명하지 않습니다만, 컴퓨터의 용량은 이진수로 계산되므로 용량 설명은 하지 않을 수가 없습니다.

컴퓨터는 이진수, 즉, 0과 1로 연산을 하며 이것을 1비트(Bit)라고 합니다.

이것이 8개가 모여, 즉, 8비트는 1바이트(Byte)가 됩니다.

전자시계 0과 8을 보면 8개의 구성 요소가 보이는 각각의 발광체가 바로 1비트가 보이는 것입니다.

이것을 십진법으로 1,000개가 모이면 1Kb(실제로는 2진수이므로 1024Kb), 그리고 이것이 다시 또 1,000개가 모이면 1Mb, 이것이 다시 1,000개가 모이면 1Gb, 이것이 다시 또 1,000개가 모이면 1Tb(테라 바이트)가 됩니다.

필자가 사용하는 컴퓨터에서 사용하는 8Gb의 메모리가 옛날 도스 시절의 640Kb 와 비교하면 그야말로 하늘과 땅만큼 차이가 나는 것입니다.

그러나 이것은 필자는 컴퓨터 자격증이 그렇게 많아도 게임이라고는 단 한 번도 해본적이 없기 때문에 8Gb의 메모리를 사용해도 충분한 것이고요, 요즘 고사양 게임을 하는 사람이라면 아마도 메인보드에서 지원하는 최대 용량의 메모리를 사용하는 것이 보통입니다.

그래서 요즘은 보통 16Gb 이상 32Gb~128Gb 정도의 메모리를 사용하기도 하는데요, 그러나 이보다 더 많은 메모리를 사용하더라도 결국은 메모리는 부족하게 됩니다.

왜냐하면 컴퓨터는 전원을 켜서 끌 때까지의 모든 것이 메모리에서 이루어지며 파일 등을 복사를 하거나, 특히 그래픽 작업을 할 때는 메모리를 하마처럼 잡아먹기 때문에 시스템의 메모리는 아무리 많아도 결국에는 부족하게 되는 것입니다.

그래서 나타난 해결책이 시스템에 설치된 메모리 대신, 시스템에 설치된 대용량의 HDD의 일부를 끌어다가 메모리처럼 사용하는 기법을 개발하게 된 것이고요, 이것이 페이지 파일입니다.

앞의 [제어판] – [관리 도구] – [컴퓨터 관리] – [디스크 관리] 화면에서 드라이브 밑에 페이지 파일이 있다고 표시된 드라이브는 포맷이나 초기화가 안 됩니다.

지금 설명하는 것과 같이 해당 드라이브는 시스템에서 메모리의 일부로 사용하기 때문입니다.

음..
이 책은 컴퓨터 기초 및 중급에서 파워 유저까지.. 이므로 페이지 파일에 대해서 조금 더 자세하게 설명을 해야 하겠습니다.

앞에서 잠깐 설명했습니다만, 옛날 도스(Dos) 시절에는 고작 640Kb의 메모리만 존재했고요, 이것도 시스템의 콘솔 등 컴퓨터가 기동되는데 필요한 기본 장치들에서 대부분 사용하고 남은 아주 적은 양을 가지고 사용자가 사용해야 했으므로 컴퓨터는 전원을 켜서 끌 때까지 모든 것이 램(메모리)에서 이루어지는데 고작 640Kb의 메모리에서 시스템의 기본 장치에서 대부분 사용하고 남은 약 200~300Kb의 메모리를 사용해야 했으니 툭하면 메모리가 부족하여 실행할 수 없습니다.. 라는 메시지가 나오면서 시스템이 먹통이 되어 버리곤 했기 때문에 이 메모리(램)를 최대한 확보하는 것이 바로 컴퓨터의 실력이었습니다.

필자와 같이 우리나라 컴퓨터 1세대 사용자들은 상당히 오랫동안 이런 지옥과도 같은 환경에서 컴퓨터를 사용했고요, 그래서 툭하면 컴퓨터가 다운되므로 왼손은 [Ctrl + S]를 누르는 것이 버릇이 되어 있었습니다.

[Ctrl + S]는 만국 공통 저장하기 단축키이며, 천상천하 유아독존 오로지 우리나라의 토종 워드인 한글 프로그램에서는 생뚱맞게 [Ctrl + S] 가 아니라 [Alt + S]를 단축키로 사용합니다.

이것 한 가지만 예를 들었지만, 이러한 이유 때문에 세계에 자랑스러워야 할 한글 프로그램이지만, 영원히 마이크소포트사의 그늘을 벗어날 수가 없습니다.

어차피 한글과 컴퓨터사는 마이크로소프트사와는 경쟁의 상대가 안 되지만, 마이크로소프트사도 빌게이츠 한 사람이 시작한 회사가 이렇게 커진 것이고요, 우리나라에서도 누군가 빌게이츠와 같은 천재가 나타나서 한글 프로그램을 획기적으로 뜯어 고치기 전에는 영원히 마이크로소프트사의 워드, 엑셀, 인디자인 등의 프로그램을 따라가는 것은 불가능합니다.

필자도,.. 국내 7,000여 개가 넘는 수 많은 출판사에서는 옛날에는 대부분 한글 프로그램으로 원고 집필을 했고요, 지금도 일부 출판사에서는 한글 프로그램으로 원고 집필을 하지만, 원고 집필은 불가능한 프로그램이 바로 한글 프로그램입니다.

원고 집필이 불가능한 한글 프로그램으로 원고를, 논문을 작성해야 한다는 기가 막힌 논문 작성 규정이 있는 나라도 우리 대한민국이고요, 그래서 세계 최고의 두뇌를 가진 한국인이 노벨상을 수상한 사람이 단 한 사람도 없다는 것이 필자의 견해입니다.

물론 김대중 전 대통령의 노벨 평화상을, 한강 작가가 노벨 문학상을 받기는 했으나 과학 분양 노벨상 수상자가 전무하다는 얘기입니다.

이에 비하여 세계에서 가장 우수한 우리나라의 한글보다 훨씬 뒤지는 일본어를 사용하는 일본은 노벨상 수상자가 무려 40 여 명이나 됩니다.

중국은, 중국어를 포기하지 않으면 장차 세계에서 가장 뒤쳐지는 나라가 될 것이라는 중국 학자의 경고가 있음에도 불구하고 중국은 정치, 경제, 군사를 막론하고 세계를 거의 제패하고 있습니다.

이 책으로 공부를 하고 바로 이어지는 공부 과정이 바로 우리나라 토종 워드인 한글 프로그램을 배워야 하는데요, 필자의 저서 중의 하나인 [한컴 오피스 2024] 책에서도 언급했습니다만, 우리나라 국민의 한 사람으로서 한글 프로그램은 반드시 배워야 하는 넘버 원 소프트웨어임은 틀림이 없습니다.

지금도 전국의 모든 관공서 및 초중고교는 물론 대학교 등에서 대부분의 서식은 한글 프로그램으로 만들어서 사용하고 있습니다.

그러나 이렇게 관공서 서식 등을 만드는 것은 가장 좋은 프로그램임에 틀림이 없지만, 필자가 지금 집필하는 이 책과 같은 책이나 대학교 학위 논문 등을 쓰는 프로그램으로는 어렵다는 것을 떠나서 불가능하다는 것을 알아야 합니다.

이것을 지금 자세하게 설명할 수는 없습니다.
따라서 현재 한글 프로그램은 아마도 대부분 사용하고 있을 것이고요, 한글 프로그램은 우리나라 사람이라면 누구나 사용해야 하는 프로그램이지만, 그냥 그렇게 사용하시고요, 이 책과 같은 원고 집필은 불가능하다는 것만 아시면 되겠습니다.

이것은 여러분이 초보를 벗어나고 중급 사용자를 너머 파워 유저가 되면 저절로 알게 되겠습니다만, 지금은 이에 대한 자세한 설명은 생략하겠습니다.

지금 제어판의 관리 도구의 컴퓨터 관리의 디스크 관리를 설명하다가 연관된 다른 설명까지 이어졌는데요, 이 책은 어떤 하나의 전문 프로그램에 관한 책이 아니라 컴퓨터 파워 유저가 되는 책이므로 이러한 설명이 있는 것이고요..

다시 디스크 관리 설명을 하겠습니다.

디스크는 앞에서 보았던 HDD 사진의 HDD 속에 들어 있는 둥근 디스크를 의미하지만, 컴퓨터 사용자는 저장 장치, 영구 저장 장치, 보조 기억 장치라고 이해를 하면 되고요, 이 디스크는 물리적인 디스크를 의미하여 시스템에서는 이것을 하나의 드라이브(Drive}라고 표현을 합니다.

즉, C 드라이브, D 드라이브,.. 등으로 표현을 하고요, 이 드라이브는 너무나 큰 용량이기 때문에 우리나라도 행정구역을 경기도, 충청도,,...등으로 구분을 하듯이 자신이 저장하는 피일들의 성격에 맞는 폴더(디렉토리와 같은 말입니다.)를 만들고 그 폴더 안에 파일을 저장하는 것인데요..

이렇게 하기 위해서 새것 상태의 HDD를 시스템에 장착하고 부팅을 하게 되면 지금도 조금 오래 된 구형 컴퓨터를 사용한다면 셋업이라는 과정으로 진입하여 HDD가 장착되었다는 것을 시스템에 알리는 과정이 필요할 수 있고요, 여기서는 PC정비사 책이 아니므로 셋업(Setup)까지는 설명하지 않고요, PC정비까지 하고자 한다면 필자의 다른 저서 중에서 가장 많이 팔리는 PC정비사 책을 보셔야 하고요..

앞의 화면에 보이는 책이고요, 전자책에서는 앞의 화면을 클릭하면 바로 연결되고요, 종이책을 보시는 분이라면, 유튜브에서 '가나출판사' 검색하여 동그라미 속에 들어 있는 필자의 얼굴을 클릭하여 [필자의 유튜브 채널]에 오셔서 필자의 [홈페이지 주소] 링크를 클릭하여 필자의 홈페이지에 오셔서 [출판사]를 클릭하여 [PC 정비사 교본] 책을 클릭하시면 자세하게 보실 수 있고요, 직접 구입하실 수도 있습니다.

이렇게 시스템을 부팅되기 전에 셋업으로 진입하여 여러가지 설정을 하는 것은 중급 사용자를 너머 파워 유저가 돼야 가능하고요, 다행히 지금은 대부분의 컴퓨터는 새것 HDD를 정상적으로 끼우기만 했다면 부팅을 하면 자동으로 인식합니다.

그러나 HDD를 컴퓨터에 끼우고 부팅을 하여 컴퓨터에서 인식은 되었다고 하더라도 아직 사용자가 HDD에 대한 정보를 컴퓨터에 알려주지 않았기 때문에, 혹은 사용할 수 있도록 설정을 하지 않았기 때문에 탐색기에 나타나지 않아서 사용할 수가 없습니다.

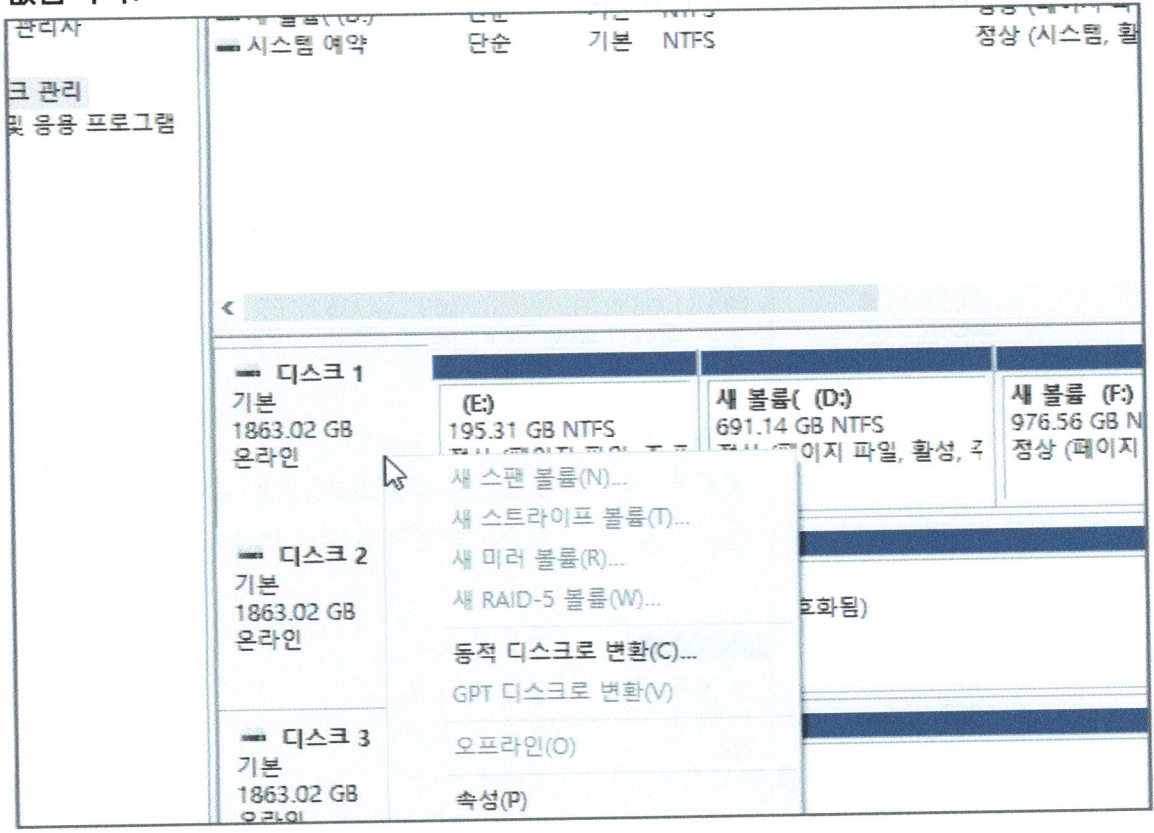

디스크에 관한 설명은 너무나도 많고 너무나도 복잡하기 때문에 좀더 많은 설명을 했으면 좋겠습니다만, 자세한 것은 필자의 다른 저서인 PC정비사 책을 보셔야 하고요, 앞의 화면은 제어판에서.. 디스크 관리 화면에 들어온 화면이고요, 앞의 화면, 마우스가 가리키는 곳을 보면 온라인이라고 되어 있고요, 처음 디스크를 장착했다면 혹은 무언가 오류가 있다면 가장 먼저 이곳을 마우스 우측 버튼을 클릭하여 온라인으로 설정해야 합니다.

제 1 절 디스크 관리

앞의 화면은 시작 클릭하고 '제어판' 입력하여 제어판에서 [관리 도구] – [컴퓨터 관리] – [디스크 관리]를 차례로 클릭하여 들어온 화면이고요, 조금 전에 앞에서 설명한 바와 같이 현재 사용중인 디스크는 디스크 좌측에 [온라인]이라고 표시되어 있고요, 그리고 우측에 보이는 디스크 공간, 드라이브명이 있는 곳을 클릭하고 마우스 우측 버튼을 클릭하여 나타나는 부메뉴에서 디스크에 관한 설정을 해야 하는데요.. 음.. 다음 설명 반드시 필독하세요..

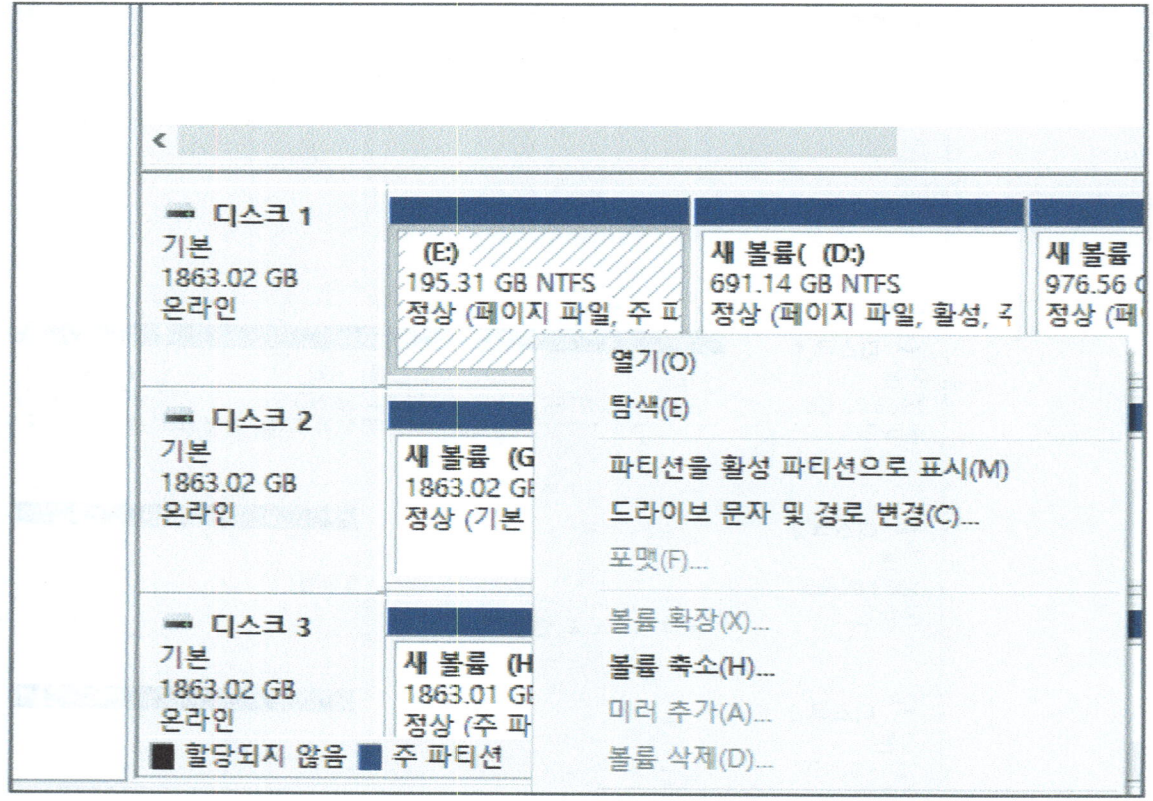

지금 바로 앞의 화면과 바로 그 이전의 화면, 이렇게 2개의 화면을 보여 드렸는데요, 이 2개의 화면에서 아무 것이나 클릭했다가는 만일 디스크에 파일이 저장되었을 경우 모든 데이터가 날아갑니다.

그래서 잘 알기 전에는 아무것도 만지지 말아야 합니다.

앞의 화면에 보이는 것은 필자가 현재 이 책을 집필하는 컴퓨터에 설치된 디스크를 보는 것이므로 앞의 화면에 보이는 것과 같이 보이는 것이고요, 아직 새것 HDD라면 메뉴가 다르게 나타나고요, 가장 먼저 파티션을 설정해야 하는데요, 이것도 매우 중요한 내용이므로 다음 설명을 꼭 필독하시기 바랍니다.

[1] 논리 드라이브

다음 화면을 보면 마우스가 가리키는 디스크는 가로로 길게 보이며 좌측을 보면 디스크 2 라고 되어 있고요, 그 위를 보면 디스크 1 이라고 되어 있으며 디스크 1의 우측으로는 3개의 공간이 보입니다.

이것은 디스크 2는 디스크 1개를 하나의 드라이브로 즉, G 드라이브로 사용하는 것이고요, 용량은 1863.02Gb라고 나오지만, 2Tb 용량의 HDD이고요, 2Tb 용량을 몽땅 하나의 G 드라이브로 사용하기 때문에 이렇게 나오는 것이고요, 그 위의 디스크 1은 하나의 디스크를 3개의 공간으로 나누어 사용하는 것입니다.

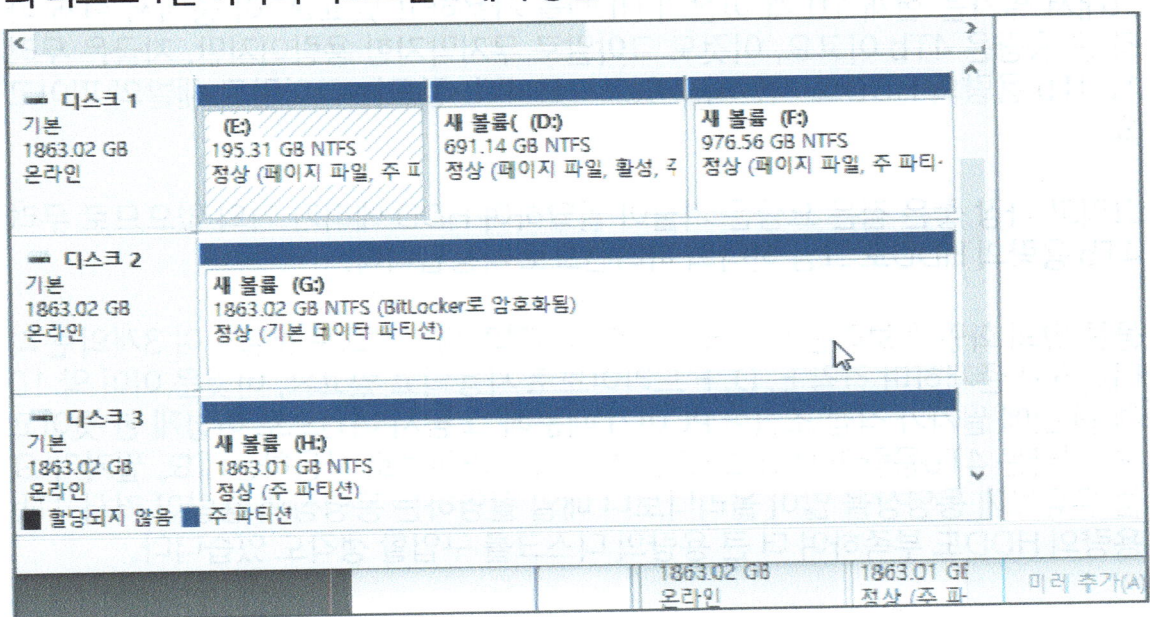

이렇게 한 개의 물리적인 디스크를 3개의 공간으로 나누어 사용하는 각각의 공간을 파티션(Partition)이라고 부르며 이것을 논리 드라이브라고 부릅니다.

즉, 물리적으로는 한 개의 HDD 이지만, 이것을 논리적으로 3개의 공간으로 나누어 앞의 화면에 보이는 것과 같이 각각 E, D, F 드라이브로 사용하고 있는 것입니다.

현재 마우스가 가리키는 것은 한 개의 디스크를 하나의 드라이브로 사용하며 이렇게 하나의 디스크 전체를 하나의 드라이브로 사용할 것인지 2개 이상으로 분할을 해서 사용할 것인지 선택을 해야 하고요, 하나의 디스크를 몽땅 하나의 드라이브로 사용한다 하더라도 파티션을 설정해야 하며 이것을 현재 보고 있는 화면에서는 할당량이라고 부르며 할당량에 나오는 수치를 몽땅 그대로 선택하고 다음으로 진행하면 하나의 디스크를 하나의 드라이브로 사용하는 것이며, 용량이 너무 크므로 2개 이상으로 나누어 사용하고 싶다면 원하는 수치를 써 넣고 다음으로 진행하여 파티션을 원하는 수로 쪼개어 사용할 수는 있으나..

일단 이론상 하나의 디스크를 쪼개어 사용하면 할 수록 낭비되는 공간이 생기며 이렇게 2개 이상의 파티션으로 분할해서 사용하다가 무언가 잘 못되어 HDD 자체에 문제라도 생기는 상황이 되면 다른 파티션에 저장된 데이터도 모조리 사라지게 됩니다.

그래서 필자는 현재 10 개 이상의 HDD를 사용하고 있고요, 이 중에서 현재 가장 큰 용량은 4Tb 이고요, 이것도 그야말로 무지막지한 용량이지만, 지금은 무려 100Tb 용량의 HDD도 시판되고 있으므로 4Tb 정도는 그야말로 새발의 피이고요..

그리고 가장 좋은 점은 요즘은 기술이 발달하여 HDD 에러가 거의 없으므로 무려 4Tb 용량의 HDD도 그냥 하나의 파티션으로 사용합니다.

물론 앞의 화면에 보이는 디스크 1은 현재 3개의 파티션으로 분할하여 3개의 논리 디스크가 존재하며 각각 E, D, F 드라이브로 사용되고 있고요, 이것은 이미 약 10여 년 전에 필자가 직접 조립한 PC이기 때문에 그 당시 여건으로 이렇게 한 것이고요, 지금은 4Tb용량의 HDD도 그냥 하나의 드라이브로 사용하는데요, 필자가 요즘 유튜브에 동영상을 많이 올리다보니 매일 촬영하는 동영상의 용량이 커서 4Tb 용량의 HDD도 부족하여 더 큰 용량의 디스크를 구입할 생각도 있습니다.

이상의 설명을 참조하여 가능한 컴퓨터에 많은 드라이브가 생기지 않도록 가능하면 하나의 디스크는 하나의 드라이브로 사용하는 것이 좋고요, 이렇게 HDD에 관한 설정을 마치면 포맷을 해야 한다는 메시지가 나오는데요.. 여기서 또 중요한 내용이 있습니다.

여러분이 아직 초보라면 벌써부터 머리가 지근 지근 아프겠지만, 이 정도를 이겨내지 못하면 파워 유저는 물 건너가므로 다음 설명을 잘 읽어 보시기 바랍니다.

[2] 포맷

앞의 설명을 따라 해서 디스크 분할 및 할당량까지 지정했다면 이제 포맷을 해야 비로소 해당 디스크에 저장을 할 수가 있는데요, 여기서 또 포맷을 할 때 어떤 형식으로 포맷을 할 것인지 묻는 화면이 나타납니다.

(1) 파일 형식

컴퓨터는 개발된지 불과 수십 년 밖에 안 되었으나 무려 300만 년이 넘는 인류의 모든 역사보다 더 많은 발전을 이루었습니다.

불과 수십 년 전에 쏘아 올린 우주선, 지금도 태양계 밖으로 날아가고 있는 보이저 우주선은 컴퓨터를 사용한 우주선이 아닙니다.

컴퓨터가 개발되기 이전에 개발된 것이 집적회로 IC이고요, 그 이전에 개발된 것이 70년대 전세계를 뒤흔들었던 일본 쏘니의 워크맨에 사용된 트랜지스터이고요, 보이저 우주선이 바로 이 트랜지스터를 사용한 우주선입니다.

물론 트랜지스터가 여러 개 결합된 것이 IC이며, 오늘날 여러분이 사용하는 개인용 PC 안에 들어 있는 시피유는 손톱 3~4개 크기에 무려 수 천 만 개의 트랜지스터가 집적된 집적 회로입니다.

그래서 10억분의 1, 즉, 나노 기술이 들어간 것이 반도체이며 미국의 인텔은 시피유 한 개로 세계를 제패한 벤쳐기업이고요, 우리나라의 삼성은 후발 업체이지만, 이미 세계를 제패하여 한 때 세계를 제패한 일본의 기라성같은 모든 전자업체를 누르고 세계 1위 기업이 되었으니 필자 역시 우리나라 국민의 한 사람으로 가슴 뿌듯

한 일이 아닐 수 없습니다.

지금 파일 시스템을 설명하는 중이고요, 조금 전에 설명한 보이저 우주선은 수십 년 전의 트랜지스터로 만들어진 우주선이고요, 컴퓨터의 역사는 하루만 지나면 딴 세상이 될 정도로 빠르게 발전을 하고 있고요, 컴퓨터의 발전에서 가장 중요한 것은 속도입니다.

시피유는 중앙처리장치로서 주변장치들과 정보를 주고 받으면서 10억분의 1초라는 경이로운 속도로 연산을 하며 그 결과를 보여주며, 이러한 중앙처리장치인 시피유와 데이터를 주고 받는 주변 장치들과의 통신 경로를 어떻게 하면 조금이라도 더 빠르게 할까 하고 연구에 연구를 거듭하여 그야말로 자고나면 새로운 기술들이 생겨나고 있고요, 여기에 맞추어 파일 시스템도 계속 변해 왔습니다.

지금 포맷 단계에서 파일 시스템을 어떤 것으로 할 것인지 묻는 화면이 나타났고요, 여기에 FAT32, exFAT32, NTFS 등이 보이며 어떤 파일 시스템을 선택할 것인지 묻는 것입니다.

결론부터 얘기한다면 지금은 무조건 NTFS를 선택하면 무난합니다.

FAT32는 옛날 32비트 파일 시스템이고요, exFAT는 이보다 진보된 방식의 파일 시스템이고요, 이후 개발되어 현재까지 사용하고 있는 가장 진보된 파일 시스템이 바로 NTFS 파일 시스템이기 때문입니다.

(2) 컴퓨터 작동 비트(Bit)

조금 전에 앞에서 FAT32는 옛날 32비트 파일 시스템이라고 했는데요, 앞에서도 잠깐 설명을 했습니다만, 컴퓨터는 0과 1로 표현되는 2진수로 작동하고요, 이것이 1비트(Bit)이고요, 이것이 8개가 모이면 1바이트(Byte)가 되며 문자 1자를 표현할 수가 있습니다.

이런 식으로 컴퓨터가 작동을 하며 옛날 8비트 컴퓨터, 이후 16비트 컴퓨터, 32비트 컴퓨터, 지금의 윈도우즈 운영체제를 사용하는 컴퓨터는 윈도우즈 운영체제 자체가 64비트로 설계된 운영체제이므로 64비트로 작동하고요, 요즘 매우 유명한, 젠슨 황이 CEO로 있는 NVIDA사의 그래픽 카드(다른 그래픽 카드도..)들은 최대 384Bit로 작동을 합니다.

이 책의 머리말에서 상당히 길게 설명한 내용 중에 지금 이 책은 옵셋 인쇄를 해서 만든 책이 아니라 여러분 대부분이 사용하는 무한잉크프린터로 인쇄를 해서 만든 책이라고 했습니다.

이 때 프린터도 컴퓨터의 발전에 발맞추어 쉬지 않고 발전을 하고 있고요, 예를 들어 필자가 현재 이 책 포함 모든 책의 인쇄에 사용하는 주력 기종은 HP Officejet Pro 8210 모델인데요, 프린터 헤드가 좌우로 움직이면서 인쇄가 되며, 프린터 헤드가 좌우로 움직이는 속도는 동일한데 인쇄 속도는 구형 모델에 비하여 2배 정도 훨씬 빠르게 인쇄가 됩니다.

이는 프린터가 작동하는 속도는 동일하지만, 신형 모델에서는 프린터 헤드가 한 번 움직일 때 인쇄되는 면적이 2배 정도로 넓기 때문에 훨씬 빠르게 인쇄가 되는 것입니다.

이와 같이 컴퓨터의 발전 역시 컴퓨터의 속도의 빠르기로 대변되는데요, 예를 들어 시피유의 클럭 속도를 빠르게 하여 속도를 높일 수 있지만, 너무 큰 열이 나기 때문에 클럭 수는 무한정 높일 수가 없습니다.

지금도 시피유에서는 너무 큰 열이 나기 때문에 시피유 한 개의 크기는 고작 손톱 3~4개 정도의 크기이지만, 이 시피유에서 나는 열을 식히기 위한 방열판과 냉각 팬의 크기는 시피유 크기의 100배 정도이고요, 심지어 자동차 엔진과 같이 수냉식 냉각 시스템을 사용하는 컴퓨터가 있을 정도입니다.

그래서 아이러니하게도 화성에 보내서 다년간 활동을 했던 오퍼튜니티호는 속도가 매우 느린 아주 오랜 옛날 구형 시피유가 탑재되어 있습니다.

화성에서는 공기가 희박하여 공냉식으로 시피유를 식히기도 어렵거니와 그야말로 우주 공간에서 작동하기 때문에 한 번 고장이 나면 쉽게 고칠 수 없기 때문에 작동 속도가 느려서 냉각 팬을 달지 않아도 거의 열이 나지 않는 완전 구형 구닥다리 시피유를 장착한 것입니다.

이와 같이 컴퓨터는 모든 것에서 속도와의 경쟁이며 옛날 8비트 컴퓨터보다 16비트 컴퓨터가 빠르며 당연히 32비트, 지금의 64비트 운영체제가 빠른 것이고요, 그래서 인터넷으로 무언가 프로그램을 다운로드 할 때는 가능한 64비트용으로 받아야 조금이라도 빠르게 작동을 하는 것입니다. (자신의 운영체제와 동일한 비트)

그런데 앞에서 그래픽카드는 128Bit 이상으로 작동을 한다고 했는데요, 컴퓨터의 속도는 그 컴퓨터를 구성하는 부품 중에서 가장 느린 부품의 속도가 곧 그 컴퓨터의 속도가 됩니다.

그래서 그래픽 카드가 아무리 빠르게 작동을 해도 윈도우즈 운영체제가 64비트이기 때문에 그 이상의 속도는 나오지 않는 것입니다.

앞으로 윈도우즈 운영체제가 더 발전하여 128비트 운영체제가 나온다면 그래픽카드와 찰떡 궁합이 되겠지만 그 때는 그래픽카드가 다시 더 빠른 비트로 작동을 하게 될 것입니다.

이와 같이 컴퓨터에서는 8, 16, 32, 256, 512, 1024.. 라는 숫자가 매우 중요합니다.

예를 들어 메모리(램)의 용량도 64Gb, 128Gb, 512Gb,.. 이렇게 나가는데요, 스마트폰 용량도 이렇게 나가고요,.. 스마트폰 용량이라는 것이 스마트폰에 내장된 메모리의 크기이니까요..

이렇게 8의 배수로 나가는 이유는 컴퓨터는 2진수로 작동하며 8비트가 1바이트이기 때문에 알기쉽게 십진수로 1000개가 모이면 1Kb로 표현을 하지만, 엄밀하게는 1000바이트(Byte)가 아니라 1024바이트(Byte)이기 때문입니다.

이것은 여러분이 이 책으로 공부를 하여 어느정도 실력이 쌓인 후에 정보처리에 관심을 가지고 정보처리 자격증 시험 공부를 하게 되면 2진수와 16진수에 대해서 많은 공부를 해야 하며 그 때가 되면 2진수에 대해서 자세하게 알게 될 것입니다.

정보처리라는 것이 앞에서 설명한 것과 같이 자격 시험에서는 학교 성적 등을 구하는 프로그래밍을 하는 것이지만, 최악의 경우 해커가 되는 것도 프로그래머이고요, 요즘은 보통 개발자라고 부르는 직업이 바로 정보처리 자격증을 취득한 뒤에 활동하는 프로그래머를 의미합니다.

또 이와 별개로 하루종일 컴퓨터 코드만 들여다보고 머리를 싸매고 프로그래밍을 하다보면 저절로 싸이코가 되는 경우가 많고요, 반면에 컴퓨터 프로그래밍보다는 컴퓨터그래픽에 빠져서 전문 컴퓨터그래픽 디자이너가 되는 사람들도 많이 있습니다.

제 2 장 시스템

제 1 절 가상 메모리(페이징 파일)

제어판은 너무나 중요하므로 비중있게 다루는 것이고요, 앞에서 HDD를 사용하는 방법을 알아보았고요, 그리고 앞에서 시스템에 설치된 메모리는 아무리 많아도 결국은 부족하게 되며 이것을 해결하고자 시스템에 설치된 HDD의 일부를 끌어다가 메모리로 사용하기 때문에 오늘날에는 아무리 큰 파일을 불러와서 작업을 해도 컴퓨터가 다운되거나 먹통이 되는 일이 없다고 했는데요, 이렇게 HDD의 일부를 끌어다가 메모리로 사용하는 것을 앞에서 페이지 파일이라고 했고요, 이것을 가상메모리라고 부릅니다.

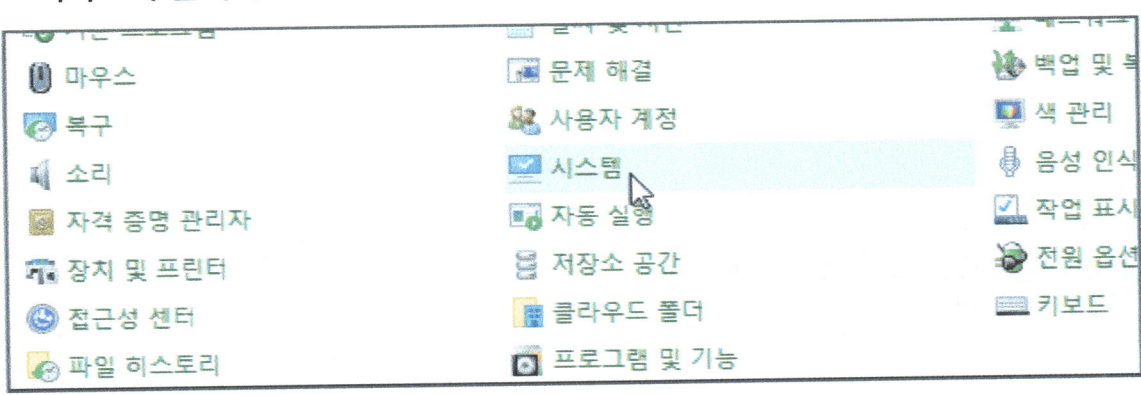

앞의 화면 참조 마우스가 가리키는 [시스템] 클릭하면 다음 화면이 나타납니다.

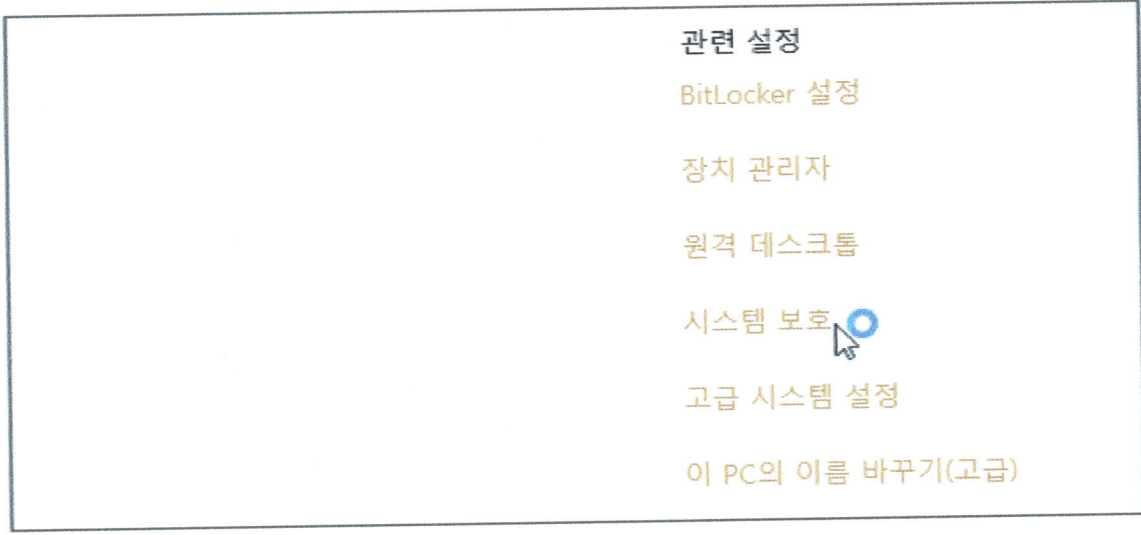

앞의 화면 참조 마우스가 가리키는 [시스템 보호]를 클릭하면 다음 화면이 나타납니다.

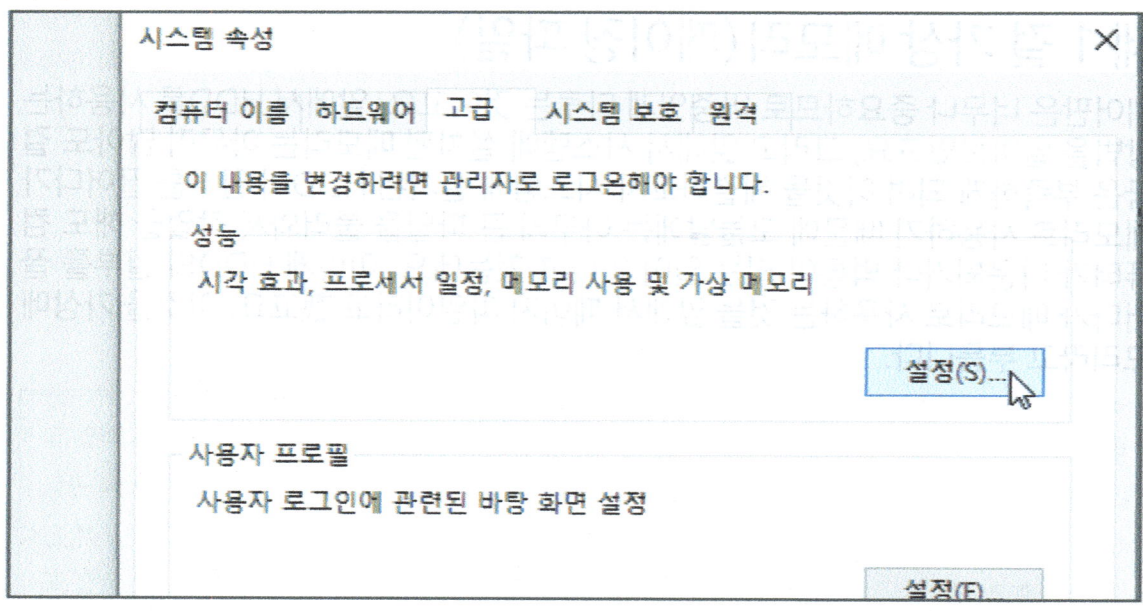

앞의 화면 상단 [고급]탭을 클릭하고 마우스가 가리키는 [설정]을 클릭하면 다음 화면이 나타납니다.

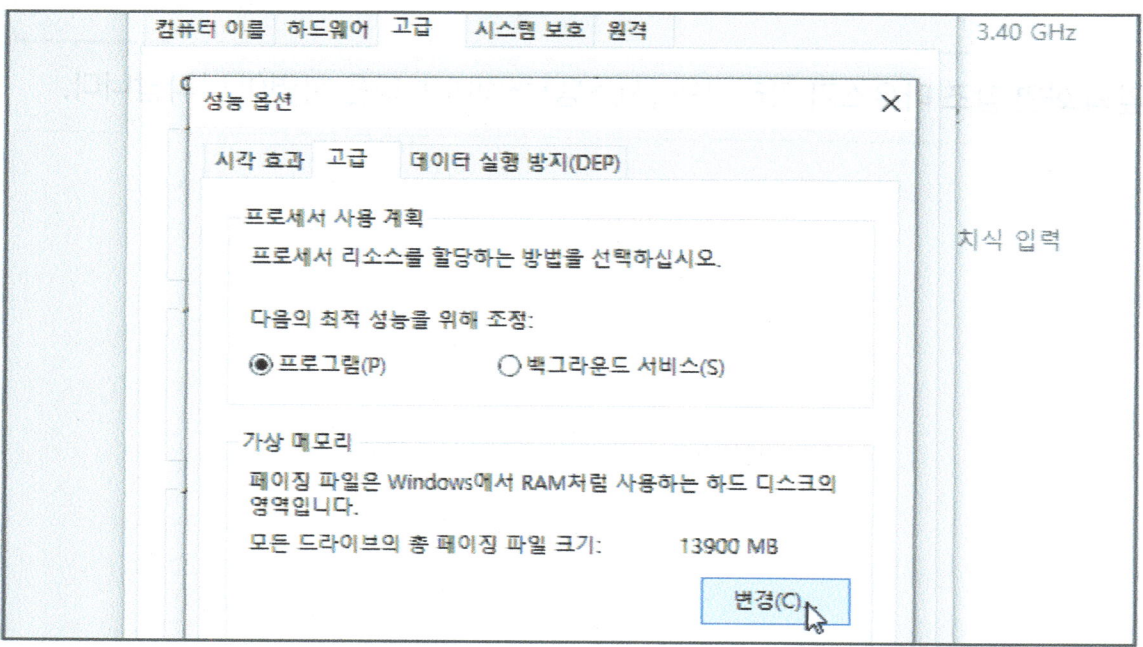

앞의 화면에서 마우스가 가리키는 [변경]을 클릭하면 다음 화면이 나타나는데요, 다음 화면이 중요한 화면입니다.

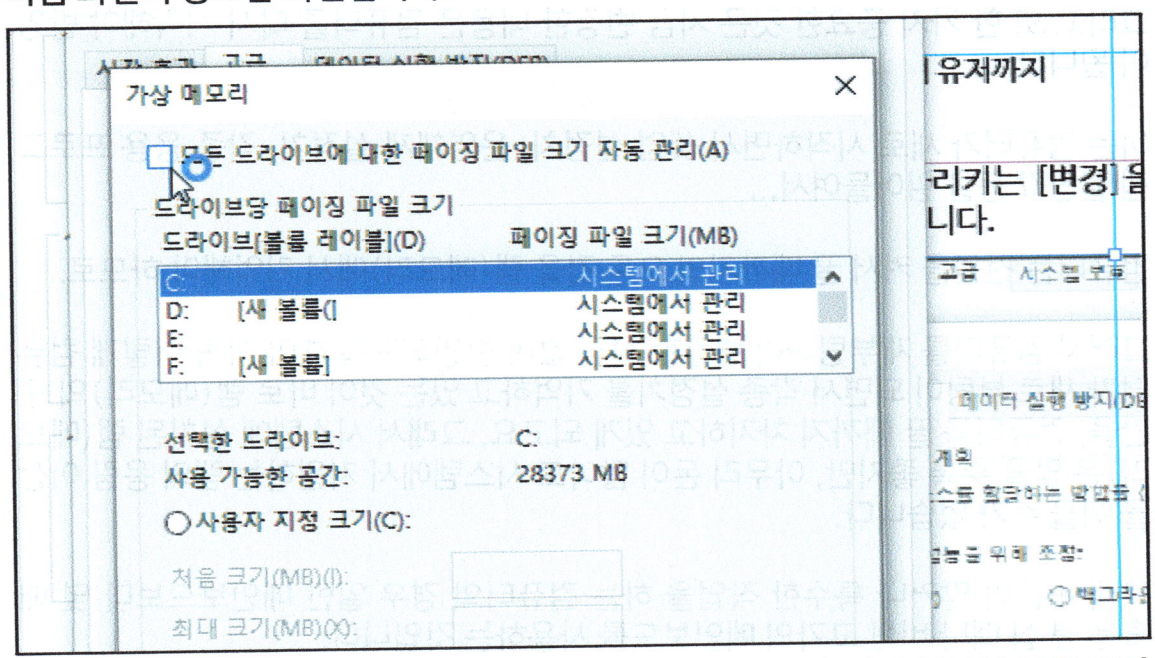

일단 앞의 화면에서 마우스가 가리키는 체크 박스에 체크가 되어 있어서 모든 드라이브의 페이징 파일을 시스템에서 관리를 하게 되어 있으면 됩니다.

필자는 시스템이 다소 버벅거려서 앞의 화면에 보이는 것과 같이 모든 드라이브의 페이징 파일을 일일이 수동으로 지정했는데요, 이렇게 할 경우 페이징 파일의 용량이 너무 커져서 오히려 컴퓨터 속도를 떨어뜨릴 수가 있습니다.

지금 설명하는 페이징 파일이 실제 메모리가 아니면서도 시스템에 설치된 HDD의 일부를 끌어다가 램(메모리)처럼 사용하기 때문에 가상 메모리 기법이라고 부르는 것입니다.

이 때 램(메모리)은 전기의 속도로 작동하기 때문에 빠르지만, HDD는 스핀들 모터가 플래터를 회전시키는 장치이기 때문에 상대적으로 속도가 느릴 수 밖에 없습니다.

따라서 조금 전에 설명한 바와 같이 페이징 파일을 너무 많이 지정하면 오히려 컴퓨터의 속도가 떨어질 수 있다는 것을 아시기 바랍니다.

[1] 램 상주 프로그램

그리고 또 한 가지 중요한 것은 지금 변경한 내용은 컴퓨터를 다시 시작해야 반영이 됩니다.

이는 컴퓨터가 새로 시작하면서 셋업 설정치, 운영체제 설정치, 각종 응용 프로그램 설정값 등을 읽어들여서,..

컴퓨터는 전원을 켜서 끌 때까지의 모든 것을 램(메모리)에서 기억해야 하므로..

그래서 컴퓨터를 재부팅하여 변경한 설정 값이 반영되도록 해야 하며 이렇게 컴퓨터가 새로 부팅이 되면서 각종 설정치를 기억하고 있는 것이 바로 램(메모리)의 공간을, 컴퓨터를 끌 때까지 차지하고 있게 되고요, 그래서 시스템에 설치된 램(메모리)은 많을 수록 좋지만, 아무리 돈이 많아도 시스템에서 지원하는 램의 용량 이상을 끼울 수가 없습니다.

그래서 돈이 많거나 특수한 작업을 하는 컴퓨터의 경우 일반 메인보드보다 몇 배 혹은 몇 십 배나 비싼 고가의 메인보드를 사용하는 것입니다.

예를 들어 슈퍼 컴퓨터가 아니더라도 웬만한 서버용 컴퓨터로 사용하는 워크스테이션급의 컴퓨터는 메인보드 한 개에 시피유가 2개 이상 여러 개 장착하는 모델도 있습니다.

그리고 이러한 서버용 시피유가 데스크탑(대부분의 여러분이 사용하는 PC는 데스크탑 컴퓨터입니다.) 컴퓨터와 호환이 되는 모델이 있습니다.

예를 들어 필자가 사용하는 컴퓨터 중의 한 대는 인텔 제온 E3-1270 V3 시피유를 사용하는데요, 인텔 i7-2세대급 시피유이고요, 인텔 정품 i7-2세대 시피유에 비해서 오히려 속도는 약간 느린 편이지만, 시피유의 열을 식혀주는 쿨러를 장착하지 않아도 컴퓨터가 다운되지 않을 정도로 안정성이 우수합니다.

서버 컴퓨터는 24시간 365일 계속 켜져 있기 때문에 무엇보다 안정성이 중요하기 때문입니다.

그러나 이렇게 데스크탑 컴퓨터와 호환되는 서버용 시피유는 매우 제한적입니다.

여러분이 이 책으로 공부를 하여 나중에 파워 유저가 되고, 필자의 다른 저서 "PC 정비사 교본" 책을 공부하여 지금 설명하는 것과 같이 안정적인 서버용 시피유를 사용해 보고 싶으신 분은 해당 서버용 시피유를 지원하는 메인보드를 구입해서 사용해야 하며 당연히 서버용 메인보드는 일반 데스크탑용 메인보드보다 비쌉니다.

같은 데스크탑용 메인보드, 동급의 메인보드라 하더라도 메인보드 가격은 천차만별이며 심한 경우 거의 10배 정도 차이가 납니다.

그러나 필자는 컴퓨터 자격증이 약 10 여 개나 되며 책을 수십 권 집필하였으나 게임이라고는 단 한 번도 해 본 적이 없기 때문에 굳이 사양이 좋은 컴퓨터가 필요없기 때문에 지금도 필자가 사용하는 가장 사양이 좋은 컴퓨터는 인텔 i7-7세대 시피유에 메모리는 고작 8Gb를 사용한 시스템이고요, 지금 이 책을 집필하는 컴퓨터는 인텔 i7-3세대 시피유에 역시 8Gb 메모리를 사용한 컴퓨터입니다.

(1) cpu-z 프로그램 소개

지금 램 상주 프로그램 설명을 하는 단원입니다만, 방금 필자가 사용하는 컴퓨터의 사양에 대하여 이야기를 했는데요, 이렇게 컴퓨터의 사양을, 컴퓨를 뜯지 않고 알아보는 프로그램이 있습니다.

특히 필자의 다른 저서 "PC정비사 교본" 책으로 공부를 하는 분이라면 수시로 사용하는 프로그램이고요, 컴퓨터의 사양을 보여주는 프로그램도 여러가지가 있지만, 가장 많은 사람들이 사용하는 프로그램이 cpu-z 프로그램이고요, 이 프로그램 포함 대부분의 프로그램은 자신이 사용하는 운영체제 비트수와 같아야 정상 작동을 합니다.

앞에서 컴퓨터의 작동 비트(Bit)에 대해서 설명을 했는데요, 잘 생각이 나지 않는 분은 앞으로 가셔서 다시 읽어 보시고요, 예를 들어 현재 윈도우 10을 사용한다 하더라도 윈도우10 32비트를 사용하는 컴퓨터도 있고, 64비트를 사용하는 컴퓨터도 있습니다.

따라서 윈도우10 32비트를 사용하는 컴퓨터라면 cpu-z 32비트용을 다운 받아야 하며 윈도우10 64비트를 사용하는 컴퓨터라면 cpu-z 64비트용을 다운 받아야 하며 이것은 여러분 혹은 누군가 그 컴퓨터를 최초 혹은 중간에 만들거나 업그레이드 등을 하면서 인스톨한 윈도우즈 운영체제 버전이기 때문입니다.

윈도우즈 운영체제를 최초에 설치할 때 가능한 64비트 운영채제를 사용해야 이론상 조금이라도 빠른 것인데, 최초에 32비트 운영체제로 설치했다면 여기에 사용하는 각종 응용 프로그램도 운영체제의 비트 수에 맞는 32비트용을 설치해야 제대로 작동을 하는 것입니다.

물론 예외는 있습니다.
예를 들어 여러분 대부분 카카오톡을 사용하지 않는 사람이 없을텐데요, 카카오톡 PC 버전을 설치할 때 카카오톡을 다운 받아서 설치를 하게 되며 카카오톡 다운 받을 때 32비트(추천), 64비트.. 이렇게 되어 있는 화면에서 선택하여 다운로드를 하게 되어 있습니다.

즉, 자신이 사용하는 윈도우즈 운영체제가 64비트라 하더라도 카카오톡은 오히려 32비트용을 다운받아 설치하는 것을 카카오 측에서 추천하는 것입니다.

또한 32비트나 64비트를 구분하지 않고 작동하는 프로그램도 있고요, 특별히 32비트가 아니면 작동하지 않는 경우에는 어쩔 수 없이 윈도우즈 운영체제를 최초에 설치를 할 때 32비트로 설치할 수 밖에 없습니다.

예를 들어 특수한 기계 등은 따로 기계어가 있기는 하지만, 윈도우즈가 설치된 컴퓨터에서 작동하는 기계이면서도 일부 구형 기계의 경우 32비트 운영체제에서만 작동되도록 만들어진 경우가 있습니다.

이러한 경우에는 어쩔 수 없이 32비트 운영체제를 사용해야 하고요, 그리고 또 32비트나 64비트를 가리지 않고 윈도우7에서만 작동하는 기기의 경우 어쩔 수 없이 윈도우 7 운영체제를 사용할 수 밖에 없습니다.

예를 들어 필자가 예전에 사용하던 대형 플로터(아주 크기가 큰 프린터를 플로터라고 합니다.) 중에서 HP DesignJet 500, 500P 등의 모델이 있었는데요, 이 모델들은 윈도우7에서만 작동을 합니다.

(2) 드라이버(Driver)

작동 비트 설명을 하다가 이번에는 드라이버 설명을 하게 되는데요, 방금 설명에 대한 추가 및 보충 설명이 필요하며 아주 중요한 내용이기 때문에 드라이버 (Driver) 설명을 하지 않을 수가 없습니다.

방금 설명한 것과 같이 윈도우7 운영체제에서만 작동하는 기기들은 해당 기기 제조업체에서 윈도우7 운영체제에 맞는 드라이버 파일만 만들고, 이후에 나온 윈도우10 등의 운영체제에 맞는 드라이버 파일을 제공하지 않기 때문입니다.

이렇게 컴퓨터에 사용하는 주변기기들은 해당 주변기기들이 윈도우즈 운영체제에 맞는 드라이버 파일을 만들어서 제공을 해야 작동을 하며 실제로는 특수한 기기를 제외한 대부분의 기기들, 예를 들어 윈도우즈 운영체제가 발표되기 이전에 출시된 주변 기기들에 대한 드라이버 파일은 윈도우즈 운영체제 안에 대부분 포함되어 있어서 따로 드라이버 파일을 실행시키지 않아도 됩니다.

여기서 드라이버(Driver)란 눈으로 보이는 기계에 사용하는 나사를 조이는 드라이버와 동일한 개념과 동일한 스펠링을 사용합니다.

이 때 눈으로 보이는 나사는 눈으로 보이는 드라이버로 조일 수 있지만, 눈으로 보이지 않는 프로그램, 그래픽 카드, 프린터 등의 컴퓨터 주변 장치들을 작동하게 하는 드라이버는 눈으로 보이지 않는 프로그램이기 때문에 눈으로 보이는 나사를 조이는 드라이버와 동일한 개념으로 드라이버라고 부르며, 더 정확히는 드라이버 파일이 있어야 해당 장치를 사용할 수 있는 것입니다.

이 때 프린터 등의 컴퓨터 주변 기기는 해당 기기 제조사에서 윈도우즈 여러 운영체제에 맞는 드라이버 파일을 만들어서 제공을 하는 것이 보통인데요, 윈도우즈 운영체제가 나오기 이전에 사용하던 주변 기기들은 이미 구 버전의 윈도우즈 운영체제에 맞게 드라이버 파일들이 만들어져서 배포 중이기 때문에 이러한 드라이버 파일들은 윈도우즈 운영체제에 포함되어 있을 수도 있고요, 새로운 운영체제에 맞지 않는 드라이버는 다시 원래의 주변 기기 제조사에서 새로운 운영체제에 맞는 드라이버 파일을 만들어서 제공을 해야 하는 것입니다.

컴퓨터를 사용하면서, 운영체제 역시 사용자가 컴퓨터에 인스톨(install - 프로그램을 까는 것을 인스톨 한다고 표현합니다.)해서 사용하는 것이며, 이러한 운영체제는 어떠한 컴퓨터이든지 대개 이미 컴퓨터를 만드는 메이커에서 윈도우즈 라이센스를 구입해서 윈도우즈가 설치되어 있는 것이 대부분이며, 한 가지 주의 할 점은 컴퓨터를 처음 살 때 깔려 있던 윈도우즈라 하더라도 메인보드가 바뀌거나 기타 중요한 부품이 바뀌면 윈도우즈 라이센스가 사라진다는 점입니다.

마이크로소프트사는 세계 최고의 갑부이면서도 이런 것까지, 그리고 전세계의 푸어 유저, 즉, 가난한 개인 사용자 및 학생 등에게도 정품 사용을 요구해서 전세계인들로부터 비난을 받자 지금은 개인이 불법으로 사용하는 것은 눈감아 주기도 합니다. 다만, 예전에는 비 정품 윈도우즈는 사용하다가 적발되면 엄청난 배상금을 물어야 하기도 했습니다.

지금도 중소기업, 시중은행, 학원, PC방, 관공서 등에서는 반드시 정품 윈도우즈를 사용해야 하며 이렇게 정품 윈도우즈 운영체제만 팔아도 세계 최고의 부자가 마이크로소프트사이기 때문에 요즘은 개인에게 정품 사용을 적극적으로 요구하지는 않지만, 인터넷에서 마이크로소프트사의 로봇 프로그램들이 돌아다니면서 비정품 윈도우즈 사용자의 컴퓨터를 적발하면 쥐도 새도 모르게 해당 컴퓨터가 잘 안 되게 하기도 합니다.

이는 물론 공식적으로 마이크로소프트사에서는 그렇게 한다고 하지는 않습니다.

그러나 컴퓨터 파워 유저가 되면 마이크로소프트사에서 말을 하지 않아도 비정품 프로그램 사용자를 응징한다는 것을 잘 알고 있으며, 이와 별개로 통신사에서도 사용자의 컴퓨터를 검열하여 3대 이상의 컴퓨터를 사용하면 컴퓨터가 안 되게 하는 악성 코드를 심기도 합니다.

예를 들어 KT에 인터넷을 신청하여 인터넷이 설치되면 원래 1회선을 계약하는 것이지만, 옛날에는 고정 IP를 주어서 그야말로 딱 1회선을 사용하는 계약이며 이것을 2대 이상의 컴퓨터에 인터넷을 연결하여 사용하면 하나의 회선의 속도가 절반으로 떨어지기도 했습니다.

지금도 여러 대의 컴퓨터를 하나의 인터넷 회선에 연결하면 당연히 속도가 떨어지고요, KT에서는 지금은 한 회선에 2대까지의 PC 사용은 허용하지만, 3대 이상 연결하면 3번째 PC는 무언가 이상해도 이상해지게 합니다.

가장 흔한 증상은 시도 때도 없이 다운되게 만들어서 사용자가 그 컴퓨터를 쓰지 못하도록 하는 방법을 사용합니다.

이러한 내용은 어느 누구도 알려주지 않는 내용이며 어떠한 책에도 나오지 않는 내용이므로 그냥 기억해 두었다가 나중에 파워 유저가 되었을 때 이런 증상이 나타나면 필자가 이 책에서 이번 단원에서 이런 설명을 했다는 것을 기억하고 개인의 경우 2대까지는 인터넷을 사용할 수 있으나 3대 이상은 잘 안 된다는 것을 아시기 바랍니다.

여러분이 사용하는 컴퓨터는 이미 윈도우 10 혹은 윈도우 11이 깔려 있을 것입니다.

그러나 만일 여러분이 파워 유저가 되어 필자의 다른 저서 "PC정비사 교본" 책을 보고 공부를 하여 자신이 사용하는 PC를 직접 조립했다면 직접 운영체제를 깔아야 합니다.

이 책에서는 이 부분을 다룰지 말지 아직은 결정하지 못 하였고요, 이 책의 원고 중반 이후에 페이지를 고려하여 넣을 수도 넣지 않을 수도 있습니다.

사실 컴퓨터는 어느정도 할 줄 알면서도 운영체제를 평생동안 단 한 번도 깔아보지 않은 사람이 참으로 많은데 놀라움을 금할 수 없습니다.

잘 쓰던 컴퓨터가 갑자기 다운되어 재부팅이 안 되기만 하여도 여지없이 PC 정비사를 부르는 것이 대부분인데요, 컴퓨터 파워 유저라면 최소한 자기가 쓰는 컴퓨터는 직접 조립을 하고 고장이 나도 직접 고칠 줄을 알아야 합니다.

지금 드라이버 파일 설명을 하다가 연관된 다른 설명을 곁들였는데요, 여러분이 컴퓨터를 사용하면서 프린터를 설치할 때 가장 애를 먹게 되며, 일반적으로 프린터를 컴퓨터에 연결.. usb 케이블을 이용하여 연결하거나, 요즘 나오는 신형 프린터들은 대부분 와이파이를 지원하므로 무선으로 연결이 되는데요, 자동으로 연결되는 수도 있지만, 대부분 사용자가 여러가지 지정 및 설정을 해야 합니다.

필자의 경우 책을 쓰는 것이 직업이고, 그 책을 직접 인쇄를 하기 때문에 프린터가 여러 대이고요, 또 필자의 저서 중에는 "카메라 교본" 책도 있기 때문에 필자가 카메라를 가지고 여기 저기 다니면서 촬영한 각종 사진을 인쇄를 하여 대형 사진, 중소형 사진 및 큰 액자, 작은 액자 등에 넣어서 판매를 하기 때문에 대형 플로터도 여러 대 있는데요, 필자가 사용하는 모든 프린터 및 플로터는 현재 오로지 HP 프린터 한 회사 제품만 사용합니다.

필자의 경우 책을 인쇄를 하기 때문에 하루에 보통 수 천 장씩 인쇄를 하기 때문에 모든 프린터에서 사용하는 프린터 헤드가 동일한 헤드를 사용하며 이렇게 하기 위하여 HP OfficeJet Pro 8210 여러 대, 그리고 이 프린터와 똑같은 헤드를 사용하는 HP OfficeJet Pro 7720(A3 프린터) 프린터를 사용하며 책은 A4 용지에 인쇄를 하지만, 표지는 A3 용지에 인쇄를 해야 하기 때문입니다.

이 때 프린터 드라이버가 자동으로 잡히지 않으면 직접 설치를 해야 하는데요, 필자가 사용하는 HP 프린터를 예로 들어 보겠습니다.

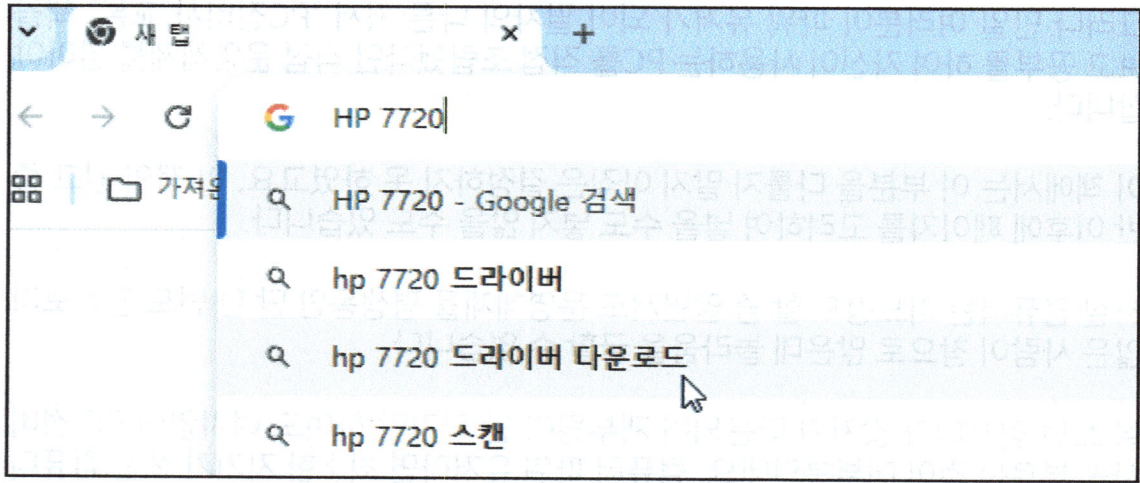

앞의 화면에 보이는 것과 같이 인터넷에서 필자가 현재 사용하는 A3 프린터 모델을 입력하면 앞의 화면에 보이는 것과 같이 여러가지 검색어가 나열됩니다.
앞의 화면에서 마우스가 가리키는 HP 7720 드라이버 다운로드를 클릭하면 다음 화면이 나타납니다.

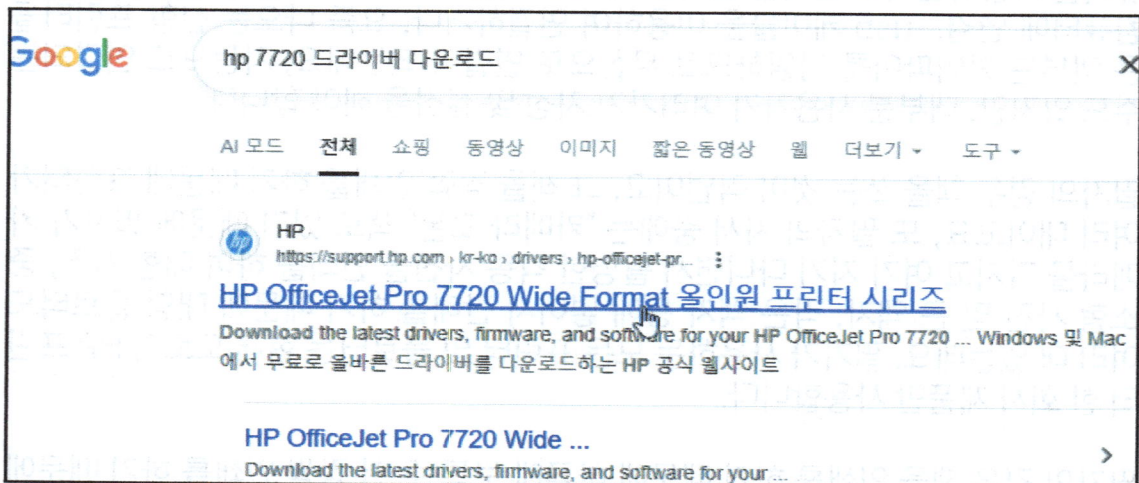

지금 필자가 사용하는 HP OfficeJet Pro 7720 A3 올인원 프린터 드라이버 파일을 다운로드 하기 위한 작업이고요, 이러한 파일을 다운로드 할 때는 항상 원 제작

사인지 확인하는 습관을 들여야 합니다.

인터넷으로 어떠한 프로그램 혹은 파일을 다운 받을 때 해당 프로그램 개발사가 아닌 다른 사람이나 단체에서 올려 놓은 이상하고 이상한 나라의 엘리스같은 가짜 사이트에 들어가서 다운로드를 클릭하면 자칫 악성 코드에 감염되어 컴퓨터를 못 쓰게 될 뿐만 아니라 자칫 금융 사고까지 당할 수 있는 위험이 다분히 있습니다.

앞의 화면은 HP 사이트이므로 안심하고 다운로드 할 수 있습니다만, 악성 코드를 심지 않고, 이렇게 많은 사람들이 찾는 프로그램 검색어를 입력하면 자신들의 사이트가 검색되도록 여러가지 방법(광고 등록 등을 해서)을 써서 자신들의 사이트에 여러 사람들이 찾는 프로그램이나 파일들을 올려 놓고 많은 사람들이 찾아오게 해서, 즉, 방문객 수를 늘려서 이 사이트에 광고를 유치해서 광고비를 챙기는 것도 사업이므로 이러한 사이트를 잘 못 클릭해서 들어가면 이상하게 즉시 다운로드 할 수 있게 해 놓지 않고 자꾸 여러 번 클릭하여 자신들이 원하는 페이지로 유도하는 아주 나쁜 기분 나쁜 꺼림직한 일을 겪게 됩니다.

이것이 어쩌다 한 두 번 있는 것이 아니라 어떠한 검색을 하든 벌떼처럼 달라붙어서 검색하는 사람을 홀딱 벗겨서 통째로 벗겨 먹으려고 하니 문제입니다.

그래서 필자가 필자의 블로그에 인터넷을 무협지에 나오는 강호에 비유하여 강호에서 살아남기 시리즈를 연재하기도 했었는데요..

이와 같이 인터넷은 정보의 바다이면서 동시에 쓰레기의 바다이기도 하기 때문에 정확한 정보를 찾는 것도 기술이며 그래서 정보 검색사라는 자격증도 있는 것입니다.

일단 여러분은 아직 컴퓨터의 전문가가 아니기 때문에 어떤 것이 올바른 파일인지 알기 어려울 수도 있습니다.

그러나 지금 필자가 사용하는 HP OfficeJet Pro 7720 프린터와 같이 HP 프린터이므로 HP사에서 직접 다운 받는 것이 가장 좋다는 얘기입니다.

문제는 자신들이 개발한 프로그램도 자신들, 즉, 개발 업체에서는 거의 신경을 쓰지 않아서 어떤 것이 진짜 오리지널 프로그램인지 모를 때가 있는데요, 이 때는 어쩔 수 없이 다운로드만 전문적으로 모아 놓은 사이트를 이용할 수 밖에 없고요, 이 때는 악성 코드에 감염되지 않도록 각별히 유의해야 합니다.

여기서는 일단 앞의 화면에서 마우스가 가리키는 링크를 클릭합니다.

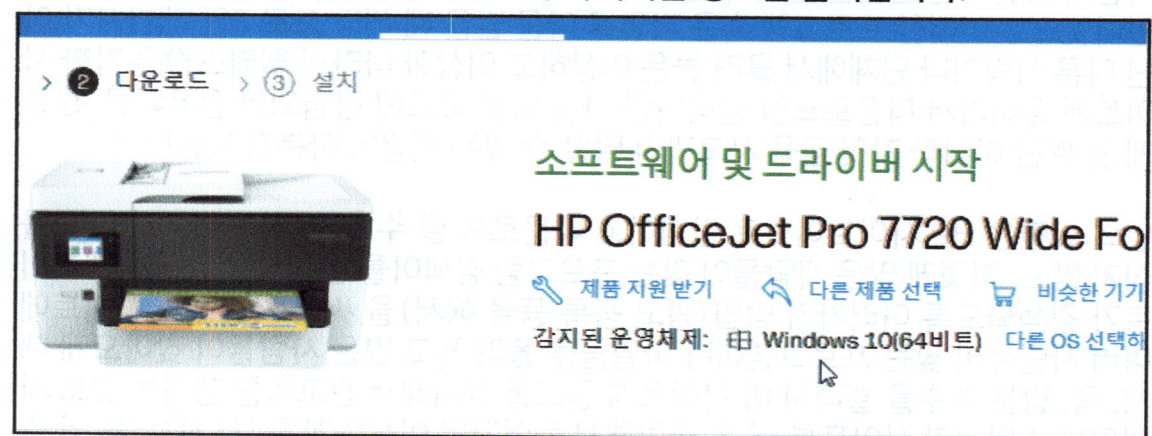

앞의 화면을 보면 마우스가 가리키는 것과 같이 HP 사이트에서는 이미 필자가 사용하는 컴퓨터의 운영체제가 윈도우10 64비트 운영체제라는 것을 감지하였다고 나옵니다.

이렇듯 HP는 공신력 있는 거대한 글로벌 기업이기 때문에 이와 같이 원하는 드라이버들 다운로드하려고 클릭하면 저절로 검색한 컴퓨터의 운영체제를 즉시 감지를 하는데요..

방금 HP는 공신력 있는 거대한 글로벌 기업이라고 표현을 했지만, 이것은 필자가 편의상 이렇게 표현한 것일 뿐 실제로는 HP를 비롯한 특히 미국의 거대 글로벌 메이커들은 전세계의 사용자들을 홀딱 벗겨서 마셔 버리기라도 할 정도로 지독 곱하기 지독한 악귀야차와 같은 업체들이라는 것을 알아야 합니다.

지금 설명하는 HP는 기술력으로는 그야말로 세계 최고의 기업이지만, 특히 한국 사람들이 두뇌가 좋기 때문에 한국인들을 매우 경계를 하는데요, 전세계에서 유일하게 한국에서만 무한잉크 프린터를 개발을 하여 HP에서 프린터 신모델을 내 놓기만 하면 한국에서는 무한잉크 프린터로 개조를 해서 판매를 하기 때문에 한국인들이 무한 프린터를 사용하지 못하도록 갖은 방해 공작을 펴는 것이 바로 HP입니다.

그러나 HP에서 아무리 방해 공작을 해도 세계에서 가장 뛰어난 한국인들이 여지없이 깨뜨리고 무한 프린터로 만들어 버리니까 지금 설명하는 HP OfficeJet Pro 7720, 7740 모델들은 한국에는 출시를 하지 않은 모델입니다.

이렇게 한국에는 아예 출시를 하지 않은 HP OfficeJet Pro 7720, 7740 모델 A3 프린터를 한국의 무한 잉크 프린터 개조 업체들이 해외에 나가서 역수입을 해서 국내로 들여와서 또 무한잉크 프린터로 개조를 하여 판매를 하니 HP에서는 아마도 죽을 맛일 겁니다.

필자는 모든 프린터가 HP 제품인데요, HP에서 얼마나 방해 공작을 많이 하는지 필자와 같은 최고중의 최최고 고수도 자칫 한 눈을 팔았다가는 그야말로 지옥을 경험하게 됩니다.

HP에서는 무한잉크 프린터로 개조를 하면 프린터가 아예 작동을 하지 못하도록 먹통이 되게 프로그래밍을 해 놓았습니다.

이것을 한국의 무한 잉크 프린터 개조 업체에서 프린터의 메인보드에 있는 롬바이오스(ROM Bios)를 해킹을 하여 마치 터미네이터에서 미래의 존코너가 터미네이터를 생포하여 재프로그래밍을 해서 과거의 존코너를 보호하도록 과거로 보낸 것과 같이 HP의 프로그램을 재 프로그래밍을 해서 무한잉크 프린터를 구입한 사용자들은 편리하게 무한잉크 프린터를 사용할 수 있게 한 것인데요, 이것이 과거에는 카트리지에 칩이 달려 있어서 칩을 붙이고 사용하는 기가 막힌 일도 있었고요, 지금은 아예 롬 바이오스(Rom Bios)를 재프로그래밍을 하여 칩이 없는 무칩 무한잉크 프린터가 유통되고 있고요, 필자가 사용하는 모든 프린터는 이렇게 칩이 없는 무칩 무한잉크 프린터입니다.

혹시 여러분도 무한잉크 프린터를 사용하고 있다면 설정 메뉴를 만지지 말고 사용하시기 바랍니다.

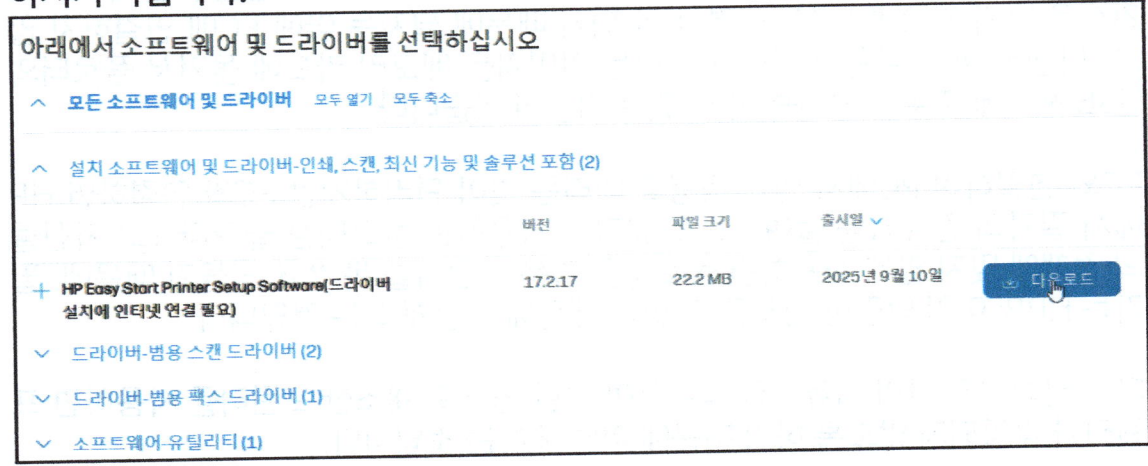

앞의 화면은 필자가 지금 설명하는, 필자가 사용하는 프린터 중에서 A3 프린터인 HP OfficeJet Pro 7720 프린터의 드라이버 파일을 다운로드 하는 화면인데요, 필자는 HP의 방해 공작을 아주 잘 알기 때문에 가능하면 HP에서 하라는대로 하지 않는데요, 앞의 화면에서의 다운로드는 다른 방법이 없기 때문에 어쩔 수 없이 앞의 화면 마우스가 가리키는 드라이버 파일을 다운로드하는 것이고요, 이것은 우리나라가 더욱 강대국이 되면 HP에서 감히 이런 식으로 다운로드 할 수 있게 하지는 못 할 것입니다.

아니 프린터를 돈을 받고 팔았으면 그만이지 그 프린터를 돈을 주고 구입한 사람이 구워 먹든 삶아 먹든 알아서 할 수 있게 해야 하건만 돈을 주고 구입한 프린터라 하더라도 제조사인 HP에서 하라는 대로 하지 않으면 안 된다는 이런 억지 춘향이 어디 있는가 이 말입니다.

암튼 필자는, 필자가 사용하는 모든 HP 프린터 중에서 대형 플로터는 e-Print 기능으로 PC와 연결하는 기능이 있지만, 필자는 이 기능을 사용하지 않습니다.

HP에서는 어떤 식으로든 자사의 프린터를 사용하는 전세계의 모든 HP 프린터 사용자들의 컴퓨터를 들여다보고 제어를 하려고 하기 때문입니다.

이는 마이크로소프트사도 마찬가지이고 HP도 마찬가지이고요, 미국의 글로벌 업체들은 100%가 아니라 1000%, 아니 10,000% 미래의 터미네이터요 제네시스입니다.

암튼 필자가 사용하는 대형 플로터는 HP사 제품이지만, PC에 연결을 할 때 HP 의 간섭을 받지 않으면 PC와 연결이 안 되기 때문에 필자는 아예 PC에 연결하지 않고, 다행히 이 모델은 인쇄하고자 하는 이미지를 메모리 카드에 옮겨서 플로터의 USB 포트에 끼우고 인쇄를 할 수 있는 기능이 있습니다.

PC와 연결하여 PC에서 인쇄 명령을 내리는 것이 편리하지만 PC와 연결하면 HP에서 필자의 컴퓨터를 들여다보고 필자가 사용하는 플로터를 들여다보고 자신들의 정책에 맞지 않게 사용하면 플로터를 혹은 프린터를 못 쓰게 만들기 때문에, 필자는 HP의 이런 악랄한 정책을 잘 알기 때문에 이렇게 하는 것입니다.

다시 말해서 필자의 컴퓨터를 검사하여 무한 잉크로 개조한 프린터를 사용하면 프린터가 작동되지 않도록 하기 때문에 이렇게 하는 것입니다.

일단 프린터를 설치하는 것은 앞의 화면에서 원하는 파일을 클릭하여 다운로드를 하고, 음.. 이것도 모르는 사람도 있을 것이므로 마저 설명을 하겠습니다.

앞에서 원하는 드라이버 파일을 선택하고 클릭하면 구글 크롬 웹브라우저(현재 가장 많은 사람들이 사용하는 인터넷 창) 상단 우측에 다운로드가 보입니다.

앞의 화면 우측 상단 다운로드 버튼이 나타나면 위의 마우스가 가리키는 곳을 클릭하면 바로 실행이 되며, 이런 경우 이렇게 바로 실행 할 수도 있고요, 다음에 이 파일을 또 사용하고자 한다면 앞의 화면 마우스가 가리키는 좌측을 클릭하면 다운로드 폴더가 열립니다.

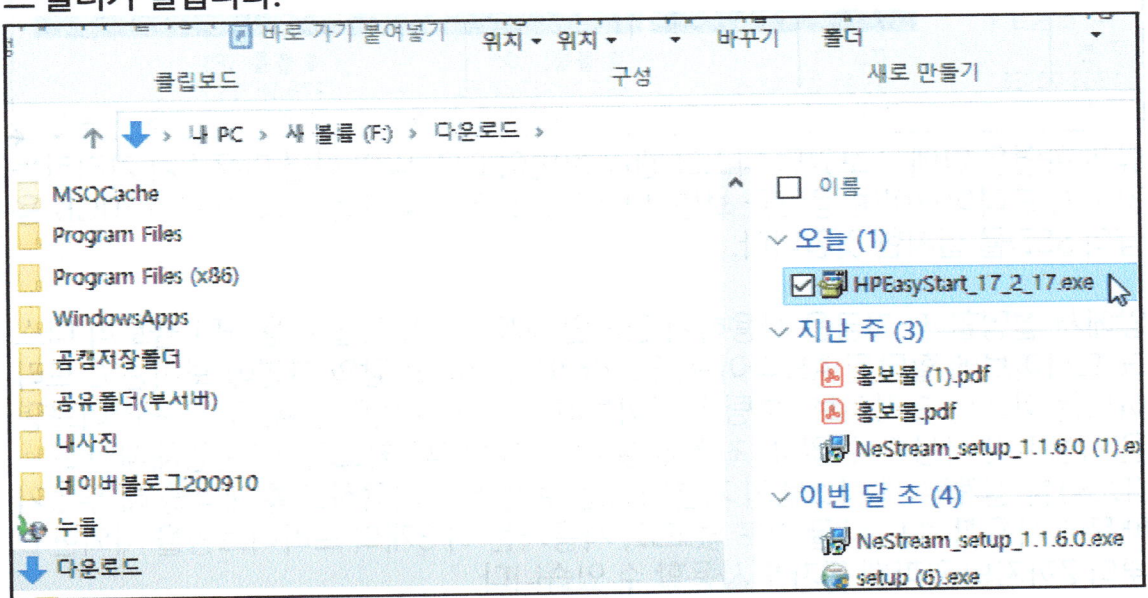

앞의 화면 마우스가 가리키는 파일이 방금 다운로드 한 파일인데요, 앞의 화면 상단 경로를 보면 [내 PC]-[새 볼륨(F)] - [다운로드] 폴더라고 나타납니다.

보통 C 드라이브에 다운로드 경로가 있습니다만, 이것은 필자가 일부러 이렇게 바꾼 것입니다.

여기서 이와 관련된 설명을 또 하지 않을 수가 없습니다.

(3) 내 문서 다운로드 등의 경로 바꾸기

이 책은 초보자는 물론 중급에서 파워 유저까지 볼 수 있는 책이므로 여러분이 초보자라 하더라도 이 책으로 공부를 하여 파워 유저가 될 수 있으므로 이런 설명을 하는 것이고요, 앞에서 제어판, 관리도구, 컴퓨터 관리, 디스크 관리 화면에서 컴퓨터에 설치된 HDD에 관한 화면을 보면서 여러가지 설명을 했었고요, 디스크 초기화 및 파티션 분할 및 포맷까지 설명을 했었습니다.

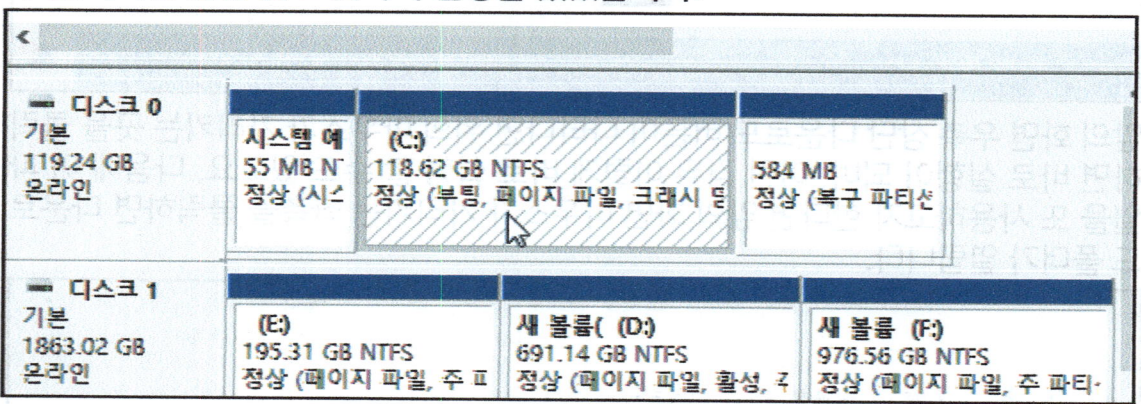

앞의 화면은 앞에서 보았던 디스크 관리 화면이고요, 앞의 화면 마우스가 가리키는 것이 C 드라이브이며 용량을 보면 118.02Gb 라고 나오는데요, 이는 120Gb 용량의 SSD를 설치한 것입니다.

앞에서 설명할 때 지금은 사용하지 않지만, 과거 도스 시절 사용하던 플로피 디스크 드라이브에 할당된 A드라이브, B드라이브, 그리고 앞의 화면에 보이는 C 드라이브는 마스터 드라이브, 부팅 드라이브라고 부르며 이렇게 A, B, C 드라이브명은 사용자가 사용할 수 없고, 최초에 빌 게이츠가 인류 최초의 PC 운영체제인 도스(Dos)를 설계할 때 시스템의 기본이 되는 콘솔에서 사용하도록 예약을 해 두었기 때문에 사용할 수도 바꿀 수도 없고요, 사용자는 이 3개의 드라이브명을 제외한 D부터 Z까지의 알파벳 문자를 사용할 수 있습니다.

지금은 A, B는 아예 없고요, C 드라이브만 사용하는 것이 현실이고요, 부팅 드라이브이기 때문에 속도가 느린 HDD를 부팅 드라이브로 사용하면 컴퓨터 전원을 켜고 약간 과장하자면 식사를 하고 와야 부팅이 될 정도로 느리기 때문에 속도가 빠른 램 디스크(RAM Disk)인 SSD(Solid State Drive)를 C 드라이브로 사용하는 것이고요, 필자가 예전에 서울에서 사업을 할 때는 PC를 무려 약 10여 대를 사용했는데요, 이렇게 많은 PC에 모두 SSD를 설치할 때 당시에는 지금보다 몇 곱절 SSD 가격이 비쌌기 때문에 용량이 적은 120Gb의 SSD에 윈도우즈 운영체제를 설치하여 마스터 드라이브, 즉, 부팅 드라이브, C 드라이브로 사용한 것입니다.

지금도 120Gb 용량의 SSD는 그야말로 껌값 수준이므로 아주 싸게 구입할 수 있으나 정상적이면 이 용량은 윈도우즈를 원활하게 사용하기에 부족한 용량입니다.

윈도우즈를 원활하게 사용하려면 SSD의 용량이 최소한 256Gb는 돼야 하며 지금은 일부 유저들은 1Tb 혹은 이보다 용량이 더 큰 SSD를 사용하기도 합니다.

그러나 필자는 비용을 적게 들이고자 용량이 적은 120Gb의 SSD에 윈도우즈를 깔았기 때문에 윈도우즈 운영체제를 설치하고 나면 남는 용량이 적습니다.

이렇게 윈도우즈 운영체제를 인스톨 하고 남은 용량에 기본적으로 깔아야 할 필수 소프트웨어 및 각종 유틸리티를 깔아야 하는데요, 앞에서 사람의 위도 80% 이상 차지 않도록 식사량을 조절을 해야 한다고 했고요, 컴퓨터에 사용되는 메모리, 혹은 HDD 등도 최대 80% 이상 용량이 차지 않게, 즉, 남아 있는 여유 공간이 충분해야 컴퓨터가 버벅거리지 않고 원활하게 돌아간다고 앞에서 설명을 했었습니다.

그런데 필자가 현재 C 드라이브로 사용하는 SSD는 120Gb 밖에 안 되기 때문에 윈도우즈 운영체제를 인스톨 하고 나면 남는 용량이 적기 때문에 원하는 응용 프로그램이나 필요한 유틸리티 등을 깔면 남는 용량이 너무 적어서 컴퓨터가 버벅거리게 됩니다.

그래서 필자는 용량이 부족한, C 드라이브로 사용하는 SSD에 깔려 있는 윈도우즈 운영체제에서 기본으로 사용하는 내 문서, 다운로드, 바탕 화면 등의 경로를 C 드라이브가 아닌 다른, 용량이 충분한, 속도는 느리지만, 용량이 큰 HDD에 즉 다른 드라이브에 저장되도록 경로를 바꾼 것입니다.

그래서 조금 전에 HP 사이트에서 필자가 현재 사용하는 A3 프린터인 HP OfficeJet Pro 7720 프린터의 드라이버 파일을 다운로드 했을 때 정상적이라면 C 드라이브의 다운로드 폴더에 다운로드 되어야 하지만, 필자의 경우 앞에서 본 것과 같이 F 드라이브에 있는 다운로드 폴더에 다운이 된 것입니다.

여러분이 초보자라면 다소 어려울 수도 있지만, 실질적으로 이 책에서 설명하는대로만 하면 어려울 것도 없습니다.

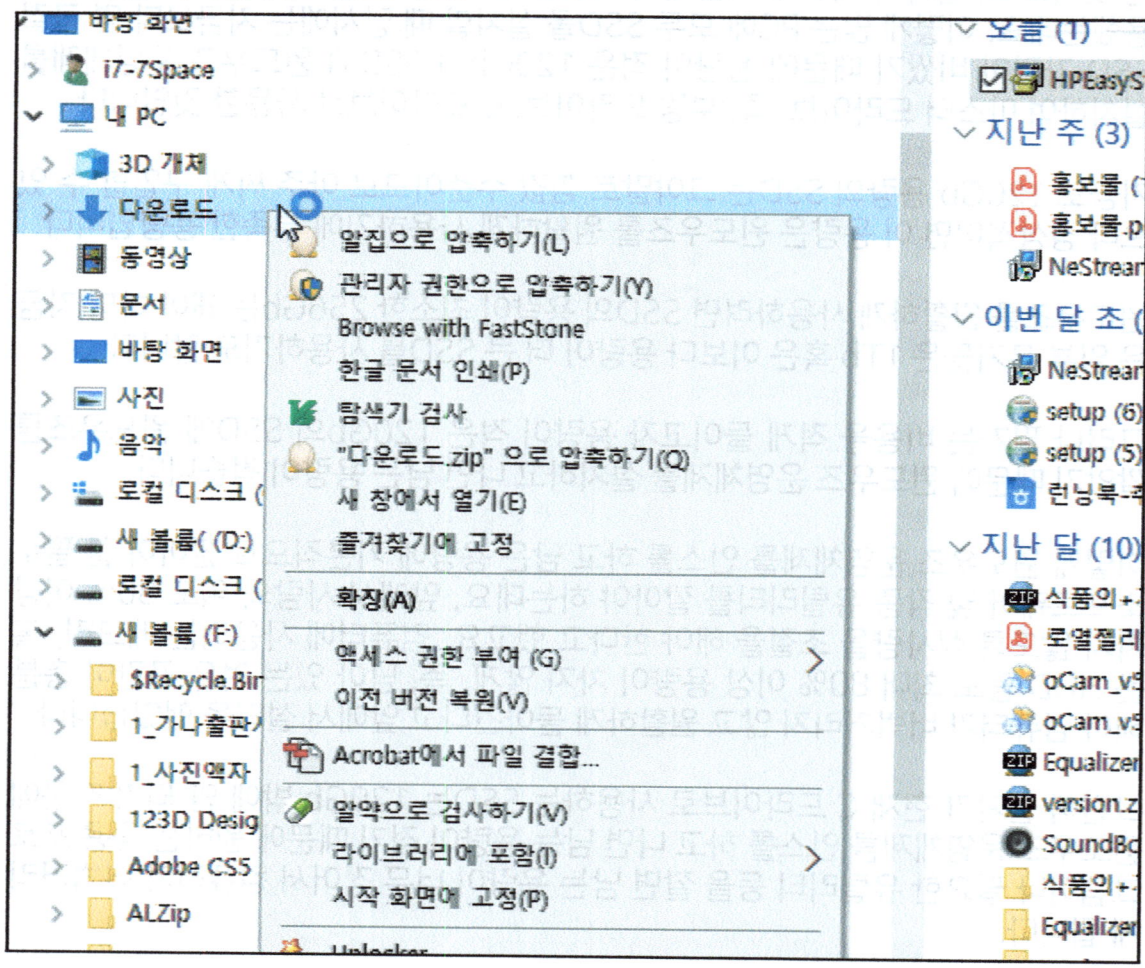

윈도우즈 탐색기를 열면 앞의 화면과 같이 보이는데요, 정상적이라면, 윈도우즈 운영체제를 인스톨 하면, 앞의 화면에 보이는 [다운로드], [문서], [바탕 화면] 이 모두 C 드라이브에 생성됩니다.

인터넷으로 다운 받는 파일들은 경우에 따라서는 매우 용량이 클 수도 있고요, 일반적으로 컴퓨터에 무언가 작업을 하여 저장을 하면 기본 값으로 C 드라이브에 저장됩니다.

그리고 윈도우즈 바탕 화면 정보 역시 C 드라이브에 저장되기 때문에 이 3가지 항목(폴더)만 C 드라이브가 아닌 다른 드라이브로 옮기면 120Gb 용량의 SSD를 가지고도 윈도우즈 운영체제를 별 무리 없이 사용할 수가 있습니다.

앞의 화면 참조하여 우선 [다운로드]를 선택하고 마우스 우측 버튼을 클릭하여 나타나는 부메뉴에서 맨 하단 [속성]을 클릭하면 다음 화면이 나타납니다.

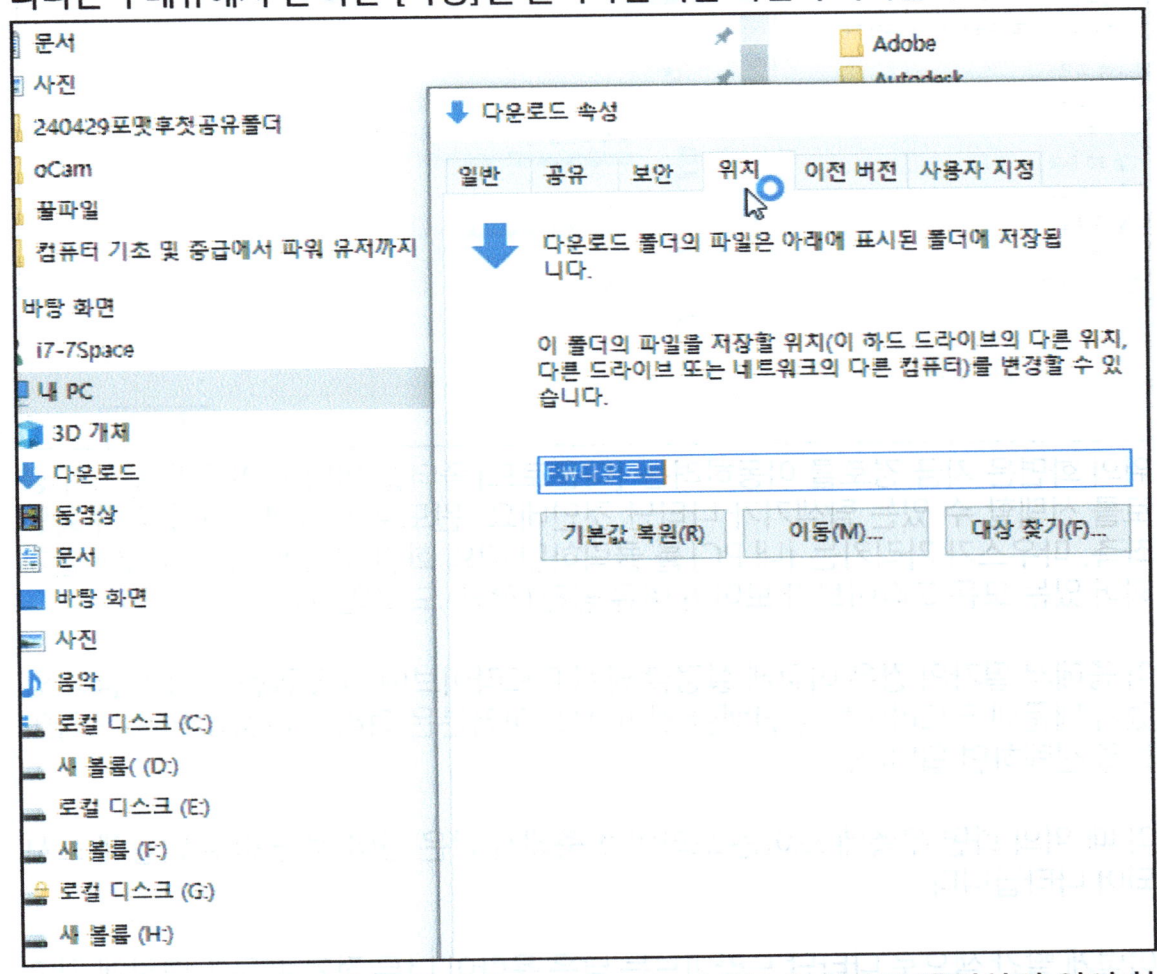

위의 화면에 보이는 화면에서 상단 마우스가 가리키는 [위치]를 클릭하면 위의 화면에 보이는 것과 같이 필자의 컴퓨터는 이미 필자가 C 드라이브에 있는 [다운로드]폴더를 위의 화면에 보이는 것과 같이 F 드라이브로 바꾸어 놓았기 때문에 위의 화면에 보이는 것과 같이 나타나는 것입니다.

여러분은 아직 C 드라이브에 있을 것이므로 위의 화면에서 하단 [이동]을 클릭하면 다음 화면이 나타납니다.

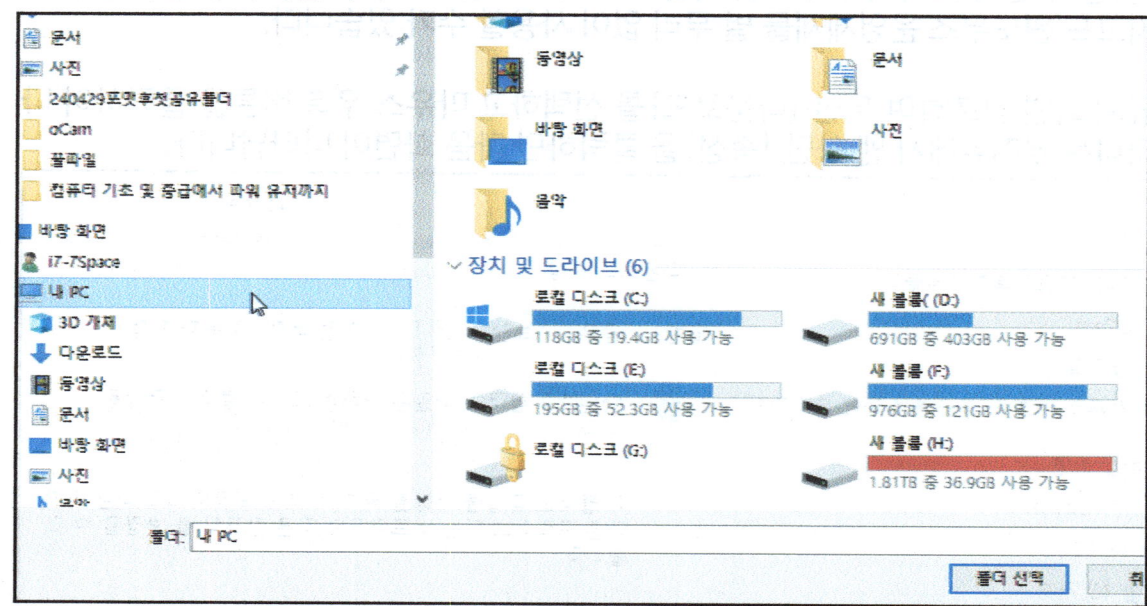

위의 화면은 지금 경로를 이동하려는 [다운로드] 폴더를 어디로 이동할 것인지 경로를 선택할 수 있는 탐색기가 나타난 것인데요, 윈도우즈 탐색기에서 위의 화면 좌측, 마우스가 가리키는 [내 PC]를 클릭하면 위의 화면 우측에 내 컴퓨터에 설치되어 있는 모든 드라이브가 보이며 여유 공간(잔량)도 보입니다.

이 중에서 필자의 경우 이렇게 설정할 당시 F 드라이브에 가장 많은 용량이 남아 있었기 때문에 F 드라이브를 선택한 것이고요, 여러분은 여러분 사정에 맞는 드라이브를 선택하면 됩니다.

이 때 위의 화면 우측에 보이는 드라이브 중에서 남은 양이 적을 경우 빨갛게 표시되어 나타납니다.

이렇게 빨간 색으로 나타난 드라이브는 남은 용량이 너무 적기 때문에 빨갛게 경고 표시가 나타나는 것이며 해당 드라이브 안에 들어 있는 폴더 및 파일들을 정리하여 적당량 다른 드라이브로 옮겨서 항상 적정 여유 공간이 있는 것이 좋습니다.

필자의 경우 위의 화면 우측에 빨갛게 나타나는 드라이브는 외장 하드이며 백업용으로 사용하는 드라이브이기 때문에 일부러 거의 꽉 차게 저장 해 놓은 드라이브이기 때문에 이렇게 나타나는 것입니다.

필자의 경우, 지금 설명한 방법으로 원래 C 드라이브에 있던 [다운로드], [내 문서], [바탕 화면], 이렇게 3 항목의 경로를 용량이 큰 HDD로 옮겼기 때문에 용량이 적은 120Gb의 SSD를 C 드라이브로 사용해도 전혀 문제가 없이 PC를 정상적으로 사용할 수 있는 것입니다.

물론 C 드라이브를 용량이 더 큰 SSD로 사용하면 이런 복잡한 과정을 거치지 않고 그냥 기본 값으로 지정되어 있는 C 드라이브에 다운로드, 내 문서, 바탕 화면 등을 그대로 두고 사용해도 됩니다만, SSD 복제 편을 반드시 참고하셔야 합니다.

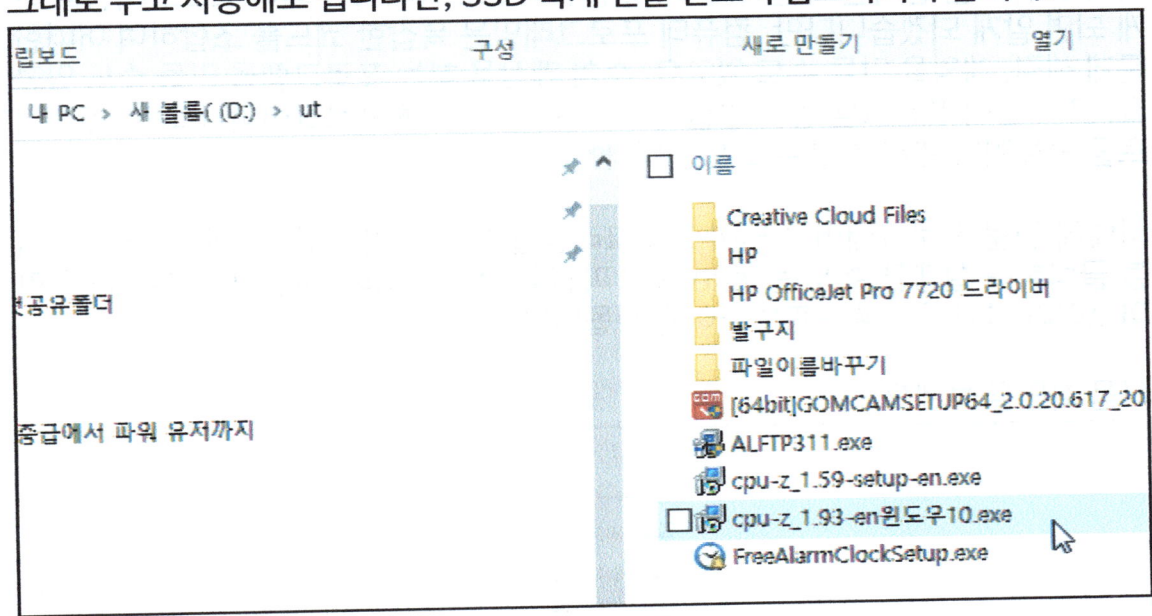

지금 컴퓨터를 뜯지 않고도 컴퓨터의 사양을 알려주는 프로그램인 cpu-z 프로그램 설명을 하다가 연관된 다른 여러가지 설명을 했고요, 앞쪽에서 설명한 것과 같이 인터넷에서 cpu-z 검색하여 다운로드 받으면, 위의 화면 마우스가 가리키는 것은 윈도우즈 64비트 운영체제에서 사용하는 버전이고요, 이 파일이 필자가 현재 사용하고 있는 버전입니다.

앞쪽에서 왜 32비트와 64비트가 있는지 설명을 했습니다만, 아직도 제대로 이해를 못 하시는 분을 위하여 다시 간단히 설명하자면, 일단 옛날 8비트 컴퓨터보다는 이후 나온 16비트 컴퓨터가 더 빠르고 이후 32비트, 64비트 컴퓨터가 더 빠르기 때문에 지금 윈도우즈 운영체제를 사용한다면 당연히 64비트 운영체제를 사용하는 것이 이론상 조금이라도 더 빠르지만, 아직도 64비트를 지원하지 않는 주변 기기를 사용하는 경우 어쩔 수 없이 32비트 운영체제를 사용한다고 설명했습니다.

일단 필자의 경우 64비트 운영체제를 사용하므로 앞의 화면 마우스가 가리키는 64비트용 cpu-z를 설치..

앞의 화면에 보이는.. 파일 이름 뒤에 붙은 확장자가 .exe로 되어 있는 파일은.. 음.. 이런 파일을 실행 파일이라고 부릅니다.

여러분이 이 책으로 공부를 하여 나중에 파워 유저가 되어 컴퓨터 프로그래밍을 익혀서 소위 요즘 말하는 개발자가 되어, 컴퓨터 프로그래머가 되어 프로그래밍을 하게 되면 알게 되겠습니다만, 컴퓨터 프로그래밍은 복잡한 코드를 조합하여 어떠한 문제 해결, 게임을 만들 수도 있고요, 수치 계산을 하는 프로그램을 만들 수도 있고요, 고객 관리 프로그램 등을 만들 수도 있고요, 또는 웹프로그래머가 되어 웹 사이트를 만들거나 관리를 할 수도 있습니다.

이렇게 전문 프로그래머가 되어 프로그래밍을 하게 되면 최종적으로 사용자가 더블 클릭하여 실행할 수 있는 .exe 등의 파일을 만들게 되며 이에 연관된 수 많은 라이브러리 파일, 즉, 부속 파일들이 생성됩니다.

다음 화면을 보세요..

🗄 cab4.cab		2024-01-21
🗄 cab5.cab		2024-01-21
🗄 cab6.cab		2024-01-21
🗄 cab7.cab		2024-01-21
🗄 cab8.cab		2024-01-21
🗄 cab9.cab		2024-01-21
🗄 cab10.cab		2024-01-21
🗄 cab11.cab		2024-01-21
🗄 cab12.cab		2024-01-21
🖼 ci.png		2020-10-25
📦 HOffice130.msi		2024-01-21
📄 InstallerConfig.ini		2024-01-21
📄 logo_copy.bat		2023-11-25
📦 ndp48-x86-x64-allos-enu.exe		2024-01-21
☐ 🔵 Setup.exe		2024-01-21
📦 VC_redist.x86.exe		2024-01-21

(4) 파일 속성(파일 탐색기 옵션)

앞의 화면을 보면 마우스가 가리키는, 확장자가 .exe 로 되어 있는 파일이 사용자가 더블 클릭하여 실행할 수 있는 실행 파일이고요, 나머지는 이 파일을 만들면서 필요한, 그러니까 이 실행 파일이 실행될 수 있게 해 주는 여러가지 부속 파일들이고요, 경우에 따라서는 사용자가 이러한 부속 파일은 볼 필요가 없으므로 숨김 파일 속성을 주어서 탐색기에 나타나지 않는 수가 있습니다.

특히 윈도우즈 운영체제 파일 역시 사용자가 건드리면 안 되는 중요한 파일의 경우 숨김 속성을 주어 탐색기에 보이지 않게 합니다.

다음 화면 참조하세요..

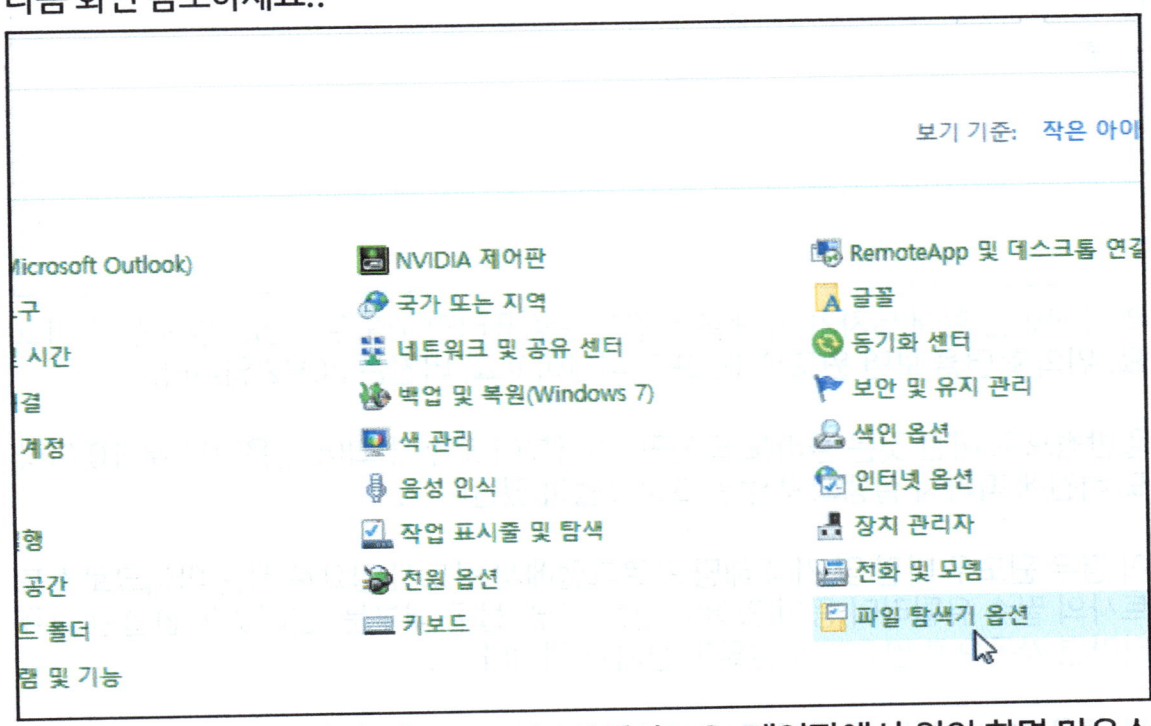

지금 큰 단원으로는 제어판을 설명하는 단원이고요, 제어판에서 위의 화면 마우스가 가리키는 [파일 탐색기 옵션]을 클릭하면 다음 화면이 나타납니다.

지금 보시는 화면은 윈도우 10 의 제어판 모습이고요, 윈도우 11은 약간 다를 수 있고요, 같은 윈도우 10 이라도 빌드에 따라 약간씩 다를 수 있고요, 윈도우 10은 크게 Home, Pro, Enterprise 버전이 있고요, 더 복잡한 빌드 번호가 있지만, 일단 제어판에서 [시스템]을 클릭하면 다음 화면이 보입니다.

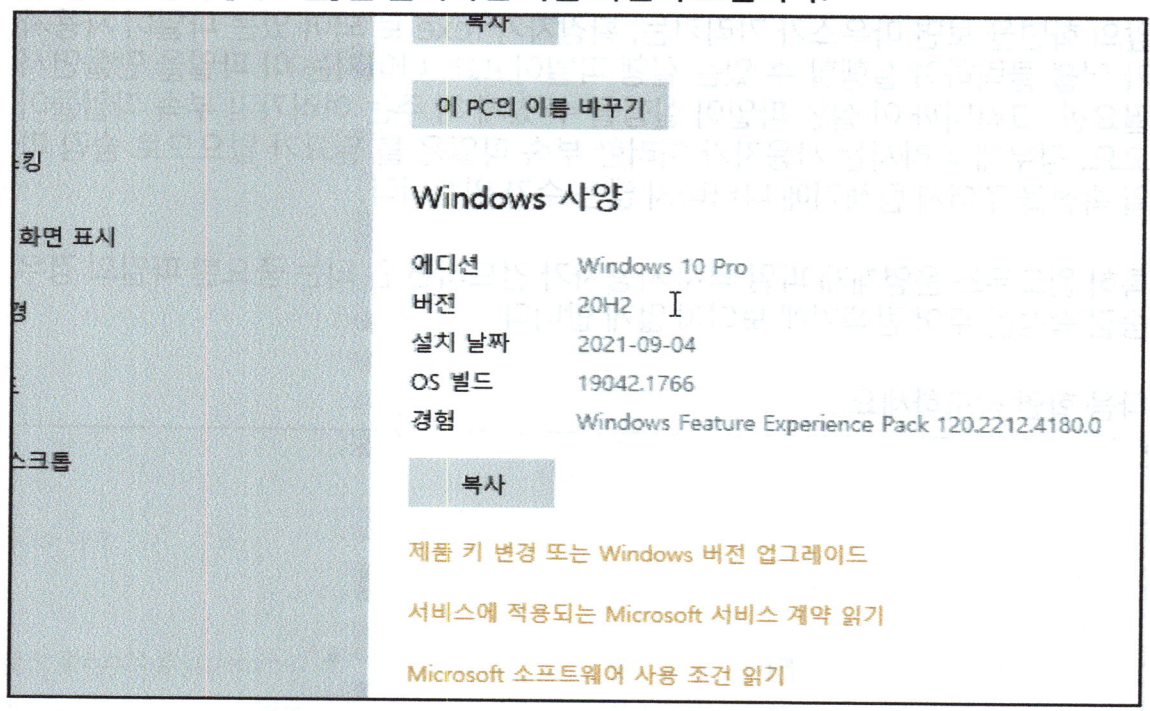

위의 화면은 현재 필자가 이 책을 집필하는 컴퓨터의 윈도우즈 빌드를 보는 것이고요, 위의 화면을 보면 윈도우 10 프로 버전이고요, 버전은 20H2 입니다.

일반적으로 이런 것은 몰라도 되지만, 여러분이 고수가 되어 같은 윈도우 10 이라도 버전에 따라서 실행되지 않는 프로그램이 있습니다.

이 경우 윈도우 버전 및 기타 해당 프로그램에서 반드시 필요로 하는 마이크로소프트사의 필수 유틸리티 등이 있어야 하는 경우, 물론 대부분, 인터넷에 연결된 컴퓨타라면 자동으로 필요한 파일들이 설치가 됩니다만,...

이 책은 초보자부터 중급 및 파워 유저까지 볼 수 있게 집필하는 책이므로 수시로 이런 내용을 설명을 하는 것입니다.

참고하여 주시고요, 지금은 앞에서 본 [제어판] – [파일 탐색기 옵션] 을 클릭하면 다음 화면이 나타납니다.

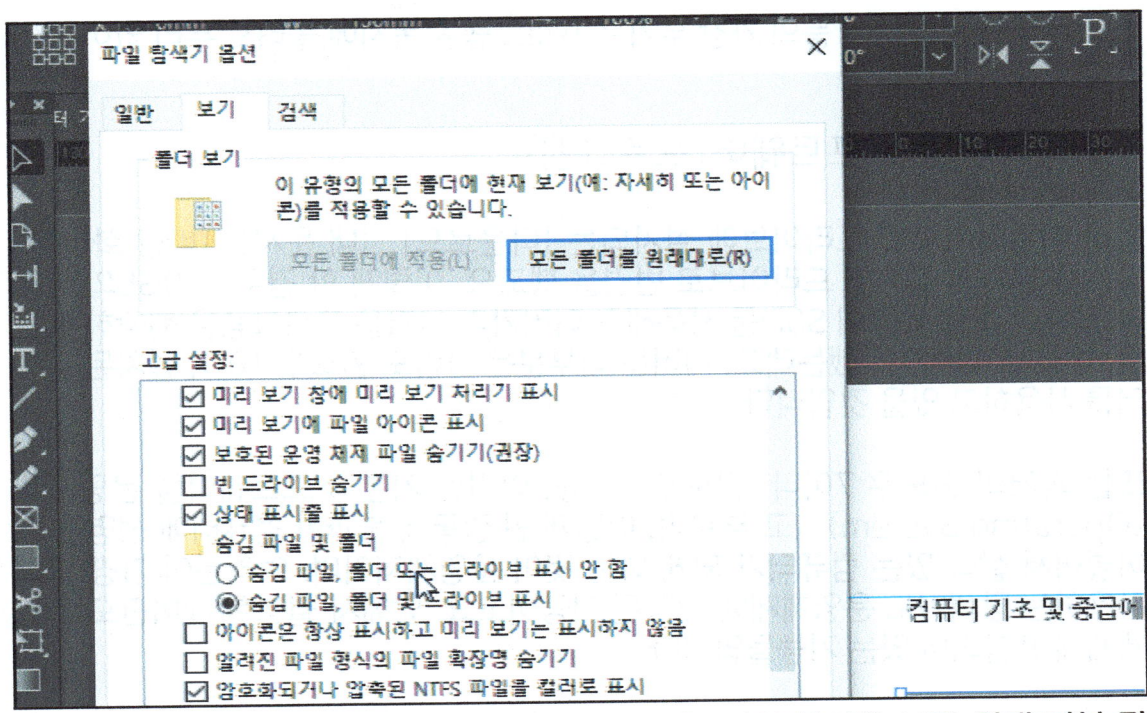

위의 화면은 상단 [보기]를 클릭하면 화면이고요, 위의 화면을 보면 원래 기본 값은 위의 마우스가 가리키는, 숨김 파일 보이지 않는 것이 기본 값입니다만, 위에 보이는 것은 필자가 여러분에게 보여주기 위하여 숨김 파일이 보이도록 설정한 것입니다.

이것은 여러분이 나중에 파워 유저가 되었을 때 필요에 따라 숨김 파일(히든 파일 -hidden file)을 보이게 할 수 있습니다만, 초보자의 경우 숨김 파일을 실수로 잘 못 건드리거나 삭제 등을 하면 윈도우즈 자체가 실행되지 않아서 윈도우즈 운영체제를 다시 설치해야 할 수가 있으므로 아직 초보 시절에는 설정을 바꾸지 않는 것이 좋습니다.

이 방법으로 윈도우즈를 설치하면 기본으로 원래 C 드라이브에 생성되는 [다운로드], [내 문서], [바탕 화면] 경로를 필자의 경우 F 드라이브로 옮겼고요, 여러분은 필자와는 사용 환경이 다를 것이므로 D 드라이브 혹은 기타의 드라이브로 지정하고 옮기면 되겠습니다.

이렇게 할 경우 필자와 같이 아주 싼 가격의 120Gb SSD를 구입하여 필자와 같이 윈도우즈를 설치 할 경우 고사양 게임만 하지 않는다면 그 무겁다는 포토샵, 프리미어, 일러스트레이터 등의 가장 무거운 프로그램을 동시에 돌려도 무리 없이 돌아 갑니다.

(5) 각종 응용 소프트웨어 (프로그램)

방금 기본적으로 C 드라이브에 설치되는 [다운로드], [내 문서], [바탕 화면] 의 경로를 필자의 경우 F 드라이브로 변경을 했고요, 이렇게 할 경우 120Gb의 가격 이 저렴한 적은 용량의 SSD를 사용해도 여러가지 무거운 프로그램을 원활하게 돌 릴 수 있다고 얘기를 했는데요, 여러분 대부분은 아마도 윈도우 10 이 설치된 컴퓨 터를 사용하고 있을 것입니다.

또는 과거의 윈도우 7이나, 윈도우 11 등, 이러한 기본 소프트웨어를 운영체제 (Operating System)라고 부르며, 이렇게 빈 깡통에 불과한 컴퓨터에 생명을 불 어넣어서 살아 있는 컴퓨터가 되게 하는 것이 운영체제이며, 여러분이 가장 많이 사용하는 탐색기도 운영체제에 내장된 기능이고요, 앞에서 설명한 제어판도 운영 체제에 포함되어 있는 기능들입니다.

이렇게 컴퓨터에 다른 아무런 응용 프로그램을 깔지 않아도 컴퓨터가 부팅이 되어 우선 탐색기를 사용할 수 있으므로 파일 복사 등은 제한없이 할 수 있습니다.

그리고 인류 최초의 PC 운영체제인 도스(Dos)를 개발한 빌게이츠가 도스 파일 곳 곳에 넣어 놓은 Readme.txt 파일을 필자의 경우 그 옛날, 두께가 한 뼘이나 되는 영어 사전을 펼쳐놓고 번역을 해 가면서 공부를 했다고 했는데요..

이렇게 텍스트 파일을 만들 수 있는 메모장 기능도 운영체제에 들어 있습니다.

우리나라는 세계에서 유일하게 자국 토종 워드인 한글 프로그램이 있는데요, 여러 분 대부분이 사용하는 한글 프로그램이 개발되기 전에는 여러가지 워드 프로그램 들이 있었습니다.

금성 워드, 하나 워드.. 등..

지금의 한글 프로그램과는 많이 다른, 도스(Dos) 운영체제에 들어 있는 메모장과 비슷한 기능의 워드 프로그램이고요, 어차피 당시에는 컴퓨터라는 것은 옛날 구식 도스 게임이나 하고 그리고 고작 활용한다는 것이 컴퓨터가 개발되기 직전까지 사용하던 타자기 대신 사용하는 전자 타자기, 워드 프로세서로 사용하는 것이 고작이었습니다.

그래도, 지금은 영화에서나 볼 수 있는 구형 타자기는 오타가 나면 리무버로 지우고 다시 타자를 치거나 아예 종이를 바꾸어서 다시 타자를 치는 불편함이 있었지만, 컴퓨터로 타자를 치면 아무리 여러 번 수정을 해도 되고 아무리 많이 수정을 해도 표시가 나지 않았으므로 당시로서는 그야말로 장님이 눈을 뜬 정도의 신세계였습니다.

그러나 컴퓨터를 단지 타자를 치는 워드 프로세서로 사용하는 것도 잠깐이었고요, 컴퓨터는 그야말로 눈 깜빡 할 사이에 번개와 같은 속도로 발전을 하였습니다.

자고 나면 컴퓨터 학원이 몇 개씩 생기고 큰 컴퓨터 학원은 컴퓨터를 수 백 대씩 사 갔으므로 필자 역시 최고의 호황이었습니다.

그래서 필자 개인적으로도 무려 수 천 대의 조립 PC를 만들어서 판매를 하였고요, 그 때가 컴퓨터로 치면 펜티엄-2시절이었고요, 이것도 잠깐, 김영삼 대통령 시절 IMF가 터지면서 필자 역시 사업을 접을 수 밖에 없었습니다.

그러나 지금 돌이켜 보면 IMF보다 코로나 19가 더 어렵고요, 코로나 19 이후에는 오히려 IMF에 비하면 100배는 더 어렵습니다.

그래서 정부에서는 고사 직전인 소상공인들을 구제하기 위하여 수 많은 지원책을 내 놓고 있지만, 시중 경기가 좀처럼 살아나지 않으니 문제입니다.

지금 시점에서 본다면 지금보다 1/100도 어렵지 않던 IMF때는 그리 어렵지 않은 사정이었는데도 불구하고 참으로 어려운 시절이었습니다.

그러나 전국의 800만 소상공인들은 다 죽어가는데도 우리나라 전체적으로는 수출도 잘 되고 국민소득도 자꾸 올라가고, 결국 시중 경기가 좋고 나쁜데 따라서 소상공들의 희비가 엇갈린다고 볼 수도 없습니다만, 일단 장사가 안 되는 것은 확실히 맞습니다.

IMF 때는 아무리 어려워도 사람은 먹어야 하므로 먹는 장사는 된다고 했습니다만, 작년도 폐업한 외식업체 수가 무려 2만 개나 넘는다고 합니다.

다행히 필자는 IMF때 많은 고생을 했지만, 지금은 필자가 쓴 책이 많기 때문에 밥을 먹고 사는데는 지장이 없을 정도로 수입이 들어오며, 지금은 시골에서 부업으로 양봉을 하고 있기 때문에 필자의 유튜브 채널에는 양봉에 관한 동영상이 무려 수천 개나 올라가 있습니다.

여러분이 이 책으로 공부를 하여 파워 유저가 되면, 아니 그 이전이라도 컴퓨터 실력과는 별개로 돈을 잘 버는 사람들은 그 나름대로 그 분야의 소질이 탁월한 것이므로 유튜브에 관심을 가지시기 바랍니다.

필자는 아직 유튜브에서 큰 수익은 나지 않지만, 오늘 현재 구독자가 3,255명이고요, 거의 매일 빠지지 않고 동영상을 올리므로 그래도 적지 않은 수입이 나오고 있습니다.

유튜브에서의 수익은 우리나라의 경우 수입이 있으면 세금이 있다는 원칙이 있으므로 10% 세액 공제를 하고 필자의 통장으로 입금이 되며, 여러분도 뭔가 여러분이 잘 하는 분야를 개발을 하여 유명 유튜버가 되어 구독자가 많아지고 조회수가 많아지면 이에 비례하여 수익이 발생하므로 유명 유튜버의 경우 그야말로 억 소리가 나는 수익을 올리고 있습니다.

유튜브에서 '가나출판사' 검색하여 동그라미 속에 들어 있는 필자의 얼굴을 클릭하면 필자의 [유튜브 채널]에 오실 수 있고요, 앞의 화면 손가락이 가리키는 링크를 클릭하면 다음 화면에 보이는 필자의 홈페이지에 오실 수 있습니다.

위의 필자의 홈페이지에서 손가락이 가리키는 출판사를 클릭하면 다음 화면이 나타나고요, 필자의 저서, 현재 시판 중이 도서들을 보실 수 있습니다.

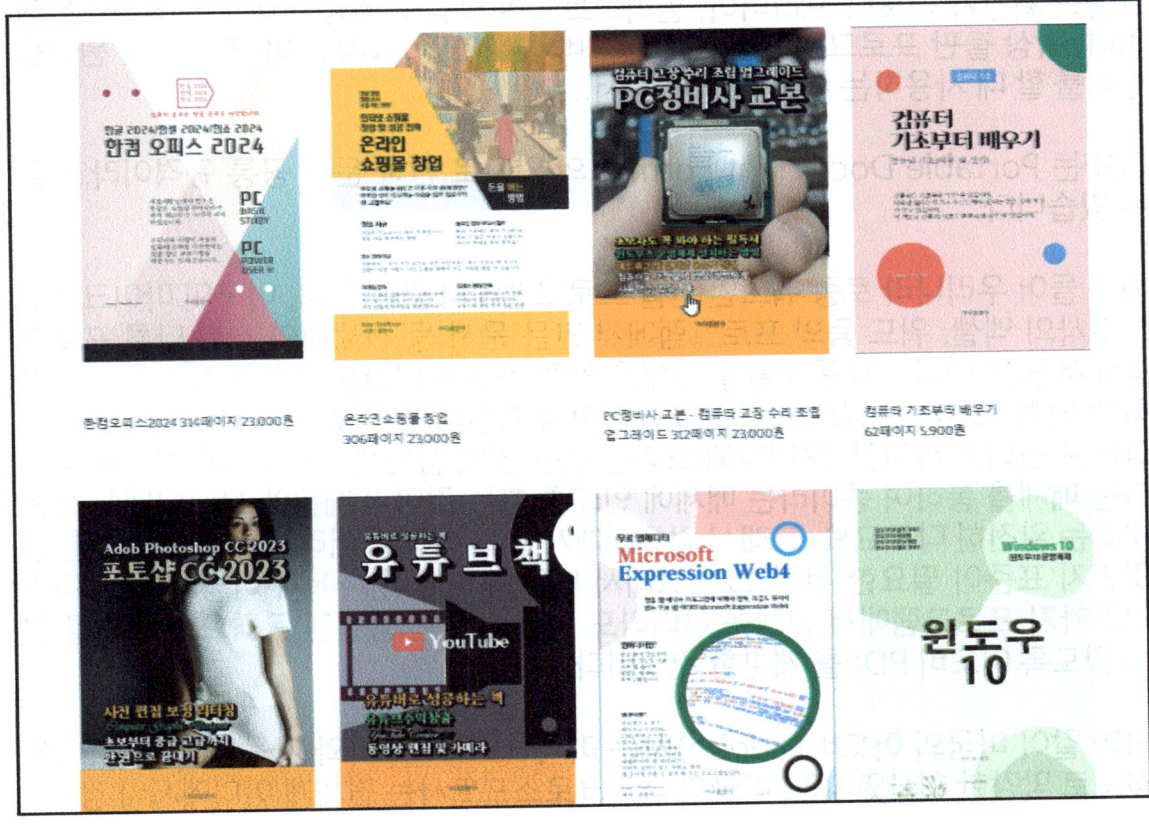

앞의 화면에 보이는 도서 중에서 현재 가장 많이 팔리는 책이 [PC정비사 교본] 책이고요, [유튜브책]이 동영상 편집 프로그램의 최강자 어도비 프리미어를 다루는 책이고요, 필자의 경우를 예로 들어 유튜브에서 수익을 창출하는 방법 등이 들어 있고요, [인터넷 쇼핑몰 창업] 책도 인터넷 쇼핑몰을 창업하는 방법 등을 다룬 책입니다.

이렇게 지금 설명하는, 동영상 편집 프로그램의 최강자 어도비 프리미어 등의 프로그램이 바로 응용 프로그램이며, 이런 응용 소프트웨어는 운영체제가 먼저 컴퓨터에 깔려 있어야 설치할 수 있습니다.

이러한 응용 프로그램은 이루 헤아릴 수조차 없이 많고요, 가장 유명한 것이 오늘날 대부분의 사람들이 사용하는 윈도우즈 운영체제 개발사인 마이크로소프트사의 프로그램들인데요..

필자의 저서 중에 2D 그래픽 프로그램의 최강자 어도비 포토샵, 동영상 편집 프로그램의 최강자 어도비 프리미어, 일러스트 프로그램의 최강자 어도비 일러스트레이터, 탁상 출판 프로그램의 최강자 어도비 인디자인, 그리고 이 책과 같은 원고를 인쇄를 할 때 사용하는 어도비 PDF 문서..

PDF는 Portable Document Format 의 약자로 만국 문서 공통 규격이라고 할 수 있습니다.

예를 들어 우리나라 토종 워드인 한글 프로그램에서 만든 문서, 미국의 마이크로소프트사의 엑셀, 워드 등의 프로그램에서 만든 문서 등 전세계의 서로 다른 프로그램에서 만든 여러가지 문서들을 인쇄를 할 때는 프린터라는 매체를 통하여 인쇄를 하게 되며 프린터는 잉크젯 프린터와 레이저 프린터 등이 있으며 모니터에 보이는 그대로 인쇄를 하지만, 모니터에 보이는 것은 빛의 삼원색이며 프린터에서는 염료라는 매체를 통하여 종이라는 매체에 인쇄를 하는 것이기 때문에 모니터에서 보는 것과는 완전히 다르고요, 그래서 컴퓨터에서 인쇄 명령을 내리면 어떻게 인쇄를 할 것인지 표준이 필요한 것이고요, 그래서 미국의 어도비 사에서 이렇게 서로 다른 여러가지 프로그램에서 인쇄를 하더라도 인쇄할 때는 통일된 규격으로 인쇄를 할 수 있도록 어도비 PDF를 개발한 것입니다.

이와 같이 미국의 어도비(Adobe)사는 마이크로소프트사와 자웅을 겨룰 수 있을 정도로 막강한 회사였지만, 미국의 마이크로소프트사는 전세계 어디에서나 장차 자신들과 경쟁이 될만한 소프트웨어 업체가 나타나면 금액을 불문하고 인수를 해 버립니다.

그래서 마이크로소프트사와 어깨를 나란히 했던 어도비사마져 마이크로소프트사가 인수를 하여 지금은 마이크로소프트 어도비이고요, 또 2D 애니메이션 프로그램으로 유명한 매크로미디어사의 플래시(Flash), 그 유명한 플래시도 마이크로소프트사에서 매크로미디어사를 인수를 해 버려서 없어져 버렸고요, 플래시의 기능은 포토샵에 내장되었습니다.

그리고 여러분이 인터넷을 할 때 보이는 화면을 웹문서라고 하며 이러한 웹문서를 만드는 프로그램의 대명사로 불리던 매크로미디어 드림웨버 역시 마이크로소트사사에 매크로미디어사가 매각되면서 지금은 마이크로소프트 드림웨버입니다.

우리나라의 한글과 컴퓨터사 역시 마이크로소프트사에 매각될 위기에 처한 적이 있으나 당시 국산 토종 워드인 한글과 컴퓨터사를 살리자는 운동이 전개되어 한글 815가 시디로 만들어져 시판 된 적이 있고요, 필자 역시 당시 용산 전자상가에서 구입했고요, 한글 2022 책을 집필하면서 또 정품 한글 프로그램을 구입했습니다.

이와 같이 미국은 나라도 크지만, 실질적으로 마이크로소프트사의 이런 무차별적 중소 소프트웨어 회사들을 합병을 하는 것은 명백한 독과점이지만, 미국에서는 이런 공룡 기업이 가능하며 이는 장차 우수한 소프트웨어 회사가 나타나는 것을 원천 봉쇄하는 일이기 때문에 인류의 앞날이라는 관점에서 본다면 마이크로소프트사는 미래의 터미네이터요 제네시스입니다.

(6) 유틸리티(Utility)

지금까지 설명한 어도비 포토샵, 어도비 프리미어, 어도비 인디자인, 어도비 일러스트레이터, 어도비 PDF, 우리나라의 한글 프로그램, 여러분이 이 책으로 공부를 하여 반드시 익혀야 할 프로그램으로 우리나라 토종 워드인 한글과 더불어 미국의 마이크로소프트사의 엑셀(Excel) 프로그램은 반드시 익혀야 할 필수 프로그램이고요, 이러한 프로그램들을 응용 프로그램이라고 부르며 현재 컴퓨터를 뜯지 않고 컴퓨터 사양을 알 수 있는 cpu-z 프로그램 설명을 하다가 관련된 여러가지 설명을 하고 있고요, 이렇게 용량도 작고 기능도 작은 프로그램들을 컴퓨터에 유용한 프로그램이라 하여 유틸리티라고 부르며, 스마트폰에서 필요한 앱을 설치하는 것도 일종의 유틸리티라고 할 수 있습니다.

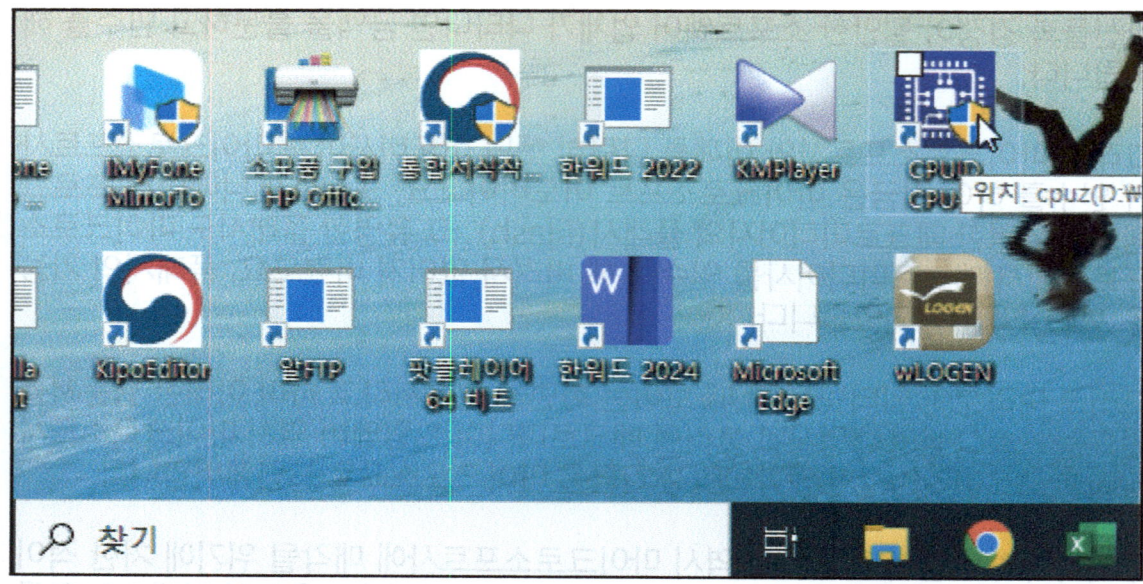

cpu-z 프로그램을 설치하면 [시작]을 클릭하여 프로그램을 실행할 수도 있지만, 위의 화면 마우스가 가리키는 것과 같이 바탕 화면에 아이콘이 생성되며 이 아이콘을 더블 클릭하면 실행됩니다.

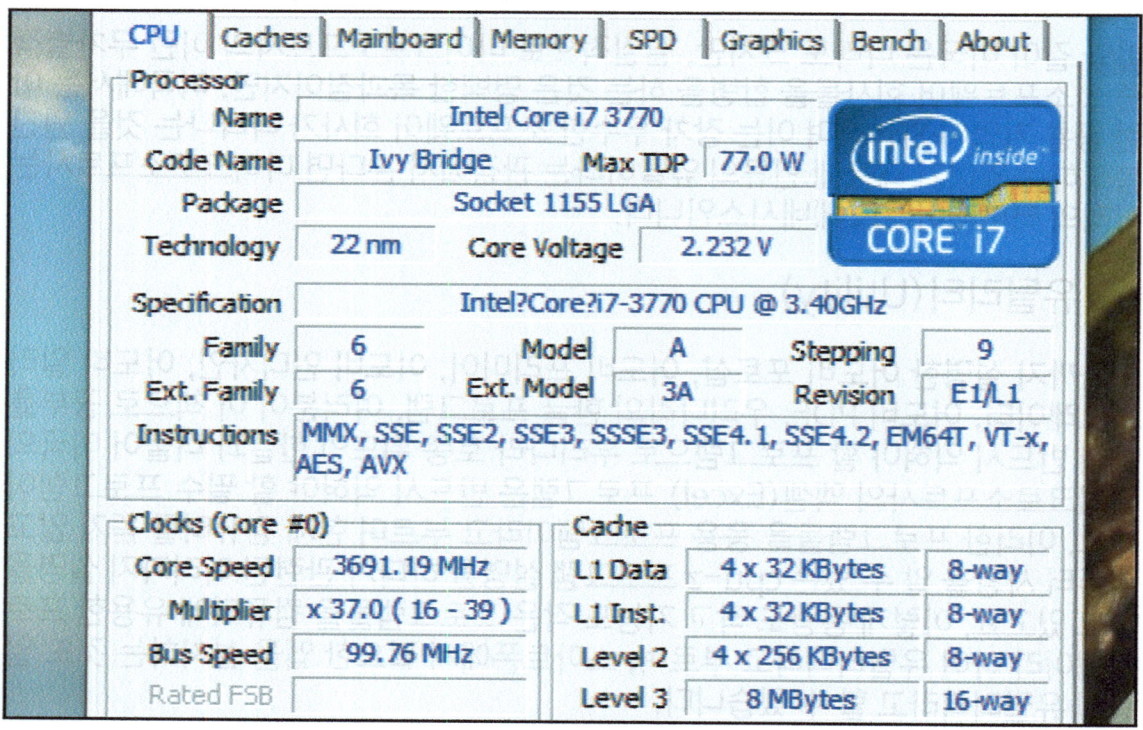

앞의 화면이 cpu-z 프로그램이고요, 맨 위의 메뉴 탭을 보면 현재 [cpu]항목이
선택되어 있고요, 그 아래 Name을 보면 인텔 Core i7 3770 이라고 보입니다.

이것은 컴퓨터에 설치된 중앙처리장치인 시피유는 인텔 i7-3770 정품 시피유라
는 것을 알 수 있고요, 그 밑에 보면 코드 네임(Code Name)은 아이비 브릿지, 그
밑으로 패키지는 소켓 1155 LGA 이렇게 나와 있습니다.

즉, 이 보드(마더보드 = 메인보드)는 1155보드이며 인터넷으로 LGA 1155 보드
검색을 하면 이 메인보드에 관한 정보를 알 수 있고요, 이 메인보드에 지원 가능한
시피유 및 메모리 종류 등의 정보를 알 수 있습니다.

그 밑에 보이는 테크놀러지는 22나노미터 공정으로 만들어졌다고 나와 있고요,
그리고 하단에 아주 중요한 정보가 있습니다.

클럭(Clock)을 보면 코어 스피드가 나오는데요, 이것이 이 시피유의 클럭 속도, 즉, 작동 속도이며 시피유의 성능의 척도가 됩니다.

가운데쯤에 있는 스펙을 보면 인텔 코어 i7-3770 CPU @ 3.4GHz 라고 보이고요, 이 시피유는 기본적으로 3.4GHz로 작동을 하지만, 필자가 셋업에서 오버클럭을 하여 그 밑에 보이는 코어 스피드는 기본 클럭인 3.4GHz를 너머 약 3.7GHz로 작동하고 있는 것을 알 수 있습니다.

그 옆으로 보이는 캐시도 아주 중요한 요소이고요, 컴퓨터에서 사용하는 캐시나 버퍼 등은 매우 중요한 개념입니다.

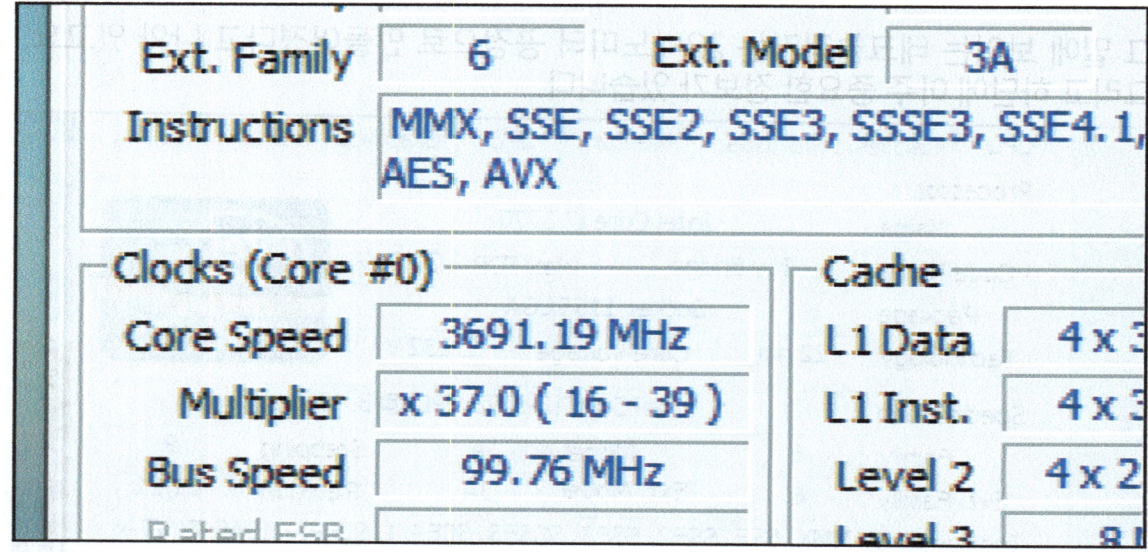

(7) 캐시/버퍼

컴퓨터가 작동하는 원리는, 사용자가 어떠한 명령을 내리면 중앙처리장치인 시피유가 이것을 해석하여 연산을 해서 그 결과를 모니터에 나타내는 것인데요, 요즘은 컴퓨터로 동시에 여러가지 작업을 할 수 있습니다.

타자를 치면서 음악을 듣거나 동시에 인터넷을 할 수 있고요, 인터넷 창도 수십 개를 띄워놓고 작업을 하기도 합니다.

이렇게 사용자가 여러가지 명령을 내리면 시피유는 그 명령을 기억하고 순차적으로 실행을 하는데요, 이렇게 사용자가 내린 여러가지 명령을 캐시에 저장을 합니다.

그리고 자주 사용하는 명령, 자주 사용하는 데이터 등도 캐시에 미리 저장해 놓고 사용자가 명령을 내리면 최대한 빨리 반응을 하게 됩니다.

이것이 캐시이며 이것은 시피유 안에 들어 있는 캐시 램의 용량에 비례하기 때문에 시피유 혹은 HDD 등에 캐시 용량이 크면 가격이 엄청나게 올라갑니다.

그래서 같은 기능을 하는 시피유, 메인보드 등의 가격이 천차만별인 것입니다.

지금 설명하는 캐시는 시피유 속에 들어 있는 아주 작은 양의 초고속 메모리인 캐시 램을 의미하고요, 이와 별개로 소프트웨어적인 캐시도 있습니다.

여러분이 인터넷을 하면서 화면에 보이는 것은 실시간 정보가 아닙니다.

바로 웹브라우저에 이전에 보았던 정보가 저장되어 있는 캐시를 보여주는 것입니다.

그래서 가끔씩 키보드의 [F5]를 눌러서 새로 고침을 하는 것입니다.

그래서 인터넷을 하다가 가끔씩 뭔가 오류가 날 때는 다음 방법을 사용하여 웹브라우저의 캐시를 지우기도 합니다.

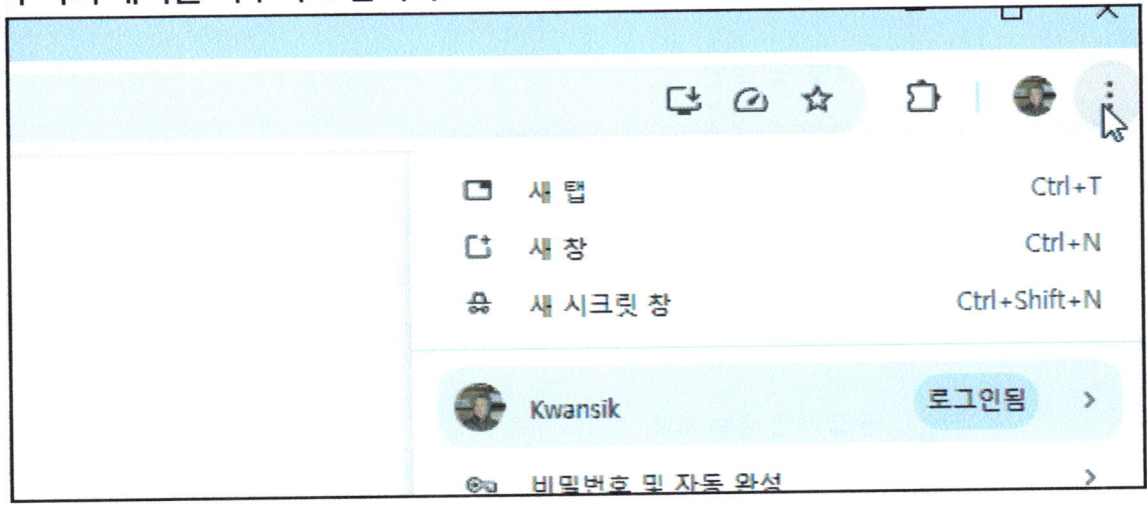

앞의 화면은 구글 크롬 웹브라우저이고요, 앞의 화면 마우스가 가리키는 곳을 클릭하여 나타나는 메뉴에서 하단에 있는 [설정]을 클릭하면 다음 화면이 나타납니다.

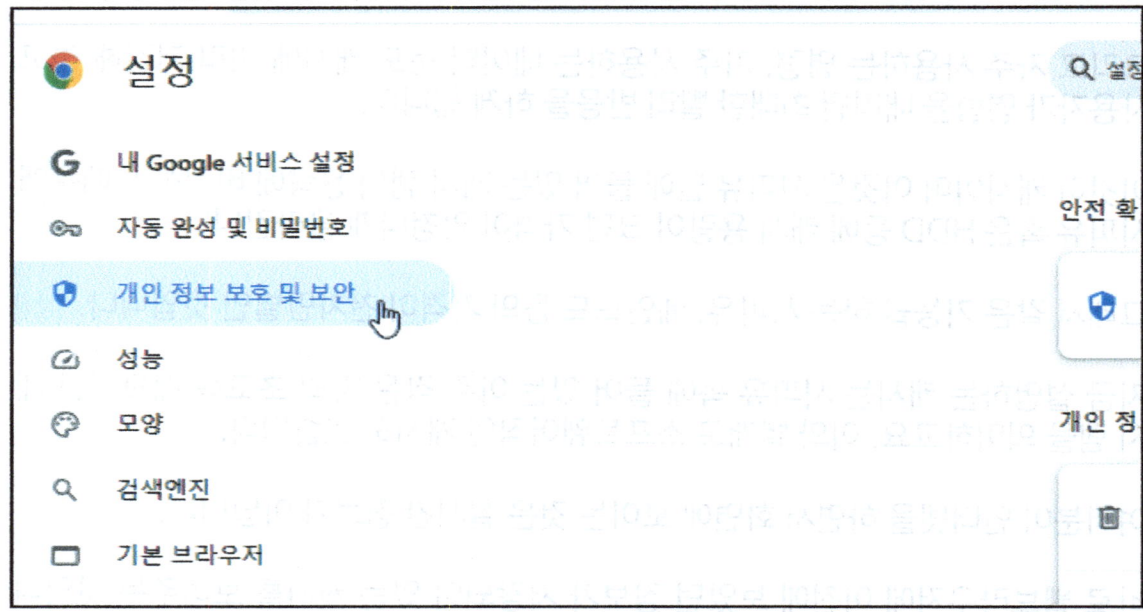

앞의 화면에서 손가락이 가리키는 [개인 정보 보호 및 보안]을 클릭하면 우측에 다음 화면에 보이는 것과 같이 나타납니다.

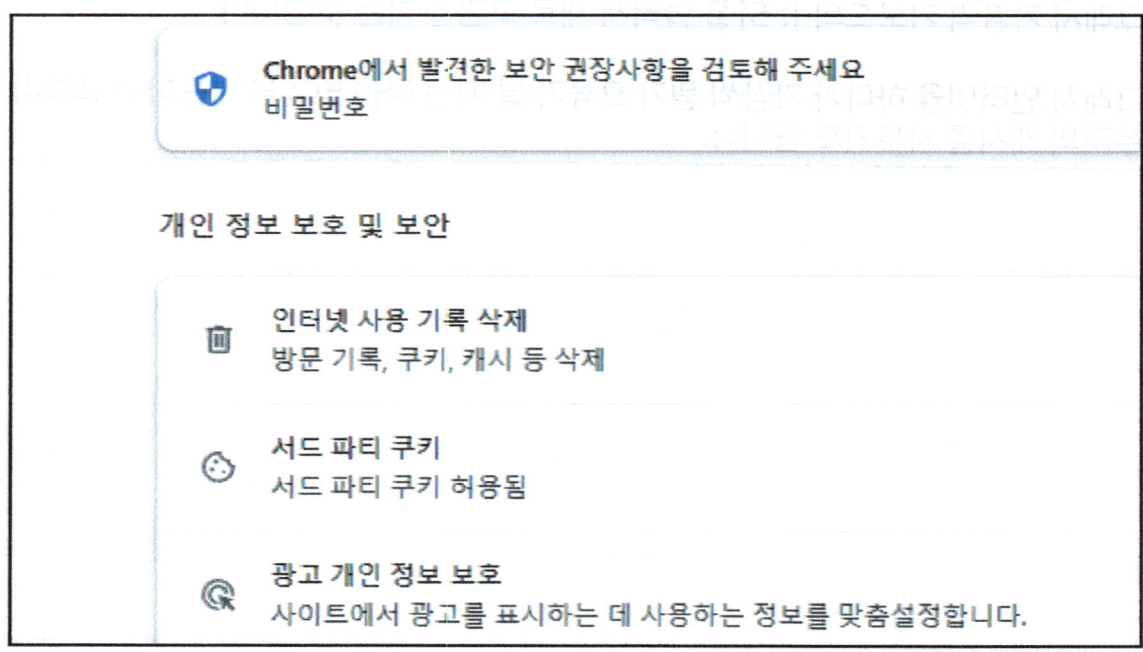

앞의 화면에서 [인터넷 사용 기록 삭제 – 방문 기록, 쿠키, 개시 등 삭제]를 클릭하면 다음 화면이 나타납니다.

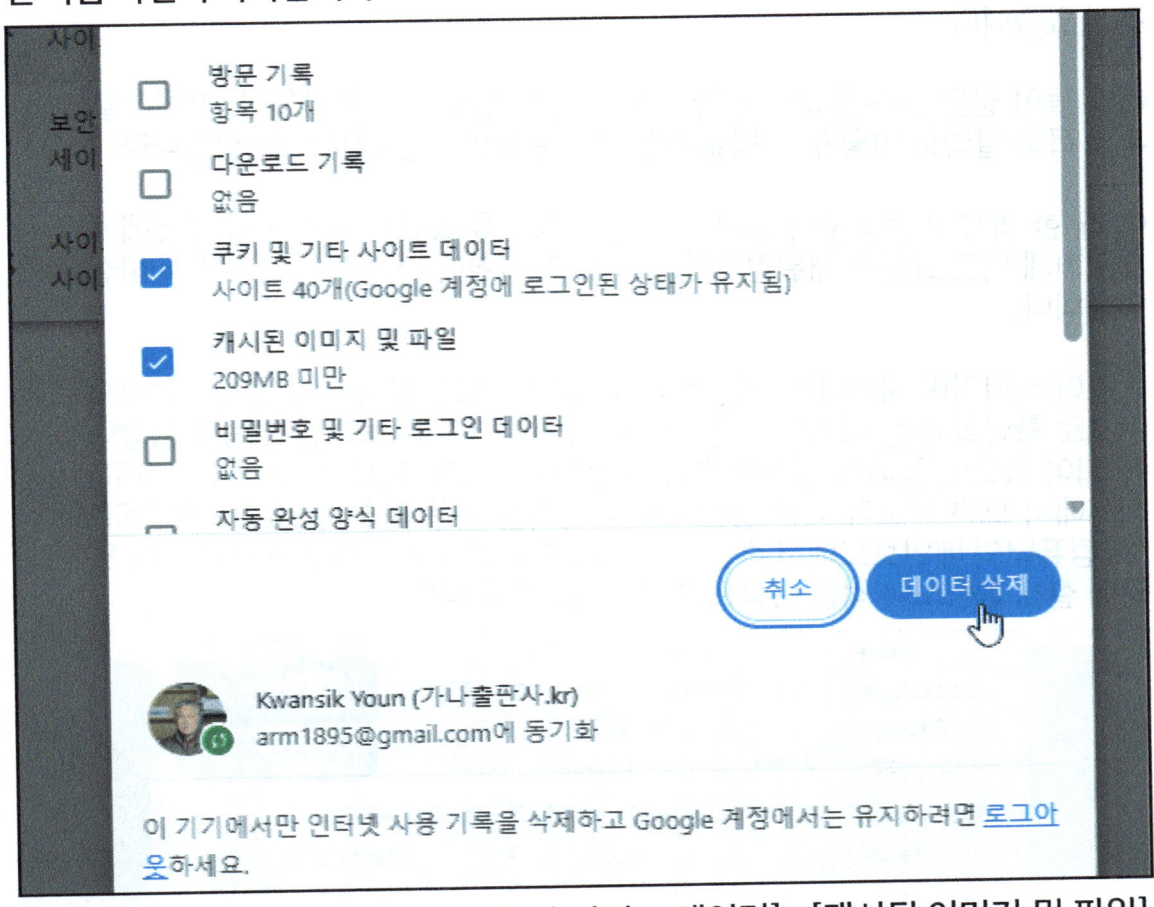

위의 화면에 기본적으로 [쿠키 및 기타 사이트 데이터], [캐시된 이미지 및 파일]이 선택되어 있고요, 손가락이 가리키는 [데이터 삭제]를 클릭하면 웹 브라우저에서 이전에 읽어들여서 저장하고 있던 묵은 데이터를 삭제하고 다시 새로운 정보를 읽어들여서 새로운 정보를 보여줍니다.

위의 화면에서 예를 들어 자신이 자주 접속하여 웹사이트의 비밀번호 등을 삭제하면 다시 접속할 때 비밀번호를 입력해야 하므로 특별한 경우가 아니면 위의 화면에 보이는 것과 같이 기본 값으로 선택된 상태에서 [데이터 삭제]를 클릭하는 것이 좋습니다.

이렇게 하면 캐시된 데이터가 없으므로 다시 읽어들이는데 약간 시간이 걸립니다.

지금까지 캐시의 개념 및 웹브라우저에서 캐시된 데이터를 삭제하고 새로 고침하는 방법을 알아보았는데요, 이러한 캐시와 비슷하지만, 다른 개념으로 버퍼라는 것이 있습니다.

예를 들어 깊은 산속 물방울이 한 방울씩 똑 똑 떨어지는 물방울이 있다고 할 때 아무리 목이 말라도 이렇게 한 방울씩 떨어지는 물방울을 마실 수는 없습니다.

이 때 한 방울씩 물방울이 떨어지는 밑에 그릇을 놓으면 물방울이 그릇에 떨어져 채워지게 되고 그릇에 채워진 물은 그대로 마시거나 바가지 등으로 퍼서 마실 수가 있습니다.

이것이 버퍼이며 캐시나 버퍼는 눈에 보이지도 않고, 표시되어 있지도 않으므로 육안으로 확인할 수는 없지만, 기본적으로 캐시나 버퍼가 들어간 부품에 용량이 표시가 되어 있으며 앞에서 필자가 현재 사용하는 C 드라이브인 120Gb의 SSD가 탐색기에서 보면 이보다 적은 용량으로 표시되는 것은 이렇게 SSD 속에 SSD의 정보, 컴퓨터의 메인보드에서 혹은 운영체제에서 인식해야 하는 정보가 들어 있기 때문에 실제 용량보다 적은 용량으로 표시되는 것입니다.

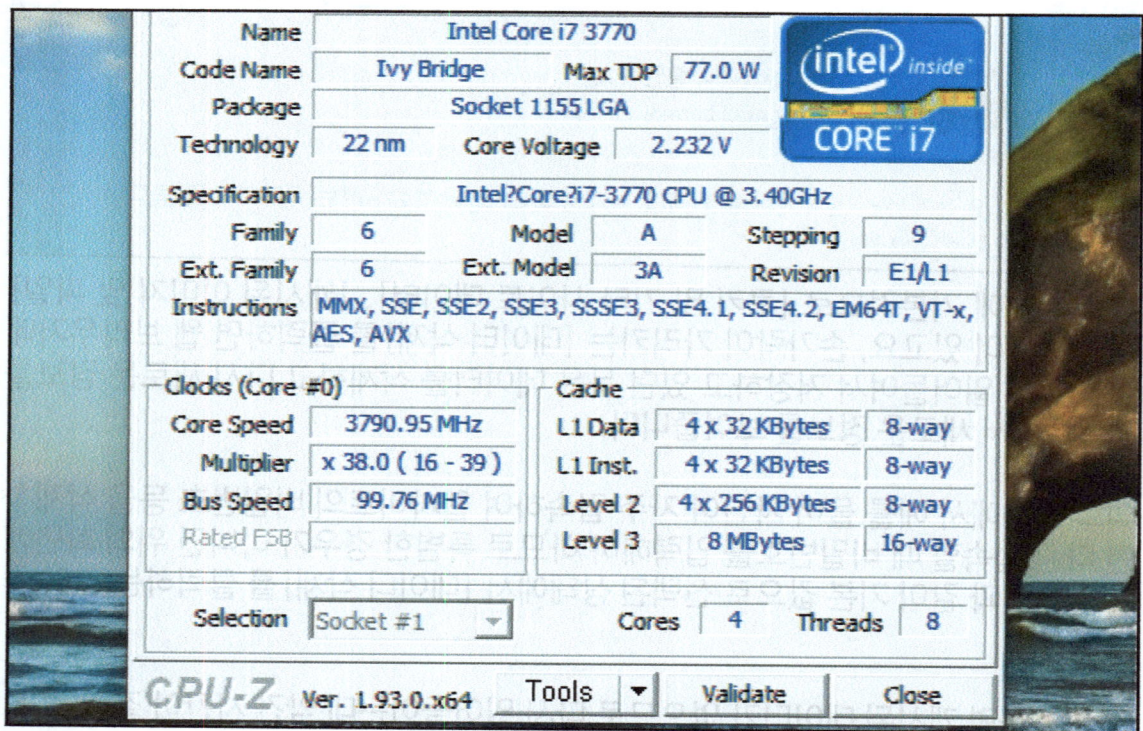

다시 cpu-z 화면이고요, 앞의 화면 하단을 보면 코어 4, 쓰레드 8 이라고 되어 있습니다.

이는 참으로 중요한 내용이고요, 과거 도스 시절에는 한 번에 한 가지씩 밖에는 할 수가 없었습니다.

그러나 윈도우즈 운영체제에서는 여러가지 작업을 동시에 수행할 수 있고요, 이것을 멀티 태스킹이라고 하며 이러한 멀티 태스킹 능력을 보여주는 것이 바로 이 정보입니다.

코어는, 예를 들어 서버용 컴퓨터의 경우 메인보드 하나에 시피유가 2개 이상 들어가는 메인보드도 있고요, 개인용 PC용 메인보드에도 이렇게 시피유가 2개 이상 들어가는 고가의 특수한 메인보드가 있는데요, 각각의 시피유가 각각 서로 다른 연산이 가능하기 때문에 멀티 태스킹에 강력한 기능을 발휘합니다.

그러나 이것은 상당히 고가이기 때문에 개인이 사용하는 것은 극히 드물고요, 그래서 개발된 것이 하나의 시피유 안에 2개 이상의 코어를 넣어서 마치 시피유가 2개 이상 장착된 것과 같은 효과가 나도록 하는 것이 코어입니다.

다시 말해서 코어는 지금 설명하는 것과 같이 시피유 안에 2개 이상의 시피유가 들어 있는 것과 같이 물리적으로 만든 장치를 의미하고요, 당연히 코어 수가 많으면 많을 수록 멀티 태스킹 능력이 뛰어나지만, 코어 수가 많으면 많을 수록 가격이 비싸지고요,..

그리고 이렇게 코어는 물리적으로 구현하는데 비하여 쓰레드는 소프트웨어적으로 구현하는 멀티 태스킹 능력입니다.

현재 필자가 사용하는 시피유는 인텔 i7-3770 이고요, 소켓은 LGA 1155이기 때문에 메인보드 역시 1155 메인보드에만 장착할 수 있고요, 4코어 8쓰레드이므로 웬만한 멀티 태스킹은 가능하지만, i9 급의 시피유는 10코어 20쓰레드 정도이므로 이런 시피유에 비해서는 그야말로 새발의 피 라고 할 수 있습니다.

지금까지 시피유 정보를 알아 보았고요, 시피유 코드 네임, 핀 수, 작동 클럭, 나노 공정(테크놀러지), 캐시, 코어, 쓰레드 등에 관한 정보를 한 눈에 볼 수 있었고요, 이것을 체감적으로 느끼고 제대로 알기 위해서는 파워 유저가 되어야 합니다.

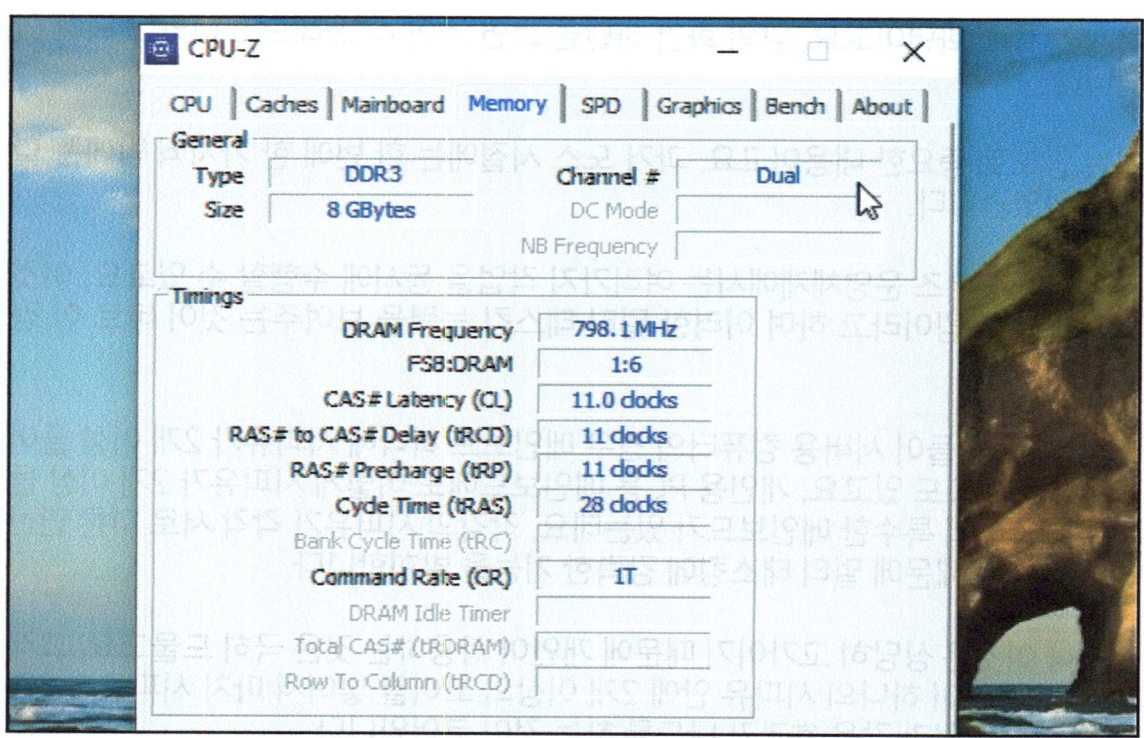

위의 cpu-z 화면에서 상단 메뉴 [Memory]를 클릭하면 위와 같이 보이고요, 현재 필자의 컴퓨터에 장착된 램(메모리)을 보여주는 화면이고요, DDR-3, 8Gb 용량이며 마우스가 가리키는 곳을 보면 듀얼 채널을 구성한 것으로 나타납니다.

이는 필자의 다른 저서 "PC정비사 교본" 책을 보셔야 자세하게 알 수 있는 부분인데요, 대부분의 메인보드에는, 2개 이상의 램 슬롯이 있고요, 4개의 램 슬롯이 있는 메인보드의 경우 혹은 램 슬롯이 2개만 있더라도 예를 들어 8Gb 램 1개만 끼워도 8Gb의 램이기는 하지만, 4Gb 용량의 램을 램 슬롯 2개에 나누어 끼워서 듀얼 채널을 구성하는 것이 이론상 조금이라도 더 빠릅니다.

물론 체감 속도는 그리 크게 나지 않지만, 이런 사소한 한 가지씩 신경을 써서 PC를 구성한다면 결과적으로 그러하지 않은 컴퓨터보다 조금이라도 더 빠르고 쾌적하게 돌아갑니다.

지금 설명하는 cpu-z 프로그램은 이 밖에도 시스템의 구성 요소를 구석 구석 보여줍니다만, 실제로는 시피유, 메인보드, 메모리, 그래픽 카드 정도만 보면 되고요, 다음 화면은 그래픽을 보여주는 화면입니다.

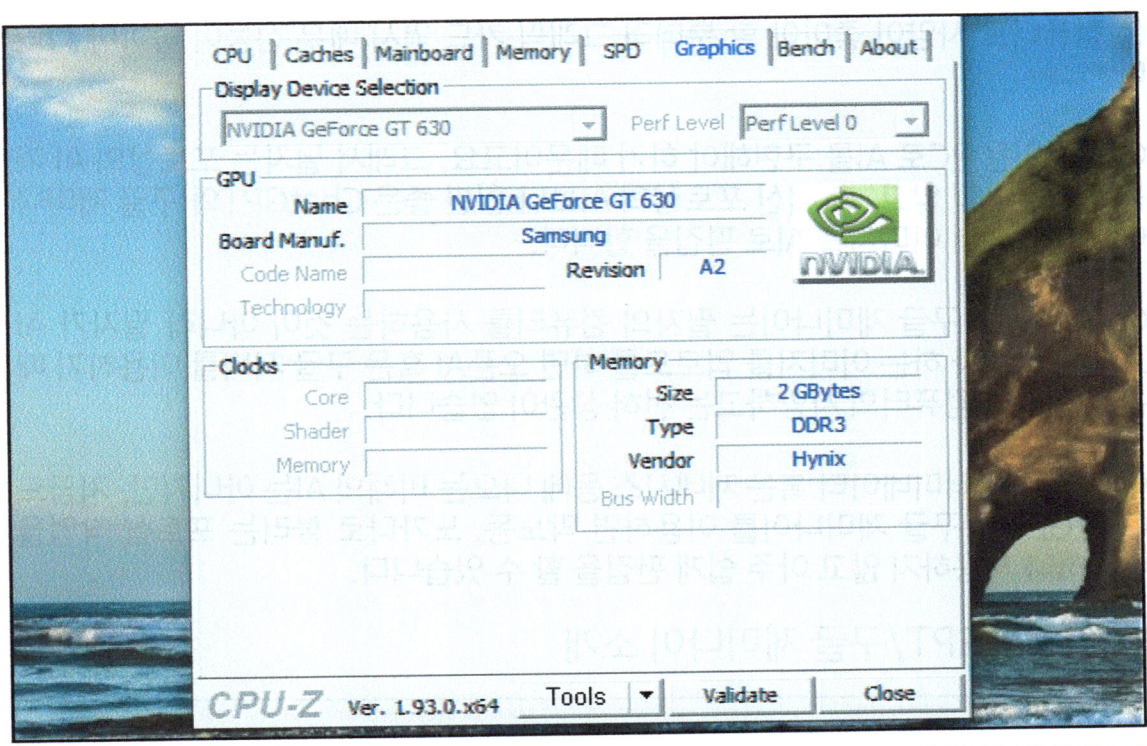

지금 우리나라 경주에서 APEC 이 열리고 있으며 미국의 트럼프 대통령 및 중국의 시진핑 주석, 일본의 신임 여성 총리 다카이치 총리 등 역대급 대통령이 모이고 있고요, 이와 별개로 세계 최고의 글로벌 CEO 들도 모여들고 있고요, 이중에 미국의 NVIDA의 젠슨황이 가장 많은 플래시를 받고 있는데요..

위의 화면에 보이는 것은 필자가 현재 이 책을 쓰고 있는 컴퓨터에 장착된 그래픽 카드이고요, NVIDA Geforce GT 630 이고요, 비디오 메모리는 DDR-3, 2Gb 라고 나옵니다.

이 정도 그래픽 카드는 최신 게임은 절대로 돌릴 수 없는 완전 구형 구닥다리 그래픽 카드입니다만, 필자는 게임이라고는 단 한 번도 해 본 적이 없기 때문에 전혀 문제가 없습니다.

지금 시세로 필자가 얼마 전에 인터넷으로 불과 15,000원에 구입한 것이고요, 최신 고사양 게임을 한다면 그래픽 카드 한 개에 100만원 정도 하는 그래픽 카드를 사용해야 합니다만, 다만, 한 가지 여러분이 이 책으로 공부를 하여 파워 유저가 되면 필연적으로 포토샵을 사용하게 되는데요, 포토샵의 AI 기능을 사용하기 위해서는 컴퓨터도 사양이 좋아야 할 뿐더러 그래픽 카드 역시 매우 성능이 좋아야 합니다.

이는 개인용 PC로 AI를 구현해야 하기 때문이고요, 그래서 필자는 포토샵의 AI 기능을 사용하지 않고, 그 대신 포토샵의 AI보다 훨씬 좋은 ChatGPT와 구글 제미나이를 이용해서 이미지를 AI로 편집을 합니다.

ChatGPT나 구글 제미나이는 필자의 컴퓨터를 사용하는 것이 아니라 필자가 AI로 편집하고자 하는 이미지를 업로드를 하면 오픈AI 혹은 구글 서버를 이용하기 때문에 필자의 컴퓨터의 사양하고는 전혀 상관이 없습니다.

아직은 영화 터미네이터 혹은 제네시스 등에 나오는 미래의 AI는 아니지만, 지금도 ChatGPT나 구글 제미나이를 이용하면 막노동, 노가다로 불리는 포토샵 작업을 손끝하나 사용하지 않고 아주 쉽게 편집을 할 수 있습니다.

(9) ChatGPT/구글 제미나이 소개

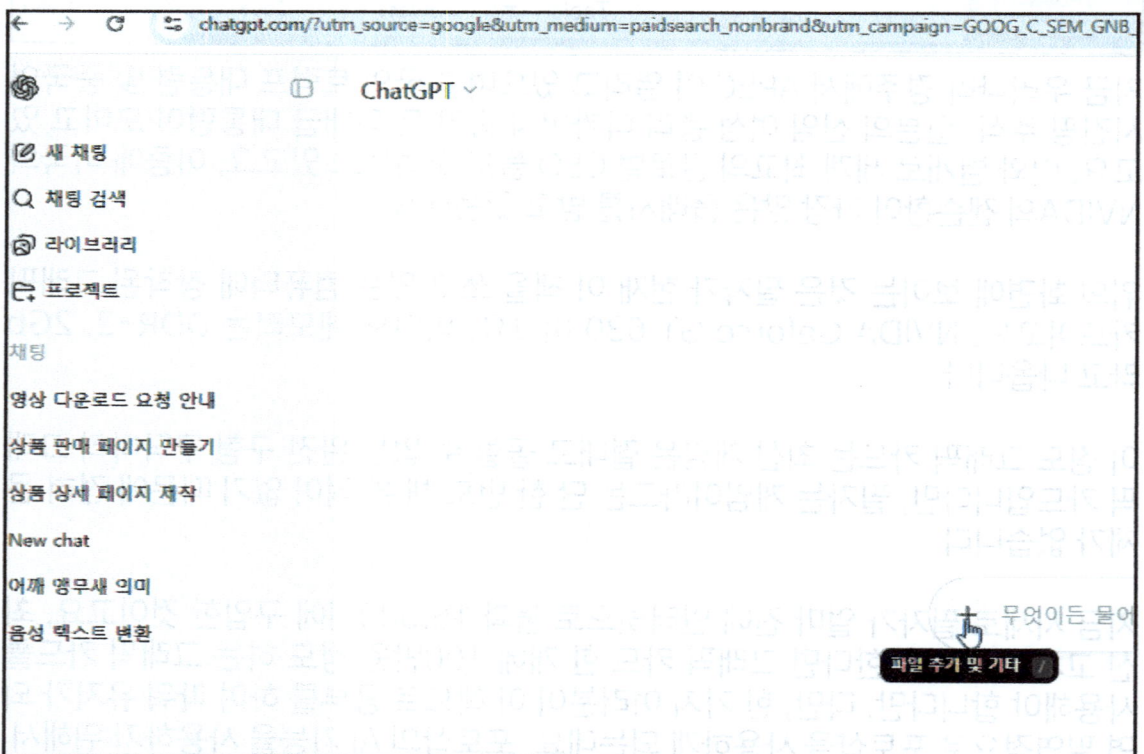

쳇GPT를 사용하는 방법은 여러가지가 있고요, 우선 인터넷에서 ChatGPT 검색하여 앞의 화면에서 문자를 입력하여 명령을 실행할 수도 있고요, 지금은 앞의 화면 마우스가 가리키는 + 를 클릭합니다.

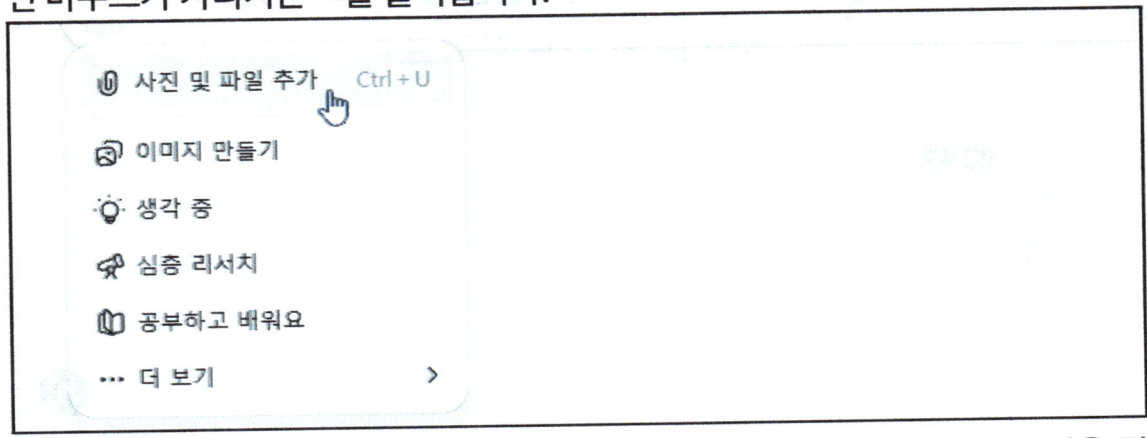

필자는 사실 GhatGPT를 사용하지 않아도 컴퓨터로 할 수 있는 대부분의 일을 직접 하기 때문에 실제로는 ChatGPT를 거의 사용하지 않습니다.

그러다가 포토샵 책의 최신 원고를 다 써 놓고 포토샵의 최신 AI 기능을 넣기 위해서는 최소한 100만원대 이상의 PC, 바람직하기로는 500만원 정도의 컴퓨터를 가져야 포토샵의 AI 기능을 원활하게 사용할 수 있기 때문에 상당 기간 고민을 하면서 망설였습니다.

그러다가 필자의 컴퓨터 사양으로는 포토샵의 AI 기능을 사용할 수 없지만, ChatGPT나 구글 제미나이를 사용하면 포토샵의 AI 보다 더 좋고 편리하게 사용할 수 있고요, 구글 제미나이는 훨씬 더 좋습니다. (아직까지 구글은 무료)

앞의 화면에서 편의상 필자의 얼굴을 불러 와 보겠습니다.
앞의 화면에서 필자의 얼굴을 클릭하고 [열기]를 클릭하면 다음 화면이 나타납니다. (GhatGPT나 구글 제미나이 모두 완전 똑같은 방식으로 작동합니다.)

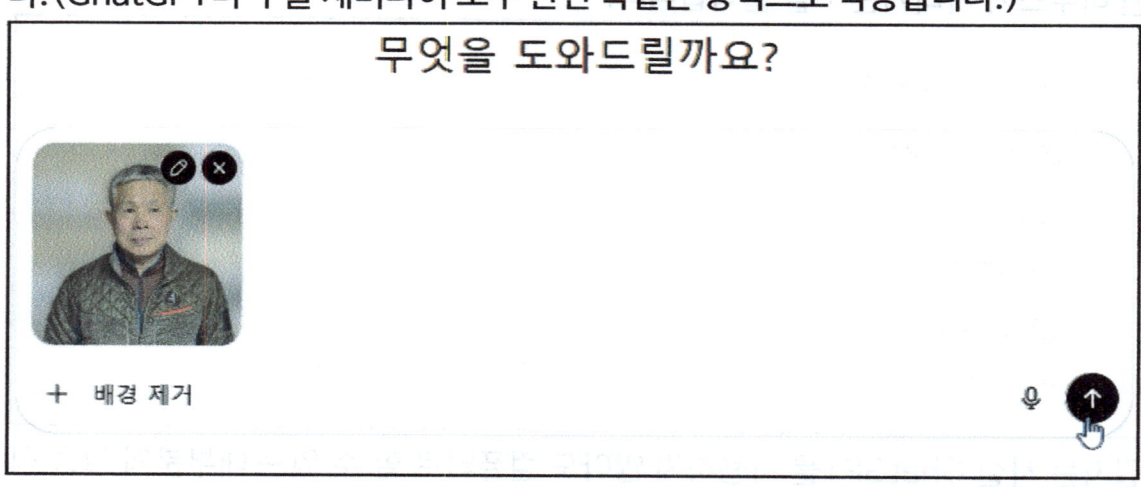

위의 화면, chatGPT 화면에 불러온 필자의 얼굴 이미지 밑에 위에 보이는 것과 같이 "배경 제거" 를 입력하고 위의 화면 우측 손가락이 가리키는 곳을 클릭하면 다음 화면에 보이는 것과 같이 필자의 뒤에 있는 배경이 제거됩니다.

필자의 모습 뒤에 있는 배경이 사라졌습니다.
필자의 모습 이미지에 마우스를 가져가면 다음과 같이 보입니다.

위에 보이는 것과 같이 필자 뒤의 배경이 없다는 표시가 나타나며, 이 때 마우스 우측 버튼을 클릭하여 나타나는 부 메뉴에서 다른 이름으로 저장을 할 수도 있고요, 이미지를 복사를 해서 포토샵에 붙여 넣고 편집을 할 수도 있는데요..

지금 ChatGPT 에서 그냥 단순히 "배경 제거" 라는 타자만 쳤는데 이렇게 필자의 모습 뒤의 배경이 제거되었고요, 이것을 실제로 포토샵을 실행하고 포토샵에서 이렇게 할 수 있는데요, 필자와 같은 포토샵의 달인도 노가다 노가다 상노가다를 해야 하며 시간도 엄청나게 오래 걸립니다.

그런데 지금 보시는 바와 같이 chatGPT에서는 포토샵의 포 자도 모르는 사람도 금방 사진의 배경을 제거했습니다.

이것을 일명 누끼따기라고 하는데요, 포토샵을 몇 달 혹은 몇 년 씩 공부를 하여 어렵고 힘들게 작업을 해야 하는 것을 이렇게 AI 기능으로 쉽게 할 수 있으므로 필자가 포토샵 책을 써 놓고도 출간을 하지 않고 있습니다.
허허 참.. 입니다.

그러나 여전히 포토샵은 유용하며 지금 chatGPT에서 배경을 제거한 이미지를 포토샵에서 여러가지 자유자재로 편집이 가능하며 당연하고도 당연하게 포토샵을 모르는 사람도 chatGPT에서 자유자재로 편집이 가능합니다.

그러나 ChatGPT 도 실수를 할 수가 있습니다.
다음 화면을 보세요.

앞의 화면은 단지 배경만 하늘로 바꾸어 달라고 한 것인데 필자의 얼굴이 약간 험악하게 바뀌었습니다.

다음은 젊게 해 달라고 했더니 다음과 같이 바뀌었습니다.

그런데 필자가 테스트를 위하여 여러 번 재시도를 해 보았는데요, 실행할 때마다 얼굴 모습이 틀려집니다.

AI가 아직은 영화 터미네이터 등에 나오는 AI와는 완전 동떨어진 기술이라는 것을 알 수 있습니다.

다음은 필자의 어깨 위에 앵무새 1마리가 있는 모습으로 바꾸어 달라고 했더니 바꾼 모습입니다.

이상 ChatGPT를 이용하여 이미지를 편집하는 모습을 보여 드렸는데요, ChatGPT는 하루 한 건, 아직까지 구글 제미나이는 제한이 없습니다.

필자는 컴퓨터 자격증도 많고 많은 책을 썼기 때문에 역설적으로 이런 AI 기능을 사용하지 않고 주로 포토샵에서 작업을 많이 했기 때문이고요, 아직은 AI 기술이 다소 부족하지만, 결국 AI가 인간 세상을 삼켜 버릴 것입니다.

아쉽게도 ChatGPT는 제한적이고요, 구글 제미나이는 현재 무제한입니다.

(10) 램 상주 프로그램

컴퓨터는 전원을 켜서 끌 때까지의 모든 것이 램(메모리)에서 이루어진다고 이미 여러 번 언급하였습니다.

사용자가 작업하는 모든 것은 물론, 컴퓨터가 처음 부팅이 되는 과정 및 부팅이 된 후에도 백그라운드에서 컴퓨터가 정상적으로 작동하도록 하는 수 많은 프로세서가 작동을 하기 때문에 컴퓨터를 정상적으로 사용할 수가 있는 것입니다.

그런데 이 모든 것... 컴퓨터는 전원을 켜서 끌 때까지의 모든 것이 램(메모리)에서 이루어지므로 백그라운드에서 실행되는 수 많은 프로세서들이 모두 메모리(램)를 차지하고 남은 용량을 사용자가 사용하게 되는 것입니다.

윈도우즈 바탕 화면 우측 트레이를 보면 다음과 같이 보입니다.

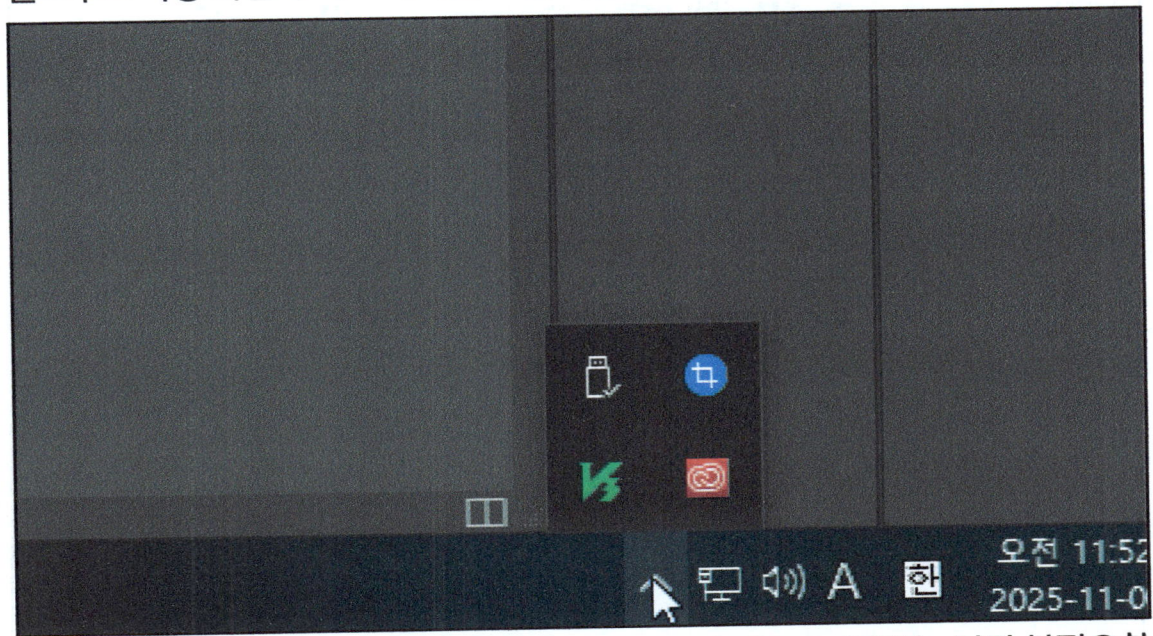

위의 마우스가 가리키는 곳을 클릭하여 나타난 모습이고요, 필자는 이미 불필요한 프로그램들이 로딩되지 않도록 했기 때문에 위에 보이는 것과 같아 현재 4개의 프로그램이 보이는 것이고요 사용자에 따라서 더 많을 수도 있습니다.

컴퓨터를 사용하다가 무언가 잘 안 될 때 강제로 재부팅을 시키고자 할 때 단축키 [Ctrl + Alt +Del] 키를 한꺼번에 누르고 [작업 관리자] 를 클릭하면 다음 화면이 나타납니다.

앱 (6)

		CPU	메모리	
>	Id Adobe InDesign CC 2018(10)	1.5%	280.9MB	0.
>	Creative Cloud Core Service(32...	0%	3.3MB	
>	Google Chrome(16)	0.5%	709.7MB	0.
>	Windows 탐색기(2)	0.7%	47.6MB	
>	메모장	0%	1.7MB	
>	작업 관리자	12.5%	29.3MB	0.

백그라운드 프로세스 (78)

	Adobe CEP HTML Engine	0%	1.9MB	

앞의 화면 2개 중에서 2번째는 크게 보여주는 이미지이고요, 앞의 화면에 보이는 것이 다가 아닙니다.

화면 우측 슬라이더를 밑으로 내리면 그야말로 벌어진 입이 다물어지지 않을 정도로 많은 프로그램이 백그라운드에서 실행된다는 것을 알 수 있습니다.

이것이 바로 램 상주 프로그램들이고요, 이 램 상주 프로그램들이 메모리의 일부를 차지하고 남은 용량을 사용자가 사용하는 것이고요, 이들 백그라운드 프로그램 중에는 바이러스 프로그램이나 악성 코드, 렌섬웨어 같은 최악의 프로그램들도 있을 수 있습니다.

또한 악성 프로그램은 아니더라도 컴퓨터를 컬 때마다 자동으로 실행되어 메모리를 차지해서 컴퓨터가 느려지게 하는 골치 아픈 프로그램들이 있습니다.

이러한 프로그램들은 악성 코드는 아니더라도 컴퓨터를 느리게 하는 주범이며 일부 프로그램들은 지독한 광고를 띄우는 일종의 악성 프로그램이라고 할 수 있는 프로그램들도 있습니다.

또한 악성 프로그램은 아니지만 결과적으로 최악의 악성 프로그램이 각종 보안 프로그램들입니다.

특히 각종 정부 기관에 접속하기만 하면 지독 곱하기 지독한 보안 프로그램을 겹겹이 깔아야 하는데요, 이들 서로 다른 보안 프로그램들이 얼키고 섥혀서 컴퓨터만 느려지는 것이 아니라 최악의 경우 포맷을 해야 할 정도로 최고 중의 최최고 악성 프로그램인 경우가 아주 많이 있습니다.

특히 정부 기관은 상대적으로 민간 기관보다 대체로 많이 떨어지는데요, 그래서 정부 기관 사이트에 접속할 때는 어떤 경우에는 완전 구형 구닥다리 프로그램 및 지독하게 보안 프로그램을 깔아야만 접속이 되게 해서 그야말로 어쩔 수 없이 관련 기관에 접속해야 하는 사람들은 울며 겨자 먹기로 속을 끓이면서 정부 기관 사이트에 접속할 수 밖에 없습니다.

정부는 워낙 거대한 기관이다보니 항상 민간보다 느리고 뒤떨어지고요, 공무원들의 무사안일은 어제 오늘의 일이 아니고요, 물론 열심히 그리고 성실히 그리고 친절하게 일을 하는 공무원이 압도적으로 많은 것은 사실입니다.

여기서 일일이 어떤 프로그램이라고 거론할 수는 없습니다만, 정부 기관 사이트에 자주 접속하는 사람이라면 정부 기관은 민간 기관보다 많이 떨어진다는 것을 누가 알려주지 않아도 저절로 알게 됩니다.

그래서 사용자는 불필요한 백그라운드 프로그램들을 정리할 필요가 있는데요, 문제는 어떤 프로그램이 불필요한 프로그램인지 알기가 어렵다는 점입니다.

일단 정부 기관, 은행 등의 금융 기관 등을 이용할 때 깔았던 보안 프로그램들은 모조리 제거하는 것이 좋습니다.

다음에 다시 접속할 때 다시 보안 프로그램을 깔더라도 일단 사용하지 않을 때는 보안 프로그램들은 제거하는 것이 좋고요, 특히 안철수.. 에휴.. 안랩.. V3로 유명한 안랩에서 배포하는 안랩 세이프 트랜젝션(AhnLab Safe Transaction)은 사용자가 타자 한 자 치는 것까지 일일이 검사를 하여 바이러스나 악성 코드가 없다는 것이 확인 되어야 컴퓨터가 움직이는 사상 최악 중의 최악의 악성 코드입니다.

물론 필자가 사상 최악의 악성 코드라고 표현을 하는 것은 다소 과장된 얘기이기는 하지만, 소위 컴퓨터 파워 유저라면 치를 떠는 프로그램이 바로 안랩 세이프 트랜젝션(AhnLab Safe Transaction)입니다.

이 프로그램은 특히 금융 기관이나 특정 정부 기관에 접속하면 어김없이 깔아야만 해당 기관을 이용할 수 있는데요, 안랩이나 기타 보안 프로그램 개발 업체에서는 사운을 걸고, 회사의 사활을 걸고 정부에 로비를 하거나 정부의 입찰에 응찰을 하여 낙찰된 프로그램들이고요, 이들 보안 프로그램 개발 업체들과 정부와의 계약에 따라 정부 기관에 접속할 때 어김없이 이들 프로그램을 깔아야만 합니다.

그래서 이러한 악성 프로그램을 깔아야만 해당 기관을 이용할 수 있으므로 할 수 없이 깔았다 하더라도 원하는 업무를 마친 뒤에는 이런 악성 프로그램을 제거하는 것이 좋은데요, 안랩 세이프 트랜젝션(AhnLab Safe Transaction)은 사용자가 제거할 수도 없게 사상 최악의 프로그래밍을 해 놓은 사상 최악의 악성 코드입니다.

물론 안랩 세이프 트랜젝션(AhnLab Safe Transaction)도 특수한 방법으로 더 이상 사용하지 않는 방법이 있기는 있습니다만, 초보자는 거의 방법을 알 수 없으므로 문제입니다.

(11) 네이버 고클린(goclean) 소개

필자는 우리나라 컴퓨터 1세대이므로 구글도 거의 원년 멤버입니다만, 네이버는 구글보다 훨씬 먼저 가입한, 네이버 역시 거의 원년 멤버입니다.

그 옛날 천하의 야후 코리아를 몰아내고 국산 토종 포털로 우뚝 선 네이버는 사실상 국민들이 네이버를 선택했기 때문에 오늘날의 네이버가 존재하는 것이고요, 그래서 네이버는 사실상 국민 기업으로 국민을 위한 사업을 많이 합니다.

필자와 같이 상업적으로 책을 펴 내는 사람들을 위하여 글꼴 라이센스 걱정 없이 무료로 상업용으로 제한 없이 사용할 수 있도록 수 많은 네이버 글꼴을 개발하여 무료로 배포하고 있고요, 지금 여러분이 보시는 글꼴 역시 네이버 바른고딕 옛한글 글꼴입니다.

필자는 아주 오랜 옛날부터 사업을 해 왔기 때문에 예전에는 글꼴 개발 업체로부터 빨간 줄이 죽죽 그어진 경고장, 고소장 등을 여러 번 받았고요, 자신들의 글꼴을 무단으로 사용했으므로 손해 배상 혹은 자신들의 글꼴을 돈을 주고 구입하라는 것입니다.

문제는 필자가 필요한 한 두가지 글꼴만 사면 좋으련만 수 많은 관련 글꼴들을 몽땅 구매하라는 겁니다.

참으로 오랫동안 글꼴 개발 업체들로부터 시달림을 받다가 네이버를 비롯한 정부 기관, 지방자치단체, 기타 여러 기관 및 단체들이 무료 글꼴을 배포하기 시작하였습니다.

무료 글꼴을 개발을 하여 무료로 배포하므로써 해당 글꼴을 다운로드 하려는 사람들이 많이 접속하도록 하여 해당 사이트에 광고를 게제를 해서 수익을 올리는 방법의 사업이 봇물처럼 터졌기 때문입니다.

또는 전국의 여러 지방자치단체들도 무료 글꼴을 개발하여 이 무료 글꼴을 다운 받으려는 사람들이 해당 글꼴 개발 자치 단체를 방문하도록 하여 해당 자치단체 홍보를 하는데 이용하기도 합니다.

이와 같이 인터넷으로 사업을 하는 한 가지 유형이 된지 오래이고요, 물론 네이버는 이제는 워낙 거대한 글로벌 기업이고요, 우리나라 토종 포털이기 때문에 지금 소개하는 고클린 등을 다운로드하기 위하여 많은 사람들을 끌어모으는 단체는 아닙니다.

어차피 우리나라 사람들이라면 네이버를 모르는 사람도 없고요, 이용하지 않는 사람도 거의 없으니까요..

이러한 네이버에서 컴퓨터에 있는 악성 코드를 골라서 제거할 수 있는 프로그램을 개발을 하여 무료로 배포하고 있고요, 이것이 고클린입니다.

필자는 네이버에 근무한 적도 없지만, 앞에서 잠깐 소개한 것과 같이 아주 오랜 옛 날부터 네이버를 이용해 왔기 때문에 누가 알려주지 않아도 그냥 저절로 알고 있고, 알게 되는 것인데요, 사실 네이버도 이제는 워낙 거대해져서 잘 돌아가지 않는 부분도 있습니다.

구글은,.. 지금 트럼프 미국 대통령의 엄포로 우리나라는 미국에 3,500억 달러를 투자하기로 했는데요, 우리나라는 어마어마한 돈을 투자를 하기 때문에 여러가지 고려 및 안전 장치를 마련하고 있고요, 이렇게 세계 몇 위권의 경제 대국인 우리나라조차 미국에 3,500억 달러를 투자하는 것은 매우 어려운 일인데요.. 구글은 일개 기업이 무려 6,000억 달러를 투자를 합니다.

이게 구글입니다.
필자 생각에 구글은 아마도 전세계 인구 1인당 한화로 약 100만원 이상을 투자하는 전무후무한 공룡 기업입니다.

필자는 구글이 처음 생길 때부터 구글에 가입하여 지금까지 이용하고 있는데요, 구글은 처음 생겼을 때부터 지금까지 하루 24시간 연속으로 사이트를 가동하고 있어도 단 한 번도 사이트 에러가 난 적이 없고요, 사이트를 점검한다고 닫힌 적이 단한 번도 없습니다.

이런 점에서 본다면 국내 대기업이 된 국내 최대 포털 네이버는 구글에 비해서는 한 참 뒤진다는 것을 알 수 있고요, 그러나 네이버에서는 지금 소개하는 고클린이라는 프로그램을 무료로 배포를 하여 컴퓨터를 느리게 하는 프로그램들을 삭제할수가 있습니다.

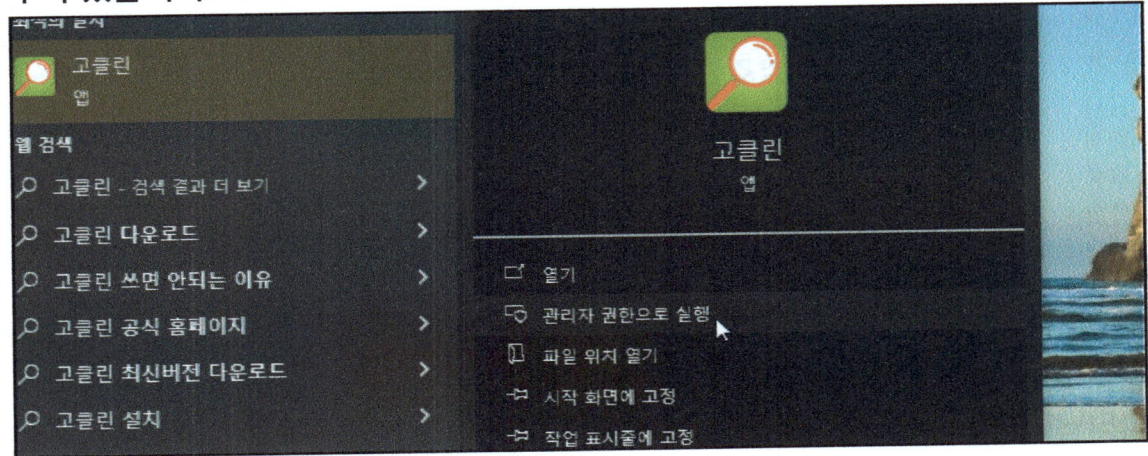

고클린을 다운 받아서 설치하면 기본적으로 바탕 화면에 고클린 아이콘이 생성되고요, 윈도우즈 바탕 화면에서 [시작]-[고클린] 입력하고 찾을 수도 있고요, 앞의 화면 참조하여 고클린을 실행하면 다음 화면이 나타납니다.

먼저 위의 화면 마우스가 가리키는 [작업 스케쥴러 관리]를 클릭하면 다음 화면이 나타납니다.

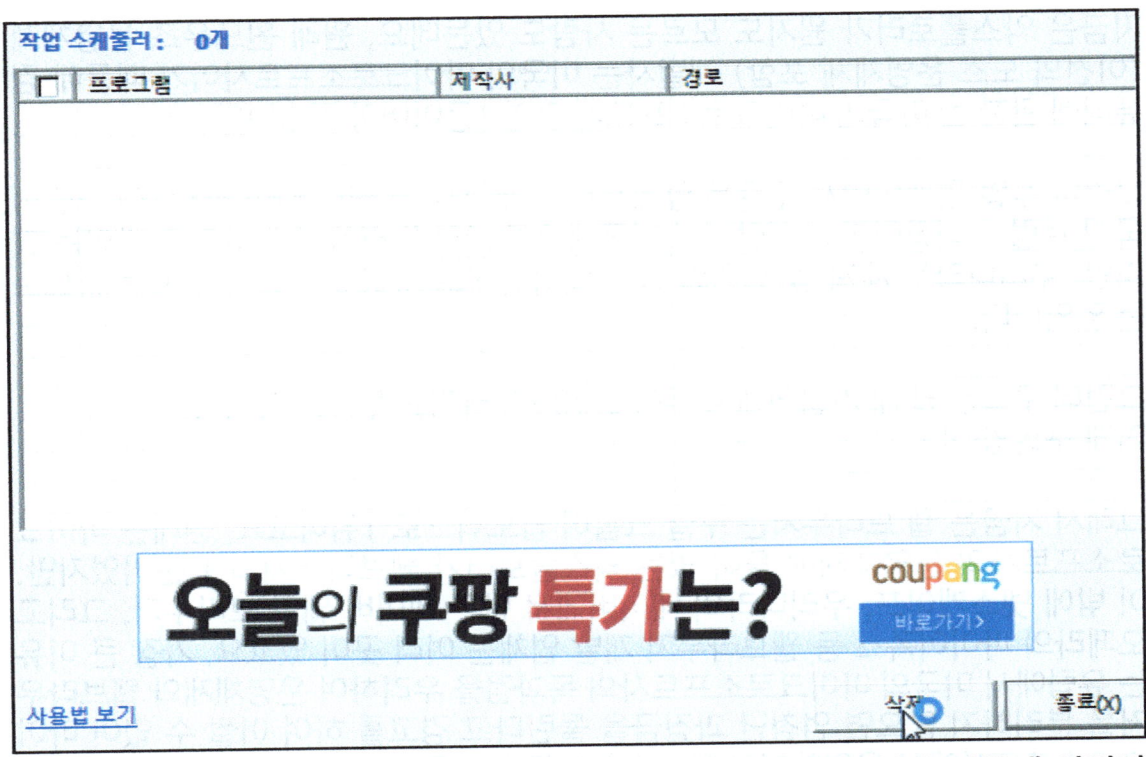

필자는 이미 다 삭제를 해서 위와 같이 보이는 것이고요, 여러분은 이곳에 여러가지 작업들이 보일 것입니다.

특별한 경우가 아니면 모두 선택하고 위의 마우스가 가리키는 삭제를 클릭하면 컴퓨터가 쾌적해집니다.

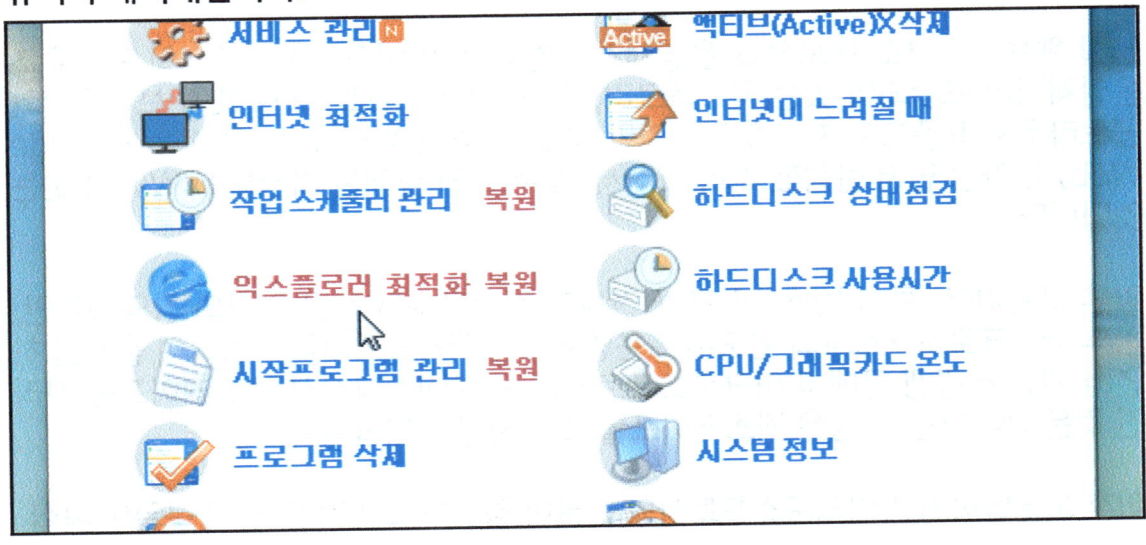

지금은 익스플로러가 뭔지도 모르는 사람도 있는데요, 원래 윈도우즈 운영체제 (이전의 도스 운영체제 포함) 개발사는 미국의 마이크로소프트사이기 때문에 컴퓨터에 관한 한 미국의 마이크로소프트가 단연 1등이어야 맞습니다.

그러나 후발 업체이면서 구글은 앞에서도 소개했습니다만, 우리나라는 이번에 미국의 트럼프 대통령과의 회담에서 미국에 3,500억 달러를 투자하기로 합의는 했지만, 우리나라는 세계 몇 위권의 경제 대국인데도 3,500억 달러 투자는 참으로 큰 일입니다.

그런데 구글은 일 개 기업체에서 무려 6,000억 달러를 투자를 합니다.
이게 구글입니다.

그래서 지금은 웹 브라우저는 구글 크롬이 압도적으로 1위이고요, 원래는 마이크로소프트사의 운영체제에 들어 있는 익스플로러가 웹브라우저의 표준이었지만, 이 밖에 넷스케이프, 우리나라의 네이버에서 만든 네이버 웨일 브라우저, 그리고 오페라의 파이어폭스 등 웹브라우저 개발 업체는 여러 곳이 있고요, 가장 큰 이유는 유럽에서 미국의 마이크로소프트사의 독과점을 우려하여 운영체제와 웹브라우저를 분리하지 않으면 엄청난 과징금을 물린다고 경고를 하여 어쩔 수 없이 마이크로소프트사에서 운영체제와 웹브라우저를 분리를 했고, 이후 웹브라우저 업체들이 우후죽순처럼 생겨났고요, 지금은 구글 크롬이 웹브라우저 천하 평정을 했고요, 그래서 지금은 구글 크롬에서 하라는대로 하지 않으면 인터넷이 잘 안 되는 폐단이 있고요,..

사실 웹브라우저도 윈도우즈 운영체제 개발사인 마이크로소프트사의 윈도우즈 운영체제에 포함되어 있는 익스플로러, 지금은 마이크로소프트 엣지 브라우저가 웹브라우저 표준으로 자리를 잡았지만, 이보다 앞서 월드와이드앱(World Wide Web)이 가장 먼저 탄생했고요, 그래서 웹 주소 맨 앞에는 지금도 WWW가 붙는 것입니다.

이후 모자이크, 특히 넷스케이프가 전세계 웹브라우저 시장을 거의 장악했지만, 이후 마이크로소프트사의 윈도우즈 운영체제에 익스플로러를 포함하여 출시를 하면서 치열한 경쟁 끝에 마이크로소프트사가 승리하여 사실상 넷스케이프는 사라진 것은 아니지만, 지금은 넷스케이프를 쓰는 사람이 없습니다.

이후 오늘날까지 마이크로소프트사와 구글이 경쟁하고 있지만, 결국 구글이 사실상 승리하여 현재 웹브라우저는 PC이든 스마트폰이든 구글 크롬이 압도적으로 많이 사용되고 있습니다.

그러나 넷스케이프도 완전히 사라진 것은 아니고요, 지금도 부활을 꿈꾸고 있으나 쉽지 않은 상황이고요, 이 밖에도 웹브라우저 시장은 여러 개발사들의 지속적인 경쟁 구도가 현재 진행형입니다.

구글 크롬의 '구글 번역', 그리고 지금은 마이크로소프트사의 엣지에도 '번역'기능이 추가되어 전세계의 유저들이 편리하게 웹 서핑을 하고 있습니다.

지금은 앞의 화면에서 마우스가 가리키는 익스플로러 최적화를 클릭하면 다음 화면이 나타납니다.

익스플로러 최적화

익스플로러 최적화(BHO, Toolbar 제거)

☑	이름	프로그램경로	위치
☑	Adobe Acrobat Create PDF fro...	C:\Program Files\Common File...	{F49
☑	Bing Bar Helper (BHO)	C:\Program Files (x86)\Micros...	{d2(
☑	Adobe Acrobat Create PDF Help...	C:\Program Files\Common File...	{AE
☑	Skype for Business Browser Hel...	C:\Program Files\Microsoft Offi...	{310
☑	(BHO)	D:\ut(211107부터이것이원본)\...	{270
☑	IEToEdge BHO (BHO)	C:\Program Files (x86)\Micros...	{1F(
☑	OneNote Lin&ked Notes (Exten...		{78
☑	Lync Click to Call (Extension_HK...		{310
☑	Se&nd to OneNote (Extension_...		{26
☑	Adobe Acrobat Create PDF Tool...	C:\Program Files\Common File...	{47
☑	Bing Bar (Toolbar)	"C:\Program Files (x86)\Micros...	{8d

위의 화면을 보면 마이크로소프트사의 프로그램들 일색이며 모두 마이크로소프트사의 프로그램 관련 업데이트, 헬퍼(도움말) 등이고요, 이런 프로그램들이 메모리에 상주하여 컴퓨터가 켜져 있는 동안 계속 메모리를 갉아먹기 때문에 컴퓨터가 느려지는 주범이므로 위의 마우스가 가리키는 곳을 클릭하여 모두 선택하고 [삭제]

를 클릭하여 삭제를 합니다.

물론 마이크로소프트 엣지 브라우저를 사용하는 유저라면 삭제하면 안 되겠습니다만, 어차피 구글 크롬 사용자가 압도적으로 많으므로 구글 크롬 사용자는 지금 설명과 같이 삭제하는 것이 좋습니다.

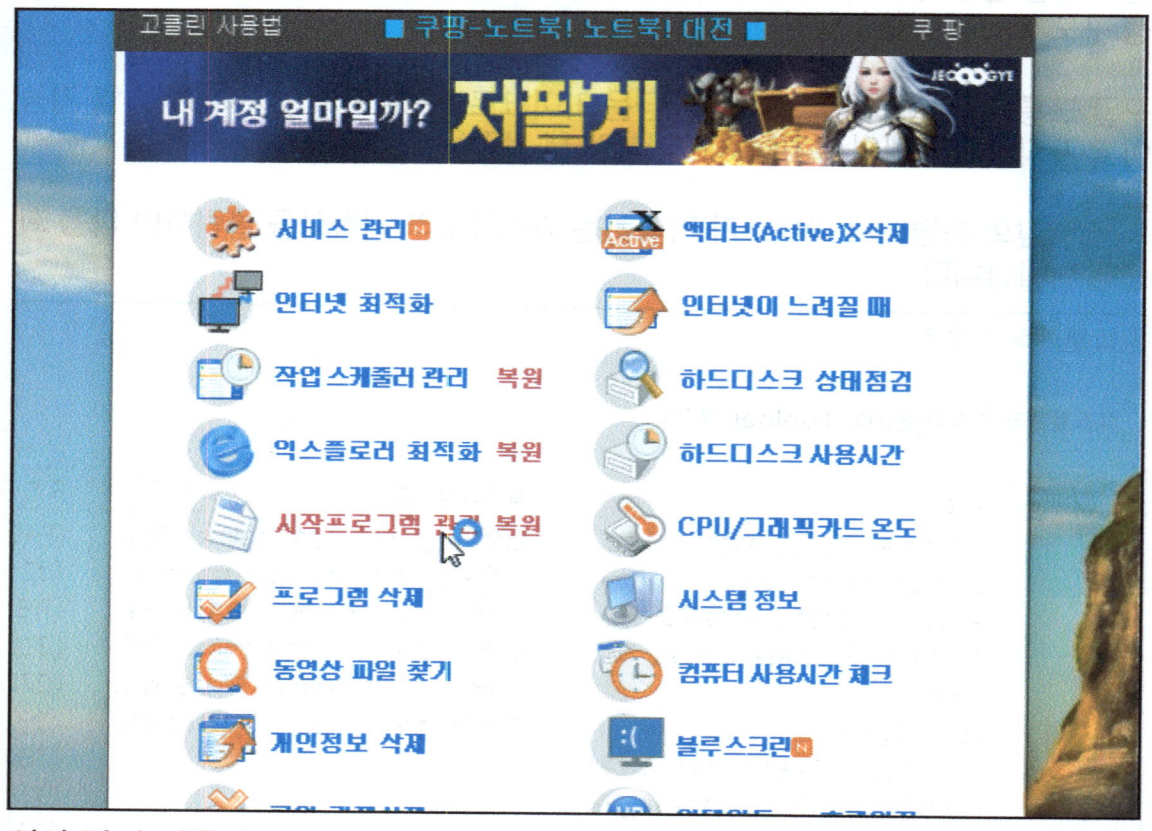

위와 같이 사용자인 필자가 허락하지 않아도 마이크로소프트사에서는 인터넷에 연결된 PC를 일일이 검사를 하여 필요한 경우 사용자의 허락을 구하지 않고 마음대로 프로그램을 깔아버립니다.

이는 원래 윈도우즈를 설치를 하면서 이런 권한을 허락해야 하기 때문입니다.

이제 드디어 메인 이벤트입니다.

위의 화면에서 마우스가 가리키는 [시작 프로그램 관리 복원] 을 클릭합니다.

이 메뉴가 고클린에서 가장 중요한 메뉴입니다.

위의 마우스가 가리키는 [시작 프로그램 관리 복원] 항목이 가장 중요한 항목입니다.

매번 컴퓨터가 켜 질 때마다 실행되어 메모리에 상주하면서 컴퓨터를 느리게 하는 주범들을 삭제하는 항목이기 때문입니다.

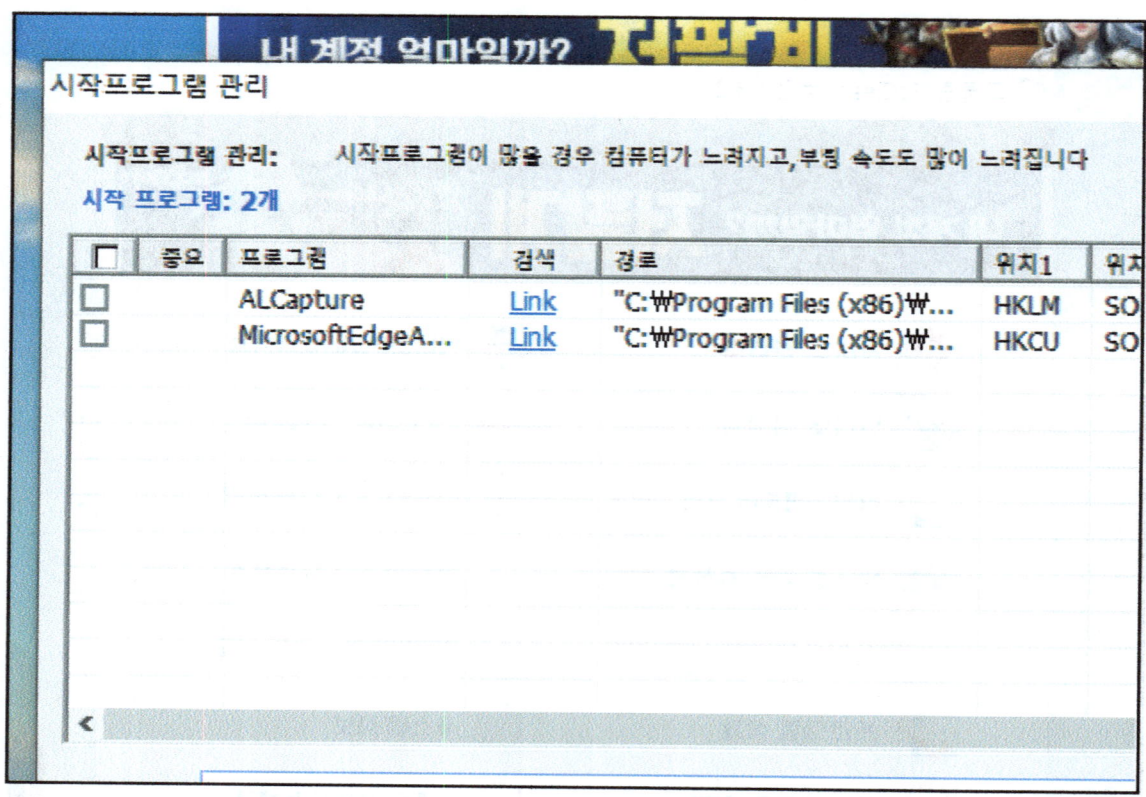

위는 필자의 컴퓨터이므로 여러분과는 많이 다를 것이고요, 필자는 수시로 불필요한 프로그램을 삭제를 하므로 위에 보이는 것과 같이 달랑 2개만 보입니다만, 여러분은 대부분 수십 개의 프로그램이 등록되어 있을 것입니다.

이 중에서 불필요한 프로그램을 선택하고 삭제를 하면 다음 부팅시부터 해당 프로그램이 실행되지 않으므로 그만큼 컴퓨터가 빨라집니다.

삭제할 프로그램을 잘 몰라도 큰 문제는 없습니다.
가능하면 잘 모르는 프로그램 이름으로 인터넷 검색해 보면 어떤 프로그램인지 대충 알 수 있고요, 잘 못 삭제를 하더라도 시스템에 없어서는 아니되는 필수 램 상주 프로그램이라면 삭제를 하려고 해도 삭제가 안 됩니다.

지금 설명하는 것들은 대부분 정상적으로 설치된 프로그램들입니다.

만일 비정상적으로 설치된 악성 프로그램의 경우 사용자가 쉽게 지우지 못하도록 교묘한 파일 이름으로 등록되는 경우도 있으므로 각별히 주의해야 합니다.

요즘은 심지어 V3나 알약을 무력화시키는, 그야말로 최최고 강력한 악성 코드도 심심치 않게 나타납니다.

V3를 배포하는 안랩이나 알약을 배포한 이스트소프트사에서는 V3나 알약을 실행 되지 않게 하는 악성 코드를 제거하는 파일을 제공하기도 하는데요, 잘 안 됩니다.

일단 V3나 얄약을 무력화시킬 정도로 강력한 악성 코드는 V3나 알약으로 치료가 잘 안 됩니다.

이러한 악성 코드는 V3나 알약보다 강력하기 때문에 V3나 알약을 무력화시키는 것입니다.

그래서 V3나 알약에는 악성 코드를 바이러스 백신 개발사인 안랩이나 이스트소프 트사로 전송하는 기능이 있습니다.

치료되지 않는 바이러스 치료 화면에서 마지막에 이 메뉴가 나타납니다.

다음에 위의 화면 마우스가 가리키는 액티브X(Active-X)는 박근혜 전 대통령 시 절 큰 이슈가 되어 지금은 거의 사용하지 않습니다만, 일단 클릭하면 다음 화면이

나타나는데요, 필자의 경우 아예 Active-X는 사용하지 않으므로 없습니다.

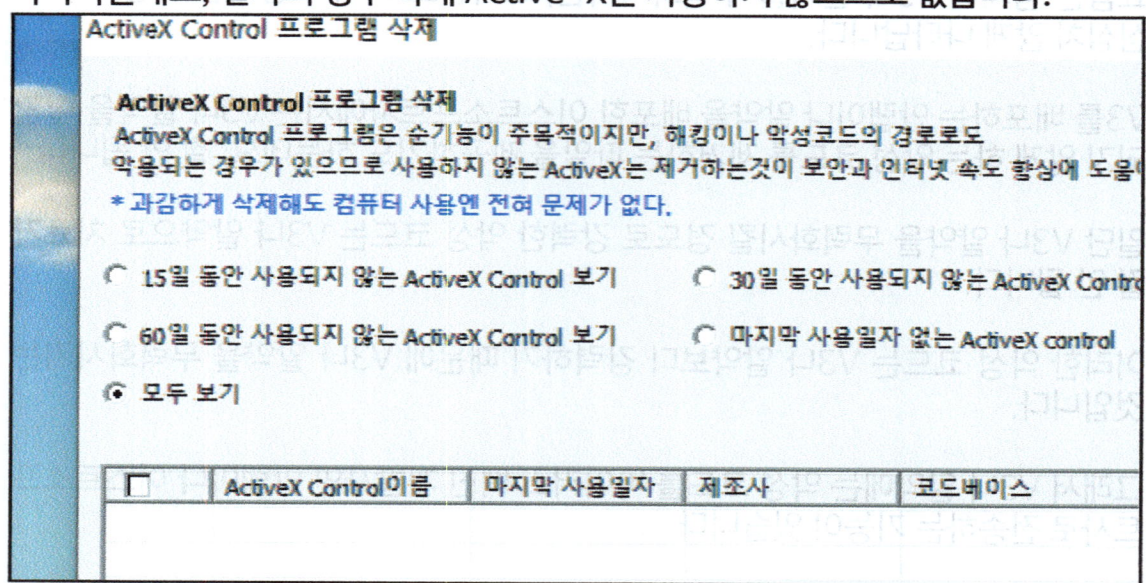

위의 하면에서 [모두 보기]에 체크를 하고 나타나는 것은 모조리 삭제를 하는 것이 좋고요, 나중에 혹시 Active-X가 필요할 경우 그 때 설치하면 되지만, 아마도 앞으로는 Active-X는 사용할 일이 없을 것입니다.

다음으로 중요한 것이 앞의 화면 마우스가 가리키는 [인터넷이 느려질 때] 항목인데요, 네이버 고클린 개발자들도 참..

그냥 "컴퓨터가 느려질 때" 라고 하면 될 것을 왜 굳이 "인터넷이 느려질 때" 라고 했는지 모를 일입니다.

컴퓨터는 인간과 닮았지만, 인간이 아니기에 어떠한 컴퓨터이든지 오래 사용하다 보면 프로그램끼리도 얽히고 섞여서, 예를 들어 필자는 요즘 여기는 시골이기 때문에 책을 쓰는 것이 직업이며 출판사, 출력소, 제본소 등을 운영하지만, 동시에 양봉을 하는데요, 양봉을 하면서 벌을 키울 때 요즘같이 꽃이 없는 시기를 무밀기라고 하며 아직 날씨가 춥지 않기 때문에 밖에 나가서 꿀을 따 오는 외역벌들은 외부에 꽃이 없으므로 다른 벌통에 침입하여 꿀을 훔쳐옵니다.

그래서 내 벌끼리, 같은 봉장에 있는 벌통끼리 도봉이 생겨서 서로 죽고 죽이는 일이 벌어지는데요, 이것을 도봉이라고 하며, 컴퓨터 속에 들어 있는, 특히 각종 보안 프로그램들은 보안 프로그램이라기보다는 컴퓨터를 느리게 하는 악의 축이라고 하는 것이 더 적절한 표현이라고 할 정도로 얽히고 섞여서 결국 컴퓨터를 느리게 하는 악의 축이 바로 이 보안 프로그램이라는 기가 막히는 아이러니한 일이 벌어집니다.

특히 안철수 바이러스 백신 연구소에서 만드는 안랩 세이프 트랜잭션은 사용자에 따라서는 울화통이 터져서 망치로 컴퓨터를 박살을 내 버리고 싶을 정도로 스트레스를 받게 하는 그야말로 악의 축입니다.

물론 안랩 세이프 트랜잭션 프로그램이 악성 코드나 바이러스는 아닙니다.

오히려 각종 정부 기관 및 금융기관 등에 접속할 때는 필수적으로 깔아야 하는 필수 보안 소프트웨어입니다.

그런데 이 프로그램을 깔면 사용자가 타자 한 자 치는 것까지 모조리 검사를 하여 이상이 없어야 컴퓨터가 돌아갑니다.

그래서 평소 시속 100 Km 이상 달리던 컴퓨터가 이 프로그램을 깔고 나면 시속 60 Km 정도로 떨어져서 답답하다 못 해 일부 구형 컴퓨터는 그야말로 컴퓨터를 사용할 수 없는 최악의 사태가 벌어집니다.

물론 지금 필자가 얘기하는 것은 컴퓨터가 기본적으로 정상이라는 가정 하에 설명하는 것이고요, 컴퓨터의 사양이 매우 좋아서 안랩 세이프 트랜젝션을 깔아도 컴퓨터의 속도에 별 영향이 없다면 상관이 없습니다.

그러나 아직도 절대 다수의 사람들은 다소 오래 된 구형 컴퓨터를 사용하는 사람들이 압도적으로 많고요, 필자 역시 최소한 10 년 이상 된 구형 컴퓨터를 사용하고 있습니다.

물론 컴퓨터가 구형이나 신형이냐를 떠나서 컴퓨터에 바이러스나 악성 코드 등에 감염되지 않고 메모리 최적화가 이루어지거나 그러하지 않을 때의 영향이 압도적으로 더 큽니다.

그래서 이 책을 보셔야 하는 것이고요, 앞으로, 컴퓨터가 쾌적할 때 그 쾌적한 상태를 그대로 복제를 해서 나중에 문제가 생겼을 때 그야말로 눈깜짝 할 사이에 SSD만 교체를 하여 아무 일도 없던 것처럼 사용하는 방법도 배울 것입니다.

지금은 앞의 화면에 보이는 [인터넷이 느려질 때] 를 클릭하면 다음 화면이 나타납니다.

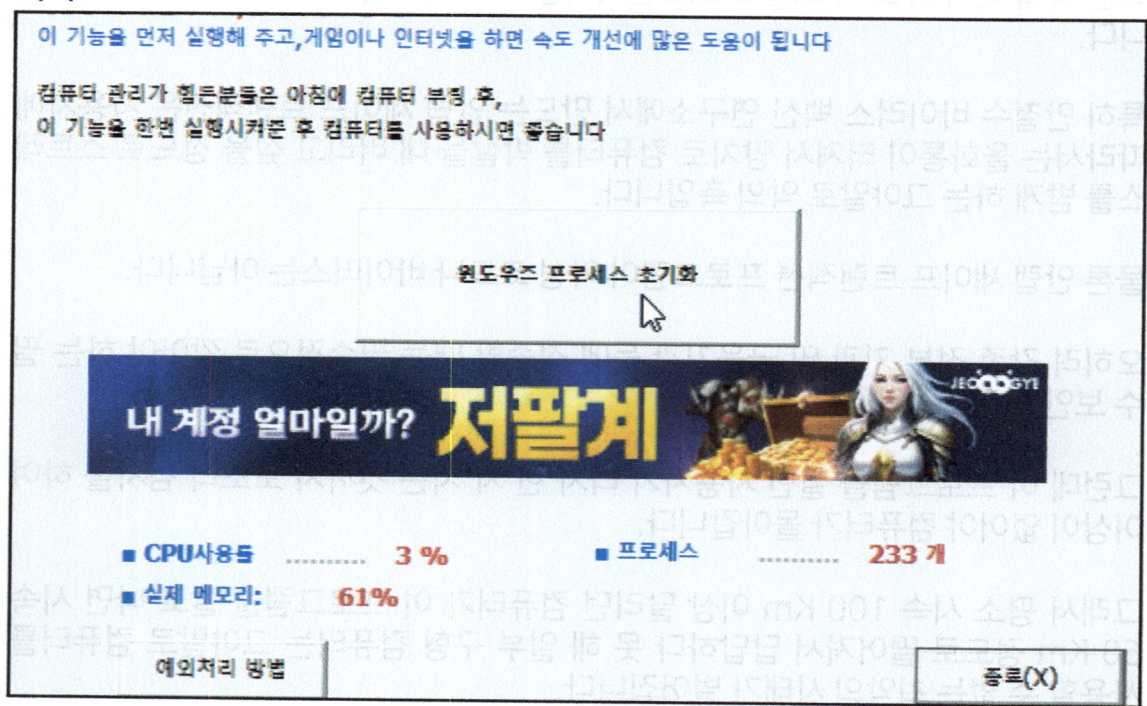

앞의 화면을 보면 현재 작동 중인 프로세서가 무려 233개입니다.

이렇게 많은 프로세서가 백그라운드에서 메모리를 차지하고 돌아가기 때문에 컴퓨터가 쾌적하지 못하고 버벅거리는 것입니다.

앞에서 고클린 여러 과정을 설명을 했고요, 이러한 과정을 통하여 시스템을 최적화했어도 항상 이 정도의 프로세서가 백그라운드에서 현재 진행형으로 돌아갑니다.

이 때 앞의 화면 마우스가 가리키는 [윈도우즈 프로세스 초기화]를 클릭하면 경고 메시지가 뜨면서 예를 클릭했을 때 꼭 필요한 프로세스 외에는 종료를 시켜 버립니다.

따라서 자신이 컴퓨터를 사용하면서 꼭 필요한 프로그램, 예컨대 필자의 경우 이 책과 같은 원고를 쓰는 것이 주요 일과이므로 수시로 알캡쳐 프로그램으로 화면 캡쳐를 하여 이 책의 원고에 삽입하는데요, 앞의 화면 마우스가 가리키는 [윈도우즈 프로세스 초기화]를 시켜 버리면 현재 233개의 프로세서가 작동을 하던 것이 150개 정도로 약 100 여개 정도의 프로세서가 종료되어 컴퓨터가 그만큼 쾌적해져서 빨라집니다.

그리고 필자의 경우 이 책의 원고는 어도비 인디자인으로 집필을 하는데요, 어도비 사의 프로그램들은 시스템의 메모리를 하마처럼 잡아먹는 프로그램들이기 때문에 앞의 화면 마우스가 가리키는 [윈도우즈 프로세스 초기화]를 클릭하면 당장에 이 책을 집필하는 어도비 인디자인(Adobe Indesign) 프로그램도 종료되어 버립니다.

어차피 컴퓨터가 버벅거려서 윈도우즈 프로세스 최기화를 하면 이 책을 집필하는 어도비 인디자인도 일단 종료했다가 다시 실행을 하는 것이 좋으므로 필자의 경우 컴퓨터가 버벅거리면 무조건 실행을 합니다.

그것도 두 번 세 번 중복 실행을 하여 더 많은 프로세서들을 종료시켜서 조금이라도 시스템이 더 쾌적하게 합니다.

물론, 여러 번 강조합니다만, 컴퓨터가 기본적으로 에러나 이상이 없는 쾌적한 상태라야 하며 옛날에 필자가 컴퓨터 가게를 할 때 컴퓨터가 고장이 났다고 가져오는 99%는 바이러스 감염이었습니다.

그 때는 IMF 이전이었으므로 참으로 오랜 옛날 일이고요, 아마도 지금은 그 정도로 바이러스에 감염된 컴퓨터가 많지는 않을 것입니다.

지금 설명하는 내용들은 사실 굉장히 중요한 내용들입니다.

컴퓨터는 상당히 잘 하면서도 자신이 방금 저장한 문서가 어디에 저장되어 있는지도 모르는 사람들도 많고요, 컴퓨터를 상당히 잘 하면서도 갑자기 컴퓨터가 먹통이 되면 어쩔 줄을 모르고 PC정비사를 부르곤 합니다.

심지어 평생 운영체제를 단 한 번도 깔아 본적이 없는 사람들이 그야말로 압도적으로 많다는데 놀라움을 금할 수가 없습니다.

물론 돈만 주면 근처 컴퓨터 가게, 혹은 요즘은 온라인이 발달했으므로 주문하면 다음날 도착하니 어느정도 여유만 있으면 골치 아프게 컴퓨터 고친다고 골치 썩을 일이 없는 세상인 것은 맞습니다.

그러나 밥도 떠 먹여 줘야 할 정도로 기계치, 컴퓨터치.. 이신 분들이라도 다른 사람의 컴퓨터를 고쳐주는 것이 아니라 자기 컴퓨터가 안 될 때 최소한의 응급조치는 할 줄 알아야 할 것이 아닌가 이 말입니다.

컴퓨터를 뜯어서 기계적으로 고치는 것은 별개의 문제이고요, 컴퓨터를 사용하면서 일어나는 일반적인 일들은 지금 설명하는 네이버 고클린 한 가지 프로그램만 다룰 줄 알아도 별 문제 없이 컴퓨터를 사용할 수 있습니다.

여기서 다루지 않는 것들은 그야말로 PC정비사나 사용하는 기능들이고요, 필자조차도 지금 설명한 이외에는 고클린으로 하는 것이 없습니다.

다만 한 가지 고클린의 메뉴 중에서 [프로그램 삭제]메뉴가 있는데요, 사실 이 메뉴도 상당히 중요한 메뉴입니다.

컴퓨터를 사용하다보면, 특히 초보 시절, 잘 못 만든 문서, 혹은 잘 못 만든 폴더 등을 삭제를 하려고 하면 에엥.. 삭제가 안 되는 일이 일어나곤 합니다.

가장 흔한 예로 해당 폴더에 있는 파일이 현재 열려 있는 경우이고요, 이 경우에는 열려 있는 파일을 닫으면 됩니다만, 이렇게 열려 있던 파일을 닫아도, 컴퓨터는 전원을 켜서 끌 때까지의 모든 것을 메모리에서 기억하고 있기 때문에 이 기억을 지워야 해당 파일 혹은 폴더가 삭제가 되는 것입니다.

문제는 컴퓨터의 주기억장치에 기억된 것은 볼 수가 없기 때문에 눈으로 보이는 기계를 조이는 나사는 금속으로 만들어진 드라이버나 렌치 등으로 조이거나 풀 수 있지만, 컴퓨터 프로그램은 눈으로 보이지 않기 때문에 역시 눈으로 보이지 않는 프로그램으로 조이거나 풀 수가 있습니다.

(12) Unlocker 소개

지금 설명한 것과 같이 삭제하고 싶어도 삭제가 안 되는 파일이나 폴더를 강제로 삭제할 수 있는 프로그램이 있습니다.

앞에서 설명한 것과 같이 컴퓨터는 전원을 켜서 끌 때까지의 모든 것을 메모리에 기억을 하고 있기 때문에 즉, 해당 폴더나 파일이 보이지 않는 끈으로 메모리에 연결되어 있기 때문에 삭제가 안 되는 것입니다.

정신일도하사불성 : 정신을 통일하면 못 이룰 일이 없다는 것과 같이 예를 들어 인간의 뇌에 220V 전원 코드가 있다고 가정을 하면 손으로 가는 코드를 쑥 빼 버리면 손을 베어도 아프지 않을 것입니다.

삼국지에 관우가 어깨에 독이 묻은 화살이 관통하여 수술을 하는데 옛날이므로 마취가 어딨어요?

그냥 맨 몸으로 수술을 하는데 관우는 수술을 받으면서 바둑을 둡니다.

바둑에 정신을 집중하여 어깨를 칼로 베고 뼈를 깎아내도 표정 하나 변하지 않고 바둑을 둡니다.

이게 바로 정신일도하사불성입니다.

이렇게 해 주는 프로그램이 지금 소개하는 Unlocker 프로그램이고요, 이러한 프로그램들은 그 용량이 가히 손톱에 낀 때에 붙은 먼지보다 작고요, 이렇게 용량이 작으면서도 컴퓨터에 유용한 프로그램이라는 뜻으로 유틸리티(Utility)라고 부릅니다.

그래서 필자는 지금 설명하는 Unlocker와 같은 유틸리티들을 따로 ut 라는 폴더를 만들어서 집중적으로 저장을 해 놓고 사용을 합니다.

반면에 용량이 큰 프로그램의 원본 파일들은 영문으로 입력한 한글 "wonbon" 이라는 폴더를 만들어서 여기에 저장을 해 둡니다.

물론 이렇게 저장한 원본 파일들, 필자는 책을 쓰는 것이 직업이므로 매년 집필하는 원고 파일, 그리고 필자는 카메라 교본 책도 펴 냈으므로 카메라를 들고 여기저기 다니면서 촬영한 각종 사진을 여러가지 규격으로 인쇄를 하여 판매를 하므로 이러한 인터넷 쇼핑몰 판매 상품 데이터 원본 등은 용량이 어마어마하므로 그래서 필자는 HDD를 10개 이상 사용하며 특히 요즘은 유튜브에 동영상을 많이 올리며, 필자의 [유튜브 채널]에 올리는 동영상은 장차 언젠가는 필자가 쓰는 책의 참고 자료로 쓰이게 되므로 유튜브에 올리는 영상 원본 역시 계속 저장을 해 두기 때문에 백업 하드가 많은 것입니다.

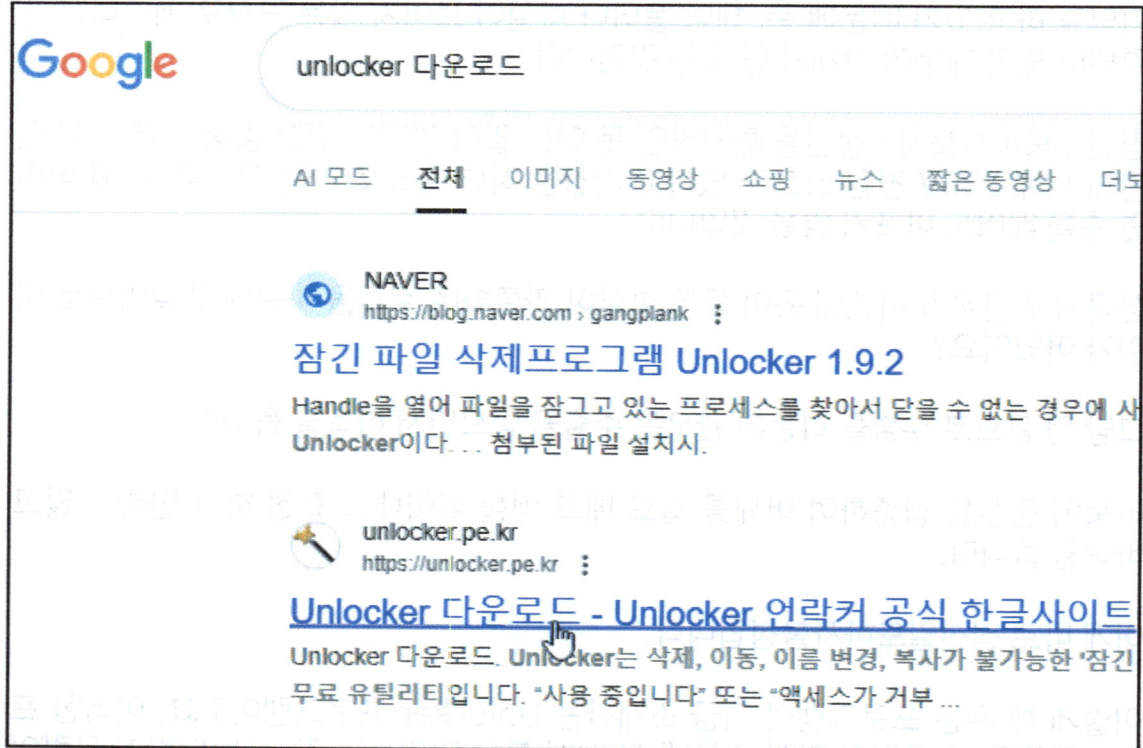

인터넷에서 필요한 파일을 다운로드 할 때는 항상 프로그램 원 개발사에서 다운로드를 하는 것이 좋습니다.

unkocker 프로그램을 다운로드하여 실행을 하여 설치를 하면 다음과 같이 파일이나 폴더를 클릭하고 마우스 우측 버튼을 클릭하면 부메뉴가 나타나서 필요한 작업을 할 수 있습니다.

🔒 ~컴퓨터 기초 및 중		2025-11-0
🖼 cover600px.JPG	바탕 화면 배경으로 설정(N)	2024-10-0
🖼 cover1500px.JPG	편집(E)	2024-12-2
🖼 me211103.PNG	ⓢ Skype와 공유	2021-11-0
📄 목차.txt	오른쪽으로 회전(T)	2025-11-0
📄 별안쪽사양기30개.	왼쪽으로 회전(L)	2025-01-1
🖼 제목 없음-1.JPG	장치로 캐스트 〉	2022-09-0
📄 제목 없음-2.PSD		2024-04-0
📄 참고자료원형문자크	Adobe PDF로 변환(B)	2024-04-1
📄 참고자료원형문자크	Acrobat에서 파일 결합...	2024-03-2
📄 컴퓨터 기초 및 중급	탐색기 검사	2025-07-0
📄 컴퓨터 기초 및 중급	파일 분석 보고서	2025-10-2
📄 컴퓨터 기초 및 중급	알약으로 검사하기(V)	2024-12-1
📄 컴퓨터 기초 및 중급	알집으로 압축하기(L)	2025-10-2
📄 컴퓨터 기초 및 중급	관리자 권한으로 압축하기(Y)	2025-10-3
📄 컴퓨터 기초 및 중급	"cover1500px.zip" 으로 압축하기(Q)	2025-11-0
📄 판권지(컴퓨터 기초	공유	2024-12-1
📄 판권지(컴퓨터 기초	연결 프로그램(H) 〉	2025-03-0
📄 표지A3(컴퓨터 기초	액세스 권한 부여 (G) 〉	2024-12-2
📄 표지A3(컴퓨터 기초	Unlocker	2024-12-2
📄 표지A3(컴퓨터 기초	이전 버전 복원(V)	2024-09-2
📄 표지A3(컴퓨터 기초		2024-12-0

unkocker를 설치하면 위의 화면에 보이는 것과 같이 파일이나 폴더에 대고 마우스 우측 버튼을 클릭하면 위의 마우스가 가리키는 아이콘 및 메뉴가 나타납니다.

위의 마우스가 가리키는 Unlocker 을 클릭하면 다음 화면이 나타납니다.

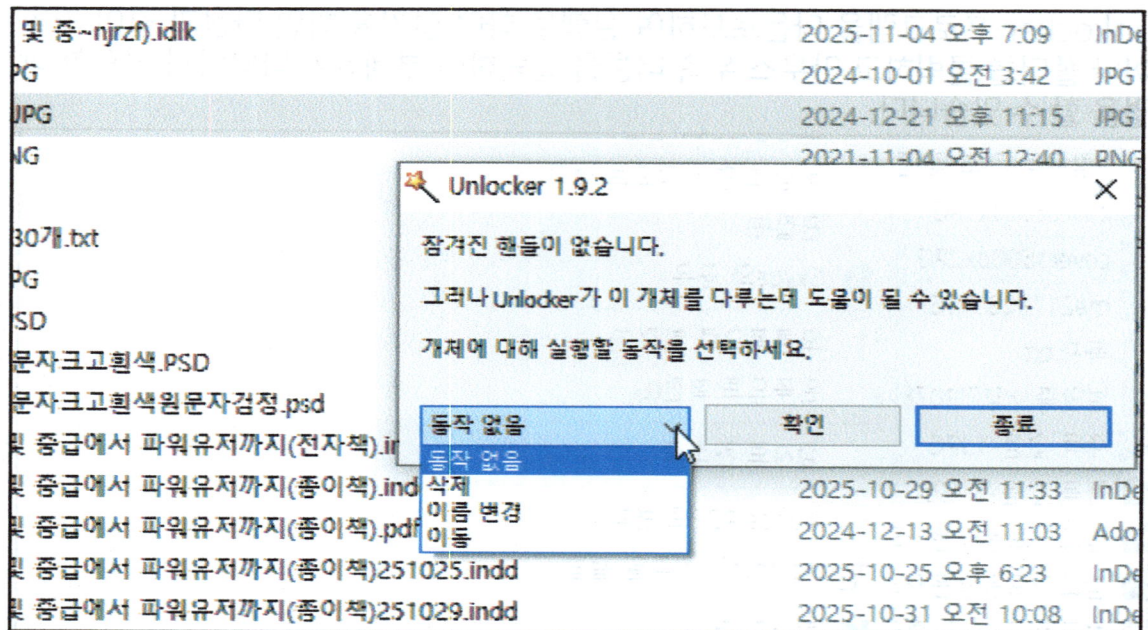

위의 화면은 필자가 현재 선택한 파일이 아무런 연결된 꼬임이 없기 때문에 위와 같이 잠겨진 핸들이 없다고 나오는 것이고요,..

만일 삭제를 하려고 하면 다른 곳에서 사용 중이기 때문에 삭제할 수 없습니다는 등의 메시지가 나오면서 삭제가 안 되는 파일의 경우 위의 마우스가 가리키는 곳을 클릭하여 삭제 혹은 이름 변경이나 이동 등을 할 수 있는데요, 이것도 안 될 경우가 있습니다.

해당 파일이 열려 있거나 다른 곳에서 사용중일 경우 연결 및 잠겨진 핸들 때문에 위의 Unlocker 에서도 삭제가 안 됩니다.

그러나 만일 그러한 경우, "부팅할 때 삭제 혹은 이름 변경 등을 할까요?" 라고 나오며 예를 클릭하면 다음번 부팅시 자동으로 삭제 등이 됩니다.

그리고 중요한 내용 중의 하나가 이 책의 앞 부분에서 설명한 페이징 파일이 있는 드라이브의 경우 파티션 삭제도 안 되고 포맷도 안 됩니다.

이 때는 페이지 파일이 있기 때문에 안 된다는 메시지가 나타나기 때문에 이 책의 앞 부분에서 페이지 파일 관련 단원을 읽어보시기 바랍니다.

제 2 장 PC 이름 바꾸기

컴퓨터를 한 대만 사용한다면 PC 이름을 바꾸지 않아도 되겠지만, 지금은 컴퓨터를 한 대만 사용하는 사람은 거의 없습니다.

필자는 항상 여러 대의 컴퓨터를 가지고 있고요, 수시로 조립 및 업그레이드 등을 하고 있고요, 대부분 3대의 컴퓨터를 사용합니다.

그래서 반드시 각각의 PC의 이름을 다르게 할 필요가 있습니다.

물론 동일한 이름으로 사용해도 됩니다만, 필자의 경우, 예전에는 PC끼리 네트워킹을 했습니다만, 윈도우즈 운영체제 개발사인 마이크로소프트사에서 보안을 핑계로 갈수록 PC끼리 네트워크가 잘 안 되게 합니다.

보안 때문에 네트워킹이 잘 안 되게 한다고 하지만, 보안이 취약한 스마트폰과 PC는 네트워크가 아주 잘 됩니다.

그래서 필자는 현재 PC끼리 네트워크를 하지 않고 스마트폰으로 네트워킹을 합니다.

스마트폰을 중계기로 사용하고, 스마트폰과 PC 간에 파일 공유, 복사 등을 할 수 있고요, 스마트폰을 중계기로 사용하여 스마트폰에서 이쪽 PC 의 파일을 복사해서 저쪽 PC에 붙여 넣을 수 있기 때문에 PC에서 네트워킹이 안 되는 것은 전혀 상관이 없기 때문입니다.

스마트폰으로 PC네트워킹에 대한 자세한 내용은, 유튜브에서 '가나출판사' 검색하여 동그라미 속에 들어 있는 필자의 얼굴을 클릭하여 필자의 [유튜브 채널]에 오셔서 화면 가운데 쯤에 있는 돋보기를 클릭하고 관련 검색어로 검색하여 동영상을 보실 수 있고요, 필자의 [유튜브 채널]에서 필자의 홈페이지 링크를 클릭하여 필자의 홈페이지에 오셔서 [네이버 블로그]를 클릭하여 화면을 밑으로 내려서 검색어 입력란에 관련 검색어로 검색하면 관련 포스트를 보실 수 있습니다.

제 1 절 네트워크

어차피 컴퓨터는 미국의 IBM에서 개발되었고요, 미국의 IBM이라고 하지만, 그 전신은 유럽에서 세워진 회사가 미국으로 건너가서 IBM이 된 것이고요, 이렇게 미국은 이민자들이 세운 나라인데 요즘 트럼프 미국 대통령은 자기도 이민자의 후손이면서 이민자를 심하게 표현하면 죽이려고만 하는 아이러니한 나라인데요, 지금 설명하는 네트워크도 미국에서 군사적 용도로 시작된 용어입니다.

오늘날에는 아무리 컴퓨터 초보자라 하더라도 네트워크를 모르는 사람은 없을 정도인데요, 필자나 여러분이 접하는 네트워크는 오로지 LAN(로컬 에어리어 네트워크 - 좁은 지역에서의 네트워크)입니다.

필자를 포함한 여러분 대부분은 KT 혹은 기타 통신사에서 깔아준 인터넷 회선과 모뎀, 그리고 공유기가 설치되어 있으며 공유기 암호를 공유해서 스마트폰 네트워크를 사용하고 있습니다.

이렇게 자신의 집이나 사무실에 있는 2대 이상의 컴퓨터가 연결된 것을 랜(LAN)이라고 하며 이렇게 가정이나 사무실 등에 있는 컴퓨터는 서버(Server)를 통해서 광역 네트워크(WAN)에 연결되어 전세계와 인터넷 등의 네트워킹이 됩니다.

여러분이 인터넷을 하기 위하여 구글이나 네이버에 접속하면 구글이나 네이버의 서버에 접속하는 것이며, 인터넷은 국내 뿐만 아니라 전세계가 연결된 광역 네트워크이기 때문에 랜(LAN)이라고 부르지 않고 WAN이라고 부르며 인터넷은 누구든지 하지만, 서버는 일부 서버 전문가 외에는 다루는 일이 없기 때문에 필자나 여러분은 서버에 접속은 하지만, 서버를 다룰 일은 거의 없고요, 오로지 랜(LAN)을 이용한, 자기 집이나 사무실에 있는 2대 이상의 컴퓨터를 네트워크로 연결하여 사용하는 것이 전부입니다.

이 책은 예를 들어 PC 정비사 책이 아니고요, 그냥 단지 컴퓨터 초보부터 중급에서 파워 유저까지 볼 수 있는 일종의 컴퓨터 종합선물세트 격의 책이기 때문에 여기서 랜 선을 만들고 연결하는 방법까지 설명할 수는 없습니다.

자신이 직접 랜선을 사다가 커넥터에 연결하여 자신이 사용하는 컴퓨터에 끼워서 네트워크를 구성하는 것은 이 책으로 공부를 하여 파워 유저가 되신 후에 필자의 다른 저서 "PC정비사 교본" 책을 보셔야 합니다.

다만, 여기서는 공유기 설정 및 암호 변경하는 방법 정도는 설명을 하고요, 공유기를 이용해야 각종 와이파이 기기들을 이용할 수 있기 때문에 공유기에 관해서는 잘 알아야 합니다.

특히 필자는 현재 시골에서 사업을 하기 때문에 지금은 부업은 커녕 취미 수준이지만 양봉을 하고 있고요, 말이 취미 양봉이지 지금까지 양봉 4년을 하면서 양봉에 들어간 돈이 엄청납니다.

벌이 들어 있는 벌통은 그리 많지 않지만 전제 벌통은 약 400통 정도 되고요, 아직 양봉에는 내 노라 할만한 성취를 이루지는 못 했지만, 명색이 필자가 하는 양봉이 므로 비록 허접하기는 하지만, 그래도 필자 나름대로는 모든 것을 스마트폰으로 제어하는 스마트 양봉을 하고 있습니다.

예를 들어 스마트폰으로 확인하는 와이파이 CCTV(ip카메라)만 해도 10개 정도 설치되어 있고요, 필자는 겨울에도 벌통 속에 전기 가온판을 2개씩 넣어서 겨우내 무월동으로 벌을 키우고 있고요, 이 때 사용하는 가온판 온도조절기, 대부분의 벌통 속에 디지털 와이파이 온습도계를 넣어서 서울이든 부산이든 전국 어디에 있든 스마트폰으로 확인을 하고 조작을 합니다.

기타 스마트폰으로 제어를 하는 각종 기기는 그야말로 100 여개나 됩니다.

이렇게 고작 개인 사업자인 필자이지만 이렇게 엄청나게 많은 와이파이 기기들을 사용하고 있고요, 이 모든 것은 통신사에서 설치해 준 모뎀에 연결된 유무선 공유기를 사용해서 작동을 하는 것입니다.

실내에서는 이 책을 집필하는 컴퓨터를 포함해서 평균 3대의 컴퓨터를 사용하고 있고요, 필자는 책을 쓰는 것이 주 직업이므로 컴퓨터 앞에 앉아서 책을 쓰는 것이 주 일과이면서 거의 대부분 필자가 있건 없건 프린터는 거의 하루종일 돌아갑니다.

필자는 원고를 쓰기만 하는 것이 아니라 필자가 집필한 원고를 필자가 직접, 여러분 대부분이 사용하는 무한잉크 프린터로 인쇄를 해서 직접 제본기로 제본을 해서, 직접 재단기로 재단을 해서 책을 만들어서 교보문고, 알라딘, 예스24 등의 대형 서점 및 전국의 유명 서점, 그리고 필자의 홈페이지 등에서 판매를 합니다.

그래서 필자는 여러분 대부분이 사용하는 무한잉크 프린터를 가지고 거의 매일 하루에 수 천 장씩 인쇄를 합니다.

여러분 대부분은 무한잉크 프린터를 사용할 것이기 때문에 무한잉크 프린터로 하루에 수 천 장씩 매일 인쇄를 하는 것이 얼마나 어려운 일인지 잘 아실 것입니다.

필자 역시 불과 5년 전 쯤에는 여러분 대부분과 마찬가지로 무한잉크 프린터에 대해서 완전 문외한이었고요, 처음에는 못 쓰는 종이가 필자의 키보다 더 높게 쌓여서 스트레스를 받아서 죽을 지경이었습니다.

그러나 필자는 책을 팔아야 먹고 살 수 있는 직업이므로 사활을 걸고 무한잉크 프린터로 100만장 인쇄하는 노하우를 터득했고요, 지금은 하루에 보통 수 천 장씩 인쇄를 해도 무리 없이 인쇄를 하고 있습니다.

물론 이렇게 할 수 있는 사람은 천상천하 유아독존 이 세상에서 오로지 필자 한 사람밖에 없으므로 문제입니다만, 필자가 이렇게 했으므로 여러분도 이렇게 할 수 있습니다.

각설하고 이렇게 여러 대의 프린터, 그리고 필자는 대형 사진을 인쇄를 해서 판매를 하기 때문에 대형 플로터도 2대나 있고요, 지금 얘기하는 여러 대의 프린터와 여러 대의 플로터 모두 유무선 공유기를 이용하여 와이파이로 네트워크 연결을 하여 사용하는 것입니다.

이렇게 사용하는 공유기 암호는 모르는 사람이 없겠습니다만, 공유기 설정에 들어가서 공유기 설정을 하는 방법은 잘 모를 것입니다.

그래서 지금부터는 공유기 설정에 대한 설명을 하도록 하겠습니다.

[1] 공유기(ip 공유기)

공유기는 엄밀하게 말하면 ip 공유기이고요, 공유기 설명을 하기 위해서는 필연적으로 ip에 대한 설명을 해야 합니다.

ip는 internet protocol의 약자로 인터넷 통신 규약이고요, 여기서 중요한 것은 ip가 아니라 ip주소, 즉, Ip Address 입니다.

여러분 각각의 집에 주소가 있듯이 여러분이 사용하는 어떠한 컴퓨터이든지 고유한 주소가 있습니다.

그래서 전세계의 헤일 수 없이 많은 컴퓨터가 있어도 정확하게 여러분의 컴퓨터에 이메일이 오는 것입니다.

자기 컴퓨터의 ip 주소를 확인하는 방법은 2가지가 있습니다.
먼저 [시작] 클릭하고 CMD를 입력하는 방법입니다.

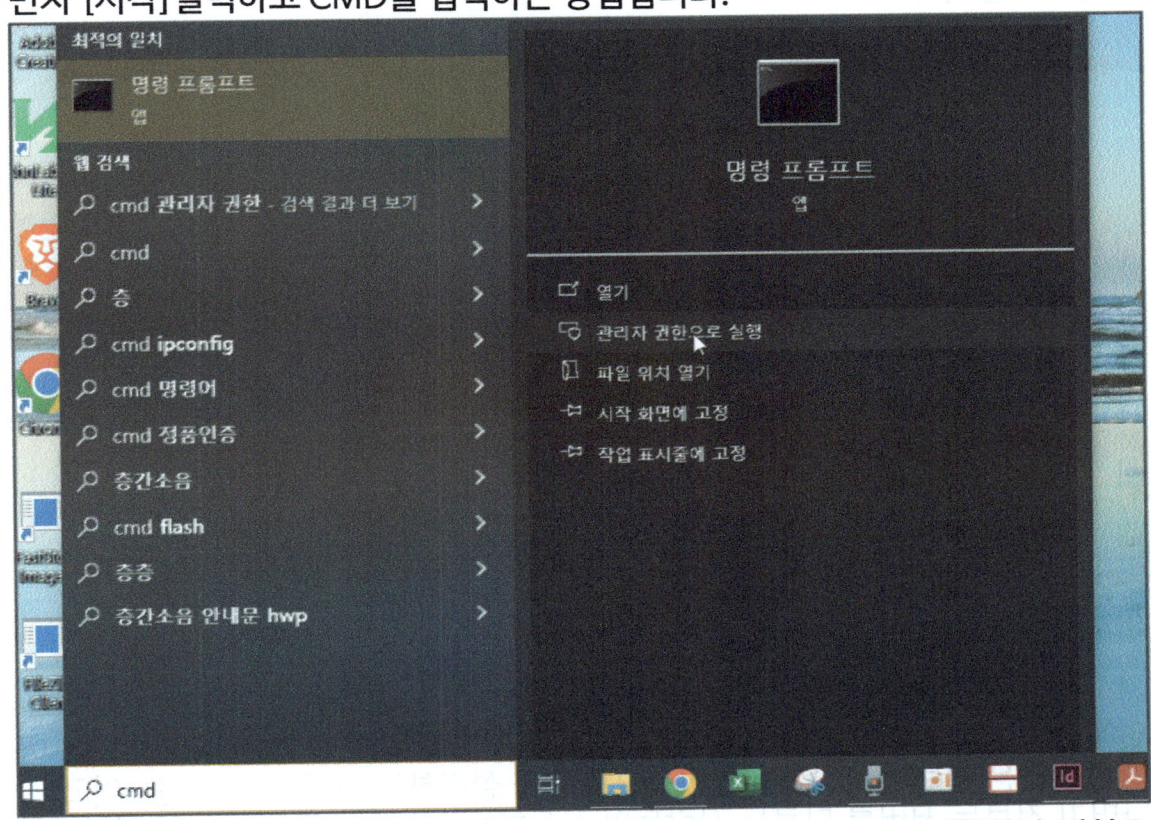

위와 같이 시작 클릭하고 cmd 입력하고 위의 마우스가 가리키는 [관리자 권한으로 실행]을 클릭하면 다음 도스 실행창이 나타납니다.

앞의 화면에 보이는 것과 같이 프롬프트에 ipconfig 입력하고 엔터를 치면 다음과 같이 나타납니다.

위에서 가운데쯤에 있는 IPv4 주소가 지금 화면에 보이는 PC 의 ip 주소이고요, 이 밖에도 많은 정보가 보이지만 일반적으로 지금 설명하는 ip 주소 확인 정도이고요, 나머지 정보는 서버를 다루는 사람들이 사용하는 정보이므로 대부분의 여러분들은 다른 것들은 이해 할 수 없는 정보들이고요, 자신이 사용하는 공유기의 ip를 할당하여 필자의 경우 헤일 수 없이 많은 와이파이 장치들을 사용하고 있고요, 이것은 잠시 후에 공유기 설정에 들어가서 확인 및 암호와 내부 ip 주소 설정 등을 할 수 있고요, 지금 보이는 화면은 도스 실행창, 명령 프롬프트입니다.

여러분 대부분은 윈도우즈를 사용하고 있을 것이므로 윈도우즈에서 ip 어드레스를 확인하는 방법은 제어판에 들어가서 확인할 수 있습니다.

[시작] – [제어판] – [네트워크 및 공유 센터]를 클릭하고 [어뎁터 설정 변경]을 클릭하면 다음 화면이 나타나서 현재 인터넷에 연결된 어뎁터 설정 변경(여러분 대부분의 컴퓨터에는 무선이든 유선이든 랜카드라는 것이 설치되어 있고요, 이러한 랜카드를 인터넷에 연결하는 장치이기 때문에 어뎁터라고 부릅니다.)을 클릭하면

댜음 화면이 나타나는데요, 다음 화면 마우스가 가리키는 [이더넷]을 클릭해야 그 위에 메뉴가 나타납니다.

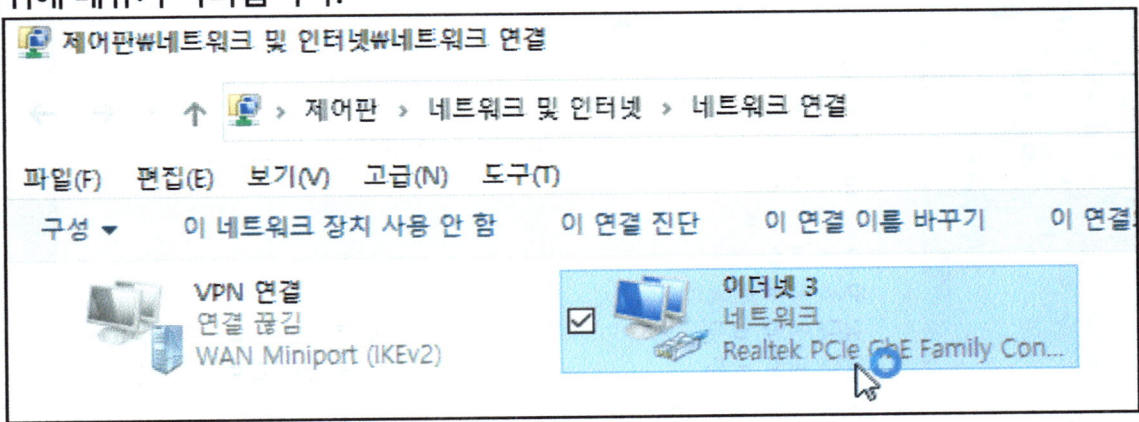

이더넷은 네트워크 어뎁터, 즉, 랜카드를 의미하고요, 위의 마우스가 가리키는 이더넷을 클릭하면 그 위에 메뉴가 나타나고요, 이 메뉴 중에서 [이 연결의 상태 보기]를 클릭하면 다음 화면이 나타납니다.

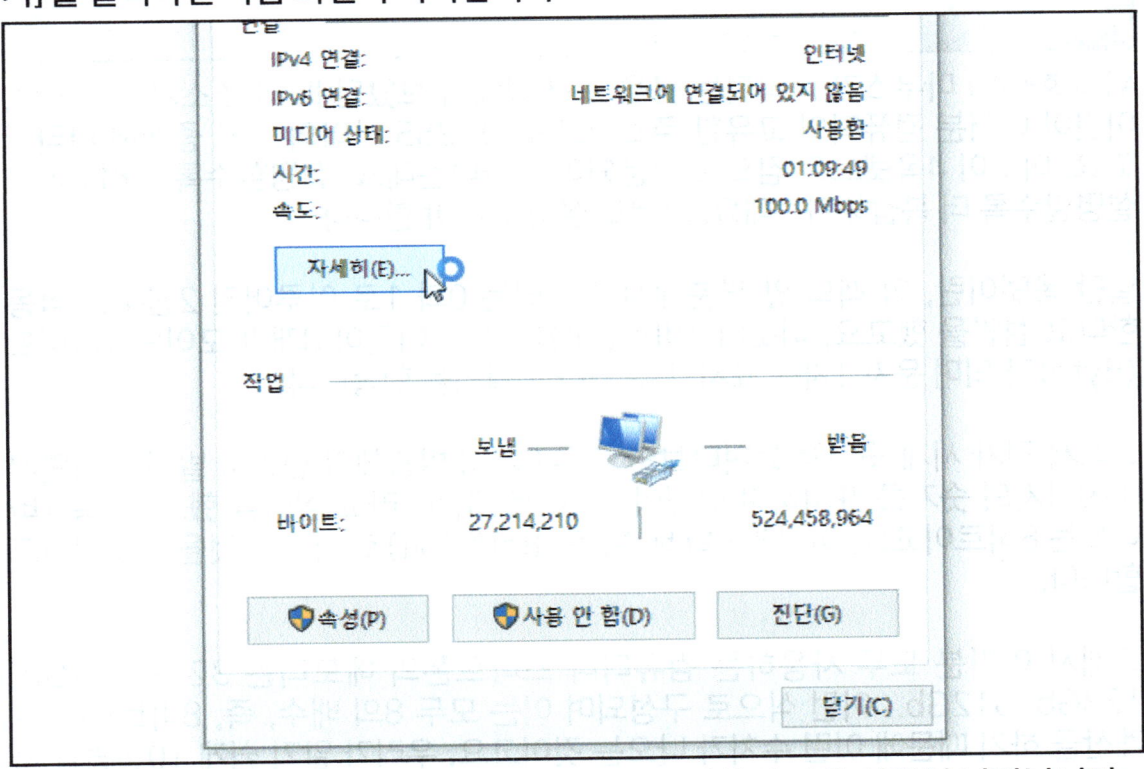

위의 화면에서 마우스가 가리키는 [자세히]를 클릭하면 다음 화면이 나타납니다.

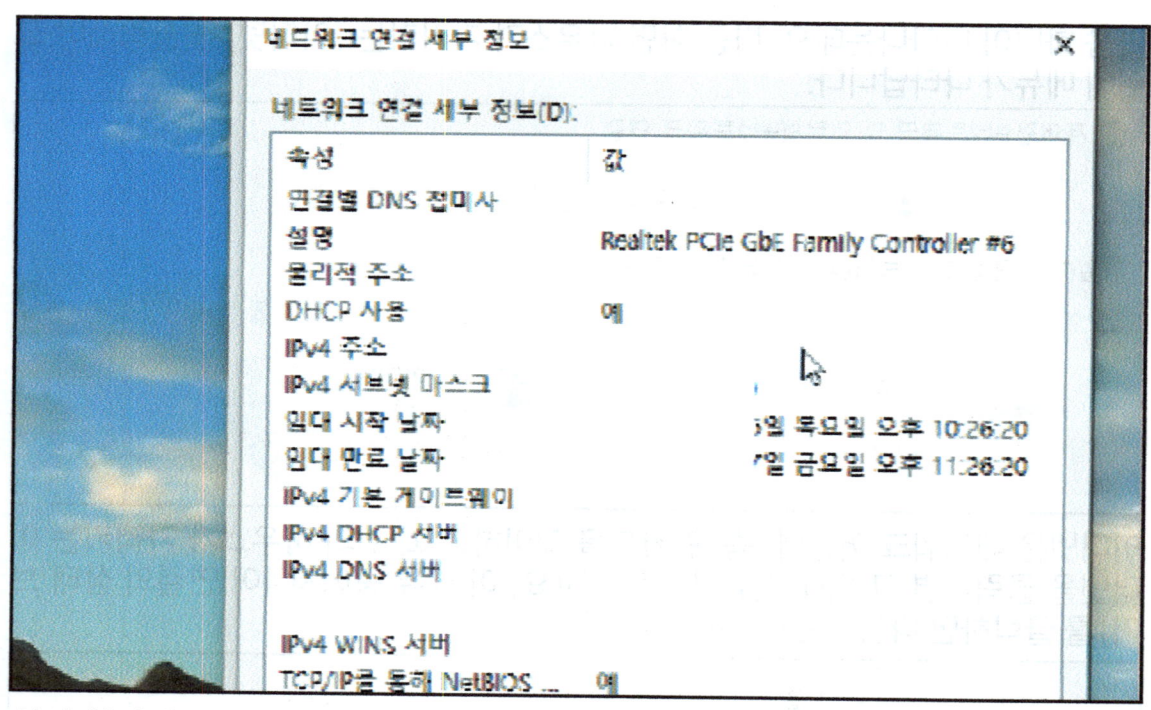

위의 화면에 마우스가 가리키는 곳을 보면 앞에서 보았던 IPv4 주소가 보이고요, 이것이 여러분 컴퓨터의 고유한 주소이고요, 0~255 사이의 숫자 중에서 나타나고요, 이것이 4옥텟으로 점으로 구분되어 나타나는데요, 설명할수록 어려워지고 설명할수록 더 복잡해지는데요, 그래도 설명을 해야 합니다.

일단 옥텟이란, 이 책의 앞 부분에서 컴퓨터는 0과 1로 이루어진 2진수로 작동한다고 설명을 했고요, 이것이 1비트(Bit)이고요, 이것이 8개가 모이면 1바이트(Byte)가 되며 문자 1자를 표시할 수 있다고 설명을 했습니다.

그래서 전자 시계 숫자를 들여다보면 모두 8개의 발광체가 번갈아 발광을 하면서 0~9까지의 숫자를 표시하며 이것이 1바이트(Byte)라고 설명을 했고요, 즉 1바이트는 8비트이고요, 이렇게 8의 배수, 즉, 8비트(Bit)로 나가는 것을 옥텟이라고 합니다.

그래서 여러분 모두 사용하는 컴퓨터나 스마트폰의 메모리는 32Gb, 64Gb, 128Gb, 512Gb.. 이런 식으로 구성되며 이는 모두 8의 배수, 즉, 8비트(bit)로 계산을 하기 때문에 이런 수치가 나오는 것이고요, 우리가 알기 쉽게 10진법을 사용해서 1000바이트는 1Mb라고 부르지만 실제로는 1024바이트인 것입니다.

사실 지금 설명은 열나게 했지만, 여러분 대부분은 아무짝에도 소용없는 설명입니다.

여러분에게 필요한 것은 공유기 설정에 들어가서 자신이 사용하는 공유기의 와이파이 정보를 알고 비밀번호를 변경하는 등의 설정을 하는 것이 정작 중요한 정보입니다.

(1) 공유기 설정

앞에서 설명한 ip 주소는 물론, 자기 집 주소를 알아야 하듯이 자신의 컴퓨터의 주소도 알아야 하겠지만, 실제로는 자기 컴퓨터의 ip주소를 기억하는 사람은 없고요, 실질적으로 알 필요도 없고요, 다만 서버 관리자나 전문 웹 프로그래머라면 당연히 그런 정보에 매우 민감하고 자세하게 알고 다루겠지만, 일반인은 지금부터 설명하는 공유기 설정만 할 줄 알면 인터넷이고 와이파이고 완전 정복입니다.

앞에서 ip주소, 즉, 여러분이 사용하는 모든 컴퓨터, 인터넷에 연결된 컴퓨터를 말하는 것이고요, 전세계의 모든 컴퓨터는 모두 고유한 오로지 하나의 주소를 가지고 있고요, 그래서 미국에서 보낸 이메일이 여러분 컴퓨터로 전송되는 것이고요, 앞에서 본 IPv4 주소가 바로 여러분의 컴퓨터의 ip 주소라고 했고요, 앞에서 옥텟이라는 해괴한 설명까지 했고요.. 이렇게 컴퓨터의 ip 주소는 0~255까지의 숫자 뒤에 점을 찍고.. 255.255.255.2.. 등으로 표현을 하고요, 이 숫자를 모두 조합을 하면 약 43억개의 주소가 나옵니다.

그래서 어느정도 이전까지는 후진국에서는 컴퓨터를 별로 사용하지 않기 때문에 이 주소 체계만 가지고도 되었지만, 이제는 세계 인구도 많아지고 컴퓨터를 사용하는 사람이 많아지면서 이 주소 체계로는 감당이 안 됩니다.

그래서 새로 개발된 주소가 IPv6 주소 체계이며 이 주소 체계는 16진수로 구성되며, 점이 아니라 콜론(;)으로 구분을 하며 무한대의 주소 체계가 가능하기 때문에 지구의 인구가 100억, 1000억 혹은 그 이상이 되어도 충분하게 사용할 수 있습니다 다만, 아직은 여러분이나 필자나 IPv4 주소를 사용하는 것이 대부분입니다.

일단 무슨 야그인지 모르겠다 하셔도 상관이 없습니다.

일단 잘 모르더라도 읽으셨으면 되었고요, 최소한 이런 정보를 한 번쯤 읽어본 뒤에 네트워크에 입문을 해야 하다는 것을 아시고 다음 설명을 보시기 바랍니다.

공유기 설정(셋팅)은 공유기 어플이 있는 것이 아니고요, 인터넷 창.. 을 웹브라우저라고 하며 웹브라우저 주소표시줄에 기본값으로 192.168.0.1 을 입력하고 엔터를 치면 여러분의 공유기 설정 창이 나타납니다.

만일 다른 사람이 공유기 주소를 변경했다면 당연히 안 되겠지요..
바꾼 주소를 입력해야 나타납니다.

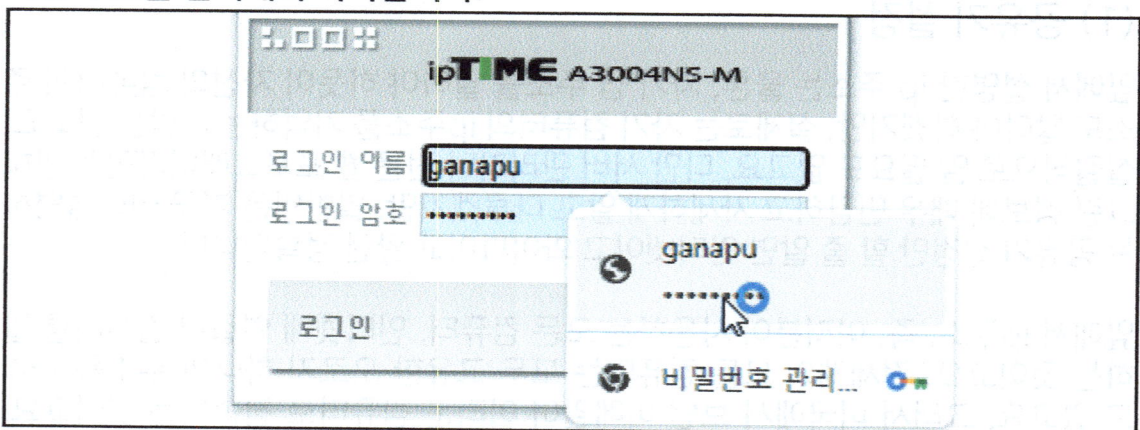

공유기 주소를 변경하지 않았다면 웹브라우저 주소표시줄에 192.168.0.1 을 입력하고 엔터를 치면 위의 화면이 나타나고요, 필자는 구글에 목숨을 맡겨 놓았기 때문에 필자가 접속하는 대부분의 사이트의 접속 암호를 구글 크롬에 저장해 놓았기 때문에 위와 같이 자동으로 아이디와 비밀번호가 입력되는 것이고요, 너무나도 당연하게 필자 혼자 사용하는 공유기이기 때문에 이렇게 하는 것이고요, 학교, 기관, PC방 등에서는 절대로 이렇게 하면 안 되겠죠..

필자는 젊었을 적에 각종 교육기관에서 오랫동안 강의를 했었는데요, 필자가 가르쳤던 수강생 중에 젊은 여성이 한 분 있었는데요, 인터넷을 해야 하는데 어떠한 사이트에도 가입을 거부해서 애를 먹을 적이 있습니다.

예를 들어 정부24에 접속해서 주민등록 등본 등을 발급 받기 위해서는 정부24에 로그인.. 지금은 딱히 회원 가입을 하지 않아도 간편 인증이라는 제도가 생겨서 간편 인증으로 가능하지만, 예전에는 회원 가입을 하고 로그인을 하지 않으면 정부 기관 사이트를 이용할 수 없었습니다.

지금도 간편 인증 제도를 도입하지 않은 사설 사이트에는 회원 가입을 하고 아이디와 비밀번호를 입력해야 로그인이 되는 사이트도 많이 있습니다.

앞의 화면에서 필자는 구글에 암호가 저장되어 있기 때문에 저절로 나타나는 것이고요, 아이디와 비밀번호를 구글에 저장을 해 놓지 않은 사람은 아이디와 비밀번호를 입력해서 로그인을 해야 하고요, 만일 아이디도 모르고 비밀번호도 모른다면 공유기 제조사의 공장 출하 기본값을 알아내서 입력하여 로그인을 한 다음, 비밀번호를 바꾸면 됩니다. (대부분 공유기 밑에 써 있거나 설명서에 암호가 있음)

참고로 필자는 우리나라 컴퓨터 1세대로서 우리나라에 컴퓨터가 처음 들어왔을 때부터 컴퓨터를 해 왔으며 현재 인터넷에 가입된 사이트가 줄잡아 1,000 여 개는 되고요, 이렇게 많은 사이트의 아이디와 비밀번호를 모두 기억할 수 없기 때문에 일단 기본적으로는 필자가 가입한 사이트의 아이디와 비밀번호를 따로 문서로 만들어서 암호를 넣어서 저장해 두었고요, 그리고 대부분의 사이트는 아이디와 비밀번호를 구글 크롬에 저정해 놓고 생활을 하기 때문에 특별한 경우가 아니면 어떠한 사이트이든지 따로 아이디와 비밀번호를 입력하지 않아도 됩니다.

따라서 여러분은 계속 컴퓨터 공부를 하면서 새로 가입하는 사이트의 아이디와 비밀번호를 구글 크롬에 저장해도 된다는 것을 아시기 바랍니다.

만일 이렇게 할 경우 스마트폰으로 인터넷에 접속해도 PC와 스마트폰을 동기화시켜 놓았을 경우 PC에서 접속하던 사이트도 웬만하면 스마트폰에서도 접속됩니다.

물론 스마트폰은 무선이기 때문에 보안에 취약해서 모든 사이트가 스마트폰에서 다 열리는 것은 아니고요, 사이트에 따라서는 스마트폰에서는 또 다시 인증을 해야 합니다.

앞의 화면에서 로그인을 하면 다음 화면이 나타납니다.

앞의 화면에서 관리 도구를 클릭하면 공유기에 대한 모든 설정을 보거나 할 수 있지만, 일반인은 들어가 보았자 만질 것이 거의 없습니다.

과거에는 예를 들어 필자가 젊은 시절 강의를 하던 각종 교육 기관 등에서는 컴퓨터가 많기 때문에 모든 컴퓨터의 내부 ip를 일일이 지정해 주기도 했습니다만, 어차피 지금은 KT 등의 통신망에 가입하여 인터넷 회선이 들어오면 과거에는 그야말로 1회선의 고정 ip를 부여 받았지만, 지금은 고정 ip를 부여하는 것이 아니라 유동 ip를 사용하고요, 필자와 같이 수십 ~ 100 여 개의 와이파이 기기를 연결해도 공유기에서 모조리 자동으로 연결되기 때문에 따로 만질 것이 없습니다.

일단 설명을 위해서 앞의 화면에서 [관리 도구]를 클릭하면 다음 화면이 나타납니다.

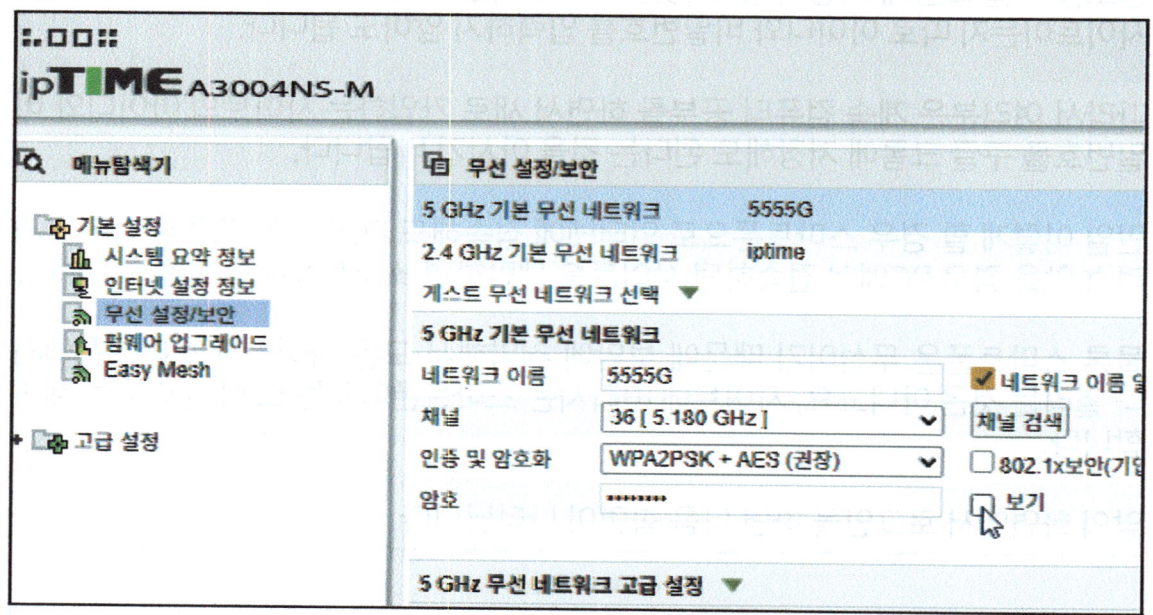

위의 화면에서 좌측 메뉴 [기본 설정]의 시스템 요약 정보, 인터넷 설정 정보 등은 눈팅만 가능할 뿐 만질 것이 거의 없고요, 위에서 현재 선택된 메뉴 [무선 설정/보안]을 클릭하면 위의 우측 화면과 같이 나타나고요, 위의 마우스가 가리키는 곳에 체크를 하면 현재 공유기의 와이파이 암호가 보입니다.

만일 다른 사람이 설정한 공유기의 암호를 보고 싶다면 이렇게 하면 됩니다.
그리고 위의 화면을 보면 5GHz와 2.4GHz 가 보이는데요, 필자가 이름을 5G는 555G, 2.4GHz는 iptime 이라고 이름을 지어 놓은 것이고요, 이것은 임의로 지은 이름으로, 예를 들어 개똥이네집.. 등으로 써 넣으면 되고요(잠시 후에 설명하는 마법사에서..), 현재 보이는 것은 필자가 사용하는 무선 공유기이고요, 무려 약 10 여 년 전에 구입한 공유기이지만, 12G를 지원하는 공유기입니다.

필자의 경우 이렇게 무려 약 10 여 년 전에 12G 공유기를 구입했지만, 10 여 년이 지난 오늘날에도 겨우 5G 밖에 안 되니 IT 발전 속도가 생각만큼 빠르지는 않은 것으로 보입니다.

앞의 화면에서 중요한 것은, 당연히 5G로 접속을 해야 속도가 빠르고요, 다만, 필자는 현재 와이파이로 작동하는 기기가 약 100 여 개나 되는데요, 오늘날에는 4G, 혹은 5G를 지원하는 와이파이 기기도 있기는 하지만, 필자가 가지고 있는 모든 와이파이 기기들은 5G를 지원하지 않습니다.

지금도 여러분이 사용하는 컴퓨터 주변기기 대부분은 5G를 지원하지 않습니다.

특히 필자는 CCTV.. 구형 아날로그 방식의 CCTV도 8채널 녹화기 포함 6대의 카메라가 설치되어 있고요, 신형 무선 카메라인 ip카메라도 10 개 정도 설치되어 있지만, 모조리 2.4GHz로.. 음.. 추가 설명이 필요한데요..

여러분이 알게 혹은 모르게 사용하는 모든 와이파이 기기들은 혹시 여러분이 특별히 2.4GHz로 접속하지 않고 사용 중이라면 5G를 지원하는 기기들이고요, 필자와 같이 ip카메라, 와이파이 스마트 온도 조절기, 와이파이 스마트 온습도계 등등의 기기들은 아직까지는 5G를 지원하는 기기가 거의 없고요, 대부분 2.4GHz만 지원을 하지만...

일단 스마트폰에 인식시키기 위한 셋팅을 할 때(이것을 페어링이라고 합니다.)는 스마트폰의 와이파이 접속을 2.4GHz로 접속하고 셋팅을 한 다음, 실제 사용할 때는 5G로도 접속이 됩니다.

물론 모든 기기가 다 그런 것은 아니고요, 현재 필자가 사용하는 무려 약 100 여 개의 와이파이 기기들은 모조리 처음 셋팅할 때는 2.4GHz(스마트폰의 와이파이 설정을 이렇게 해야 합니다.)로 셋팅을 하고 이후 평소에 사용할 때는 스마트폰의 와이파이를 5G로 접속해도 와이파이 기기들을 스마트폰으로 보거나 제어할 수 있습니다.
필자의 경우 여기는 시골이고요, 아직은 부업은 커녕 취미 수준이지만, 양봉을 하고 있고요, 비록 취미 양봉 수준이지만, 전체 벌통은 무려 약 400 여 통이나 되고요, 양봉장을 관리하기 위하여 천하의 필자이므로 비록 엉성하기는 하지만, 거의 모든 것을 스마트폰으로 관리하는 스마트 양봉장을 구축했기 때문에 필자가 사용하는 와이파이 기기가 이렇게 많은 것입니다.

물론 벌통을 열고 벌을 관리하는 것은 전적으로 사람이 하지만, 서울을 가든 부산을 가든 스마트폰으로 양봉장을 들여다보고 온도 조절기 관리를 하고 벌통 안에 넣어 놓은 디지털 와이파이 온습도계를 언제 어디서나 모니터링을 해서 온도가 낮으면 온도 조절기 온도를 올려주고 습도가 낮거나 높으면 비닐 개포를 덮거나 빼서 습도를 맞추는 등의 작업을 하는 것입니다.

그래서 필자가 쓴 책이 많으므로 필자의 책을 구입하신 분들이 필자의 책을 보고 필자의 유튜브 채널에 와 보면 책에 대한 내용보다 양봉에 관한 영상이 더 많은 것을 보고 놀라곤 하는데요, 이 책 포함 필자의 책을 구입하신 분들은 해당 책에 관련된 영상이나 정보들은 필자가 압도적으로 많이 올리는 양봉 관련 정보들 때문에 보이지 않으므로 관련 검색어로 검색을 하셔야 합니다.

예를 들어 필자의 [유튜브 채널]에는 동영상이 무려 수 천 개가 올라가 있고요, 필자의 블로그에는 무려 6,000개가 넘는 포스트가 있으니까요..

다시 공유기 초기 화면, 로그인 직후 화면입니다.

이번에는 설정 마법사를 클릭하면 다음 화면이 나타납니다.

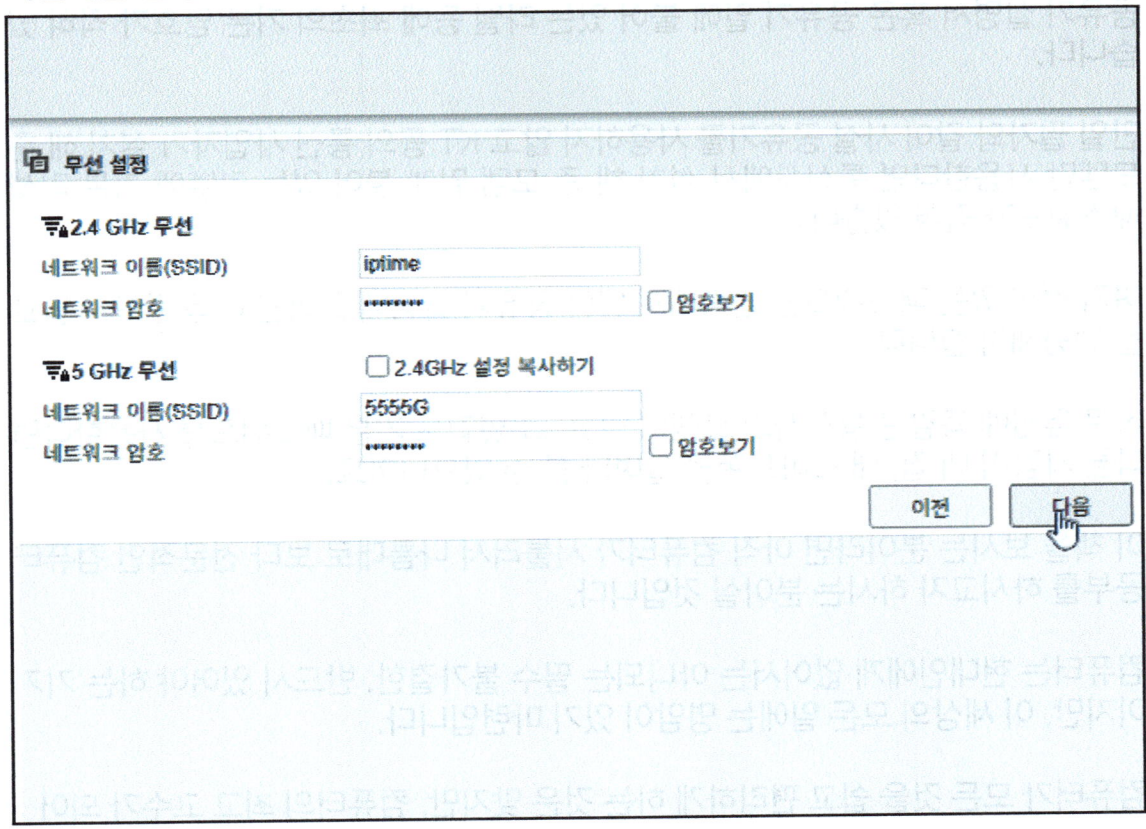

과거에는 사용자가 설정해야 하는 것들이 매우 많았는데요, 지금은 사실 여기서도 일반인은 만질 것이 없습니다.

다만 앞의 화면에서 [다음]을 계속 누르다가 앞의 화면이 나타나면 여기서 공유기 암호를 설정할 수 있습니다.

만일 공유기를 처음 사 가지고 와서 최초로 설정을 한다면 당연히 지금 설명하는 공유기 로그인 하고 [설정 마법사]에서 와이파이 비밀번호를 입력해야 합니다.

만일 다른 사람이 이미 설정 해 놓은 비밀번호를 알 수 없다면 공유기에는 뒤쪽 어딘가에 리셋 스위치가 있습니다.

아주 작기 때문에 요지를 뾰족한 끝 부분을 부러뜨려서 끝 부분을 뭉툭하게 한 다음, 꾹 눌러서(5초 정도) 리셋 시키면 다시 지금 설명하는 화면으로 들어올 수 있고요, 최초에 로그인 할 때는 공유기 제조사의 기본 패스워드를 입력하면 되고요, 공유기 설명서 혹은 공유기 밑에 붙어 있는 라벨 등에 최초의 기본 암호가 적혀 있습니다.

만일 필자와 같이 사설 공유기를 사용하지 않고 KT 등의 통신 사업자가 설치 해 준 모뎀만 사용한다면 통신사에서 설치 해 준 모뎀 밑에 붙어 있는 라벨에 기본 리셋 패스워드가 적혀 있습니다.

여기 적혀 있는 패스워드를 입력해서 일단 공유기 설정에 들어간 다음 반드시 암호를 변경해야 합니다.

바로 옆집에 똑같은 통신사의 모뎀이 있고, 그 옆집도 기본 패스워드를 사용한다면 다른 사람이 내 집, 내 스마트폰을 들여다 볼 수 있으니까요..

이 책을 보시는 분이라면 아직 컴퓨터가 서툴러서 나름대로 보다 전문적인 컴퓨터 공부를 하시고자 하시는 분이실 것입니다.

컴퓨터는 현대인에게 없어서는 아니되는 필수 불가결한, 반드시 있어야 하는 기기이지만, 이 세상의 모든 일에는 명암이 있기 마련입니다.

컴퓨터가 모든 것을 쉽고 편리하게 하는 것은 맞지만, 컴퓨터의 최고 고수가 되어 컴퓨터를 이용해서 다른 사람을 등치는 사기 행각을 일삼는 사람들이 있다는 것을 절대로 망각해서는 안 됩니다.

필자조차도 랜섬웨어 공격을 이미 여러 번 받아서 필자의 필생의 모든 공력을 끌어 모아서 저장 해 놓은 자료들을 대부분 소실했다는 것을 아시기 바랍니다.

제 2 편 컴퓨터 중급편

조금 전에 공유기 설명을 하면서 컴퓨터 보안에 대한 설명을 했는데요, 이것은 너무나 중요한 내용이므로 아예 지금부터 제 2편으로 진행하고요, 이 책은 종이책과 전자책으로 동시에 출간하는 책입니다.

그러나 전자책은 원고를 따로 쓰는 것이 아닙니다.
바로 종이책 원고를 먼저 쓰고 교정을 본 다음, 그대로 전자책으로 변환을 해서 출간을 하는 것인데요, 그래서 전자책 때문에 종이책 구성이 기존의 다른 책들과는 약간 다르게 편집을 하는 것입니다.

전자책은 전자책을 보시면 됩니다만, 종이책을 보시는 분이라면 무슨 책이 이렇게 이상하게 만들어졌는가 하시는 분이 있을 수도 있으므로 설명을 하는 것입니다.

예를 들어 종이책에서는 바로 위의 [제 2 편 컴퓨터 중급편] 이라는 큰 타이틀 뒤에는 빈 페이지를 한 페이지 넣고 그 다음에 본문을 구성하고 보통 책은 편, 부, 장, 절.. 이렇게 목차를 구성해서 책의 편집을 하는 것인데요..

전자책에서는 삽화 옆에 글씨가 들어가면 이 글씨가 삽화 전이나 후, 혹은 다른 페이지에 나타나는 수가 있습니다.

또한 바로 위의 [제 2 편 컴퓨터 중급편] 이라는 타이틀 뒤에 한 페이지 공백을 넣으면 종이책에서는 자연스럽게 보이지만, 전자책에서는 페이지 구성이 완전 생뚱맞게 되어 버립니다.

기본적으로 전자책에서는 공백을 무시 해 버리기 때문입니다.

그래서 전자책을 위해서 책의 구성을 이렇게 한다는 것을 아시고요, 이 책을 전자책으로 보시는 분이라면 어떤 단원에서 한참 설명이 이어지다가 갑자기 설명이 중단되는 경우가 있습니다.

그것은 설명이 중단 된 것이 아니라 종이책 원고를 전자책으로 변환을 하는 과정에서 사라진 설명이 다른 페이지에 나타나기 때문입니다.

물론 어쩌다 한 두 번 발견되는 문제로서 전체적으로 책의 내용에는 문제가 없고요, 이것은 종이책 원고를 전자책으로 변환을 하는 과정에서 생기는 필연적인 문제로서 전자책 원고를 다시 따로 쓰기 전에는 어쩔 수가 없습니다.

일단 기본적으로 전자책에서는 종이책의 글씨의 글꼴을 무시해 버리고 글씨 크기도 무시해 버리고 여백 무시해 버리고 삽화는 무조건 한 페이지 한 장이 보이게 됩니다.

그래서 이 책에서도 삽화의 옆에 설명이 들어간 삽화가 단 한 개도 없는 것입니다.

따라서 이 책을 전자책으로 보시는 분이라면 이러한 점을 염두에 두시고 책을 보아주시기 바랍니다.

이상 이 책은 종이책과 전자책으로 동시에 출간되며 각각의 특징에 대한 설명이었고요, 이 다음 편에서 윈도우즈 운영체제 설치하는 방법 등에 대해서 다룰 것인데요, 미리 이번 단원을 컴퓨터 중급으로 편집하는 이유가 있습니다.

일단 이 책은 컴퓨터 기초 및 중급에서 파워 유저까지 라는 타이틀입니다만, 아무리 컴퓨터 기초라고 하더라도 타자 연습을 하는 과정까지 넣지는 않았습니다.

타자 연습은 여러분 개개인이 각자 알아서 연습을 하셔야 합니다만, 사실 타자 연습이야말로 컴퓨터 고수라도 해야 합니다.

필자는 이미 머리가 허연 나이입니다만, 젊은 사람들과 나란히 타자를 쳐도 전혀 뒤지지 않게 타자를 칩니다.

더구나 필자는 손가락이 굵어서 마치 조선시대 머슴 같은 손이고요, 이렇게 투박한 손으로 타자를 쳐도 젊은 시절에는 600타, 지금도 300타 이상, 기분 좋으면 400타 ~ 500타 나옵니다.

머리가 허연 필자가 어떻게 이럴 수 있을까요?
필자는 직업 군인 출신이고요, 상당히 오랜 기간 군생활을 하다가 중년의 나이에 전역을 했고요, 필자의 군에서의 별명이 F.M 입니다.

F.M은 Form, 똥폼 잡는 폼이 아니라 원리 원칙대로 하는 고문관이라는 뜻입니다.

나쁘게 말하면 머저리, 좋게 말하면 편법을 쓰지 않는 원리 원칙 주의자라는 뜻입니다.

필자는 평생을 그렇게 살아 왔고요, 그래서 필자 나이 중년이 되어서야 우리나라에 컴퓨터가 처음 들어왔으므로 그 때부터 컴퓨터 공부를 시작했어도 원리 원칙대로 컴퓨터 공부를 했고요, 처음에는 키보드도 없어서 종이에 키보드를 그려놓고 연습을 했습니다.

물론 예날에도 기계식 타자기는 있었지만, 필자는 타자기를 다뤄본 적은 없고요, 맨 처음 컴퓨터 공부를 시작하는 단계에서 타자 연습을 그야말로 뿌리를 뽑을 정도로 많이 했기 때문에 머리가 허연 지금까지 타자를 잘 치는 것입니다.

필자의 다른 저서 [한컴 오피스 2024] 책에 타자 연습을 하는 과정을 자세하게 올렸습니다만, 키보드에 손가락을 올려놓고 양손 엄지 손가락에서부터 새끼 손가락까지 원리원칙대로 정확하게 키보드를 양손 10 손가락을 이용해서 타자를 처야 필자와 같이 머리가 허옇게 되어서도 타자를 잘 칠 수 있는 것입니다.

방금 필자는 직업 군인 출신이라고 했는데요, 더구나 군에서의 별명이 F.M 이었고요, 처음 군에 가면 훈련병이죠..

훈련병들은 앞에서 조교가 하는 것을 쳐다보고 굽은 동작으로 그대로 따라 하면서 군대 생활을 익히게 됩니다.

이 때 이미 사회에서 요령에 젖어서 군에 온 사람들은 훈련병 시절.. 옛날이므로 수없이 두들겨 맞으면서 군대 생활을 시작하게 됩니다.

그러나 필자는 원리원칙대로 하므로 어떤 면에서는 군 체질이었습니다.

그래서 군 생활을 오래 할 수 있었던 것인지도 모르겠습니다만, 이렇게 군에서의 습관이 지금 나이가 들어서도 조금도 변함이 없는 것입니다.

옛말에 시체말로 군대 가면 요령.. 이라고 했습니다만, 방금 설명한 것과 같이 이미 군에 오기 전에 사회에서 요령에 젖어 있던 사람이 군에 오면 훈련병 시절 숱하게 두들겨 맞으면서 군인이 되고요,..

그래서 일단 군인이 되어 고참이 되면 요령이 생기는 것입니다.

필자 생각에 사회 생활도 마찬가지입니다.
아니 사회 생활이야말로 군생활의 연장입니다.

예를 들어 필자도 유튜버입니다만, 요즘 모 유튜버 때문에 정부까지 나서서 검거 작전을 펼칠 정도인데요, 유튜브에서 조회수를 늘릴 수 있다면 거짓말도 불사하고 가짜 뉴스에 사람을 현혹하는 영상을 만들어서 올리는 유튜버가 너무 많아서 사실상 유튜브에 볼만한 영상이 없습니다.

그래서 필자는 유튜버이면서도 정작 유튜브에서는 정규 방송사 등에서 만든 다큐 영상이나 스포츠 영상 외에는 거의 시청하지 않습니다.

요즘 컴보디아에서 우리 한국 청년이 고문 끝에 숨지는 안타까운 사건도 있었고요, 이 사건의 배후에는 중국인 출신으로 캄보디아로 귀화한 조폭 사업가가 지목되어 미국, 영국 등 서방에서는 이미 우리나라에도 벌써부터 통보를 하고 미국내 자산 및 영국내 자산 등을 동결시켰으나 우리 정부에서는 거의 손을 놓고 있어서 결국 우리 청년들이 캄보디아에서 모진 고문 끝에 숨지는 일까지 벌어졌는데요, 필자는 이러한 사건들을 타자 연습과 연관되게 설명하고자 합니다.

사기를 쳐서라도 돈을 벌고자 하는 욕망을 가지고는 결코 성공할 수 없습니다.

사기를 치지 않고 열심히 돈을 모아서,..

눈이 쌓인 산 위에서 손으로 눈을 뭉쳐서 굴리면 굴러가지 않고 조금 굴러가다 멈춥니다.

조금 크게 뭉쳐서 던지면 조금 더 굴러가고요, 아주 크게 뭉쳐서 굴리면 데굴 데굴 굴러가면서 눈덩이가 집채만하게 커져서 굴러갑니다.

필자가 필자의 또 다른 저서 [온라인 쇼핑몰 창업] 책에서 언급한 내용인데요, 돈도 이렇게 작은 돈을 모아서 일단 종돈으로 목돈을 어느정도 만들어서 굴려야 눈덩이가 집채만하게 커지는 것과 같이 컴퓨터 실력도 타자 연습부터 착실하게 해야 한다는 뜻입니다.

주변을 보면 컴퓨터는 꽤 잘 하면서도 독수리 타법인 사람들이 아주 많은데요, 컴퓨터로 타자 연습을 하면 팔이 아프고 귀찮으니까 타자 연습을 게을리 하였기 때문에 영원히 타자를 못 치는 것입니다.

필자는 머리가 허연 나이이고요, 조선 시대 머슴 같은 투박하고 굵은 손가락을 가지고 있어도 타자를 아주 잘 칩니다.

물론 필자는 책을 쓰는 것이 직업이므로 하루종일 컴퓨터 앞에 앉아서 타자를 치는 것이 일과이기 때문이기도 하지만, 그렇다고 필자가 그야말로 하루종일 타자를 치지는 않습니다.

암튼 이 책에서는 타자 연습을 다루지는 않지만, 타자 연습을 최소한 필자만큼 칠 수 있도록 연습을 해야 하고요, 필자는 타자를 칠 때 필자의 손은 키보드 위에 떠 있습니다.

이렇게 키보드 위에 손이 떠 있기 때문에 손이 자유롭기 때문에 타자를 잘 칠 수 있는 것입니다.

필자가 이렇게 하므로 대부부의 여러분은 필자보다 젊은 나이일 것이므로 모두 이렇게 할 수 있습니다.

이상 컴퓨터에서 가장 기초가 되는 타자 연습에 대해서 다소 길게 설명을 했고요, 이번 단원 뒤 편에서 운영체제를 다루는데 여기서 미리 컴퓨터 중급 과정을 다루는 이유는 이번 단원에서 설명하는 SSD 백업하는 기술이 이 책을 보시는 여러분에게 가장 필요한 기술이기 때문입니다.

여러분 대부분이 사용하는 컴퓨터 속에는 SSD가 1개 이상 달려 있고요, 이 SSD는 부팅 드라이브, 즉, C 드라이브로 사용되고 있고요, 컴퓨터가 고장이 나서 먹통이 되거나 부팅이 안 되는 것은 바로 이 C 드라이브로 사용하는 SSD에 문제가 생겼기 때문입니다.

이 책의 앞 부분에서 컴퓨터는 빈 깡통이라고 했고요, 이 빈 깡통 속에 운영체제라는 기본 소프트웨어를 집어넣어야 비로소 우리가 사용할 수 있는 컴퓨터가 된다고 했습니다.

이 운영체제도 프로그램이고요, 이 책에서 이미 여러 번 설명한 사진 편집의 대명사 어도비 포토샵, 동영상 편집의 대명사 어도비 프리미어, 이 책을 집필하는 프로그램인 탁상 출판의 대명사 어도비 인디자인, 우리나라 토종 워드인 한글 프로그램, 수치 계산 프로그램이면서 표 프로그램이면서 장부 정리 프로그램인 엑셀 프로그램 등도 모두 프로그램이라는 점에서는 동일합니다.

이러한 프로그램들은 컴퓨터에 설치 할 수 있는 실행 파일 형태로 만들어져 있고요, 옛날에는 시디 형태로, 이보다 더 옛날에는 플로피 디스크 형태로 판매되었으며 지금은 대부분의 프로그램이 돈을 주고 사는 것이 아니라 플랜이라는 제도를 이용해서 월 단위 혹은 년 단위 혹은 평생 단위로 매월 돈을, 임대료를 내고 사용하는 방식이고요, 프로그램도 인터넷을 통해서 다운로드 받거나 프로그램 제작사 서버에서 클릭하여 설치를 하게 됩니다.

앞에서 드라이버 파일에 대한 설명을 했고요, 예를 들어 프린터를 설치하려면 프린터를 작동시키는 해당 드라이버 파일이 있어야 한다고 했고요, 또 컴퓨터에서 불필요한 프로그램을 정리하여 컴퓨터가 쾌적해지도록 하는 고클린이라는 프로그램에 대한 설명도 있고요, 이렇게 컴퓨터를 사용하면서 컴퓨터를 편리하게 해 주는 작은 프로그램들을 컴퓨터에 유용한, 유익한 프로그램이라고 해서 유틸리티라고 한다고 했고요, 용량이 큰 윈도우즈 운영체제, 포토샵, 프리미어, 한글, 엑셀 등의 프로그램들은 응용 소프트웨어라고 했고요, 이러한 프로그램들은 용량이 상당히 큰 파일 형태이고요, 컴퓨터 파일이라는 것은 모든 것을 0과 1로 기억되는 이진수로 만들어지는 디지털 파일 들이고요, 파일이기 때문에 복사가 가능하고요, 그러나 운영체제를 비롯한 모든 응용 소프트웨어들은 원본 파일은 파일이기 때문에 복사가 가능하지만, 일단 컴퓨터에 설치된 프로그램들은 복사를 할 수는 있지만, 실행이 안 됩니다.

운영체제 프로그램을 비롯한 모든 응용 소프트웨어들은 반드시 원본 프로그램으로 새로 설치를 해야만 합니다.

다시 말해서 컴퓨터에 뭔가 문제가 생겨서 먹통이 되거나 부팅이 되지 않는 등의 문제가 발생을 했다면 운영체제를 다시 깔아야 해결이 된다는 말입니다.

그리고 필자는 조립 PC를 무려 수 천 대를 조립 판매를 한 경험이 있고요, 오랜 기간 아주 많은 사람들을 가르치기도 했는데요, 이 많은 사람들이 평생 운영체제를 단 한 번도 깔아 본적이 없는 사람들이 압도적으로 많다는데 놀라움을 금할 수 없다고도 했는데요, 여러분도 컴퓨터에 문제가 생겨서 운영체제를 새로 깔 수 있는 실력이 있습니까?

삼성 컴퓨터 등 이른바 메이커 PC들은 복구 디스크가 있어서 복구 디스크를 넣고 복구를 할 수 있다고 하지만, 복구율은 영 시원찮고요, 여하튼 PC에 문제가 생겼을 때 즉시 복구할 수 있는 방법을 알려드리고자 이번 단원을 컴퓨터 중급으로 다루는 것입니다.

제 1 장 컴퓨터 복구

이 책은 한글 프로그램 책이 아니기 때문에 타자 연습 같은 것은 다루지 않고요, 뒤편에서 운영체제를 다루기는 하지만, 역시 이 책은 운영체제 전문 서적이 아니므로 기본적으로 운영체제 인스톨 하는 방법 등에 대해서만 다루게 됩니다.

그리고 여러분 대부분이 사용하는 윈도우즈 운영체제에는 백업 기능 및 복구 기능이 있기는 있지만, 잘 안 됩니다.

아니 차라리 불가능하다고 하는 것이 맞습니다.

그래서 지금 설명하는 컴퓨터 복구하는 방법을 반드시 알아야 하는 것입니다.

일단 기본적으로 C 드라이브로 사용하는 SSD 이외에는 거의 문제가 생기지 않습니다.

물론, 지극히 당연하게도 바이러스에 감염된 파일을 C 드라이브가 아닌 다른 드라이브에 저장할 경우 최악의 경우 모든 드라이브의 파일들을 모조리 버려야 할 수도 있습니다.

그래서 이 책으로 공부를 하여 컴퓨터의 중급 이상, 파워 유저가 되었을 때 마음대로 웹 서핑도 하고 컴퓨터를 마음대로 사용할 수 있는 것입니다.

그저 컴퓨터 게임에만 몰두하여 한달 내내 아르바이트하여 모든 돈을 무려 100만 원이나 덥석 주고 최신 그래픽 카드를 사는 학생도 보았는데요, 그렇게 컴퓨터 게임에는 몰두하면서 정작 컴퓨터에 문제가 생겨서 부팅이 안 되는 등의 문제가 발생하면 두 손 놓고 PC정비사부터 부르지 않기 위해서 지금부터 SSD 복제하는 방법을 잘 익히시기 바랍니다.

조금 전에 설명했다시피 운영체제 포함 어떠한 프로그램이라도 프로그램 원본 파일은 복사를 해도 되지만, 이 프로그램의 실행 파일(확장자가 .exe 등의 파일)을 실행하여 컴퓨터에 프로그램을 설치한 뒤에 이 설치한 프로그램을 복사해서는 아무 소용이 없습니다.

윈도우즈 운영체제도 컴퓨터에 설치된 파일을 복사해서는 아무 소용이 없는 것입니다.

윈도우즈 탐색기를 열고 C 드라이브의 [Windows] 폴더에 들어가면 다음과 같이 많은 파일들이 보입니다.

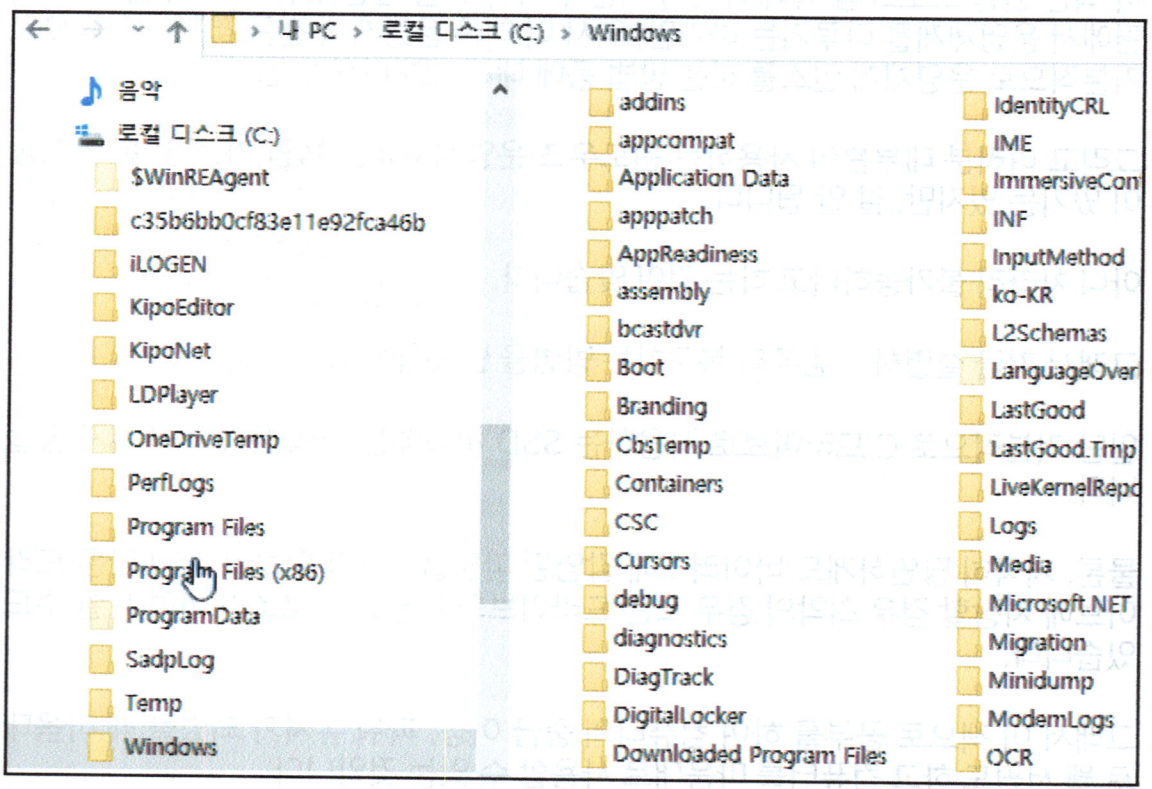

앞의 화면에 보이는 것과 같이 윈도우즈 운영체제가 설치된 C:/Windows 폴더에 들어가 보면 많은 파일들이 보이며 파일이기 때문에 복사를 해서 다른 곳에 붙여 넣거나 몽땅 복사를 해서 백업 하드에 붙여 넣어서 백업을 할 수도 있지만, 이 파일들은 윈도우즈 설치 파일을 실행해서 프로그램 파일들이 풀어져서 원래 프로그래밍이 된 명령에 따라서 C 드라이브에 설치된 윈도우즈 파일들이기 때문에 이 파일들을 몽땅 복사를 해서 다른 SSD에 붙여 넣어 보았자 그 SSD로는 부팅이 안 됩니다.

이것이 프로그램 원본의 실행 파일을 실행시켜서 컴퓨터에 설치된 프로그램들의 특성입니다.

그래서 윈도우즈 운영체제에 문제가 생겨서 부팅이 되지 않을 때는 복구를 하다가 안 되면 어쩔 수 없이 윈도우즈 운영체제를 다시 깔아야 하는 것입니다.

그러나 윈도우즈 운영체제는 시스템 소프트웨어이며 (오퍼레이팅 시스템 – Operating System), 빈 깡통에 불과한 컴퓨터에 생명을 불어넣어서 컴퓨터로 사용할 수 있게 해 주는 필수 소프트웨어이지만, 프로그램이라는 관점에서는 다른 응용 프로그램들과 동일합니다.

당연하게도 운영체제 외의 여러가지 응용 소프트웨어들도 프로그램이라는 관점에서는 동일하기 때문에 원본 파일은 복사를 해도 되지만, 이 원본 파일에 들어 있는 실행 파일(확장자가 .exe 등의 파일)을 실행시켜서 컴퓨터에 설치한 파일은 복사는 가능하지만, 해당 프로그램이 실행되지 않는 것입니다.

그래서 윈도우즈 운영체제에 문제가 생겨서 컴퓨터에 윈도우즈 운영체제를 다시 설치를 하면 이전에 사용하던 각종 응용 소프트웨어들도 모조리 다시 깔아야 하는 것입니다.

이는 참으로 커다란 문제입니다.

예를 들어 업무용 컴퓨터는 하루도 사용하지 않으면 안 되는데 운영체제가 망가져서 운영체제를 다시 깔면, 이 컴퓨터에서 사용하던 여러가지 프로그램들도 덩달아 다시 깔아야 하기 때문에 길게는 여러 날 걸릴 수도 있습니다.

사업용 컴퓨터라면 큰 일이 아닐 수 없습니다.

얼마전 세계 최고의 IT 국가인 우리나라의 정부 전산망 서버가 있는 건물에 불이 나서 정부 전산망이 두어 달 동안 마비 상태이고요, 아직도 100% 복구가 안 되었습니다.

정부, 그것도 세계 최고의 IT 국가인 우리나라의 정부 전산망이 두 달 동안 먹통이 되었다는 것은 전쟁이라면 이미 패배한 것이나 다름이 없습니다.

이게 얼마나 큰 일인지 이해가 되시는지요?

오죽하면 정부 전산망 관련 부서 공무원이 자살까지 했습니다.

그래서 여러분도 이 책으로 공부를 하여 일단 파워 유저가 되면 본인이 알아서 하겠지만, 지금부터라도 컴퓨터의 파일들이 망가지지 않는 방법을 터득하고, 제아무리 컴퓨터의 고수라 하더라도 컴퓨터는 가장 정확한 기계이면서도 아이러니하게도 가장 불완전한 기계라는 것을 알고 백업의 중요성은 백 번을 강조해도 지나치지 않으므로 필자와 같이 HDD 10 개 정도는 아니더라도 대용량 HDD 한 두 개는 꼭 구입해서 수시로 백업을 해 놓아야 합니다.

이상 백업의 중요성에 대하여 강조했고요, 지금은 C 드라이브로 사용하는 SSD를 백업이 아니라, 복제를 하는 방법을 알아보겠습니다.

백업이 아니고 복제를 하는 이유는 프로그램 원본은 백업이나 복사를 해도 되지만, 그 프로그램 원본 속에 들어 있는 실행 파일(확장자가 .exe 등인 여러 프로그램 파일들의 실행 파일을 더블 클릭하여 실행시켜서 화면의 안내에 따라서 프로그램을 설치할 수 있는 파일)을 실행시켜서 컴퓨터에 설치된 프로그램은 복사를 해서는 안 되기 때문에 복사가 아닌 복제를 해야 하는 것입니다.

예를 들어 여러분 대부분이 사용하는 윈도우즈 운영체제도 프로그램이며 실행 파일이 있습니다.

그래서 윈도우즈 원본 파일은 복사를 하거나 백업을 하거나 할 수 있지만, 윈도우즈 원본 파일에 들어 있는 실행 파일을 실행시켜서 컴퓨터에 설치한 운영체제는 복사를 해서는 아무런 소용이 없기 때문에 복사가 아닌 복제를 해야 하는 것이며 여기서 복제를 하면 되는 이유는, 윈도우즈 운영체제가 설치된 특성 모두를 조금도 틀리지 않게 그대로 카피를 하여 또 하나의 운영체제를 만들기 때문입니다.

오늘날의 개인용 PC는 과거의 중형 컴퓨터와 맞먹을 정도로 막강한 기능을 가지고 있지만, 어떠한 컴퓨터이든지.. 음.. 앞으로 양자 컴퓨터가 대중화되면 다르겠지만.. 양자 컴퓨터가 대중화 되기 이전에는..

오늘날의 개인용 컴퓨터는 과거의 중형 컴퓨터와 같은 막강한 기능을 가지고 있지만, 현존하는 어떠한 컴퓨터이든지 양자 컴퓨터가 아니라면 오로지 0과 1로 구성되는 2진수로 작동하는 디지털 기기일 뿐입니다.

그래서 이렇게 2진수로 작동하는 디지털 정보는 메모리 혹은 보조기억장치 = 영구 저장 장치 = HDD 등에 저장도 하고 복사도 할 수 있고, 수 백, 수 천, 수 만 번을 복사를 반복해도 닳거나 변형되지 않는 특성을 가지고 있는 것입니다.

그래서 특수한 방법, 예컨대 지금부터 설명하는 HDD 카피 소프트웨어인 HDClone 프로그램과 같은 방법으로 C 드라이브로 사용하는 SSD를 그대로 또 한 개 혹은 필자의 경우 여러 개 복제를 해 놓고 있고요, 이렇게 SSD를 클론, 즉, 복제를 해 두면 컴퓨터에 문제가 생겨서 쉽게 복구가 안 될 때 SSD를 떼어 내 버리고 복제 해 둔 또 하나의 다른 똑같은, 동일한 복제본 SSD를 연결하면 그냥 간단히 해결되는 것입니다.

물론 설명은 이렇게 했지만, 결코 간단하지 않습니다.

그래서 이 책이 있는 것이고요, 그래서 이 책을 끝까지 건성으로 읽으면 안 되는 것입니다.

앞으로 이 책이 끝나기 전에 윈도우즈 운영체제에 들어 있는 카피 명령으로 백업을 하는 방법도 설명을 하겠지만, 윈도우즈 운영체제가 설치된 C 드라이브인 SSD를 복제하는 것은 일반적인 카피 방식으로는 안 됩니다.

운영체제가 로드되면서 부팅이 되어야 하기 때문입니다.
이것을 부트 로더라고 부르며 단순히 프로그램만 복구하는 일반적인 복구가 아니라 윈도우즈 운영체제가 망가지기 이전에 클론 해 둔 다른 또 하나의 SSD에 들어 있는 클론 윈도우즈 운영체제로 부팅을 해야 하기 때문에 지금부터 설명하는 HDClene 프로그램을 이용하여 복제를 해야 하며 이와 비슷한 다른 프로그램도 있지만, 필자가 지금까지 사용하면서 단 한 번도 문제가 된 적이 없고요, 가장 큰 매력은 무료라는 점입니다.

물론 빨리 실행되는 유료 버전도 있지만, 속도가 느리더라도 무료로 사용할 수 있는 무료 버전만 사용해도 충분합니다.

제 1 절 HDClone 다운로드

유튜브에서 가나출판사 검색하여 동그라미 속에 들어 있는 필자의 얼굴을 클릭합니다.

위의 화면 참조 유튜브에서 가나출판사 검색하여 동그라미 속에 들어 있는 필자의 얼굴을 클릭하면 다음 필자의 [유튜브 채널]이 열립니다.

위의 화면 참조 필자의 [유튜브 채널]에서 손가락이 가리키는 곳(링크)을 클릭하면 다음 화면에 보이는 [필자의 홈페이지]에 접속됩니다.

위의 화면 참조 필자의 홈페이지에서 손가락이 가리키는 [네이버 블로그]를 클릭하면 다음 화면에 보이는 필자의 네이버 블로그에 접속됩니다.

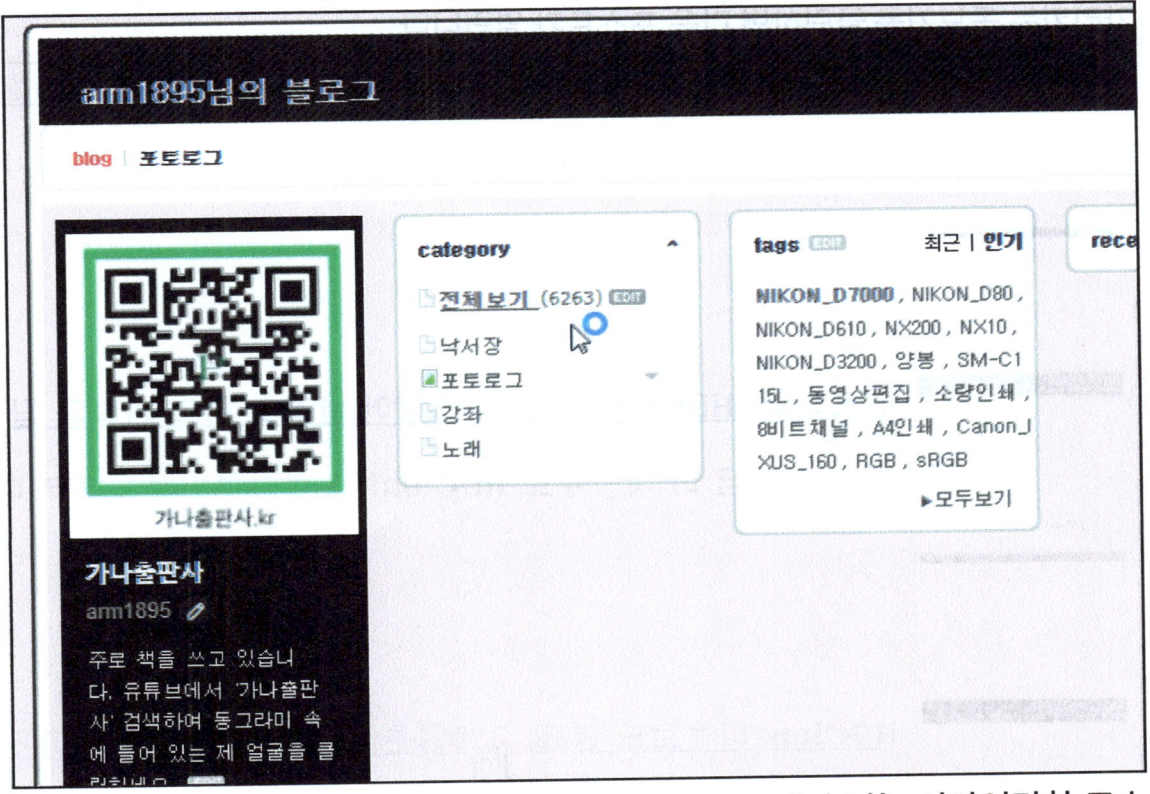

위에 보이는 바와 같이 필자의 블로그에는 무려 6,000개가 넘는 어마어마한 포스트가 있기 때문에 화면 우측 슬라이더를 밑으로 내려서 맨 밑에 있는 검색어 입력란을 찾아서 검색어 "HDClone" 를 입력하고 찾아야 합니다.

1 2 3 4 5 6 7 8 9 10 다음 >
neighbor
activity
블로그 이웃 816 명
글 보내기 0 회
글 스크랩 118 회
HDclone
RSS 2.0
RSS 1.0
ATOM 0.3
POWERED BY NAVER blog
지도위에 글 4

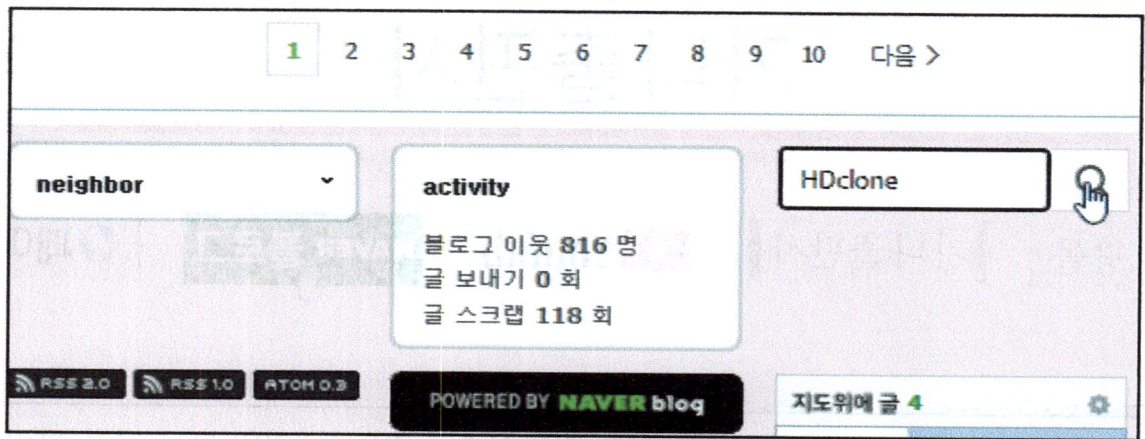

위에 보이는 바와 같이 필자의 블로그 화면 우측 슬라이더를 밑으로 내려서 맨 밑에 있는 검색어 입력 란을 찾아서 검색어 "HDClone" 를 입력하고 위의 손가락이 가리키는 돋보기를 클릭하면 다음 포스트가 열립니다.

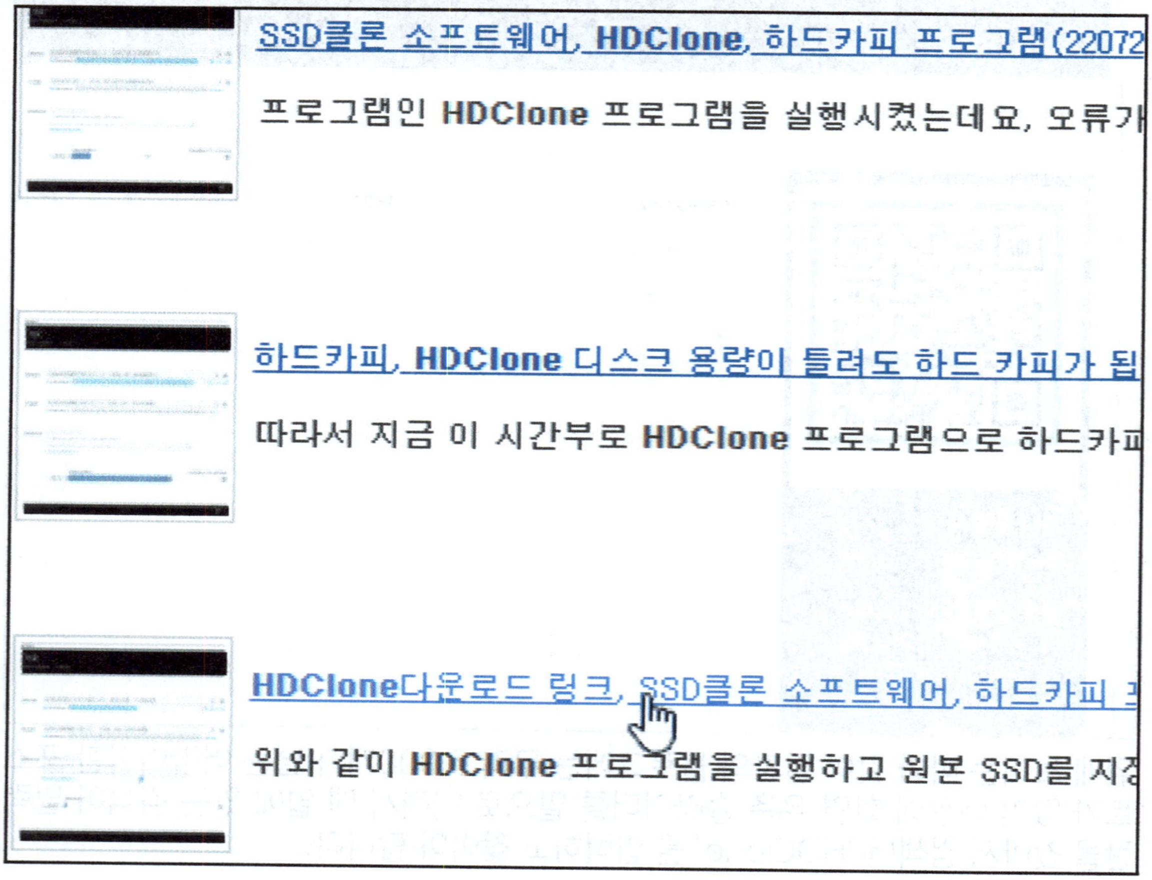

SSD클론 소프트웨어, HDClone, 하드카피 프로그램(22072
프로그램인 HDClone 프로그램을 실행시켰는데요, 오류가
하드카피, HDClone 디스크 용량이 틀려도 하드 카피가 됩
따라서 지금 이 시간부로 HDClone 프로그램으로 하드카
HDClone다운로드 링크, SSD클론 소프트웨어, 하드카피
위와 같이 HDClone 프로그램을 실행하고 원본 SSD를 지

HDClone 관련 포스트가 여러 개 있기 때문에 타이틀을 주욱 읽으면서 앞의 화면 손가락이 가리키는 [HDClone다운로드 링크..]를 찾아서 클릭하면 다음 포스트 가 나타납니다.

위의 사이트에 접속하여 다음 화면이 나타납니다.

나머지는 필자의 블로그에 자세하게 올려 놓았으므로 필자의 블로그에 있는 내용을 참조하여 HDClone 프로그램을 다운로드하고 설치를 하는데요, 필자가 이 포스트를 올린 날짜가 2022-1-14 일이므로 혹시 사이트가 개편되어 약간씩 차이가 있을 수도 있습니다만, 사이트 주소는 바뀌는 것이 아니므로 어렵지 않게 설치하고 사용 할 수 있을 것입니다.

HDClone 에 대한 설명은 필자의 블로그를 보고 공부를 하시라고 했습니다만, 문제가 있어서 잠시 후에 이 책에서 자세하게 설명을 진행합니다.

우선 C 드라이브를 복제할 때 필요한 것이 HDD 도킹스테이션입니다.

만일 HDD 도킹스테이션이 없다면 컴퓨터 뚜껑을 열고 컴퓨터 안에 들어 있는 메인보드의 SATA 포트에 SATA 케이블을 연결하고 여기에 SSD를 연결하고 역시 PC 속에 들어 있는 파워 서플라이에서 나온 전원 케이블을 연결(반드시 PC를 끄고 작업을 해야 합니다.)하고 진행할 수도 있지만, PC정비사가 아닌 여러분은 이렇게 할 수 없습니다.

그래서 다음에 설명하는 HDD 도킹스테이션이 반드시 필요합니다.

[1] HDD 도킹스테이션

HDD 도킹스테이션은 앞의 화면에 보이는 것과 같이 생겼고요, 자신의 용도에 맞는 제품을 선택 구매하면 되고요, 필자는 현재 3대의 컴퓨터를 사용하며 3대의 컴퓨터에 모두 HDD 도킹스테이션을 달아 놓았고요, 필자가 사용하는 모든 HDD 도킹스테이션은 2베이짜리를 사용합니다.

거의 모든 HDD 도킹스테이션은 PC용 HDD(3.5인치 – 노트북은 2.5인치입니다.)와 SSD를 장착할 수 있게 되어 있습니다.

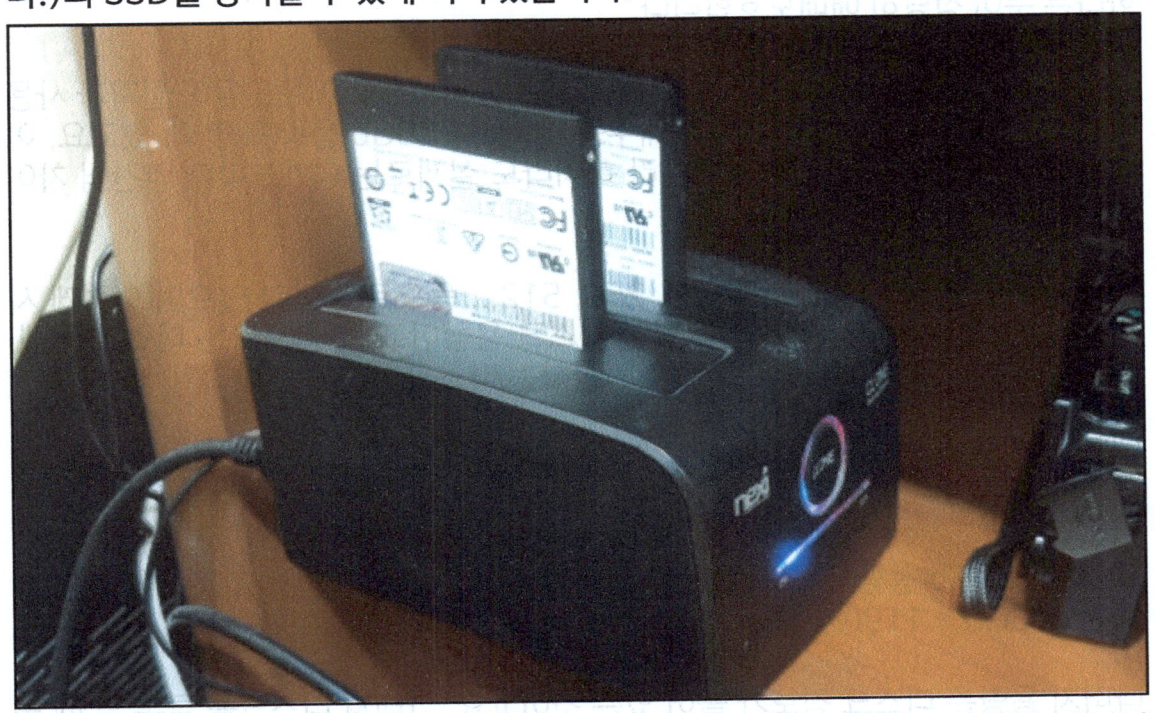

위는 필자가 사용하는 HDD 도킹스테이션이고요, 필자는 3개 모두 동일한 메이커의 제품을 사용하고 있고요, 필자가 사용하는 HDD 도킹스테이션은 자체적으로 클론 버튼이 있습니다.

위의 HDD 도킹스테이션 앞 부분 가운데 동그란 버튼이 클론 버튼인데요, 앞에서 소개한 HDClone 프로그램으로 복제를 하는 것은 소프트웨어적인 복제이고요, 위의 화면에 보이는 HDD 도킹스테이션의 클론 버튼으로 복제를 하는 것은 하드웨어 카피인데요, 한 가지 미리 알아야 할 사항은, HDD카피는 기본적으로 원본 디스크의 용량보다 복제 디스크의 용량이 같거나 커야 합니다.

(1) 원본과 복제본 용량(매우 중요함)

다시 한 번 강조합니다만, 클론은 원본 디스크를 동일한 구조로 똑같은 디스크를 만드는 것입니다.

그래서 원본 디스크(여기서는 C 드라이브로 사용하는 SSD입니다.)의 용량과 타켓 디스크의 용량이 같거나 타켓 디스크의 용량이 조금이라도 더 커야 합니다.

이 때 원본 디스크의 용량보다 타켓 디스크의 용량이 같거나 조금이라도 더 커야 한다는 뜻이 상당히 애매모호합니다.

왜냐하면 시중에 있는 수 많은 SSD는 똑같은 용량의 SSD, 예를 들어 필자가 사용하는 모든 SSD는 120Gb짜리가 대부분이고요, 128Gb 용량도 몇 개 있고요, 이렇게 동일한 120 Gb 용량의 SSD라 하더라도 실제로는 디스크마다 약간씩 차이가 납니다.

원래 디스크는 120Gb, 혹은 128, 256, 512,... 등으로 용량이 있으며 이렇게 시판되는 디스크 용량은 실제 물리적인 디스크 용량이고요, 실제로는 디스크 안에, 컴퓨터에 장착되었을 때 컴퓨터에서 인식하는 디스크 용량과는 차이가 있습니다.

왜냐하면 디스크 안에는 공장에서 생산될 때 해당 디스크의 정보가 들어 있기 때문입니다.

그래서 120Gb 용량의 SSD를 구입했더라도 컴퓨터에 장착하고 용량을 확인 해 보면 118Gb ~ 119Gb 정도 밖에는 나오지 않습니다.

나머지 용량은 디스크 정보가 들어 있는 것이고요, 그래서 디스크를 클론 할 때 원본 디스크의 용량보다 타켓 디스크의 용량이 같거나 조금이라도 더 커야 한다는 말의 의미가 애매모호한 것입니다.

왜냐 하면 동일한 메이커의 동일한 디스크라 하더라도 용량이 조금씩 차이가 나기 때문에 동일한 메이커의 동일한 디스크를 가지고 클론을 하더라도 안 될 수가 있습니다.

그래서 타켓 디스크의 용량은 조금 더 큰 용량은 없으므로 120Gb 다음 용량에는

128Gb 이므로 이렇게 다음 크기의 디스크를 사용해야 합니다만, 필자는 원래 최초에 여러 개의 SSD를 구입할 때 모두 가격이 가장 저렴한 120Gb의 SSD를 구입했으므로 클론을 할 때 원본 디스크의 용량보다 타켓 디스크의 용량이 조금이라도 더 커야 하는데 그러하지 않은 경우가 있는 것입니다.

이 때 해결책은, 추가로 더 큰 용량의 디스크를 구입하는 것이 아니라 원본 디스크의 용량을 줄이는 것입니다.

(2)볼륨 축소(디스크 용량 줄이는 방법)

지금 원본 디스크, 즉, C드라이브로 사용하는 SSD와 클론하려는 타켓 디스크인 동일한 크기의 120Gb SSD에 복제를 하려는 것입니다.

이 때 C 드라이브로 사용하는 마스터 드라이브, 즉, 부팅 드라이브인 SSD는 컴퓨터 안에 장착되어 있고, 타켓 디스크도 컴퓨터에 장착되어 있어야 하는데, 컴퓨터 뚜껑을 열고 메인보드에 있는 SATA 포트에 SATA케이블을 끼우고 타켓 디스크인 동일한 용량의 SSD를 연결하고 역시 컴퓨터 안에 있는 파워 서플라이에서 나온 전원선을 꽂고 부팅을 해서 작업을 해야 하는데요, 여러분은 PC정비사가 아니기 때문에 이렇게 할 수 없으므로(할 수 있다 하더라도..) 앞에서 소개한 HDD도킹스테이션을 사용해서 타켓 디스크를 HDD도킹스테이션에 꽂고 클론을 진행하는 것입니다.

이 때 현재 시중에서 판매되는 거의 모든 HDD 도킹스테이션은 기본적으로 USB3.0을 지원하고요, 최신 기종이라면 USB3.1을 지원하는 모델도 있고요, 이렇게 USB3.0을 지원하는 기기들은 컴퓨터의 USB3.0 포트에 꽂아야 USB 3.0의 속도가 나오는 것인데요, 아직도 다소 구형의 PC를 사용한다면 이런 컴퓨터에는 USB3.0 포트가 없습니다.

이런 USB3.0 포트가 없는 구형 컴퓨터도 USB3.0 카드(Card)를 사다가 메인보드에 꽂아서 사용할 수도 있고요, USB3.0을 사용 할 수 있는 방법은 다른 방법도 있지만, 일단 PC정비사가 아니라면 어렵습니다.

이 경우 어쩔 수 없이 HDD 도킹스테이션은 USB3.0 이상을 지원한다 하더라도 PC에 USB3.0 이상의 포트가 없으므로 USB2.0 포트에 꽂아야 하며 이 경우 hdd

도킹스테이션은 USB3.0이라 하더라도 PC의 USB2.0 포트에 꽂았으므로 USB2.0의 속도로 작동합니다.

PC의 속도라는 것이 PC를 이루는 가장 느린 부품의 속도이기 때문입니다.

그래서 최신의 그래픽카드들은 128Gb에서부터 무려 384Gb로 작동하는 모델도 있지만, 우선 윈도우즈 운영체제 자체가 64비트가 최신 운영체제이므로 이렇게 빠른 그래픽 카드를 장착했다 하더라도 실제 속도는 PC의 속도인 64비트로 작동하는 것입니다.

이상의 기본 정보를 아시고요, 최신의 고사양 게임만 하지 않는다면 USB3.0 HDD 도킹스테이션을 USB2.0 PC 포트에 꽂고 사용하더라도 체감 속도는 거의 느낄 수 없습니다.

따라서 구형 PC를 사용한다 하더라도 최신의 고사양 게임을 하지 않는다면 자신의 PC가 USB2.0 포트밖에 없다고 하더라도 사용하는데는 지장이 없다는 것을 아시기 바랍니다.

PC에 USB3.0이 있는지 확인하는 가장 쉬운 방법은 컴퓨터 뒷부분을 보아서 USB 포트가 파란색으로 되어 있는 것이 USB3.0이고요, 경우에 따라서는 작은 글씨로 USB3.0이라고 써 있을 수도 있고요, 메인보드를 보면, 혹은 메인보드가 여러가지 부품들 때문에 잘 안 보이더라도 해당 메인보드 모델명을 확인해서 제조사 홈페이지에서 메인보드 메뉴얼을 다운받아서 보면 메인보드 도면이 있고요, 그 도면에 그려져 있고요, 해당 메인보드 스펙에도 자세한 정보가 나와 있습니다.

지금 설명하는 내용들이 복잡한 것 같지만, 컴퓨터 파워 유저라면 누구나 알고 있어야 하는 정보들이고요, 따라서 여러분이 아직 초보라면 컴퓨터 파워 유저가 되는 일이 그리 쉽지 않다는 것도 아실 수 있을 것입니다.

그러나 천리길도 한 걸음부터이고요, 첫술에 배부를 수는 없습니다.

시작이 반이므로 여러분이 이 책을 보시고 있다면 이미 반은 파워 유저가 되어 있는 것입니다.

힘 내시고요, 지금까지 설명한 내용을 바탕으로 HDD 도킹 스테이션을 컴퓨터의

USB 포트에 꽂고, 그리고 HDD 도킹스테이션은 컴퓨터의 USB에 꽂기만 해서는 안 됩니다.

HDD도킹스테이션을 구입하면 따로 전원 어뎁터가 따라오고요, 전원을 꽂고 또 HDD도킹스테이션에 달려 있는 스위치를 켜서 HDD도킹스테이션에 불이 들어오고 PC에서 인식할 때까지 잠시 기다려야 합니다.

이렇게 PC에서 HDD도킹스테이션을 인식하면 바탕 화면 좌측 시작을 클릭하고 "제어판" 을 입력합니다.

위의 화면 참조 [시작] – [제어판] 입력, 제어판에 들어갑니다.

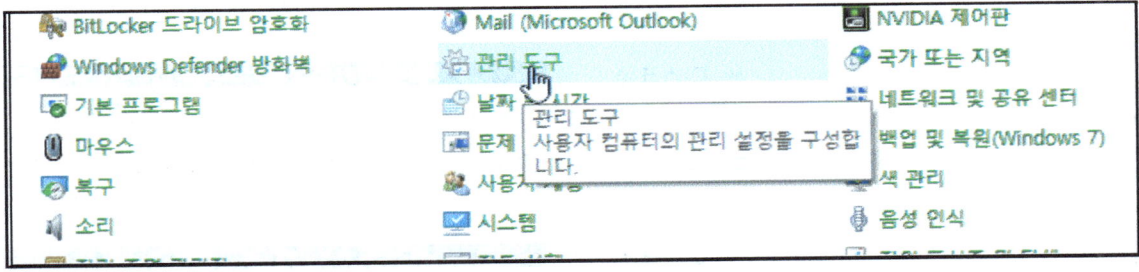

위의 손가락이 가리키는 [관리 도구]를 클릭합니다.

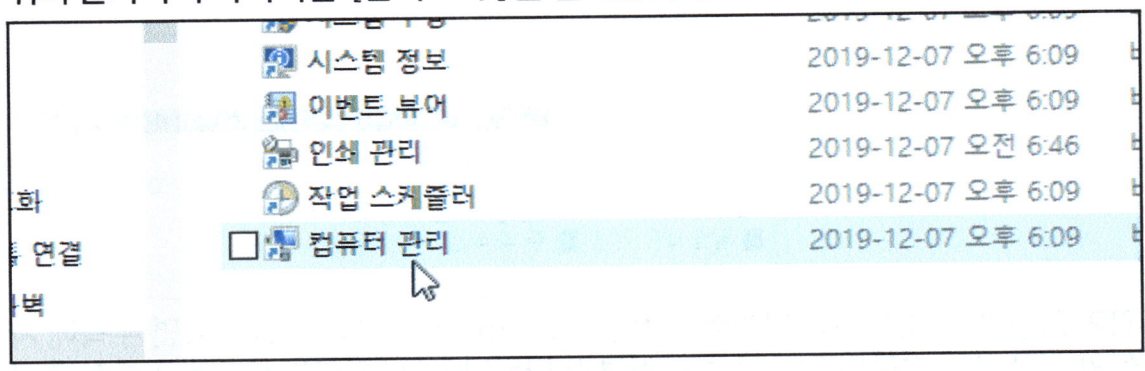

위의 [컴퓨터 관리]는 더블 클릭해야 합니다.

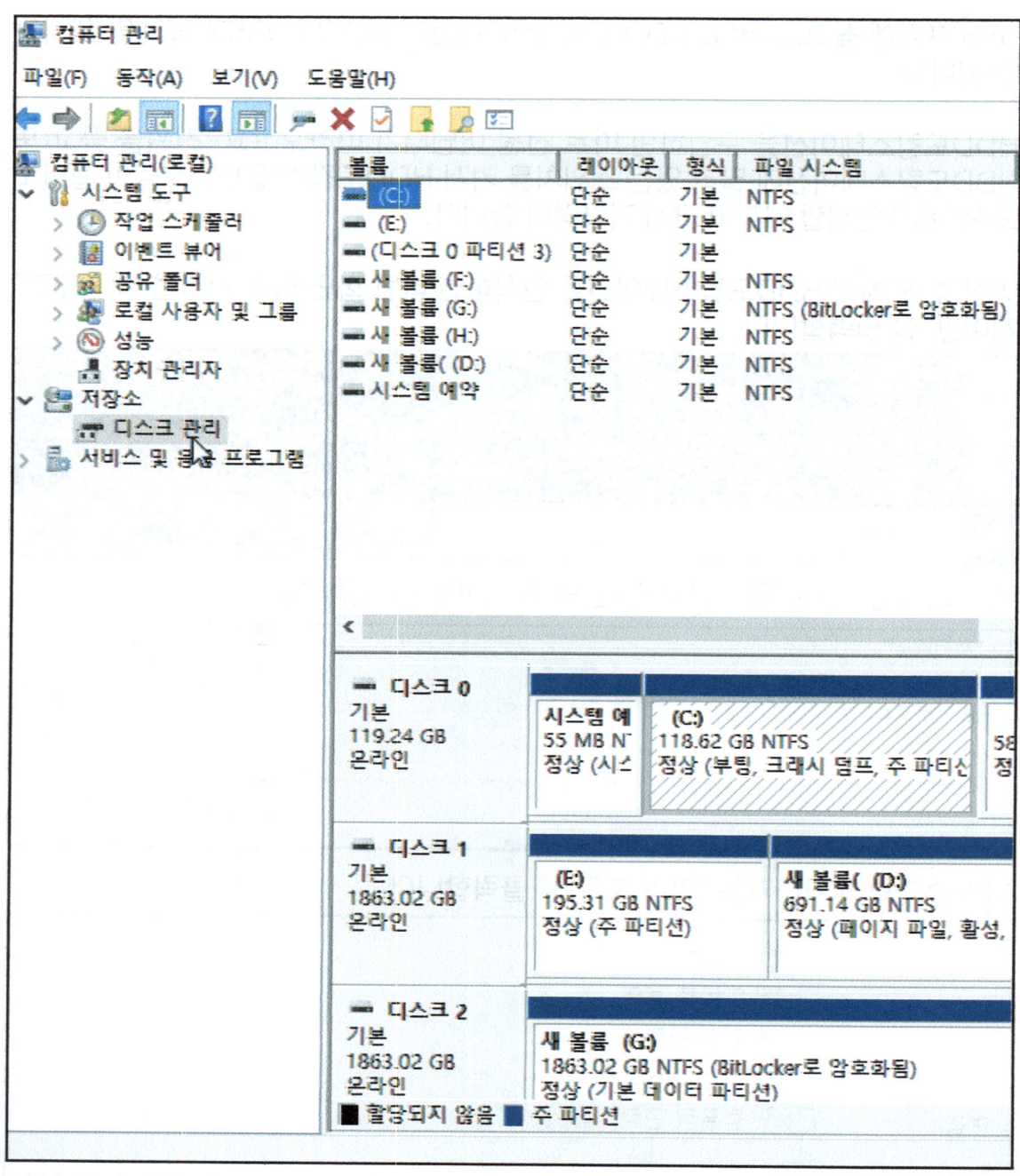

위의 화면 좌측 마우스가 가리키는 [디스크 관리]를 클릭하면 위의 화면 우측에 자신의 컴퓨터에 장착된 디스크들의 정보가 나타나고요, 지금은 C 드라이브를 클론할 것이므로 C드라이브를 선택하고 마우스 우측 버튼을 클릭합니다.

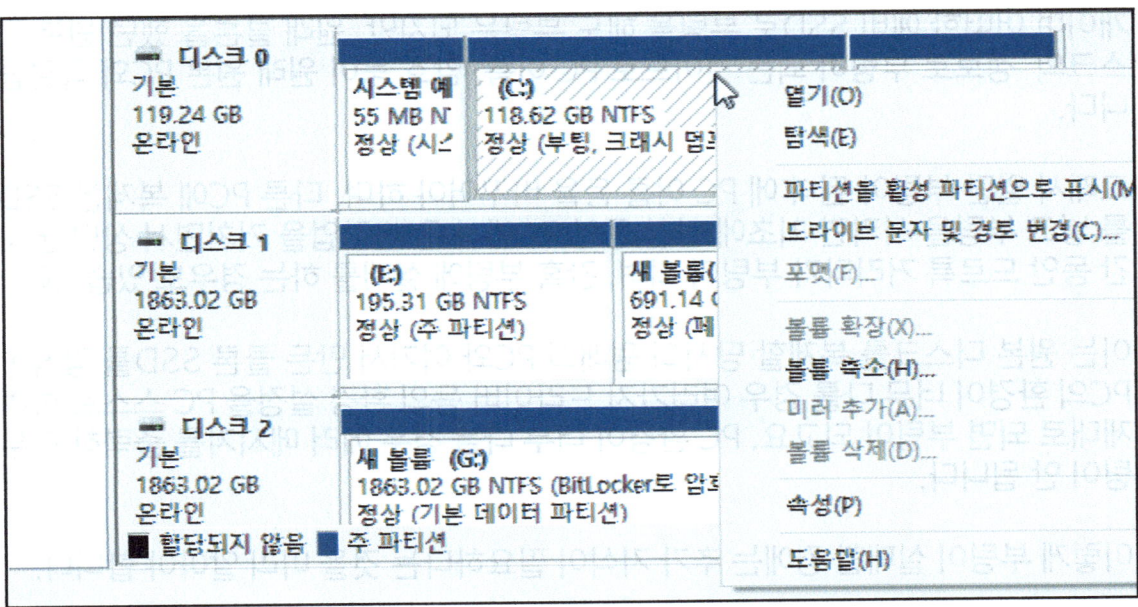

위의 화면이 [제어판] – [관리 도구] – [컴퓨터 관리] – [디스크 관리] 를 클릭하여 나타난 디스크 정보에서 C 드라이브를 선택하고 마우스 우측 버튼을 클릭하여 나타난 메뉴이고요, 이 중에서 [볼륨 축소] 를 선택하고 화면의 안내에 따라 볼륨을 축소(용량을 줄이는 것)하면 되는데요, 이 작업을 하기 전에 추가로 알아야 할 사항을 먼저 익혀야 합니다.

지금 볼륨을 축소하려는 것은 현재 C 드라이브로 사용하는 SSD가 원본 디스크이고요, 이 원본 디스크에 윈도우즈 운영체제가 깔려 있으므로 컴퓨터가 이상이 없고, 클린 PC여야 하고 쾌적할 때 똑같은 디스크로 클론을 만들어서 만일 C 드라이브에 문제가 생겨서 부팅이 안 될 때 간단히 SSD만 지금 클론 해 둔 디스크로 교체를 하려는 것이고요, 필자와 같이 노련한 사람이 작업을 해도 클론이 제대로 안 되는 경우가 있고요, 그래서 필자는 어차피 3대의 PC를 사용하므로 클론 SSD를 평소에 아예 여러 개 만들어 놓고 있습니다.

만일 사고가 생겨서 부팅이 안 되는 컴퓨터가 있으면 미리 클론 해 둔 예비 SSD로 교체를 하고 부팅을 시킬 때 클론 해 둔 SSD에 오류가 있어서 부팅이 안 될 때를 대비하여 여러 개의 SSD를 복제를 해 두었으므로 어떤 SSD를 달아도 되기 때문에 다른 SSD로 다시 교체를 하고 부팅을 하는 것입니다.

이 때 필자의 경우 3대의 PC를 사용하며 동일한 PC에서 클론한 예비 SSD가 여러

개이며 어떠한 예비 SSD로 부팅을 해도 부팅은 되지만, 원래 클론을 했던 원본 디스크의 정보로 부팅이 되는 것이므로 PC 이름, 암호 등이 원래 원본 PC와 똑같습니다.

그래서 일단 부팅이 된 후에 PC 이름 등을 바꾸어야 하며, 다른 PC에 복제본 SSD를 넣고 부팅을 시키면 최초에 한참 동안 PC에서 준비 작업을 거치면서 상당한 시간 동안 드르륵 거리다가 부팅이 되며, 간혹 부팅에 실패를 하는 경우도 있습니다.

이는 원본 디스크를 복제할 당시의 원래의 PC와 여기서 만든 클론 SSD를 장착한 PC의 환경이 너무 다를 경우 여러가지 드라이버 등의 환경 설정을 PC 스스로 하여 제대로 되면 부팅이 되고요, PC 환경이 너무 다를 경우 에러 메시지를 출력하고 부팅이 안 됩니다.

이렇게 부팅이 실패할 경에는 추가 지식이 필요하다는 것을 미리 알아야 합니다.

그리고 이렇게 원래의 오리지널 PC가 쾌적한 상태에서 클론 SSD를 만들게 되면 이 클론 SSD에는 원래 오리지널 PC에 깔려 있던 윈도우즈 운영체제는 물론 각종 응용 소프트웨어들이 원래 깔려 있던 그대로 클론 디스크에도 복제가 됩니다.

그러나 서로 다른 PC에 이 클론 SSD를 장착하고 부팅을 시켰을 때 원래 오리지널 PC의 HDD 구조와 다를 경우 부팅은 되지만, 원래 오리지널 PC에서 사용하던 응용 프로그램들은 설치 경로가 틀리기 때문에 실행이 되지 않습니다.

이 경우 원래 오리지널 컴퓨터의 C, D, E.. 등의 드라이브 이름과 타켓 컴퓨터의 드라이브 이름을 동일하게 바꿔주면 되기도 하는데요, 이는 타켓 컴퓨터의 C, D, E.. 등의 드라이브에 자신이 실행하고자 하는 프로그램이 깔려 있어야 해당 프로그램이 실행이 됩니다.

이 말의 뜻을 이해를 하시는 분도 있을테고요, 아직은 이해를 못 하시는 분도 있을텐데요, 지금은 이런 복잡한 문제는 제쳐두고 일단 볼륨 축소에 대한 추가 설명을 하겠습니다.

일단 지금 설명하는 볼륨 축소는 실패하면 되돌릴 수가 없습니다.

이말인즉슨, 실패하면 포맷을 해야 한다는 말입니다.

그래서 이런 작업은 이 책으로 공부를 하여 충분히 실력이 쌓였을 때 해야 합니다만, 지금 설명하는 C 드라이브로 사용하는 SSD를 클론이라는 방법으로 복제를 해두어야 컴퓨터 사고가 잘 나는 초보자 여러분들에게 꼭 필요한 방법이기 때문에 설명을 하는 것입니다.

지금 설명하는 볼륨을 축소하는 것은 디스크의 용량을 줄이는 것이고요, 볼륨 확장이란 디스크의 용량을 늘리는 것입니다만, 이렇게 디스크의 용량을 늘린다는 것은 이전에 축소해서 줄여 놓은 빈 공간이 있을 때 늘리는 것이고요..

과거에는 컴퓨터 기술이 덜 발달된 시기였음에도 불구하고 HDD 가격은 비싸고 저장할 데이터는 많아서 HDD를 압축을 해서 저장을 하던 시대도 있었습니다.

참으로 기가 막히고 어이가 없는 일인데요, 과학이란 때로는 이렇게 말도 안 되는 기가 막히는 일을 버젓이 저지르기도 합니다.

예를 들어 18세기 통조림이 처음 발명되었을 때 당시에는 기술이 부족하여 깡통의 마감을 납으로 처리를 하였습니다.

그래서 납으로 처리를 한 통조림을 배에 가득 싣고, 당시 영국은 해가 지지 않는 나라였으므로 세계를 정복하던 대항해 시대였고요, 당시 납으로 밀봉한 통조림을 먹고 납중독으로 죽어가던 사람들의 정보가 지금도 생생하게 기록되어 있습니다.

지금이야 납 중독이 인체에 얼마나 치명적인지 누구나 잘 알지만, 18세기만 하더라도 이런 개념조차 없어서 새로 발명된 납으로 밀봉하여 만든 통조림을 일상적으로 먹던 시기였습니다.

이와 같이 아무리 과학이 발달해도 과학이 만능은 아닙니다.

오히려 누구도 가지 않은 길을 가는 것이 바로 개척이며 발명이다 라고 하지만, 어떤 나라이건 이런 범 정부적인 과학적 오류를 그냥 정부에서는 덮어 버리고 없던 일처럼 넘어가는 것이 일반화되어 있다는 것을 알아야 합니다.

아무것도 모르고 납으로 밀봉한 통조림을 먹고 납중독으로 죽어가던 사람들은 영원히 잊혀질 뻔 했지만, 북극에 사는 이누이트족의 기록에서 이런 기록이 발견되어 오늘날 알려지게 된 것입니다.

앞의 화면에서 C 드라이브를 선택하고 마우스 우측 버튼을 클릭하여 나타나는 팝업 메뉴에서 [볼륨 축소]를 선택하면 다음 화면이 나타납니다.

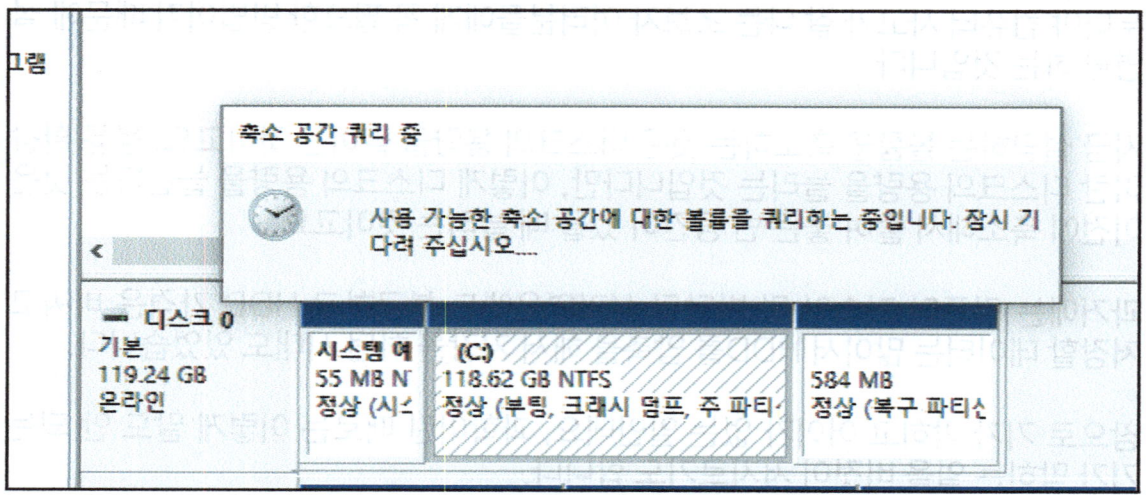

앞의 화면에 보이는 것과 같이 쿼리(데이터베이스나 시스템에 정보를 요청하는 것)에 다음과 같은 결과가 나타납니다.

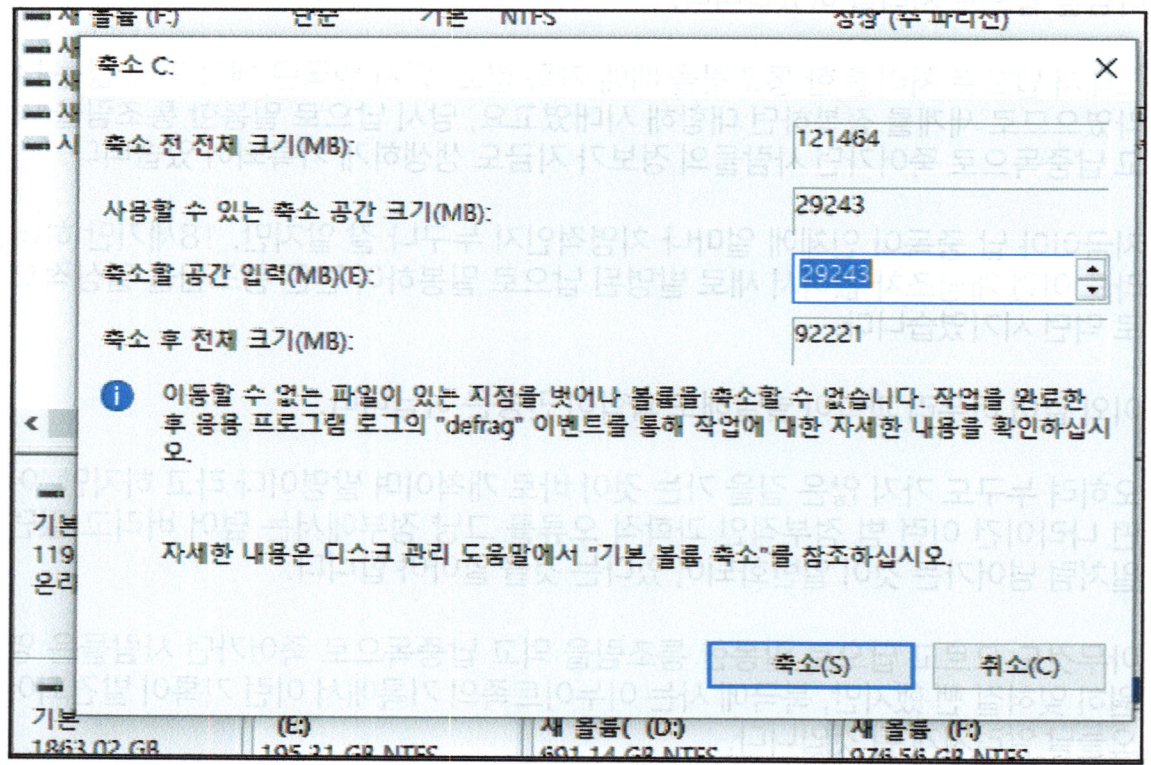

앞의 화면을 보면 단위는 Mb 단위이고요, 원하는 수치를 입력해서 용량을 줄여야 하는데요, 얼마만큼 입력해야 할지 난감할 것입니다.

이 때는 모든 수치를 지우지 말고 앞 부분 한 글자만 지워보고 남는 용량이 얼마인가 보면 됩니다.

앞의 화면에는 축소 전 크기, 축소할 크기, 축소 후 크기가 나타나므로 이 크기는 원본 디스크인 C 드라이브로 사용하는 SSD의 용량을, 타켓 디스크인 동일한 크기의 SSD에 클론을 할 것이므로 타켓 디스트의 용량보다 조금만 작으면 됩니다.

축소하는 용량을 너무 크게 하면 그렇지 않아도 용량이 적은 C 드라이브 용량이 더 줄어들게 되므로 최소한으로 줄여서 타켓 디스크의 용량보다 아주 약간만 작게 지정하는 것입니다.

필자의 경우 여러분들에게 보여주기 위하여 현재 화면을 진행하는 것입니다만, 필자의 경우 저장하지 않고 화면을 닫겠습니다.

만일 여러분이 실제로 축소를 진행한다면 불과 몇 Mb 정도만 용량을 줄이면 되고요, 이 기준은 타켓 디스크의 용량보다 원본 디스크의 용량을 조금이라도 작게 하기 위해서 이 작업을 하는 것입니다.

사실 요즘 SSD의 가격이 그리 비싸지 않으므로 충분한 용량의 SSD를 구입하면 이런 복잡한 과정을 거치지 않아도 됩니다만, 사실은 그렇지 않습니다.

아무리 용량이 큰 SSD를 사용하더라도 다시 그 SSD를 클론을 하려면 역시 지금 설명하는 방법을 사용하여 원본 디스크의 용량을 타켓 디스트의 용량보다 작게 해야 하므로 실질적으로 HDD 용량과는 무관한 것입니다.

음..

HDD카피, 클론 프로그램인 HDClone 프로그램 사용법은 필자의 블로그에 있는 포스트를 보고 공부를 하시라고 하고 싶습니다만, 이 책은 책이므로 이 책을 구입하신 분이 필자의 블로그에 접속하기 위해서는 초보를 벗어나야 하며 인터넷에 연결된 기기에서 화면으로 읽어보아야 하기 때문에 어쩔 수 없이 종이책을 구입하신 분들을 위하여 지면으로 설명을 하지 않을 수가 없네요..

일단 HDClone 프로그램을 다운로드하는 것은 앞에서 설명한 필자의 블로그에 오셔서 앞에서 설명한 내용대로 필자의 블로그에서 검색하여 다운 로드 링크를 클릭하면 다음 사이트에 접속됩니다.

필자는 이 사이트와는 일체의 연관이 없고요, 필자도 프로그램만 사용하는 사람이고요, 위의 화면에서 마우스가 가리키는 [HD클론 엔코]를 클릭합니다.

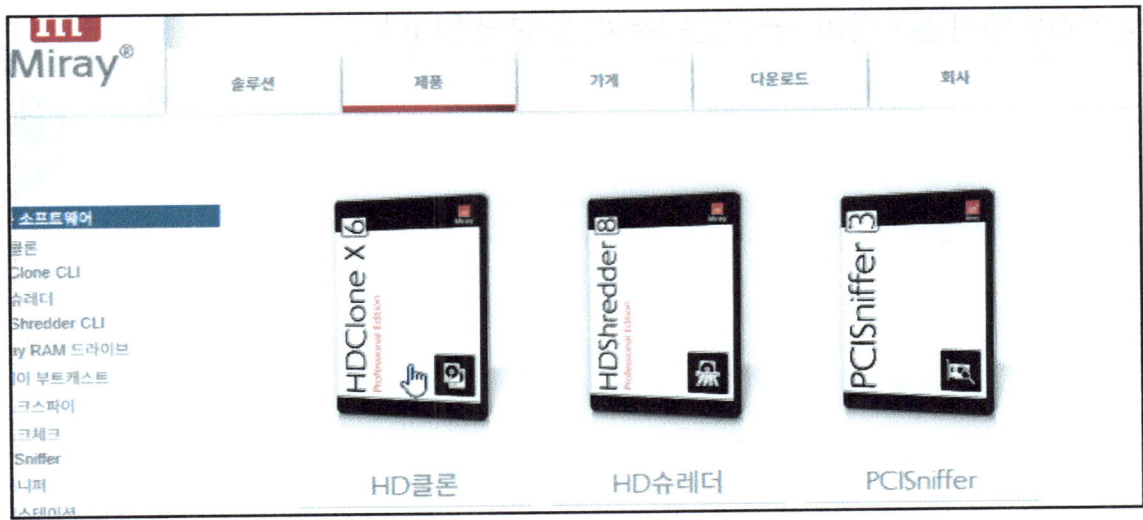

위의 화면에서 손가락이 가리키는 [HD 클론]을 클릭합니다.

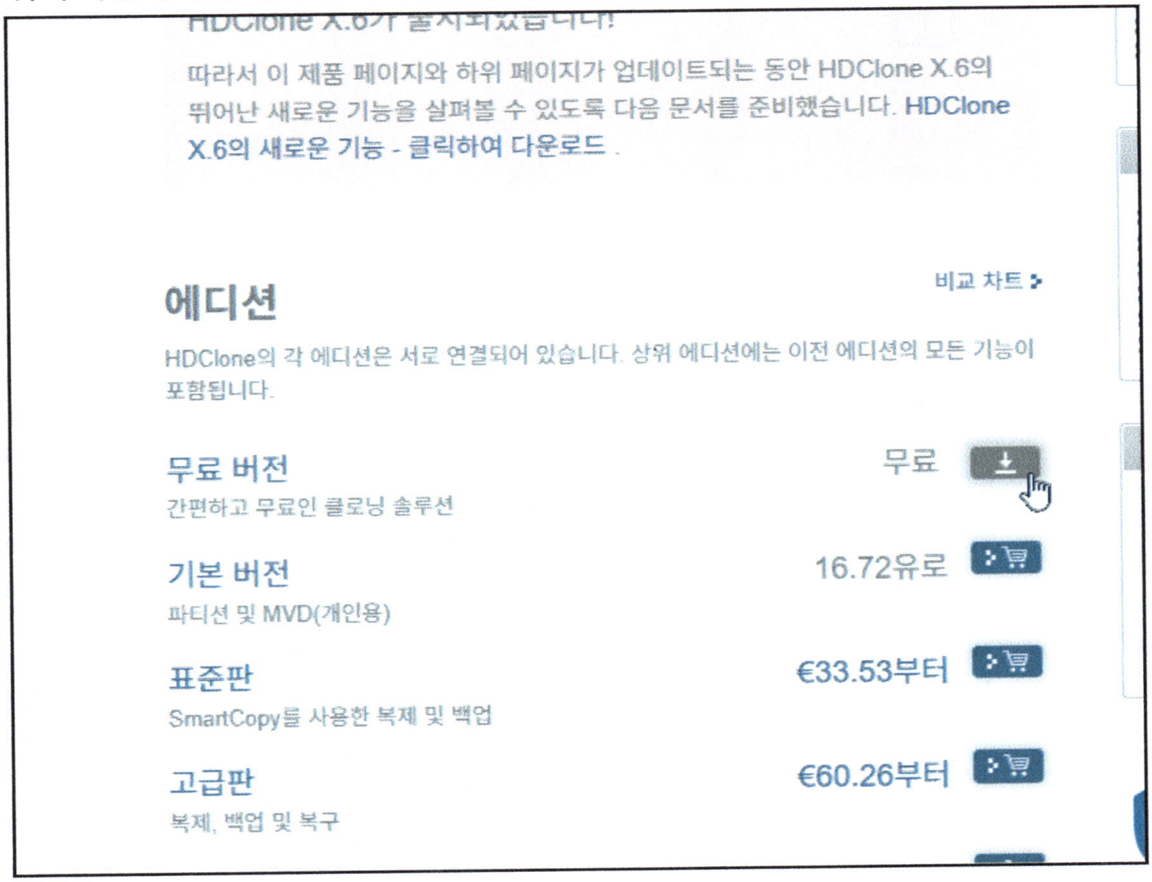

HDClone X.6가 출시되었습니다!

따라서 이 제품 페이지와 하위 페이지가 업데이트되는 동안 HDClone X.6의 뛰어난 새로운 기능을 살펴볼 수 있도록 다음 문서를 준비했습니다. **HDClone X.6의 새로운 기능 - 클릭하여 다운로드** .

비교 차트 ›

에디션

HDClone의 각 에디션은 서로 연결되어 있습니다. 상위 에디션에는 이전 에디션의 모든 기능이 포함됩니다.

무료 버전
간편하고 무료인 클로닝 솔루션

무료

기본 버전
파티션 및 MVD(개인용)

16.72유로

표준판
SmartCopy를 사용한 복제 및 백업

€33.53부터

고급판
복제, 백업 및 복구

€60.26부터

위의 화면에서 손가락이 가리키는 [무료]를 클릭합니다.

앞의 화면에 여러가지 다운로드 파일들이 나타나는데요, 음..
이래서 자꾸 페이지가 늘어나는겁니다.

한 가지 설명 하고 나면 또 설명할 것이 생기곤 하니까요..

앞의 화면에 보이는 여러 파일들에 대한 설명을 하지 않을 수가 없습니다.

맨 위에 보이는 것은 원본 파일을 다운로드 하지 않고 바로 설치를 하는 것이므로 여기를 클릭하면 안 됩니다.

두 번 째 ZIP 패키지는 ZIP파일, 즉 압축 파일이라는 뜻입니다.
압축을 푸는 방법은, 요즘은 윈도우즈 운영체제에 포함된 압축 해제 기능도 있습니다만, 우리나라는 세계 최고의 IT국가답게 바이러스 백신 프로그램도 V3와 알약, 이렇게 대표적으로 2개나 있고요, 그리고 압축 파일을 만들거나 압축한 파일의 압축을 푸는 알집 등은 모두 국내 이스트소프트사에서 무료로 배포하는 프로그램들입니다.

따라서 지금은 이 파일을 다운을 받아서 원본을 따로 저장 해 놓고, 알집으로 압축을 풀면 압축이 풀린 패키지 파일 안에 프로그램을 설치할 수 있는 실행 파일이 나타납니다.

그리고 3번째는 ISO 파일인데요, 지금은 시디나 DVD 등은 거의 사용하지 않기 때문에 잘 사용하지 않는 파일 시스템인데요, 지금은 워낙 파일의 용량이 크기 때문에 고작 640Mb의 시디는 이미 자취를 감춘지가 오래 되고요, DVD도 지금 시점에서 보면 고작 4.7Gb 이므로 사실상 무용지물입니다.

요즘은 스마트폰도 128Gb ~ 512Gb 인데, 4.7Gb 용량으로는 별로 저장할 것이 없기 때문에 시디나 DVD는 거의 사용하지 않습니다만, 중요한 파일의 경우 시디나 DVD로 구워 놓으면 거의 반 영구적으로 보존할 수 있습니다.

HDD는 영구 저장 장치라고 하지만, 사실상 영구 저장은 불가능하고요, 지금은 기술이 좋아서 상당히 오랜 기간 저장 할 수 있다고 합니다만, 불과 얼마 전 까지만 하여도 HDD의 저장 무결성 기간은 10년으로 보았습니다.

HDD는 내부에 플래터라는 둥근 레코드판과 같이 생긴 자기장 디스크에 자기장으로 기록되기 때문에 절대로 영구 저장이 안 됩니다.

강한 자기장으로 단번에 무력화 시킬 수 있고요, 강하지 않은 자기장으로도 세월이 흐르면서 점점 기록을 잃을 수 있기 때문에 중요한 자료를 HDD에 저장했다면 10년 주기로 재 기록을 하는 것이 좋고요,(다시 복사를 해서 저장을 하라는 뜻입니다.)

어차피 현재 인류의 기술로는 어떠한 데이터라도 영구 저장은 불가능하고요, 현재 연구중인 DNA 저장 장치가 개발되면 수 천 년 동안 저장도 가능하다고 합니다.

그러나 지금은 거의 사용하지 않는 시디나 DVD는 플라스틱 재질인 시디나 DVD에 레이저로 기록(플라스틱 재질의 시디나 DVD의 표면을 녹여서 마치 옛날 레코드판과 같이 기록하는 방식)하기 때문에 이론상 영구 저장 매체라고 할 수 있지만, 이 또한 세월이 흐르면 기록이 희미해져서 결국은 데이터를 잃습니다.

다만, HDD보다는 월등히 오래 보관할 수 있습니다.

그래서 필자는 지금도 시디와 DVD를 무려 수 백 개나 가지고 있고요, 모두 데이터가 들어 있습니다.

이렇게 시디나 DVD에 기록하기 위해서는 CD writer 나 DVD 라이터가 있어야 하고요, 필자는 지금도 아주 오랜 옛날 구입한 DVD 멀티 드라이브가 있어서 시디나 DVD에 기록할 수 있습니다.

이렇게 시디나 DVD에 기록하는 것을 굽는다고 표현을 하고요, 여기에 저장할 데이터를 ISO 파일로 만들어서 저장을 하기도 하지만, 윈도우즈 탐색기에서 그냥 원하는 파일을 그대로 복사를 해도 됩니다.

그러나 지금은 거의 사용하지 않는 매체이기 때문에 이 책에서는 다루지 않겠습니다.

조금 전의 설명에 따라 앞의 화면에서 2번째 ZIP 파일, 즉 압축 파일을 다운 받았다면 다운로드 폴더에 압축 파일이 있을 것이고요, 압축 파일의 압축을 풀어야 하므로 인터넷에서 알집을 검색하여 다운 받는데요, 원 제작사인 이스트소프트사에서 다운 받는 것이 좋습니다.

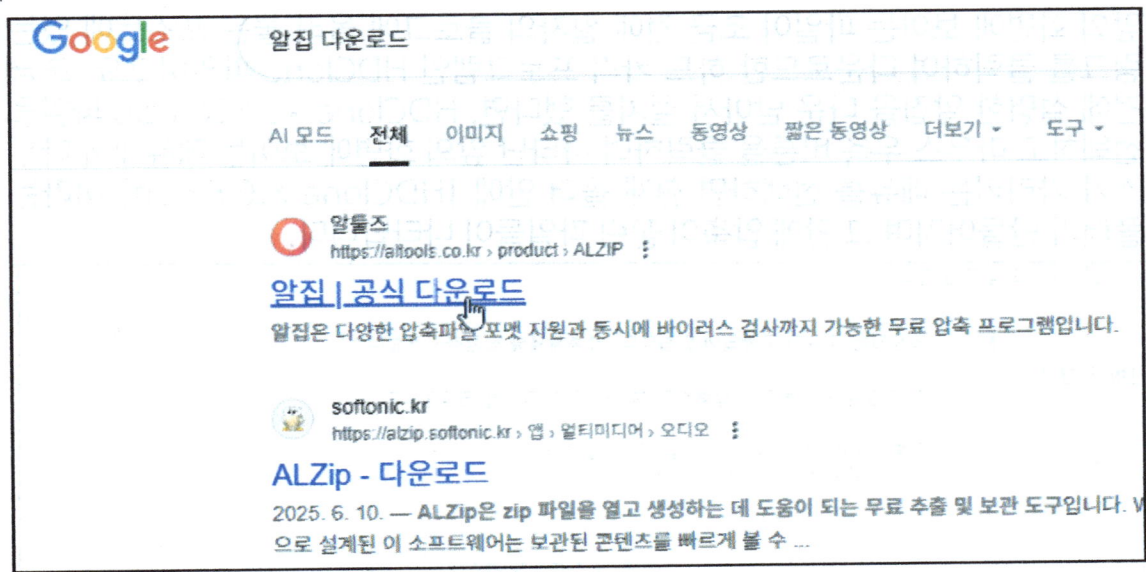

인터넷에서 필요한 파일을 다운 받을 때는 항상 다운 받으려는 파일의 원 제작사 혹은 원 개발자한테서 직접 받는 것이 좋습니다.

위의 손가락이 가리키는 알집 공식 사이트를 클릭하여 알집을 설치하면 자동으로 프로그램에 등록되며 압축 파일을 선택하고 마우스 우측 버튼을 클릭하면 알집으로 압축 풀기가 나타납니다.

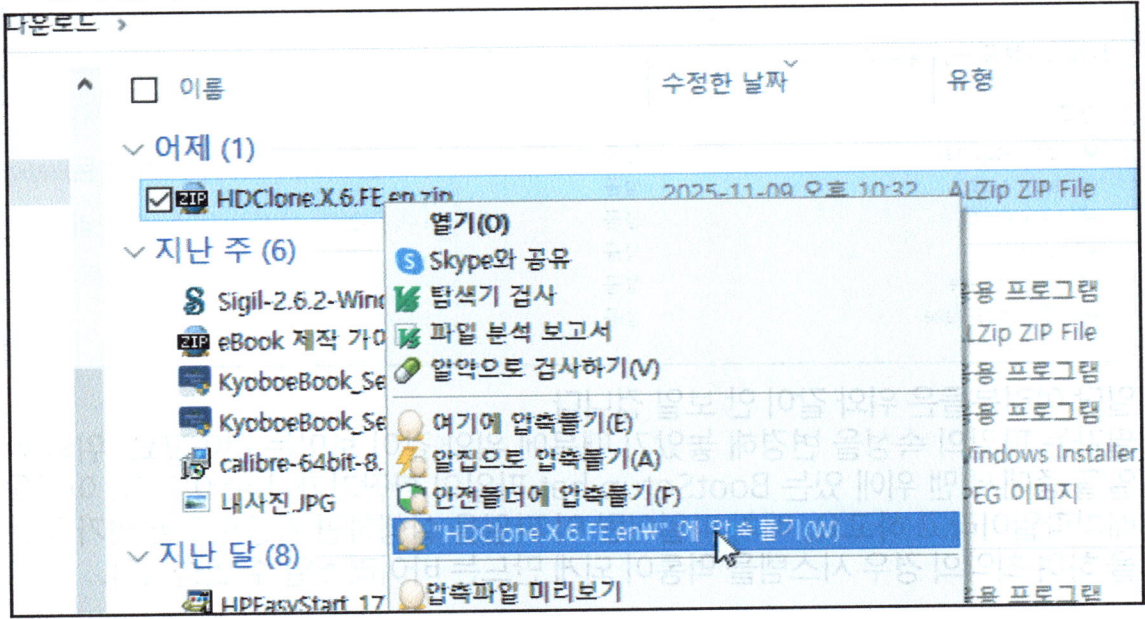

앞의 화면에 보이는 파일이 조금 전에 필자의 블로그에 올려 놓은 포스트에 있는 링크를 클릭하여 다운로드한 하드 카피 프로그램인 HDClone 파일이고요, 조금 전에 설명한 알집을 다운 받아서 설치를 했다면, HDClone X6.FEen.zip 파일을 선택하고 마우스 우측 버튼을 클릭하여 나타난 앞의 화면에 보이는 메뉴에서 마우스가 가리키는 메뉴를 선택하면 현재 폴더 안에 [HDClone.X.6.FE.en] 이라는 폴더가 만들어지며 그 안에 압축이 풀린 파일들이 나타납니다.

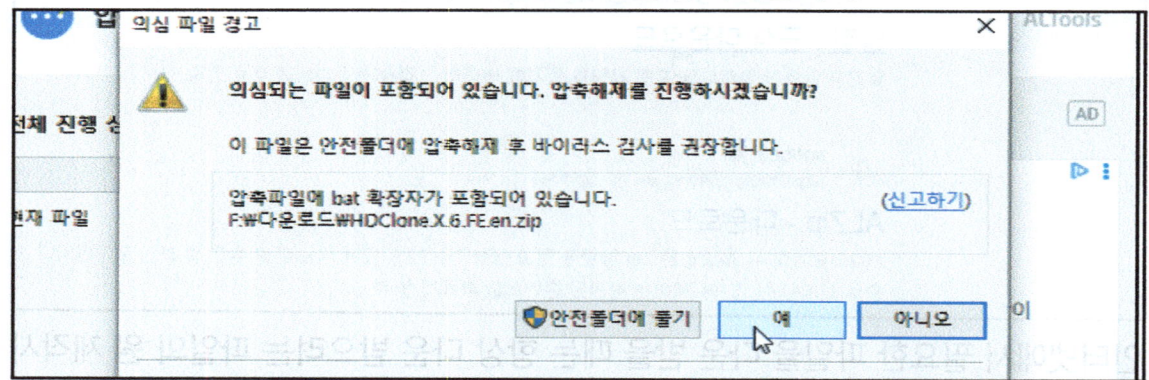

그런데 필자가 지금 압축을 풀려고 하니 위와 같이 바이러스 경고 메시지가 뜹니다.
그래서 위의 화면 [안전폴더에 풀기]를 클릭하여 안전 폴더에 압축을 풀면 마지막에 [폴더 열기] 메뉴가 있고요, 파일을 열어보니 다음 화면과 같이 보입니다.

전체 6 (성공 6 / 실패 0)	00:00:08 / 116MB
경로	결과
✔ BootSetup.bat	성공
✔ readme.txt	성공
✔ manual.pdf	성공
✔ help.chm	성공
✔ HDClone.exe	성공
✔ HDClone32.exe	성공

고인사진 복원 이벤트
온라인 장례 서비스, 메모리온
모바일 부고장 무료 발송. 조의금 전달
메모리온에서 쉽게 해결
메모리온

일단 여러분들은 위와 같이 안 보일 겁니다.
필자는 파일의 속성을 변경해 놓았기 때문에 위와 같이 보이는 것이고요, 위의 파일들 중에서 맨 위에 있는 BootSetup.bat 파일의 확장자가 .bat 이고요, 이것을 배치파일이라고 하고요, 배치 파일이란 이 파일을 실행하면 자동으로 무언가 작동을 하여 최악의 경우 시스템을 먹통이 되게 만드는 바이러스일 수 있습니다.

그래서 바이러스 검사를 해 보았더니 바이러스 및 악성 코드로 의심된다고 삭제하라고 나옵니다.

필자가 분명히 예전에 다운 받은 파일을 지금까지 이상 없이 사용하고 있기 때문에 필자 생각에는 바이러스나 악성 코드는 아닌 것으로 생각은 되지만, 일단 바이러스 백신 프로그램에서 바이러스나 악성 코드로 의심된다고 나오며, 필자가 예전에 다운 받은 파일과 파일 이름이 틀립니다.

그래서 필자의 책을 보고, 혹은 필자의 블로그에 있는 포스트를 보고 이 파일을 다운 받으신 분들 중에 바이러스에 감염될 수도 있다는 생각이 들어서 필자가 예전에 다운 받아서 지금까지 사용하고 있는 파일을 필자의 블로그에 올려 놓았습니다.

(3) 웹브라우저 캐시 삭제

그런데 지금 필자가 한 쪽 컴퓨터에서 필자의 블로그 포스트를 수정하고 다른 컴퓨터에서 열어보니 방금 수정한 내용이 나타나지 않고 여전히 옛날 내용으로 나타납니다.

웹브라우저 캐시 때문인데요, 이 때는 웹 브라우저의 캐시를 삭제를 해야 합니다.

위는 구글 크롬 화면이고요, 위의 화면 우측 상단 마우스가 가리키는 점 3개를 클릭하고 아래로 쭈욱 내려가면 다음 화면에 보이는 [설정]버튼이 있습니다.

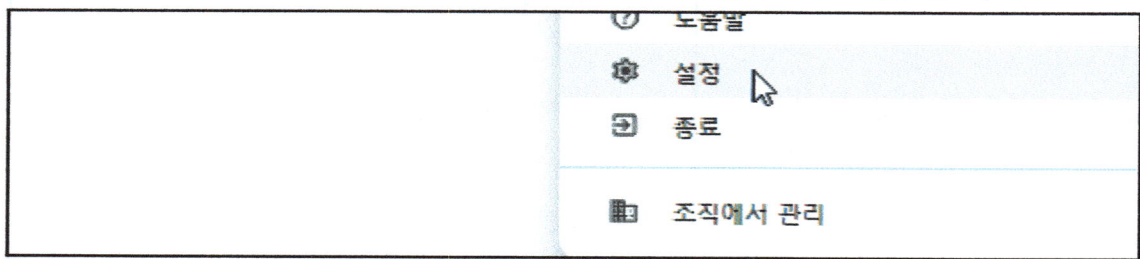

위의 마우스가 가리키는 [설정]을 클릭하면 다음 화면이 나타납니다.

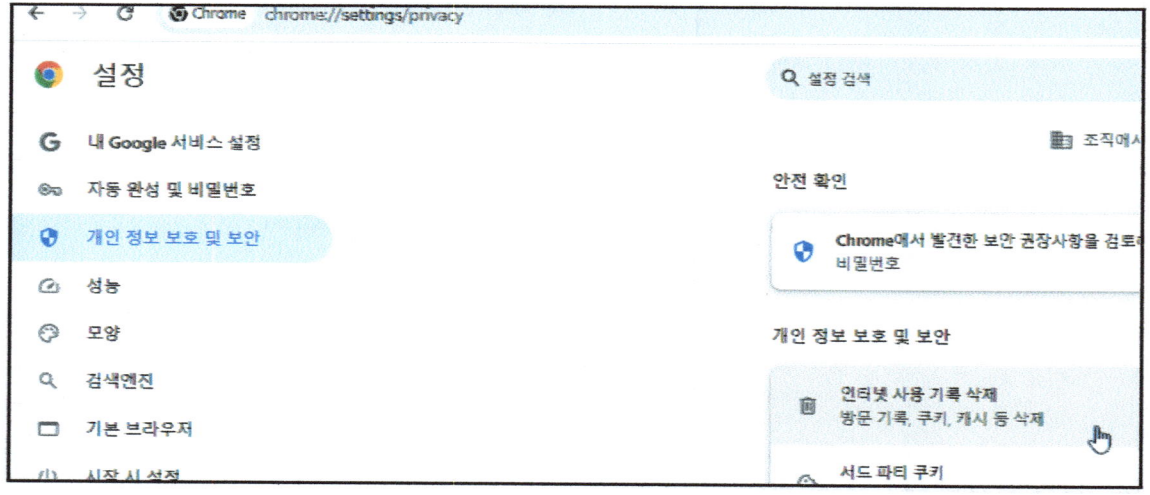

앞의 화면 좌측 메뉴에서 [개인 정보 보호 및 보안]탭을 클릭하면 우측에 관련 메뉴가 나타나고요, 손가락이 가리키는 [인터넷 사용기록 삭제, 방문 기록, 쿠키, 캐시 등 삭제]를 클릭하면 다음 화면이 나타납니다.

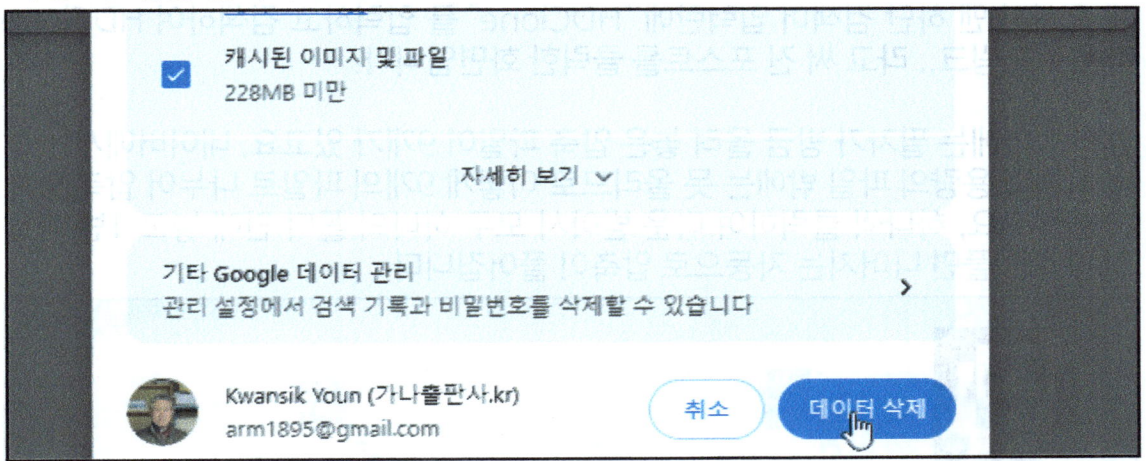

위의 화면에서 [캐시된 이미지 및 파일]만 체크를 하고 [데이터 삭제]를 누릅니다.

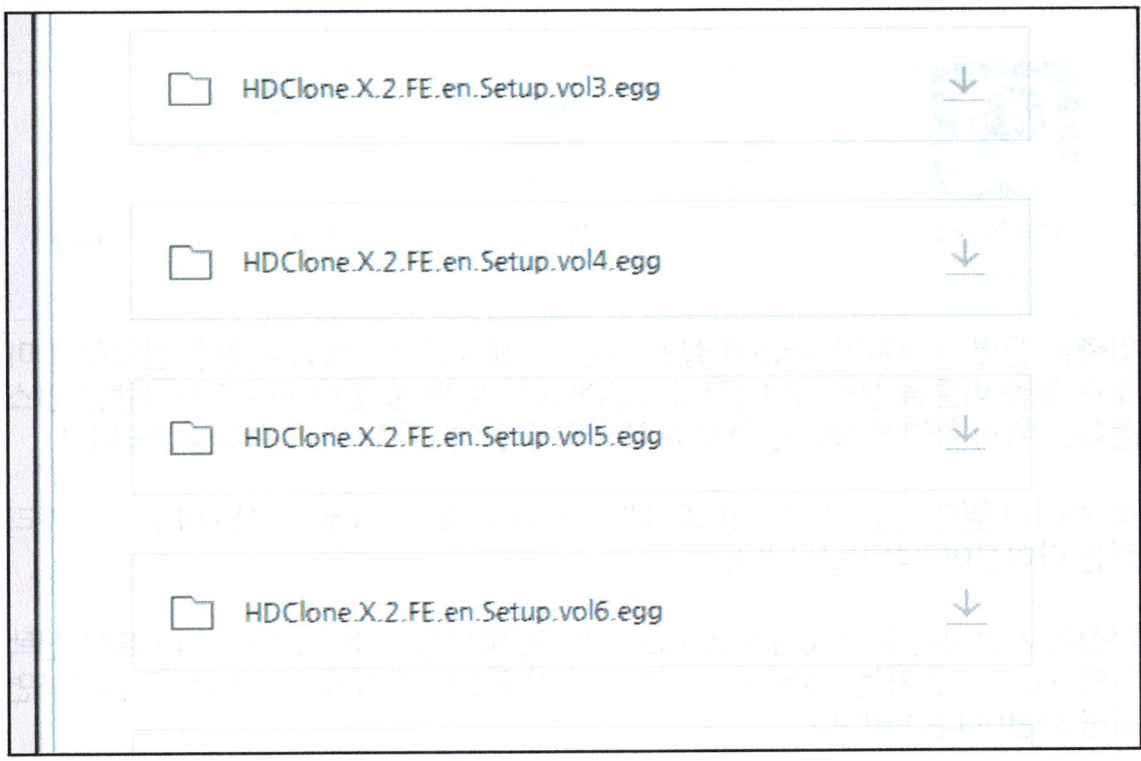

앞의 화면은 유튜브에서 '가나출판사' 검색하여 동그라미 속에 들어 있는 필자의 얼굴을 클릭하여 필자의 [유튜브 채널]오 오셔서 필자의 홈페이지 링크를 클릭하여 필자의 홈페이지에 오셔서 [네이버 블로그]를 클릭하여 필자의 네이버 블로그에 오셔서 맨 하단 검색어 입력란에 "HDClone" 를 입력하고 검색하여 HDClone 다운로드 링크.. 라고 써 진 포스트를 클릭한 화면입니다.

앞의 화면에는 필자가 방금 올려 놓은 압축 파일이 9개가 있고요, 네이버에서는 최대 10Mb 용량의 파일 밖에는 못 올리므로 이렇게 9개의 파일로 나누어 압축을 해서 올렸고요, 하나씩 클릭하여 다운 받아서 모두 하나의 폴더 안에 넣고 1번 파일의 압축만 풀면 나머지는 자동으로 압축이 풀어집니다.

압축을 풀면 확장자가 .exe인 실행 파일이 나타나고요, 해당 파일을 선택하고 마우스 우측 버튼을 클릭하여 [관리자 권한으로 실행]을 클릭하여 프로그램을 인스톨하면 위의 화면에 보이는 것과 같이 바탕 화면에 2개의 아이콘이 생성됩니다.

이 중에서 밑에 있는 것은 32비트 HDClone 이고요, 위에 보이는 마우스가 가리키는 아이콘이 64비트입니다.

자신이 사용하는 운영체제가 32비트라면 32비트를, 64비트라면 64비트를 선택하면 되고요, 필자는 64비트이므로 위의 마우스가 가리키는 64비트를 클릭하면 다음 화면이 나타납니다.

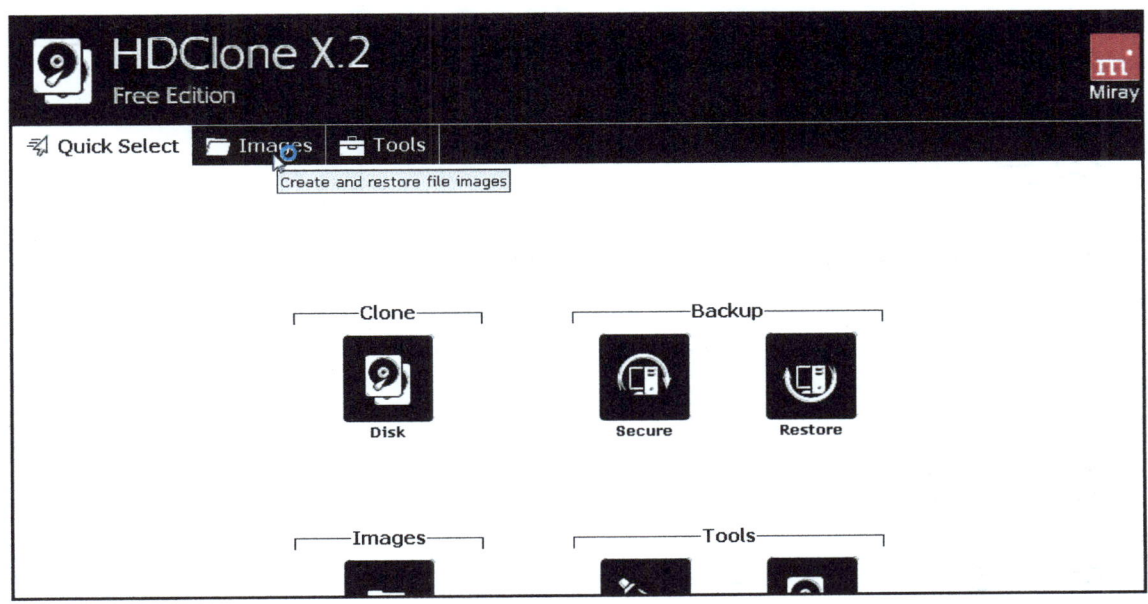

(4) 윈도우즈 32비트/64비트 확인하는 방법

만일 자신이 사용하는 윈도우즈가 32비트인지 64비트인지 모르는 사람은 다음 화면에 보이는 제어판에 들어갑니다.

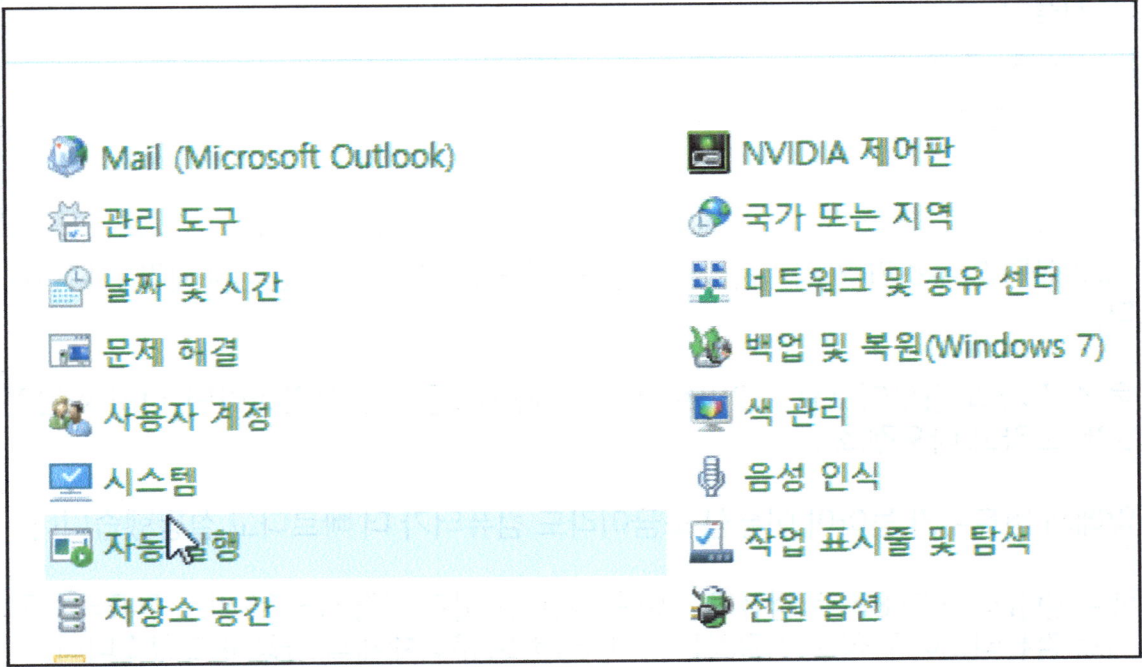

[시작]-[제어판] 입력하여 앞의 화면 제어판에서 마우스가 가리키는 [시스템]을 클릭하면 다음 화면이 나타닙니다.

정보

PC가 모니터링되고 보호됩니다.

자세한 내용은 Windows 보안을 참조하세요.

장치 사양

장치 이름	i7-7Space
프로세서	Intel(R) Core(TM) i7-3770 CPU @ 3.40GHz 3.40 GHz
설치된 RAM	8.00GB
장치 ID	5)4-7279E3784192
제품 ID	C 5
시스템 종류	64비트 운영 체제, x64 기반 프로세서
펜 및 터치	이 디스플레이에 사용할 수 있는 펜 또는 터치식 입력이 없습니다.

위의 화면 마우스가 가리키는 [시스템 종류]를 보면 64비트 운영체제라고 나옵니다.

물론 필자의 경우이고요, 32비트 운영체제를 사용하는 사람이라면 위의 화면에 32비트라고 나오겠죠..

앞에서 비트수가 높아야 이론상 조금이라도 컴퓨터가 더 빠르다고 설명했습니다.

옛날 컴퓨터 초기 8비트 컴퓨터 - 이후 나온 16비트 컴퓨터 - 32비트 컴퓨터 -64비트 컴퓨터.. 이런 식으로 필자는 현재 64비트 운영체제를 사용하고 있습니다.

다시 HDClone 화면이고요, 앞에서 보았던 HDClone 초기 화면 상단 [Images]를 클릭하면 다음 화면이 나타납니다.

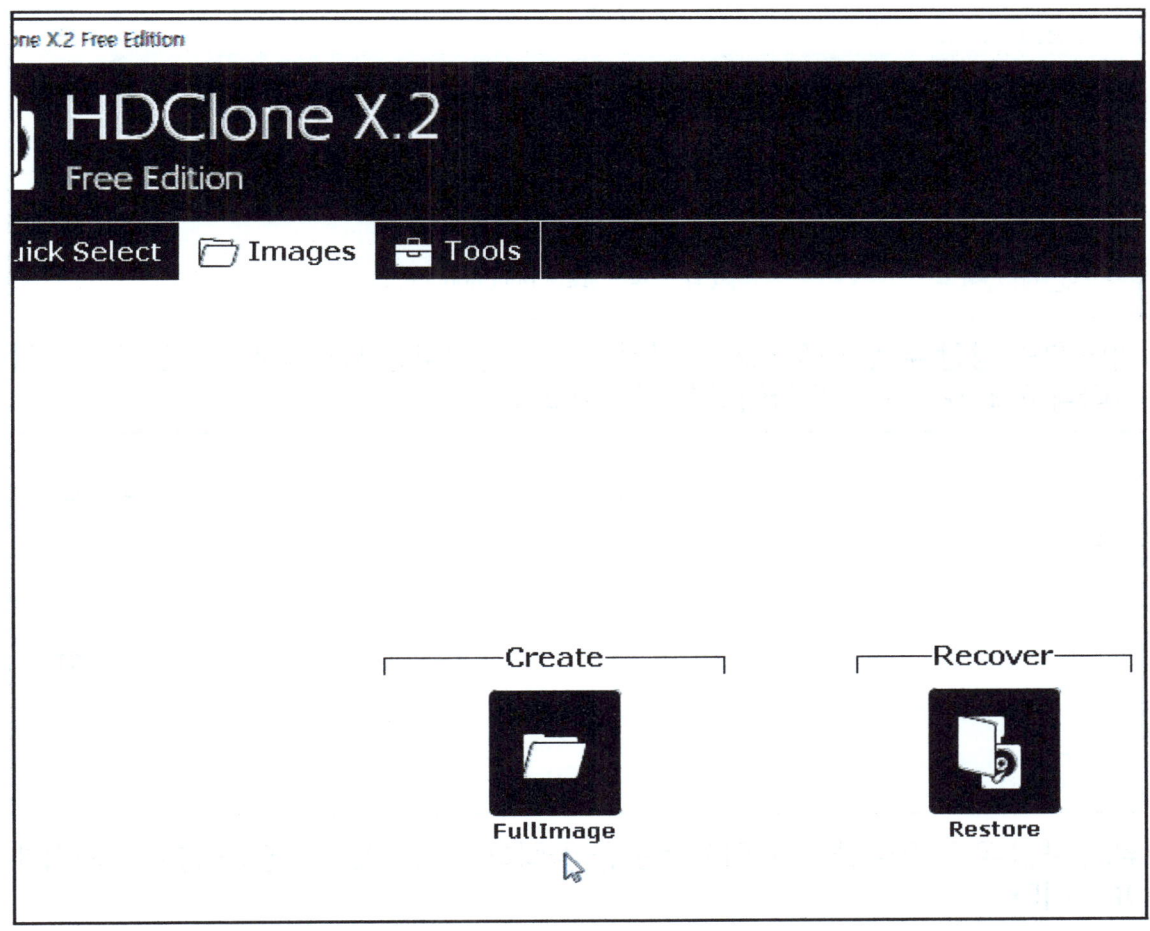

위의 화면에서 [Create]는 HDClone 프로그램을 사용하여 파일을 이미지로 클론을 하는 메뉴이고요, [Recover]는 [Create]로 만든 이미지를 다시 원래의 파일로 환원하는 메뉴이고요, 이 메뉴를 사용하여 SSD를 클론하는 것입니다.

여기서는 일단 자신이 사용하는 컴퓨터의 C 드라이브로 사용하는 SSD를 클론을 하려는 것이고요, 자신이 사용하는 컴퓨터의 C 드라이브를 클론을 하여 나중에 클론 디스크로 바꾸어서 문제가 생겼을 때 즉시 해결하기 위함이고요, 여러가지 이유로 이것도 에러가 나는 수가 있으므로 클론은 최소한 2개 이상 만들어 두는 것이 좋고요, 가장 중요한 것은 원본 디스크에 오류가 있으면 클론 디스크에도 똑같이 오류가 클론되므로 원본 디스크가 클린 디스크여야 한다는 점입니다.

이와 같은 기본 사항을 염두에 두고 앞의 화면 마우스가 가리키는 버튼을 클릭하면 다음 화면이 나타납니다.

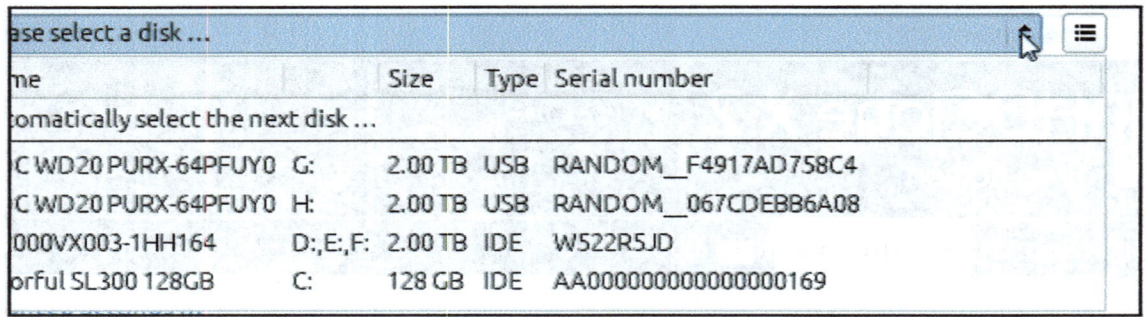

위의 화면 상단 우측, 마우스가 가리키는 곳을 클릭하면 시스템에 설치된 디스크가 나타나고요, 여기서 C 드라이브를 선택하고요,..

위의 화면 우측, 마우스가 가리키는 곳을 클릭하여 어디에 저장할지 경로를 지정해야 합니다.

지금 클론하려는 원본 디스크인 C 드라이브는 약 120Gb 용량의 SSD이고요, SSD의 용량이 작기 때문에 남은 용량이 적고 거의 꽉 차 있는 상태입니다.

필자의 경우 약 112Gb ~ 119Gb 정도의 용량입니다.

이 정도 용량이기 때문에 저장하기 전에 미리 어떤 드라이브에 얼마만큼의 저장 공간이 남아 있는지 확인을 해야 합니다.

윈도우즈 탐색기에서 [내 PC]를 클릭하면 다음과 같이 나타납니다.

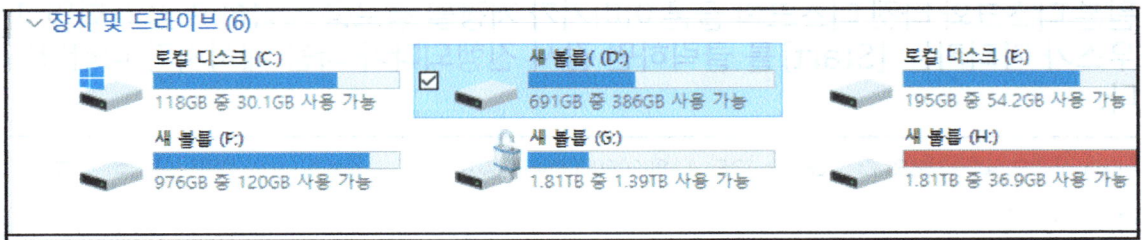

위의 화면은 필자가 현재 이 책을 집필하는 컴퓨터이므로 여러분은 이와 다르게 나타날 것이고요, 위에 보이는 것은 컴퓨터 안에 설치되어 있는 디스크를 드라이브별로 보여주는 것이고요, 모든 드라이브의 사용하고 있는 공간과 남은 공간을 보여주고요, 남은 공간이 적은 경우에는 빨갛게 표시되어 나타납니다.

위의 화면에 빨갛게 표시된 드라이브는 필자가 일부러 꽉 차게 저장 해 놓은 백업 드라이브이기 때문에 빨갛게 보이는 것입니다.

여러분은 여러분 컴퓨터에 장착된 디스크의 용량을 확인하시고 지금 클론 하려는 용량이 110Gb 정도이므로 이보다 충분히 더 많은 공간이 있는 디스크를 선택해야 합니다.

이렇게 용량이 많은 디스크를 선택하고 클론되는 이미지가 저장될 경로를 지정하고 하단의 [Start]를 누르면 되는데요..

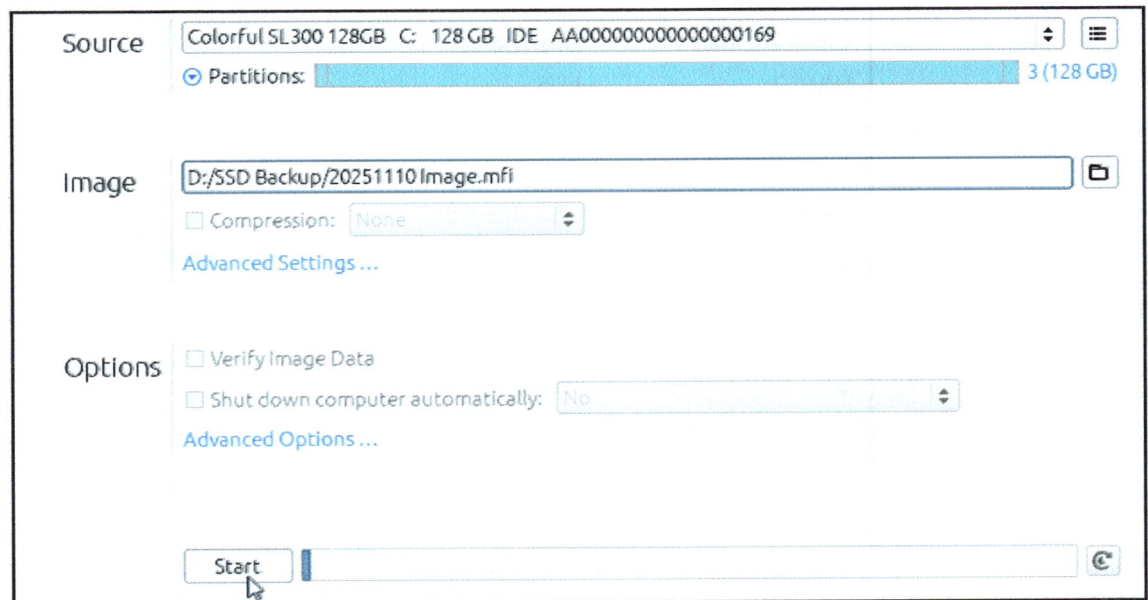

원본 디스크와 타켓 디스크의 클론 이미지가 저장될 경로를 지정하고 앞의 화면 마우스가 가리키는 [Start]를 클릭하면 잠시 진행되다가 다음 메시지가 나타납니다.

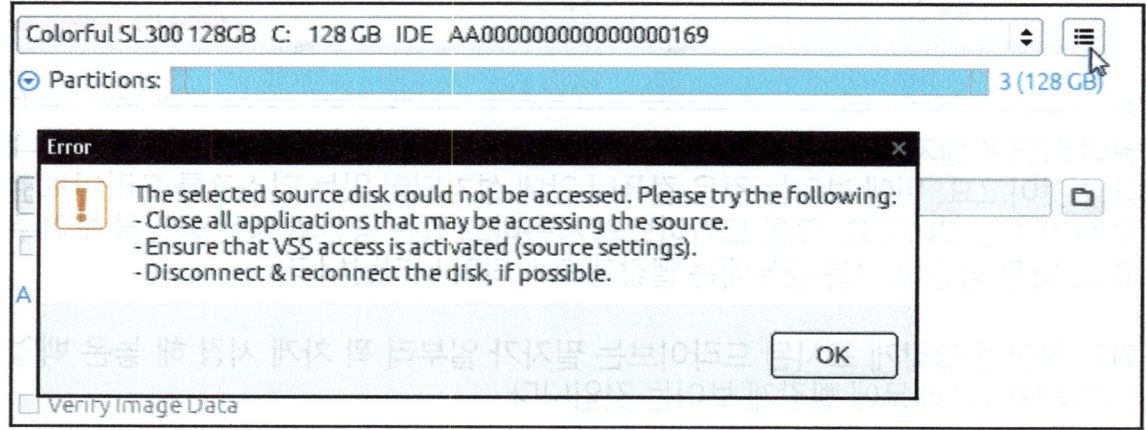

메시지가 나타난 창을 닫고, 위의 화면 우측 상단 마우스가 가리키는 곳을 클릭하면 다음 화면이 나타납니다.

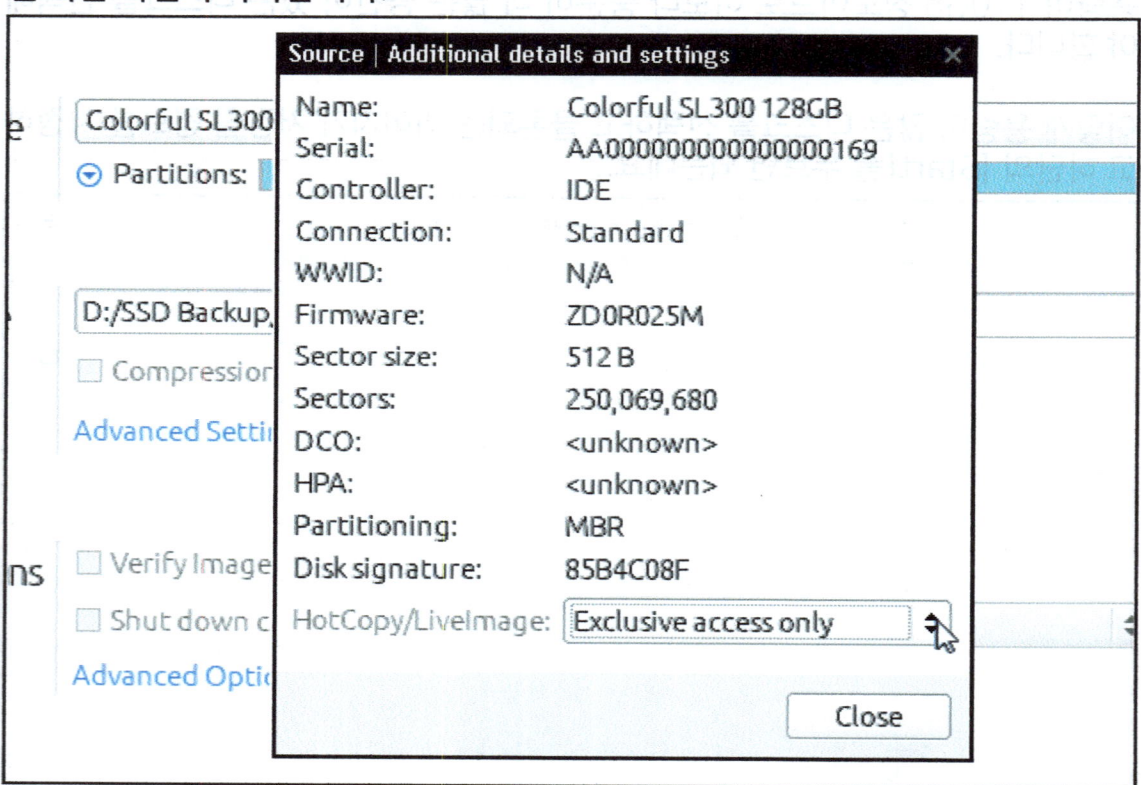

앞의 화면에서 마우스가 가리키는 곳을 클릭하면 다음 메뉴가 보입니다.

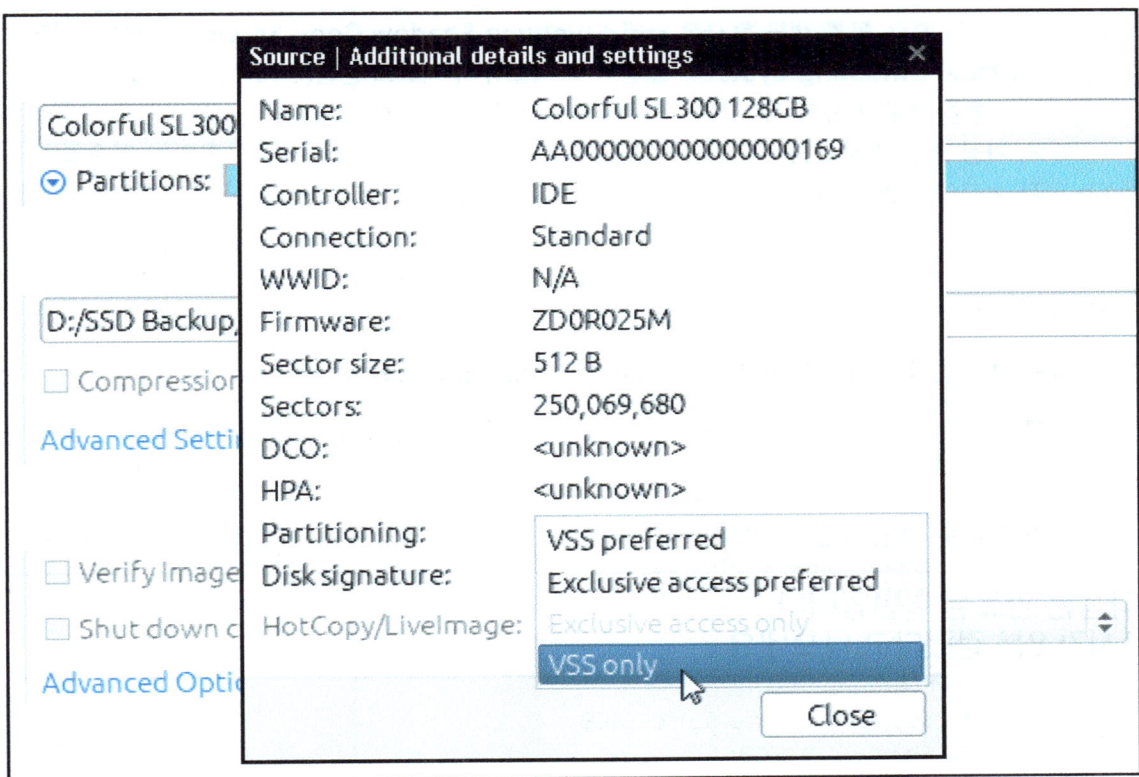

위의 메뉴에서 마우스가 가리키는 [VSS only] 를 선택하면 됩니다.
이제 다시 [Start] 버튼을 누르면 클론이 시작됩니다.

아래는 방금 구글에서 검색한 것이므로 참고만 하여 주시기 바랍니다.

VSS는 맥락에 따라 **볼륨 섀도 복사본 서비스(Volume Shadow Copy Service)**, **가상 스위칭 시스템(Virtual Switching System)**, 또는 전자회로에서 **소스 전압(Source Voltage)**을 의미합니다. **볼륨 섀도 복사본 서비스**는 사용 중인 파일의 스냅샷을 생성해 백업 및 복원을 용이하게 하며, **가상 스위칭 시스템**은 여러 물리적 스위치를 하나의 논리적 장치로 통합하는 기술입니다. 전자 회로에서 **소스 전압**은 FET(Field Effect Transistor)의 소스 단자에 공급되는 전압을 나타냅니다. 🔗

주요 의미

- **볼륨 섀도 복사본 서비스 (Volume Shadow Copy Service)**
  - **설명**: Windows 운영체제에 포함된 기술로, 파일이나 볼륨을 현재 사용 중일 때도 백업 복사본(스냅샷)을 만듭니다.
  - **주요 기능**: 백업 중인 파일의 일관성을 유지하고, 파일 잠금 문제 없이 백업을 가능하게 합

다음은 완료된 화면입니다.
1시간 8분 걸렸다고 나오네요..

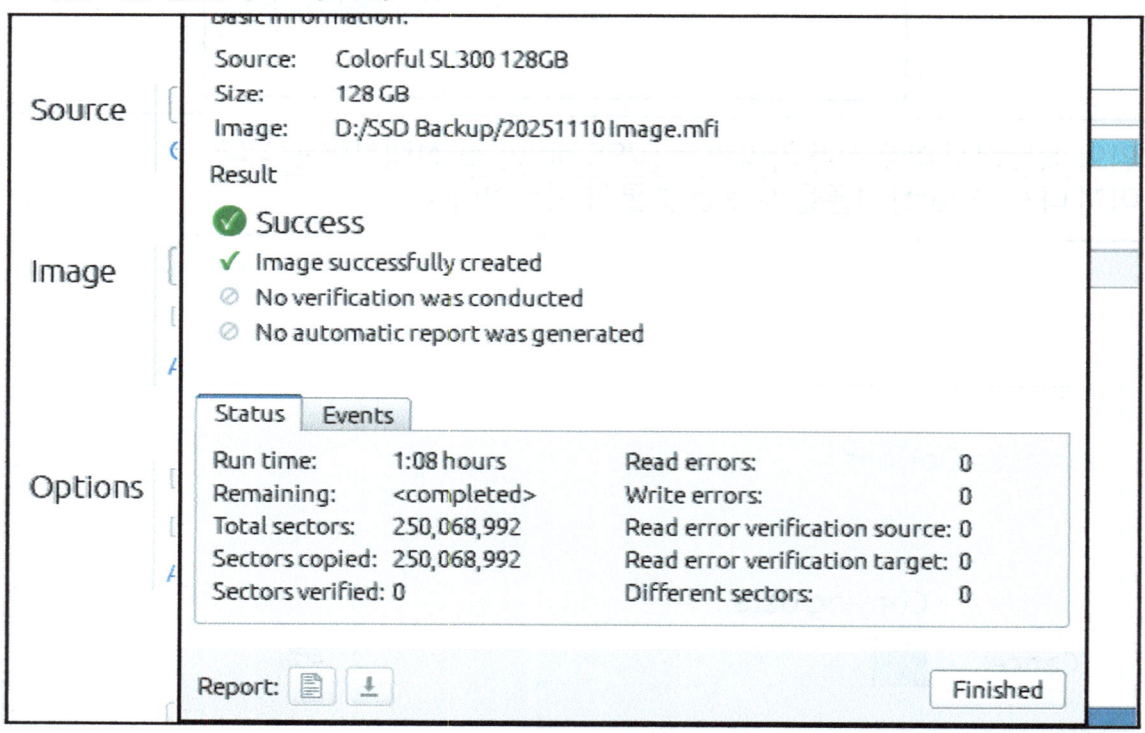

이 밖에도 시스템을 클론, 혹은 백업하는 방법은 여러가지가 있습니다.

마이크로소프트사에서는 이렇게 윈도우즈 운영체제를 클론을 해서 사용하는 것을 허락도 하지 않고 용인을 하지 않으므로 마이크로소프트사의 운영체제에는 이렇게 클론을 하는 기능은 없습니다.

그러나 기본적으로는 마이크로소프트 윈도우즈 운영체제 자체적으로 제어판의 백업 및 복원 기능을 제공하지만, 실질적으로는 안 되기 때문에 다른 방법을 찾을 수밖에 없고요, 필자가 지금까지 아무 이상 없이 사용하는 방법이므로 여러분도 이 방법을 사용하면 특히 초보자 여러분은 컴퓨터를 쉽게 망가뜨리는데요, 지금 설명한 방법으로 클론을 해 둔 이미지를 복원 해 둔 SSD를 보관 해 두었다가 윈도우즈가 망가져서 부팅이 안 될 때 교체해서 부팅을 하면 쉽게 해결됩니다만, 결코 쉽지는 않습니다.

클론 디스크를 연결하고 부팅을 해서 일방에 성공하는 수도 있고요, 안 되는 수도 있으니까요..

어쨋튼 지금 백업한 이미지를 다른 SSD에 풀어서 클론하는 방법입니다.

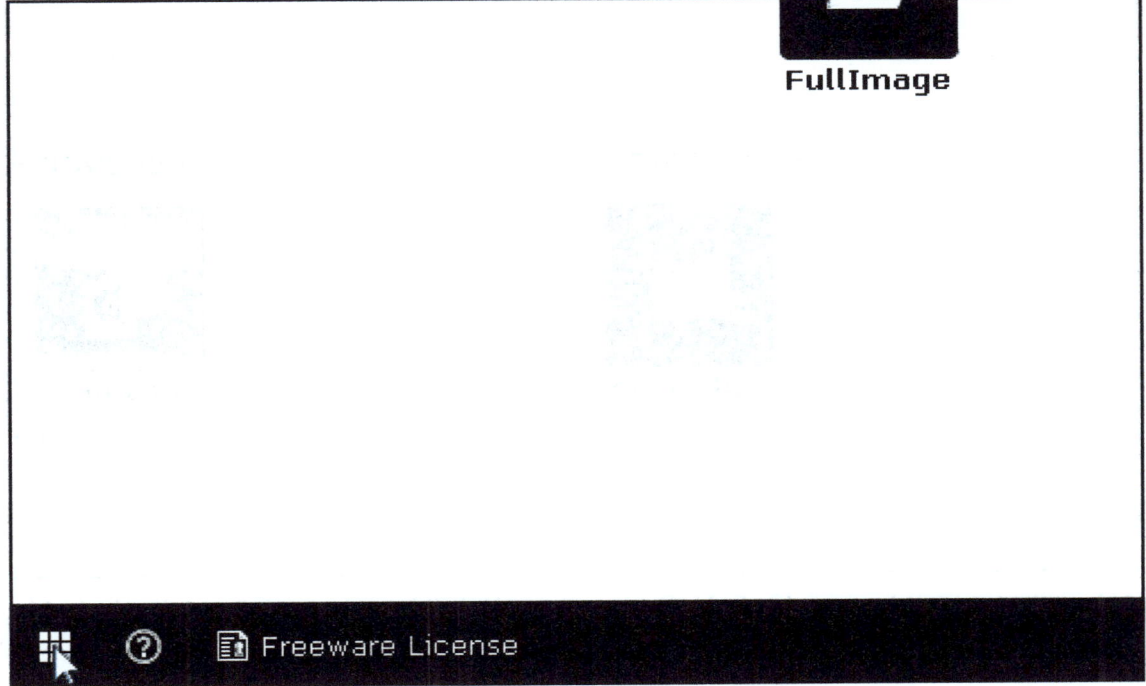

현재 HDClone 프로그램이 실행중이고요, 클론된 이미지를 다른 SSD에 풀기 위해서는 HDClone를 종료했다가 다시 실행을 하든지 앞의 화면 좌측 하단을 보면 사각형 모습의 아이콘이 있고요, 여기를 누르면 다시 초기 화면으로 돌아갑니다.

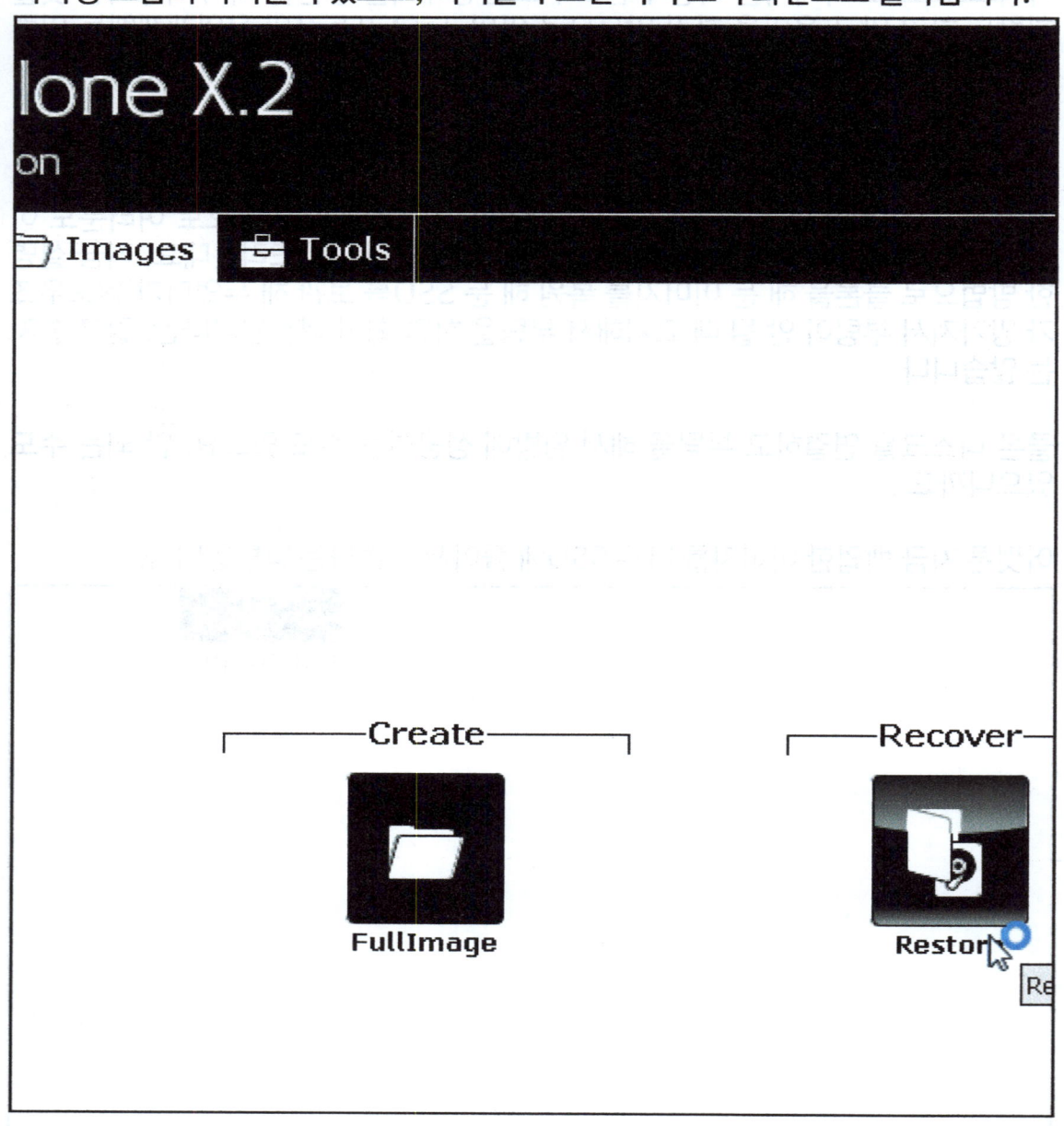

위는 다시 HDClone 초기 화면이고요, 이번에는 위의 마우스가 가리키는 [Restore] 버튼을 클릭하면 다음 화면이 나타납니다.

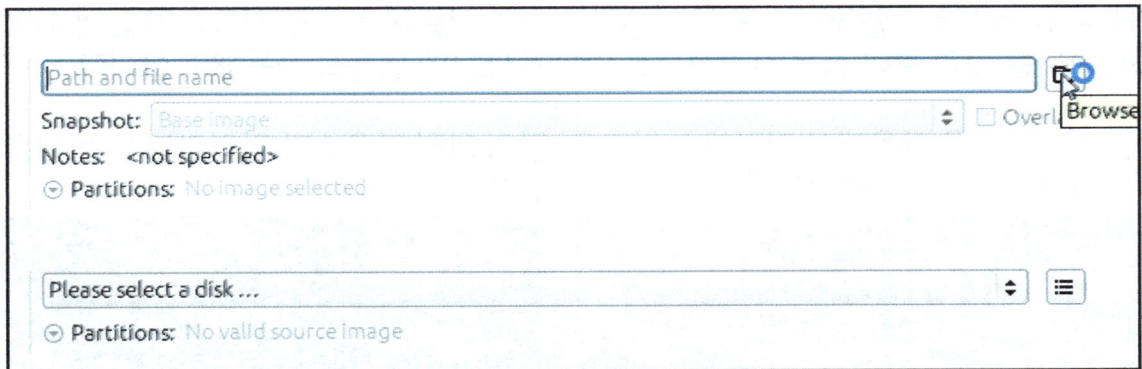

이번에는 HDClone 프로그램으로 클론해 둔 소스 파일을 찾아야 하므로 위의 화면 우측 마우스가 가리키는 곳을 클릭하면 다음 화면이 나타납니다.

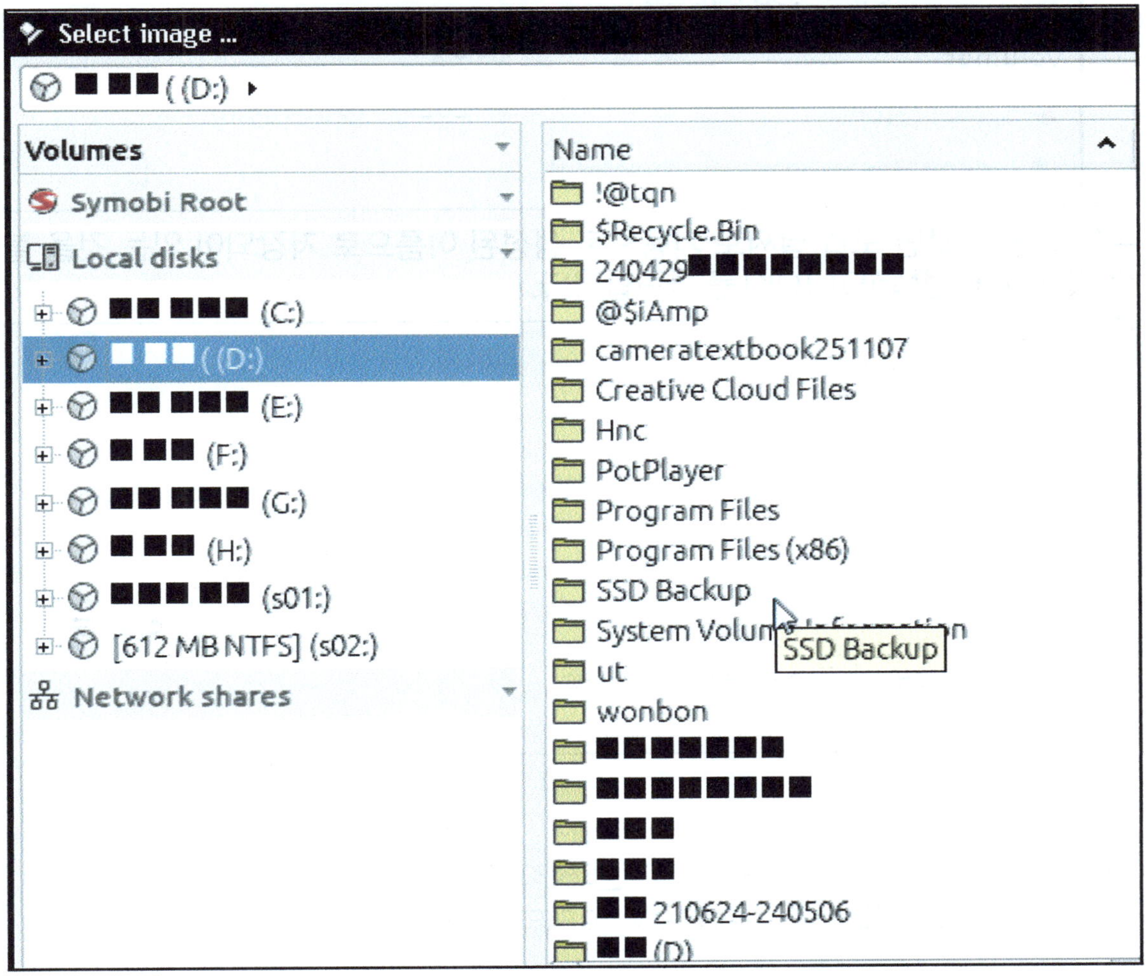

HDClone 프로그램에서는 폴더 이름이나 파일 이름에 한글을 사용하면 앞의 화면에 보이는 것과 같이 검은 사각형으로 나오기 때문에 영문을 사용해야 합니다.

필자는 영문을 사용해서 저장해 놓았고요, 앞의 화면 마우스가 가리키는 영문 이름 [SSD Backup]을 클릭하면 다음 화면이 나타납니다.

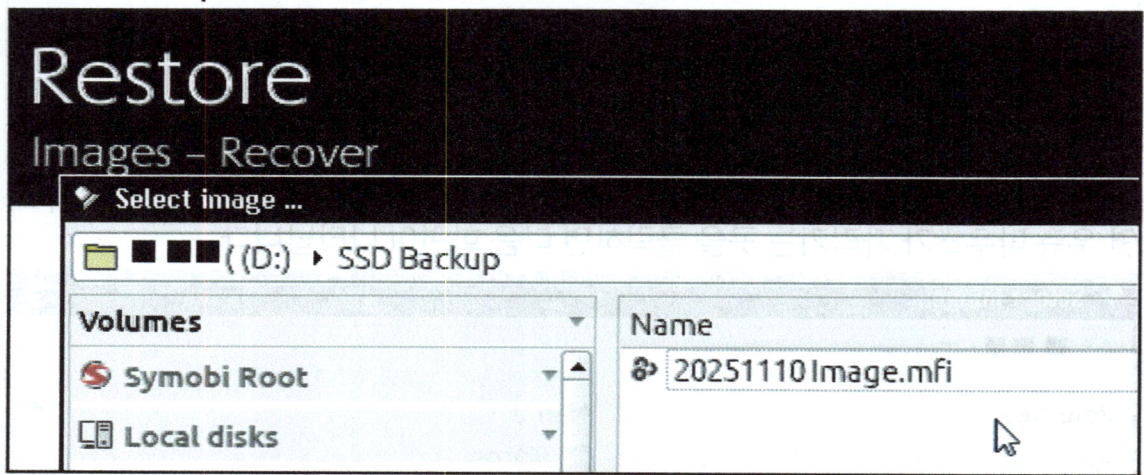

위의 화면을 보면 오늘 날짜로 자동으로 생성된 이름으로 저장되어 있는 것을 볼 수 있습니다. 선택하고 [OK]를 클릭합니다.

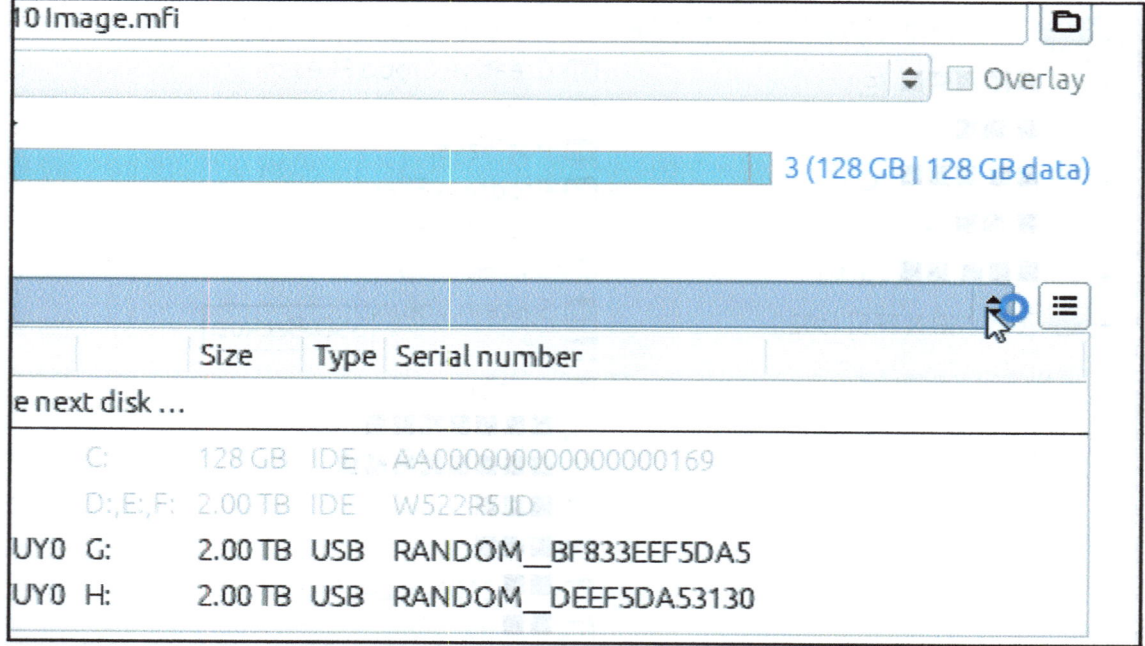

이번에는 앞의 화면 우측 마우스가 가리키는 곳을 클릭하고 타켓 디스크를 선택해야 하는데요, 앞의 화면을 보면 용량이 큰 HDD만 있고, 지금 클론한 이미지를 풀어 놓을 SSD는 없습니다.

필자는 아직 HDD 도킹스테이션에 SSD를 꽂지 않았기 때문이고요, 여러분은 HDD 도킹스테이션에 SSD를 꽂으면 용량과 드라이브명이 나타납니다.

이 때 여러분이 새로 구입한 SSD가 판매처에서 포맷을 하지 않고 보냈을 경우 여러분이 직접 포맷을 해야 하는데요, SSD도 디스크이므로 맨 처음 디스크 사용 선언을 해 주어야 합니다.

새것 상태의 디스크 사용 선언이란 컴퓨터에 새로 구입한 SSD 가 달렸다는것을 알려주고 포맷을 해야 사용할 수 있는 것입니다.

대개의 경우 컴퓨터를 끈 상태에서 컴퓨터 내부 메인보드에 있는 SATA 포트에 SATA 케이블을 끼우고 여기에 SSD를 끼우고 여기에 다시 컴퓨터 속에 들어 있는 파워 서플라이에서 나온 전원선을 끼워야 인식을 합니다만, 지금은 HDD 도킹스테이션에 끼우는 것이므로 컴퓨터가 켜 진 상태에서 HDD 도킹스테이션에 끼워도 됩니다.

단, 반드시 HDD 도킹스테이션의 전원은 꺼진 상태에서 HDD도킹스케이션에 HDD 혹은 SSD를 끼우거나 빼야 합니다.

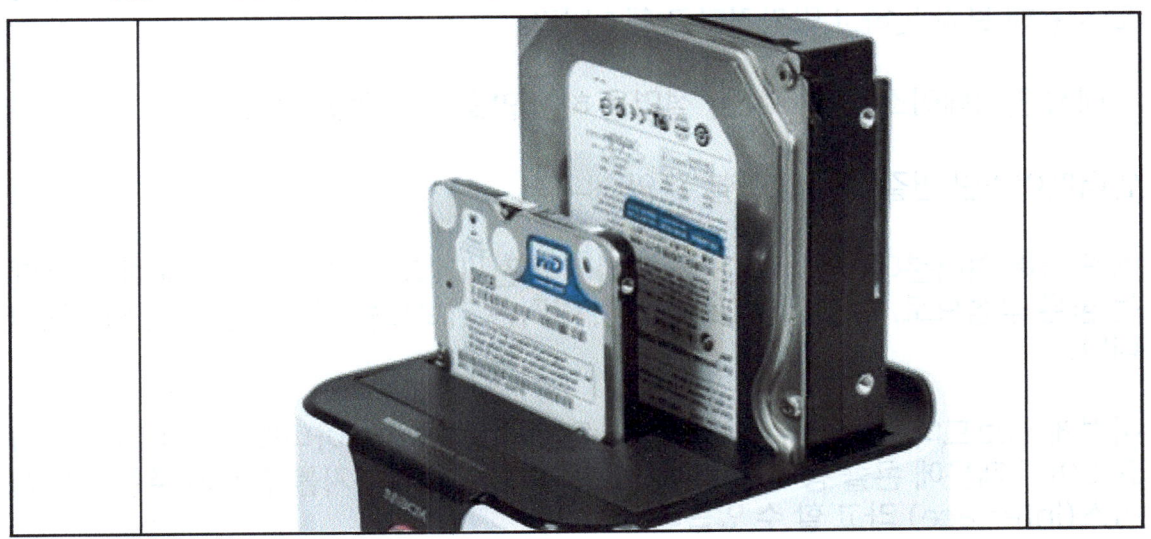

앞의 화면은 2베이 HDD 도킹스테이션에 하나는 3.5인치 HDD(PC용), 하나는 2.5인치 SSD가 꽂혀 있는 모습인데요, 3.5인치 HDD를 꽂을 때는 꽉 차게 맞으므로 비교적 수월하게 꽂을 수 있지만, 얇고 작은 SSD를 끼울 때는 전원 및 데이터 케이블이 들어가는 곳과 HDD 도킹스테이션의 전원 및 데이터가 들어가는 곳이 일치되게 꽂는 것이 밥 먹는 것처럼 쉽지가 않습니다.

대부분의 사람들은 이 정도는 알아서 척 끼웁니다만, 필자는 서울에서 무려 수십 년 동안 중국산 수입품을 산더미처럼 쌓아놓고 판매를 했는데요, 이 세상에서 가장 좋은 제품을 보내줘도 당장에 망가뜨리는 사람이 있습니다.

밥도 떠먹여 줘야 할 정도로 기계치이신 분들이 있는데요, 이런 분들은 HDD 도킹스테이션을 아마도 사용하기 어려울겁니다.

이 정도로 얇고 크기가 작은 SSD는 상당히 세심한 주의를 기울여서 끼워야 한다는 것을 아시고요 우격다짐으로 강제로 단 한 번이라도 잘 못 끼웠다가는 당장에 단 한 번도 못 써 보고 망가진다는 것을 미리 아시고 사용하시기 바랍니다.

제 2 장 인터페이스(Interface)

조금 전에 바로 앞에서, HDD 도킹스테이션에 HDD 혹은 SSD를 자칫 못 끼우는 사람도 있을 것이라고 했고요, 자칫 단 한 번이라도 강제로 잘 못 끼우면 단 한 번도 사용해 보지 못하고 망가진다고 했습니다.

그래서 인터페이스(Interface) 설명을 하지 않을 수가 없습니다.

인터페이스란 연결 고리라고 할 수 있습니다.

예를 들어 여러분이 컴퓨터와 소통을 하거나 전세계의 다른 사람들과 대화를 할 때는 물론 음성으로, 말로 할 수도 있지만, 아직은 키보드를 사용하는 것이 일반적입니다.

이렇게 키보드나 마우스는 컴퓨터를 사용할 때 없어서는 아니되는 필수 불가결한 요소이기 때문에 콘솔 장치라고 부르고요, 컴퓨터와 사용자를 연결해 주는 인터페이스(Interface) 라고 할 수 있습니다.

컴퓨터는 중앙처리장치인 시피유에 주변기기들을 연결하여 서로 정보를 주고 받으면서 시피유에서 연산한 결과를 모니터에 나타내는 등의 일을 하는 기계입니다.

이 때 시피유와 주변장치들을 연결하는 데이터 통로 역시 인터페이스이며, 주변 장치 중에서 인쇄를 할 때 사용하는 프린터도 지금은 대부분 와이파이로 연결되지만, 일부는 아직도 프린터 케이블로 연결하고요, 이 때 연결하는 프린터 케이블도 인터페이스이고요, 와이파이도 인터페이스입니다.

이러한 인터페이스 중에 컴퓨터 속에 들어 있는 마더보디(메인보드)에 끼우는 SATA케이블은 HDD, SSD 등이 공통적으로 사용하는 SATA 포트가 있고요, 이것, 즉, SATA 자체가 최신의 신 개념 인터페이스입니다.

컴퓨터는 개발 초기부터 지금까지 오로지 속도와의 경쟁을 하고 있습니다.

그래서 1년만 지나면 그 동안 인류의 모든 역사가 가지고 있는 모든 정보가 2배로 늘어납니다.

그 대표 주자가 바로 컴퓨터이고요, 앞에서 컴퓨터의 사양을 알아보는 프로그램인 CPU-Z 프로그램에서도 잠깐 설명을 했습니다만, 미국의 인텔은 시피유 한 가지만 가지고 세계를 제패한 벤쳐기업이고요, 우리나라의 삼성 전자도 마찬가지로 나노 공정, 그 중에서도 조금이라도 더 빠른 속도를 내기 위한 경쟁이 치열하고요,대만의 TSMC, 미국의 인텔, 우리나라의 삼성, 하이닉스 등에서 주도하고 있고요, 이는 결국 세계를 주도하고 있고요,..

예를 들어 시피유의 연속 속도를 높이기 위하여 인텔, AMD 등에서는 시피유의 클럭 속도를 높여서 시피유의 연산 속도를 빠르게 하다가 시피유의 클럭 속도만 자꾸 높이다보니 열이 너무 많이 나서 안 된다는 것을 깨닫고 다른 방법으로 속도를 올릴 연구를 하게 됩니다.

이러한 것들은 PC정비사가 되면 기본적으로 알아야 하는 것들이고요, 여러분은 이런 자세한 것까지 알 필요는 없습니다만, 지금 HDD 도킹스테이션에 HDD 혹은 SSD를 꽂아야 하므로 최소한 HDD와 SSD의 인터페이스는 알아야 하기에 인터페이스에 대하여 설명을 하는 것입니다.

제 1 절 SATA 인터페이스

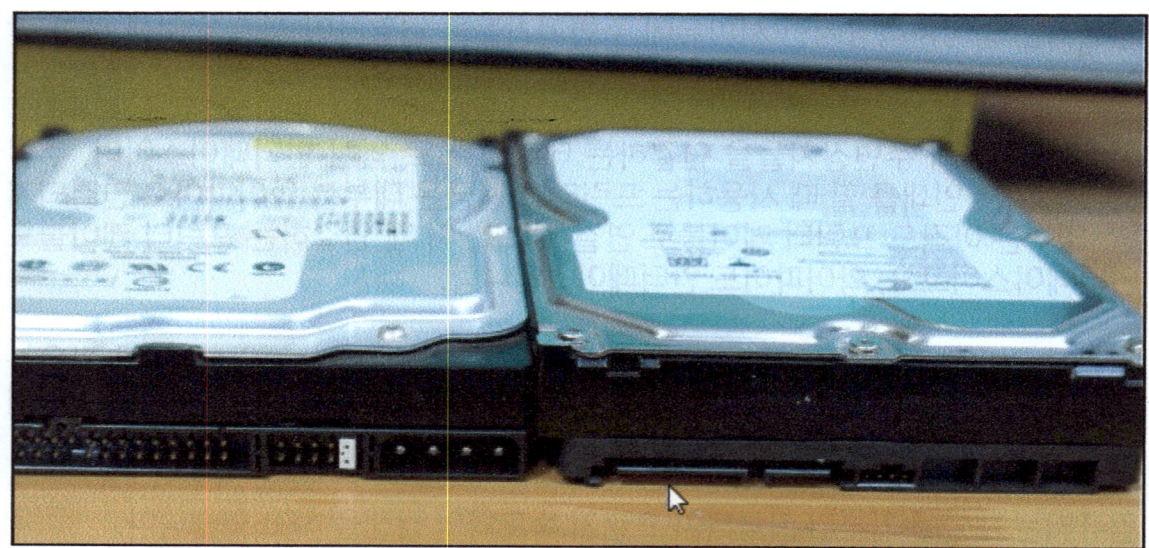

위는 여러분 누구나 매일 사용하는 HDD(하드 디스크 드라이브)이고요, 위 좌측은 이전에 사용하던 구형 IDE 방식의 HDD이고요, IDE 방식은 후에 진보된 방식의 EIDE 방식으로 발전했다가 지금은 위의 우측에 보이는 SATA 방식으로 바뀌게 됩니다.

다시 말해서 여러분이 사용하는 HDD는 대부분 위의 우측과 같이 생겼고요, 위의 우측 SATA HDD의 마우스가 가리키는 것이 전원 케이블이 들어가는 단자이고요, 그 옆에 작은 크기의 단자가 SATA 데이터 케이블이 들어가는 데이터 통로이고요, 이것이 SATA 인터페이스입니다.

앞의 화면에 보이는 것이 SSD이고요, SSD는 이와 다른 형태로 메인보드의 M.2 슬롯에 끼워서 사용하는 형태도 있지만, 여러분 대부분은 앞의 화면에 보이는 2.5인치 SSD를 가장 많이 사용하고 있을 것입니다.

SSD 역시 우리나라의 삼성전자 제품이 세계 1위로 압도적으로 최상급이지만, 아쉽게 삼성 제품은 뭐든지 세계 1위이기 때문에 우선 비싸고, 필자가 많은 SSD를 구입할 때는 삼성 SSD는 비쌀 뿐더러 품귀 현상으로 구할 수가 없어서 필자는 세계 각지에서 생산되는 가지각색의 SSD를 여러 개 사용하는데요, 지금은 다른 나라에서도 기술 수준이 높아져서 삼성 SSD가 아니더라도 필자의 경우 에러 없이 아주 잘 쓰고 있습니다.

앞의 화면에 보이는 SSD에서 중요한 것은 HDD 도킹스테이션에 집어넣을 때 단자 부분, 즉, SATA 전원 및 데이터 단자가 SSD와 HDD 도킹스테이션에 딱 맞게 딸깍하고 집어넣어야 하는데 이게 잘 안 된다 이 말입니다.

왜냐하면 대부분의 HDD 도킹스테이션은 HDD와 SSD 겸용이기 때문에 기본적으로는 HDD에 맞게 만들어졌지만, HDD 도킹스테이션에 집어넣는 곳에 일종의 뚜껑 비슷하게 만들어서 크기가 작은 SSD를 집어 넣을 경우 우선 단자가 잘 맞지 않아서 애를 먹게 되고요, 제대로 딸깍 끼웠다 하더라도 크기가 큰 HDD와 같이 똑바로 서지 않고 뚜껑 역할을 하는 얇은 플라스틱 개폐기로 버티는 모습이 되어 약간 뒤로 누운 자세가 됩니다.

제 2 절 프린터 인터페이스

지금도 아주 오래 된 구형 프린터를 사용한다면 넓은 데이터 케이블을 사용하는 구형 패러럴 포트를 이용하고 있을 것입니다.

원래 최초에 개발된 프린터 인터페이스와 마우스나 키보드 인터페이스는 상대적으로 프린터가 시피유에 보내는 정보는 많고, 키보드나 마우스는 정보량이 적기 때문에 프린터는 데이터를 병렬로 많이 보낼 수 있는 패러럴 포트를 사용했고요, 상대적으로 데이터 량이 적은 키보드나 마우스는 직렬 포트인 시리얼 포트를 사용했습니다.

그러다가 컴퓨터의 발전 속도는 1년만 지나면 수 백 만년의 인류의 모든 역사보다 무려 2배나 많은 정보와 기술들이 개발되며 컴퓨터 속도 또한 번개와 같은 속도로 빨라지게 됩니다.

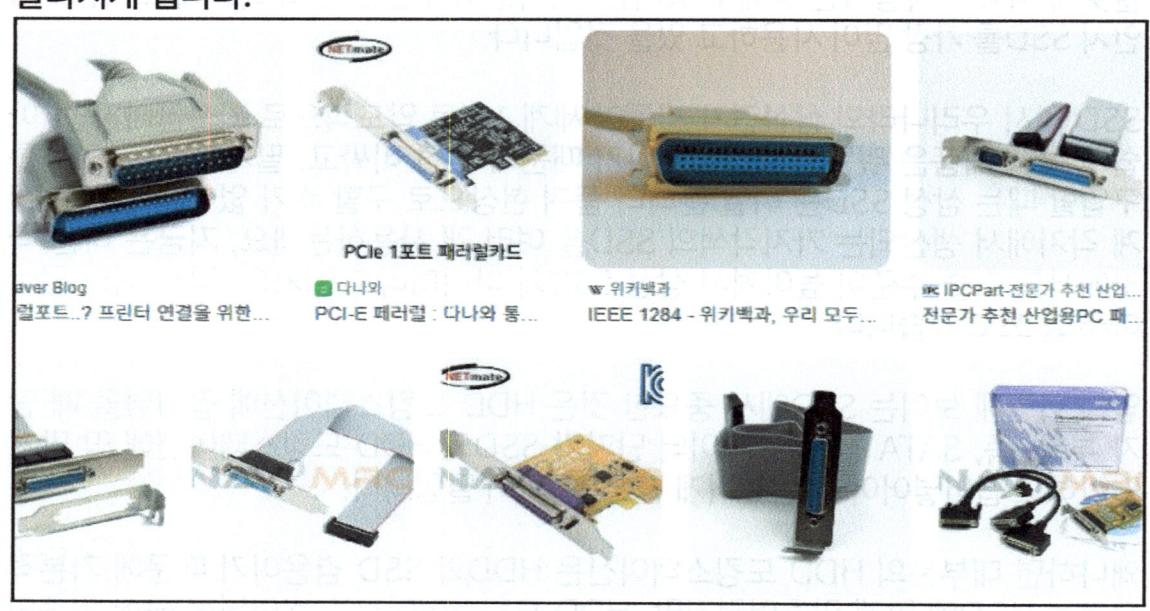

위에 보이는 것들이 구형 프린터 포트인 패러럴 포트이고요, 지금도 위에 보이는 단자가 달린 케이블을 사용한다면 구형 패러럴 포트를 사용하는 것입니다.

물론 지금 이전에 위에 보이는 패러럴 포트에 젠더를 끼워서 USB 등으로 변환해서 사용하는 장치들도 개발되었고요, 그리고 지금도 택배사 등에서 수기 송장을 인쇄할 때는 도트 프린터를 쓰는데요, 도트 프린터가 패러럴 포트를 사용하는 대표적인 프린터입니다.

이렇게 컴퓨터 초기에는 직렬 인터페이스인 마우스, 키보드 등의 인터페이스보다 병렬로 데이터를 전송하는 것이 이론상 2배의 정보를 보낼 수 있으므로 프린터 포트를 패러럴 포트로 썼지만, 이후 오히려 직렬 포트가 더 빠른 속도를 내도록 개발되어 지금까지도 많은 프린터들이 프린터 특유의 프린터 포트를 사용하며 이것이 시리얼 인터페이스이고요, 이마저도 지금은 사라져가고 있으며 필자의 경우 책을 인쇄를 하기 때문에 여러 대의 프린터와, 대형 사진을 인쇄를 하기 때문에 대형 플로터도 여러 대 있는데요, 필자의 경우 All 100% 무선 연결, 즉 와이파이로 프린터 케이블이 없이 무선으로 연결해서 사용하고 있습니다.

이것은 아마 여러분들도 이렇게 사용하는 분들이 많이 있을 것입니다.

제 3 절 버스(Bus)

지금 인터페이스에 대한 설명을 하는 중이고요, 앞에서 컴퓨터와 사람 간의 인터페이스는 키보드나 마우스이고요, 이러한 것들을 하드웨어적인 인터페이스라고 했고요, 그러나 사실 컴퓨터에서 사용하는 인터페이스는 주로 소프트웨어적인 인터페이스를 의미합니다.

이미 SATA 인터페이스와 프린터 인터페이스데 대해서 설명을 했는데요, 앞에서 설명한 인터페이스는 주변 장치들을 PC에 연결하는 방식에 대한 정의입니다.

이 때 컴퓨터의 중앙처리장치인 시피유가 주변장치들과 데이터를 주고받는 통로가 있는데요, 이것을 사람이 타고 다니는 버스와 같은 개념으로 컴퓨터에서도 동일하게 스펠링도 Bus 라고 부릅니다.

예를 들어 옛날 8비트 버스를 사용하는 8비트 컴퓨터는 사람 8명이 타는 버스, 이후 개발된 16비트 버스는 사람 16명이 타는 버스, 이후 개발된 32비트 버스는 사람 32명이 타는 버스, 그리고 오늘날 대부분이 사용하는 64비트 버스는 사람 64명이 동시에 타는 버스라고 할 수 있습니다.

당연히 비트수가 높을 수록 속도가 빠르며 컴퓨터에서 사용하는 버스는 컴퓨터에 직접적인 영향을 끼치기 때문에 컴퓨터 업계에서는 사활을 걸고 새로운 버스를 개발을 해 왔으며 지금 설명하는 인터페이스로 연결된 기기들이 작동하는 방식을 결정하기 때문입니다.

이 책은 PC정비사 책이 아니기 때문에 이보다 자세한 설명은 생략하고요, 다만 PC정비사가 아니더라도 여러분이 중급 사용자, 나아가 파워 유저가 되면 컴퓨터를 열고 그래픽 카드, SSD 등은 직접 메인보드에 연결을 해야 하기 때문에 일반 컴퓨터 사용자들도 반드시 알아야 하는 인터페이스에 대해서 설명을 하는 것입니다.

그래서 다음에 설명하는 PCIe 인터페이스도 반드시 알아야 합니다.

제 4 절 PCI-E 인터페이스

컴퓨터 인터페이스는 여러가지가 있다고 앞에서 설명을 했고요, 하드웨어적인 인터페이스도 있지만, 주로 소프트웨어적인 인터페이스를 의미한다고 했고요, 지금 설명하는 PCI-E 는 그래픽카드 인터페이스이기 때문에 여러분이 반드시 알아야 하는 규격입니다.

여러분이 초보라 하더라도 컴퓨터 게임을 좋아한다면 최신 고사양 게임을 즐기기 위해서는 고사양 그래픽카드로 교체를 해야 하기 때문입니다.

또는 그래픽카드 고장이라든지 다른 기기들과 호환이 되지 않거나 기타의 문제로 그래피카드를 교체해야 할 필요성은 언제라도 대두되기 때문입니다.

여기서 그래픽... 카드라는 표현을 썼는데요..

그래픽카드 뿐만이 아니고 컴퓨터의 메인보드에 끼우는 장치들은 모두 신용카드와 같이 얇게 만들어져 있기 때문에 카드(Card)라는 용어를 사용하고요, 영화 마스(Mars)에서 화성에 착륙하던 우주선의 컴퓨터실 어느 보드가 타서 교체하는 장면이 나오는데요, 아무리 영화라고는 하지만, 암튼 그렇게 빼서 다른 보드를 끼우는 형식이고요, 이것을 카드라고 부르고요, 지금 설명하는 그래픽카드는 모니터에 화면이 나오도록 해 주는 아주 중요한 장치입니다.

요즘 경주 APEC을 계기로 우리나라를 찾은 미국의 엔비디아(NVIDIA) 창업자 젠슨황은 무려 2500조원의 재산을 가지고 있고요, 그래픽 카드 한 가지로 세계를 제패한 대표적인 기업입니다.

며칠 전 젠슨황이 서울 강남에서 이재용 삼성 그룹 회장과 정의선 현대차그룹 회장과 치맥을 하면서 치킨집 사장에게 안주머니에서 깨내서 건네준 그래픽카드는 우리나라 돈으로 무려 350만원짜리라고 합니다.

컴퓨터를 이루는 부품 중에서 가장 중요한 것은 뭐니뭐니해도 중앙처리장치인 시피유를 꼽습니다만, 사실 시피유보다 더 성능이 뛰어나고 훨씬 더 높은 기술이 사용된 부품이 바로 그래픽카드입니다.

컴퓨터의 심장인 중앙처리장치는 시피유(CPU)라고 부르며 그래피카드에도 그래픽을 처리하는 심장이 들어 있다 하여 지피유(GPU)라고 부르는데요, 시피유보다 훨씬 정교한 부품입니다.

시피유는 손톱 4개 정도의 크기에 무려 음.. 이것을 설명하려면 보이저 우주선 이야기를 하지 않을 수가 없습니다.

요즘도 간간이 뉴스에 나오는 보이저 우주선은 오늘날의 컴퓨터가 장착된 우주선이 아닙니다.

옛날 일본의 소니사에서 개발한 워크맨이 오늘날 한류로 세계를 제패한 케데헌과 같이 세계인을 사로잡았는데요, 그 이전에는 진공관이라고 불리던 어마어마하게 큰 전자기기를 사용했었는데요, 유리관 속에 증폭 회로가 들어 있는 것.. 이것으로 인류 최초의 컴퓨터 - 계산기 애니악을 만들었고요, 그 크기가 무려 6층 건물 크기였고요, 진공관 6만 개를 사용한 인류 최초의 컴퓨터 - 계산기였고요, 당시 기술로는 평균 6분에 한 개씩 진공관이 고장이 나는 바람이 실제 사용은 못 했고요, 그냥 박물관에 보관만 하고 있고요..

이렇게 어마어마한 진공관이 손톱의 몇 분의 1에 해당하는 아주 작은 트랜지스터가 개발되어, 진공관 오디오라면 크기가 노래방 기기만큼 크지만, 트랜지스터를 사용한 일본 소니에서 개발한 워크맨은 손바닥 크기로 들고 다니면서 음악을 들을 수 있었기 때문에 전세계에 히트를 친 것입니다.

필자도 당시 트랜지스터의 매력에 빠져 전기 공부를 하기 시작했는데요, 트랜지스터에는 에미터, 콜렉터, 베이스, 이렇게 3개의 가는 리드선이 달려 있고요, 지금 설명하는 트랜지스터나 그 이전의 진공관이나 오늘날의 대규모 집적 회로인 LSI나 그 기본은 증폭입니다.

방송국에서 송출한 전파, 혹은 멀리 외계인이 보낼 지도 모르는 전파는 아주 미약하기 때문에 이렇게 미약한 전파를 수 백만 배로 증폭시켜서 전류로 바꾸어서 스피커를 울리게 하여 소리를 들을 수 있게 하는 것.. 이것이 증폭 회로이며 얼마나 정교하게 회로를 구성하는가에 따라서 고가의 앰프도 만들 수 있고, 싸구려 앰프가 탄생하기도 했던.. 그 추억의 트랜지스터는 그야말로 순식간에 사라지고 트랜지스터 수 백 만개가 집적된 그야말로 획기적인 대규모 집접회로인 LSI가 나타나게 됩니다.

그래서 오늘날 여러분 대부분이 사용하는 개인용 컴퓨터에 들어 있는 시피유 한 개에는 지금 장황하게 설명한 트랜지스터로 환산하면 약 100억 개의 트랜지스터가 집적된 인류 문명의 꽃인 것입니다.

그러나 이것은 또 새발의 피입니다.

며칠 전 젠슨황이 강남의 치킨집 사장에게 건넨 그래픽 카드와 비슷한 모델인 NVIDIA Blackwell B200 GPU 모델은 무려 2,080억 개의 트랜지스터를 내장했다고 합니다.

현재 전세계에서 수 많은 AI 연구가 진행되고 있고요, AI는 인류가 그 동안 터득한 모든 지식을 담고 그 많은 지식 가운데서 순간 순간 정보를 뽑아내서 인간이 일상 생활을 하는 것과 같이 동작을 해야 하기 때문에 이렇게 어마어마한 GPU가 필요하다고 합니다.

앞으로 인류의 과학이 더 발달하여 우리 인간과 똑같은, 아니 이미 현재의 기술로도 인간보다 훨씬 똑똑한 AI가 나오기 위해서는 지금보다 훨씬 더 정교한 GPU가 개발 될 것이 명확합니다.

너무 장황하게 설명을 했습니다만, 여러분은 당장 컴퓨터 게임에 맞는 사양의 그래픽카드를 사서 자신의 컴퓨터 뚜껑을 열고 메인보드에 있는 구형 그래픽카드를 빼내고 새로 구입한 그래픽 카드를 끼워야 하기 때문에 그래픽카드 인터페이스를 알아야 하는 것입니다.

위는 방금 옆에 있는 컴퓨터를 살짝 열고 스마트폰으로 촬영한 사진인데요, (1)이 가리키는 것이 그래픽카드이며 필자는 게임이라고는 단 한 번도 해 본 적이 없기

때문에 약간 구형의 그래픽카드이고요, (2)에 보이는 것이 PCI-E 그래픽카드 슬롯이고요, 그래픽카드를 끼울 때는 위에서 그냥 꾹 눌러서 끼우지만 뺄 때는 (2)의 좌측, 앞의 화면에서 볼 때 좌측 끝 부분에 손으로 누를 수 있는 막대기 모양이 있고요, 여기를 눌러야 빠집니다.

그래픽카드가 안정적으로 접촉 불량이 없이 작동을 하게 하기 위함이고요, (3)은 그래픽카드 보조 전원이고요, 구형의 그래픽카드들은 이런 보조 전원이 없고요, 심지어, 그래픽카드 한쪽에는(4)의 시피유 팬과 같이 그래픽카드에서 나는 열을 식히기 위한 팬이 달려 있는데요, 아주 옛날 그래픽카드들은 이런 팬도 없습니다.

(3)의 보조 전원은 컴퓨터 안에 장착되어 있는 전원 공급 장치인 파워서플라이에서 나온 4핀 보조 전원이고요, 이런 보조 전원이 2개 들어가는 그래픽 카드도 있고요, 일단 이런 전문 지식이 없다 하더라도 여기 들어가는 보조 전원 등의 단자는 틀린 단자를 끼울 때는 들어가지 않게 되어 있습니다.

그러나 손재주가 없고, 힘만 쎈 투박한 남성의 경우 맞지 않는 단자에 강제로 끼우면 또 다 들어갑니다.

그러나 이렇게 맞지 않는 단자에 강제로 끼우면 단 한 번도 사용하지 못하고 이 비싼 그래픽카드를 망가뜨린다는 것을 알고 조심해서 다뤄야 합니다.

자신의 컴퓨터에 그래픽 카드를 장착하기 위해서는 컴퓨터 뚜껑을 열어야 하고요, 컴퓨터 뚜껑을 열면 대체로 앞의 사진과 같은 모습이고요, 자세한 것은 필자의 다른 저서 [PC정비사] 책을 보셔야 하고요, 여기서는 그래픽 카드를 끼워야 하므로 이 정도 설명만 진행하도록 하겠습니다.

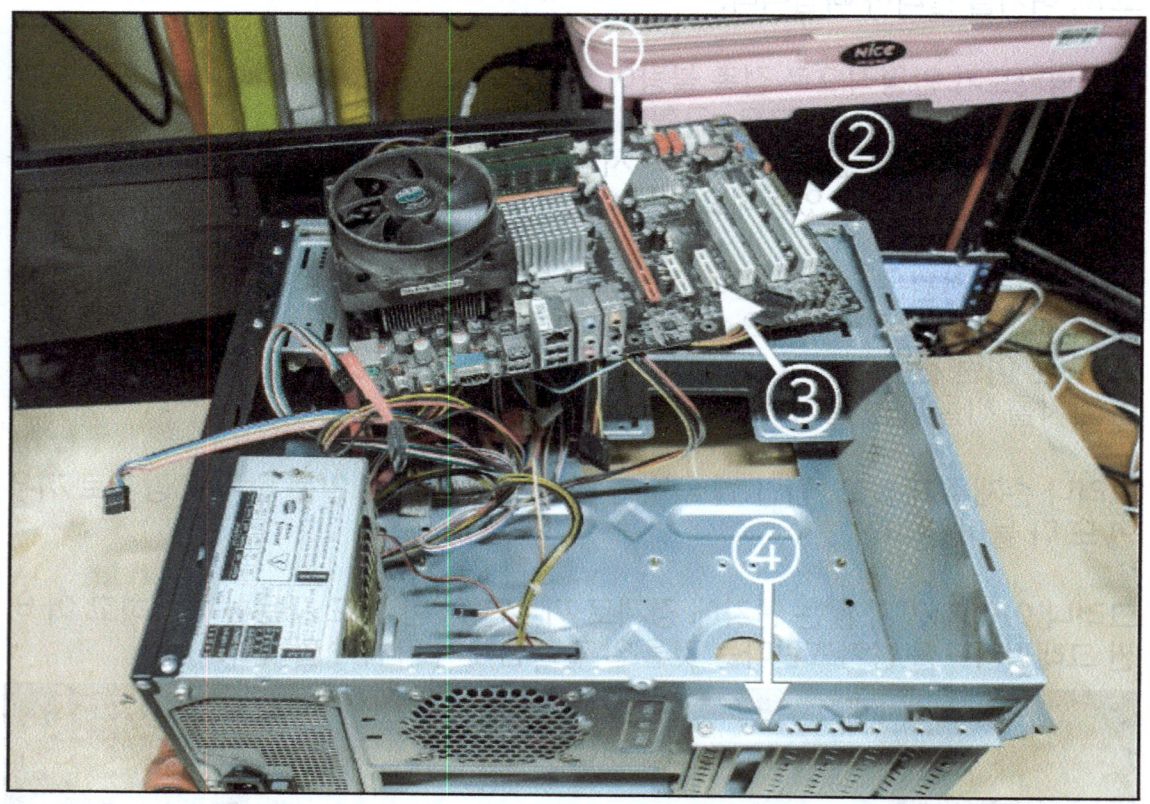

컴퓨터는 나노미터(10억 분의 1)를 다루는 초미세 정밀 부품의 조합이므로 미세한 전류에도 타격을 받을 수 있으므로 조심해야 하고요, 반드시 컴퓨터의 전원을 끄고 작업을 해야 합니다.

위는 컴퓨터 본체에서 메인보드를 탈거한 모습인데요, 여러분은 이렇게 할 일이 없고요, 메인보드가 본체에 장착되어 있는 상태에서 작업을 해야 합니다.

위의 (1)이 그래픽 카드가 들어가는 PCI-E 슬롯이고요, (2)는 구형 그래픽카드 등, 또는 지금도 랜카드 등이 들어가는 구형 PCI 슬롯이고요, 만일 여러분 컴퓨터가 최신형이라면 이런 구형 슬롯은 없을 수도 있고요, 그래픽 카드를 고정하는 나사를 풀고 다시 그래픽 카드를 메인보드 (1)의 그래픽 카드 슬롯에 잘 끼우면 (4)의 백패널에 자동으로 딱 맞게 되어 있습니다.

물론 밥도 떠 먹여 줘야 할 정도로 기계치이신 분들은 아예 다른 사람에게 부탁하는 것이 좋고요,..

그리고 지금 보시는 사진은 단지 오래 된 필자의 구형 PC의 모습이고요, 신형 PC를 사용하거나 이른바 메이커 PC 중에는 컴퓨터의 두께가 얇은 슬림 PC도 있고요, 이런 슬림 PC는 그래픽카드를 구입할 때 LP형으로 구입해야 합니다.

그래픽카드를 앞의 화면 메인보드의 PCI-E 슬롯에 제대로 끼우면(뒤쪽 나사로 조이는 부분의 밑 부분 메인보드와 케이스가 만나는 부분 등을 잘 살펴서 끼우면, 그래픽카드 금속 브라켓 부분을 나사로 조이는 타입도 있고요, 케이스에 따라서는 나사로 조이지 않고 무언가 클립 형태로 누르게 되어 있는 경우도 있습니다.

어떠한 경우이든지, 필자가 사용하는 그래픽카드는 현재 시가로 구형이라 새것은 없으므로 중고 가격으로 불과 1~3만원짜리입니다만, 신형 그래픽카드는 비싼 것은 300만원이 넘는 것도 있으므로 지금 설명하는 과정에서 실수하여 슬롯이나 그래픽카드 슬롯 부분에 금이라도 가는 날에는 낭패이므로 매우 조심해야 합니다.

더 크게 조심해야 할 것은, 그래픽카드를 메인보드 슬롯에 넣고 꾹 눌러서 끼울 때 과도하게 힘을 주어 눌러서 메인보드에 실금이라도 가는 날에는 가끔씩 원인 모르게 컴퓨터가 먹통이 되거나 기타 비정상적으로 작동을 하는데요, 이것은 전문 PC 정비사가 와도 알 수 없습니다.

최악의 경우 메인보드를 교체해야 할 수도 있으므로 조심 또 조심, 초심자는 아예 미리 실제 교체를 하지 말고 예행 연습을 충분히 한 다음 시도하시기 바랍니다.

그리고 이른바 삼성이나 엘지 등의 메이커 PC 중에서 케이스의 두께가 얇은 슬림 PC는 전문가도 고개를 절래 절래 흔드는 PC입니다.

내부가 좁아서 어찌 할 수가 없기 때문입니다.

특히 이런 슬림 PC는 그래픽카드를 구입할 때 LP 타입으로 구입해야 한다고 앞에서도 설명을 했고, 지금도 강조합니다.

이러한 이유 때문에 소위 파워 유저는 이른바 메이커 PC보다 조립 PC를 선호하는데요, 메이커 PC는 우선 좁아서 만지기가 어렵고요, 또 해당 메이커에서 어떤 식으식으로든 사용자가 컴퓨터를 마음대로 다룰 수 없게 해 놓은 경우가 왕왕 있습니다.

메이커 PC가 조립 PC보다 나은 점이 있다면 견고성이 조금 더 낫고요, 안정성이 있다고 할 수 있지만, 조립 PC라고 안정성이 없는 것이 아닙니다.

필자는 장터에서 모조리 중고 부품으로만 구입해서 직접 조립한 PC이지만, 중고 상태에서부터 필자가 조립한 시점부터 시작해도 10년 이상 거의 1년 365일 쉬지 않고 돌려도 조금도 이상이 없습니다.

지금도 필자는 컴퓨터 2~3대를 매일 24시간 내내 켜 놓고 있습니다.

필자는 책을 인쇄를 하기 때문에 필자가 밤에 잠을 잘 때도 프린터는 돌아가기 때문입니다.

이상 그래픽카드를 직접 사서 직접 교체하는 설명까지 진행했고요, 이 과정에서 반드시 알아야 하는 정보들을 비교적 자세하게 소개를 하였습니다.

여러 번 반복합니다만, 이 책은 PC정비사 책이 아니기 때문에 더 이상 자세하게 다루지는 않았고요, PC정비에 관심이 있는 분은 필자가 쓴 책 중에서 가장 잘 팔리는 [PC정비사] 책을 보시기 바랍니다.

일단 컴퓨터 초보자 및 중급 사용자, 나아가서는 파워 유저까지도 컴퓨터가 고장이 나면 어찌 할 바를 몰라서 PC정비사를 부르는 현실을 타파하기 위하여 여러분이 사용하는 컴퓨터가 클린 PC 일 때 마스터 드라이브, 즉, 부팅 드라이브, C 드라이브인 SSD를 복제를 하여 예비로 2개 이상 만들어 놓으면 컴퓨터를 사용하면서 생기는 문제는 대부분 커버 할 수 있습니다.

이제 이렇게 클론해 둔 복제 SSD를 연결하고 부팅을 해야 하는데요, 앞에서 하드웨어 인터페이스 설명을 했고요, SSD는 HDD와 마찬가지로 SATA 인터페이스를 사용합니다.

SATA 인퍼테이스이든, 구형 IDE, 혹은 EIDE 이든, 앞에서 설명한 그래픽 카드 전원 단자이든, 그리고 메인보드에는 메인 파워 외에 메인보드 한쪽에 보통 6핀의 보조 전원을 연결해야 하는데요, 이 모든 단자에는 서로 딱 맞는 커넥터가 아니면

들어가지 않습니다.
그러나 투박하고 힘이 쎈 남성이라면 거꾸로 끼우고 강제로 밀어 넣어도 들어갑니다.

컴퓨터에 사용하는 단자들은 대부분 작고 약하기 때문입니다.
다음 영상을 보세요..

위는 필자의 [유튜브 채널]에 프린터 메인보드 교체하는 영상을 올린 것을 화면 캡쳐한 이미지인데요, 프린터 메인보드에는 프린터와 연결되는 케이블이 대략 15개 ~20개 정도 됩니다.

그런데 필자는 PC정비사 책을 썼지만, 프린터는 대부분의 여러분보다 더 몰랐습니다.

손에 잉크 묻는 것을 꺼려서 레이저 프린터만 사용했거든요..
그러다가 필자의 직업은 자꾸 바뀌어 결국 책을 쓰고 그 책을 팔아야 먹고 살 수 있는 직업이 되어 절박하기 때문에 무한잉크 프린터를 부여잡고 끌어안고 달달달달

지지고 볶아서 결국 천상천하 유아독존, 이 세상에서 오로지 필자 한 사람만이 프린터 1대로 100만장 인쇄하는 방법을 터득했고요,..

그렇지만, 필자는 결코 프린터 전문가가 아닙니다.

약 5년 전만 하더라도 대부분의 여러분보다 프린터에 대해서는 더 몰랐습니다.

그런데도 이 영상은 필자가 프린터 메인보드를 교체하는 영상을 만들어서 필자의 [유튜브 채널]에 올렸고요, 약 15개 이상 되는 케이블,... 모조리 단자를 어떤 단자인지도 모르면서 전부 빼 버리고 교체를 했습니다.

프린터에 대해서는 대부분의 여러분보다 더 모를 때 이렇게 했습니다.

필자는 프린터는 모르지만, PC에 대해서는 잘 알기 때문에 어떠한 단자이든지 제 단자가 아니면 안 들어간다는 것을 알기 때문입니다.

그러나 결코 그냥 마구 끼워서는 아니됩니다.

앞에서 언급한 바와 같이 무디고 힘만 쎈 남성의 경우 거꾸로 끼워도 들어가고 다른 단자에 끼워도 들어갑니다.

컴퓨터 및 컴퓨터 주변기기들을 연결하는 커넥터들은 대부분 작고 약하기 때문에 감각이 둔한 사람들은 제 자리에 맞는지 감각적으로 느끼지를 못 하는 것 같습니다.

그래서 투박하고 무디고 힘만 쎈 남성들은 거꾸로 끼워서 단자를 망가뜨리고도 그 감각을 느끼지 못하여 자신이 잘 못 했다는 것을 금방 인식하지 못하는 것 같습니다.

오히려 필자는 대부분의 여러분보다 손도 투박하고 손가락이 굵어서 가위를 잡은 상태에서 가위를 다른 사람이 잡아 당겨서는 절대로 빠지지 않습니다.

필자는 손가락이 굵고 투박해서 가위질을 할 때 손가락 마디가 가위 손잡이에 꽉 끼어 가위를 잡아당기면 필자의 손가락이 부러져도 가위가 빠지지 않는 아주 아주 투박한 손입니다만, 지금도 타자를 치면 젊은이들에 뒤지지 않습니다.

이렇게 필자와 같은 감각을 가져야 한다는 말입니다.

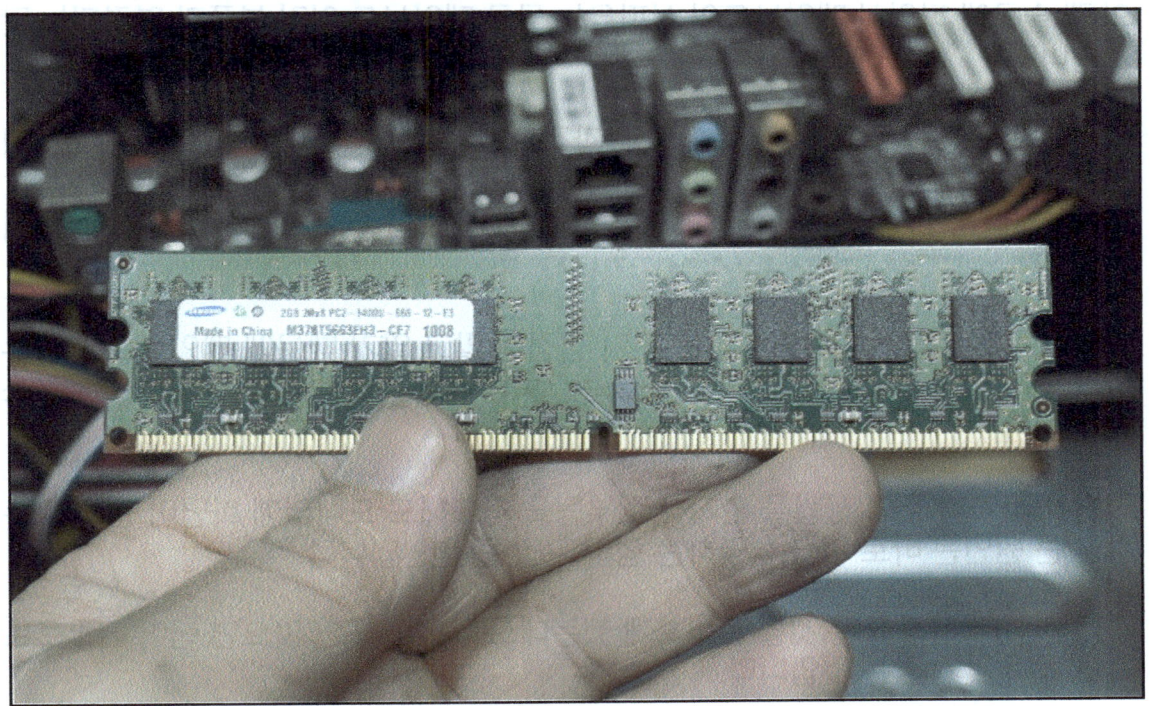

[1] 램(RAM)

음..
아무리 책의 페이지를 줄이려고 해도 자꾸만 페이지가 늘어납니다.

어차피 이 책을 구입하신 분이라면 최대한 도움이 되도록 집필을 하기 때문입니다.

위에 보이는 것이 램이고요, "내 컴퓨터는 인텔 I7-몇 세대에 램은 몇 기가야" 라고 말하는 램입니다.

위에 보이는 것은 DDR-3 램이고요, 대체로 인텔 시피유 기준 6세대 이후에는 DDR-4 램을 사용해야 하고요, 필자도 아직 최신의 모델을 써 보지 않았습니다만, 최신 모델이라면 DDR-5 램을 써야 합니다.

처음 PC를 조립하고 가장 먼저 할 일이 모니터에 화면이 뜨는가 확인을 해야 하는데요 필자가 손으로 들고 있는 램의 밑 부분 금색으로 빛이 나는 부분이 메인보드의 램 슬롯에 끼워서 메인보드의 시피유는 물론 메인보드 여러 부품과 연결되는 단자입니다.

여기에 약간 오염되어 때가 묻으면 결과적으로 접촉 불량이 생기고, 접촉 불량이 생기지 않더라도 메인보드와 램이 맞지 않으면,.. 방금 설명한 DDR-3, DDR-4, DDR-5 램은 램 슬롯이 조금씩 다르기 때문에 서로 다른 보드에 끼울 수는 없습니다.

그러나 램은 길고 램 슬롯에 닿는 전기 접점이 많고 얇기 때문에 메인보드에 끼우다가 램이 옆으로 쓰러지면 램만 못 쓰는 것이 아니라 그 비싼 메인보드까지 못 쓰게 됩니다.

이런 여러가지 주의 사항을 인지하고 부팅을 시도해도 모니터에 화면이 안 나오는 가장 큰 원인은 바로 지금 설명하는 램이 가장 큰 원인입니다.

그래서 이리 저리 모든 것을 완벽하게 했는데도 화면이 뜨지 않으면 램이 메인보드와 궁합이 맞지 않는 것입니다.

같은 DDR-3 램이라도 양면 램이 있고, 단면 램이 있는데요, 어떤 메인보드는 양면 램을 지원하지 않고 단면 램만 지원하는 메인보드도 있고요, 반대로 단면 램만 지원하고 양면 램을 지원하지 않는 메인보드도 있습니다.

여기에 더 나아가서 램을 한 개만 꽂아서는 작동하지 않는 메인보드도 있습니다.

램을 2개를 꽂아서 뱅크(Bank)를 이루어야 부팅이 되는 메인보드도 있습니다.

그래서 필자는 조립 PC를 무려 수 천 대를 조립했지만, 지금도 매일 난생 겪어보지 못한 항상 새로운 문제에 부딪혀서 끊임없이 연구하고 고민을 합니다.

앞에서 만일의 사태에 대비하여 C 드라이브를 예비 SSD로 클론을 해 놓았지만, 이 클론 디스크를 연결하고 부팅을 해도 제대로 부팅이 안 되는 수가 있습니다.

일단 원칙적으로 원래 오리지널 원본 PC에 연결하면 이런 일이 적습니다.
그러나 다른 PC에 연결하면 여러가지 설정을 직접 해야 하는 경우도 있습니다.

[2] 복제한 SSD로 부팅

가장 좋은 방법은 원래 오리지널, 원본 PC에서 클론을 해서 보관하던 복제 SSD를 원래 PC가 고장이 나서 교체를 하면 대부분 이상없이 부팅이 됩니다.

클론한 이후 세월이 흐르면 원본 PC에 여러가지 다른 프로그램들이 깔리기 때문에 복제 SSD로 부팅시 약간의 시간이 흐르면서 자동으로 모든 셋팅이 되고 완료되면 정상 부팅이 되는 것이 정상입니다.

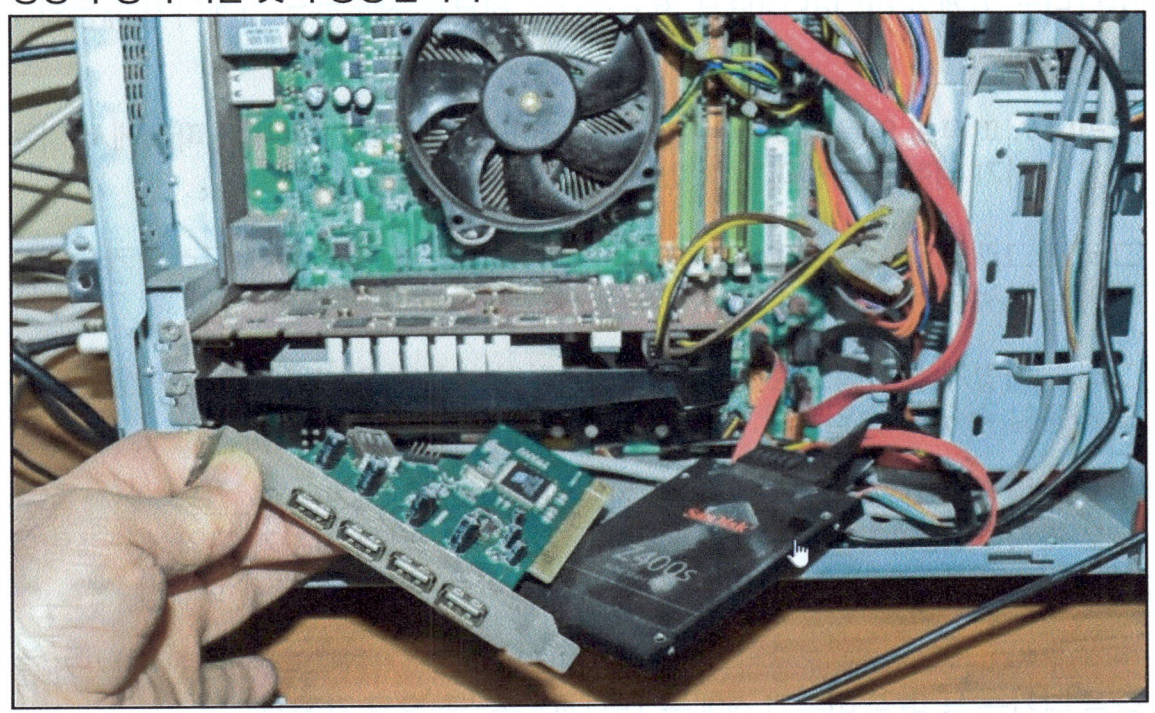

위의 손가락이 가리키는 것이 SSD인데요, 위에 보이는 것과 같이 컴퓨터 뚜껑을 열고 원래 장착되어 있는 SSD는 컴퓨터에 아마도 대부분 나사로 조여져 있을 것입니다.

그러나 다른 것은 그냥 두더라도 SSD는 일단 가볍기 때문에 위에 보이는 것과 같이 그냥 SATA 케이블과 파워 서플라이에서 나온 전원을 연결하고 위에 보이는 것과 같이 그냥 컴퓨터 바닥에 내려놓고 사용해도 됩니다.

다만, 주의 할 점은 가운데 시피유를 식혀주는 냉각팬이 회전하는데 선이 닿지 않게 해야 합니다.
컴퓨터를 사고 없이 몇 년 동안 사용하다보면,.. 음, 컴퓨터는 100년을 써도 끄떡 없습니다.

아마도 1,000년을 쓸 수 있을지도 모릅니다.
다만 구형이 되어 아무도 쓰지 않겠지요..

이렇게 컴퓨터를 오래 사용할 수 있는 이유는 기계 적으로 자동차 엔진 등과 같이 마모되는 기계가 아니라 대부분 전기적으로 회로로 작동하는 기계이기 때문입니다.

그러나 시피유의 열을 식혀주는 팬이라든지 파워 서플라이 안에도 파워에서 나는 열을 식히기 위한 쿨링팬이 달려 있습니다.

그리고 그래픽카드는 시피유보다 훨씬 집적회로가 많기 때문에 그래픽카드에도 팬이 달려서 컴퓨터 전원을 켜면 팬이 회전을 하여 열을 식힙니다.

그래서 이렇게 물리적으로 회전하는 기계적인 부품만 아니라면 거의 반영구적으로 사용할 수 있는 것입니다.

그래서 필자가 사용하는 모든 PC는 장터에서 아주 싼 가격에 중고로 구입한 부품들로 조립한 PC이지만, 중고 부품의 사용 년도를 떠나서 필자가 구입해서 조립한 시점부터 따져도 이미 10 년 이상 사용했어도 아무 문제가 없는 것입니다.

더구나 필자는 서버를 운용하는 것도 아닌데 하루 24시간, 1년 365일 필자가 출장을 나가는 등 며칠 비우기 전에는 1년 내내 논스톱으로 가동됩니다.

그래도 끄떡 없이 돌아갑니다.
컴퓨터는 기계적으로 마모되는 것이 아니기 때문입니다.

물론 필자가 그렇게 고장이 나지 않도록 해 놓고 사용하기 때문이고요, 여러분 대부분은 절대로 이렇게 할 수 없습니다.

필자가 쓴 책 중에서 가장 잘 팔리는 [PC정비사] 책을 보시고 공부를 하여 PC정비사가 되면 가능하겠죠..

(1) 부팅 과정

앞에서 배운 클론한 SSD를 연결하고 컴퓨터의 전원을 켜면 화면에 먼저 따르륵 무언가 나타납니다.

이 때 자세히 보면 모니터 화면 아래 무언가 누르면 셋업으로 진입할 수 있다는 메시지가 뜹니다.

셋업으로 진입하는 키는 여러가지가 있는데요, 대부분 처음 화면이 뜰 때 키보드의 [Del]키를 몇 번 눌러주면 셋업으로 진입합니다.

이 밖에 [F2]를 누르거나 [F9], [F12] 혹은 [F10]을 눌러야 셋업으로 진입하는 경우도 있는데요, 이런 모지리 PC들은 대개 이른바 메이커 PC 들로서 이른바 메이커에서 PC의 메인보드 롬 바이오스를 재 프로그래밍을 하여 이런 모지리 같은 단축키를 넣고 컴퓨터 전원을 켜면 이런 키를 누르면 셋업으로 진입할 수 있다는 안내가 나오지만 금방 지나가 버리므로 사용자는 컴퓨터가 고장이 나기 전에는 그런 화면이 나타나는지도 모르는 수가 있습니다.

만일 원래 오리지널 원본 PC이기 때문에 다른 설정 없이 아무것도 만지지 않아도 저절로 부팅이 될 수도 있고요, 만일 부팅이 되지 않으면 어쩔 수 없이 셋업으로 들어가서 부팅 드라이브를 지정해야 할 수도 있고요, 셋업까지 들어가지 않더라도 화면에 어떤 드라이브로 부팅을 할 것인지 묻는 화면이 나타나는 경우에는 마우스로 해당 SSD를 클릭해 주면 됩니다.

컴퓨터 셋업은 사실 매우 중요한 기능입니다만, 워낙 항목이 많고 잘못 건드리면 아예 부팅이 안 되기 때문에 별다른 문제가 없는 한 만지지 않는 것이 상책입니다.

만일 잘 못 만져서 부팅이 되지 않는다면 다시 재부팅을 시도하여 다시 셋업으로 들어가서 셋업 디폴트 값으로 설정하면 다시 부팅이 됩니다.

이는 PC마다 다르기 때문에 어떤 방법을 써야 한다고 콕 집어 얘기할 수는 없고요, 화면의 안내를 잘 보고 따라 하면 됩니다.

한글로 나오는 수도 있고요, 영문으로 나올 때도 있고요, 셋업까지 이해하려면 상당히 많은 공부를 해야 합니다.

예를 들어 앞에서 네트워크에 대해서 공부를 했는데요, 네트워크를 전문적으로 다루기 위해서는 대학교에서 4년 전공을 해야 할 정도입니다.

이런 점을 염두에 두시고요, 클론한 SSD로 그냥 부팅이 되면 좋겠지만, 부팅이 되지 않고 어떤 드라이브로 부팅을 할 것인지 선택하라는 메시지가 나오면 새로 장착한 클론 SSD를 선택하면 되고요, 이런 화면이 뜨지 않는 컴퓨터는 어쩔 수 없이 셋업으로 들어가서 부팅 드라이브를 지정해야 합니다.

셋업 화면에 들어가서는 잘 못 만지면 아예 부팅이 안 되므로 다른 것은 만지지 말고 부팅 드라이브를 지정하는 화면을 찾아야 합니다.

Boot, Booting.. 등 부팅 관련 메뉴를 찾아야 하는데요, 초보자는 거의 불가능하고요, 최소한 이 책을 대부분 이해를 하실 정도의 실력이 있어야 합니다.

아마 원래의 원본 PC에서 클론한 SSD를 장착하고 부팅을 하면 대부분 정상 부팅이 될 것입니다.

정상 부팅이 안 되면 정상이 되게 만들어야 하는데요.. 음..

음..

여기서, 이 책은 책이므로 정품 프로그램이 아닌 불법 프로그램까지 설명을 해 드릴 수는 없습니다.

윈도우즈를 정품을 사서 설치하신 분이라면 당연히 마이크로소프트 사이트에서 관련 프로그램을 정식으로 다운로드해서 사용할 수 있습니다만, 정품 윈도우즈가 아닌 경우 마이크로소프트사에 들어가서 원하는 프로그램을 다운로드 하더라도 정상적으로 사용할 수 없는 경우가 있고요..

문제는 윈도우즈 운영체제만 마이크로소프트사가 아니라는 점입니다.

실질적으로 일반적으로 개인용 PC 혹은 업무용 PC에서 사용하는 거의 모든 프로그램이 마이크로소프트사의 프로그램이니 어디서 걸려도 걸리게 되어 있습니다.

정품이라도 우리나라 토종 워드인 한글 프로그램은 가격이 쌉니다.
필자는 책을 쓰는 것이 직업이기 때문에 한글 프로그램도 여러 번 구입을 했는데요, 한글 프로그램은 한컴 오피스 2024 등, 이렇게 오피스 패키지 프로그램으로 한글, 한셀, 한쇼, 한워드 등이 같이 들어 있는 프로그램을 몽땅 구입하는 것이고요, 가격은 약 6~7만원으로 이 정도 가격이면 그야말로 껌값입니다.

고가의 프로그램은 가격이 수 천 만원씩 하는 프로그램도 있고요, 윈도우즈 운영체제 프로그램도 처음 사용자용은 24만원~50만원 정도입니다.

그리고 컴퓨터를 사용한다면 윈도우즈 운영체제 외에 한글 프로그램, 마이크로소프트 엑셀 프로그램은 최소 기본 프로그램이므로 이 두 가지는 없어서는 아니되는 필수 소프트웨어입니다.

여기서 그래픽을 한다면 포토샵, 프리미어, 일러스트레이터 등을 사용해야 하는데요 이들 프로그램들도 모조리 마이크로소프트사의 소프트웨어들입니다.

그러나 지금은 프로그램을 돈을 주고 사는 것이 아니라 플랜이라는 제도를 이용해서 월, 또는 년 단위로 임대료를 내고 사용하는 임대 형식인데요, 그래도 여러가지 프로그램을 사용하기에는 상당한 부담이 되는 것이 사실입니다.

중소기업 이상 법인이나 은행 등은 정품을 쓰지 않으면 정품보다 몇 곱절 더 많은 배상을 해야 하므로 어쩔 수 없이 정품을 써야 하고요, 이렇게 정품을 쓰는 기업이나 단체, 학교, 정부 기관 등에만 팔아도 마이크로소프트사는 세계 최고의 부자이면서 개인에게까지 모조리 정품 사용을 요구하는 것은 도가 지나치다는 의견이 분분하지만, 사실상 어쩔 수가 없습니다.

그나마 예전에는 불법 프로그램 단속을 나와서 적발되면 패가망신을 하곤 했는데요, 이제는 그렇게 불법 프로그램 단속 보다는 PC를 어떤 식으로든 응징을 합니다.

따라서 어느정도 여유가 있으신 분들은 정품을 쓰시기를 적극 권장하고요, 사실 어느 정도만 여유가 있는 분이라면 정품을 써도 큰 부담이 가는 금액은 아닙니다.

오토캐드나 영화를 만드는 복잡한 3D 프로그램만 아니라면 그리 크지 않은 비용으로 정품을 쓸 수 있으나 여러가지 프로그램을 사용할 경우 약간의 부담이 되고요

가난한 개인 사업자나 학생 등이 문제가 되는데요, 그래서 개인의 경우 암암리에 불법 소프트웨어를 사용하기도 합니다.

그래서 마이크로소프트사의,.. 이런 불법 소프트웨어를 찾는 로봇 프로그램이 인터넷을 돌아다니면서 불법 프로그램을 사용하는 PC를 적발하면 어떤 식으로든 응징을 하기 때문에 복제한 클론 SSD로 부팅을 할 때는 가능한 랜선을 빼 놓고 부팅을 하는 것이 좋습니다.

랜선을 빼고 일단 부팅에 성공한 이후 복제한 클론 SSD라도 윈도우즈 정품 인증을 다시 해야 합니다.

그리고 자신이 사용하는 각종 응용 소프트웨어들도 대부분 다시 인증을 해야 할 수도 있습니다.

원래 원본 PC를 그대로 복제를 했으므로 정상적으로 부팅도 되고 정상적으로 프로그램도 사용 가능해야 하지만, 창과 방패와 같은 이치입니다.

예전에는 이 책에서 설명하는 복제 클론 SSD 사용이 많지 않았으나 근래에는 많아지자 응용 소프트웨어 개발사들이 앞다퉈 복제한 클론 SSD로 부팅을 하더라도 인증을 해야 사용할 수 있게 자꾸만 바뀌는 추세입니다.

따라서 클론한 SSD로 부팅을 해서 정상적으로 사용할 수도 있고, 그러하지 않을 수도 있다는 것을 아시고요, 만일 비정상일 경우 정상으로 만드는 방법을 반드시 익혀야 하는데요, 초보자의 경우 이것이 어렵기 때문에 일단 랜 선을 빼고 부팅을 하면 정품 확인을 하는 로봇 프로그램들이 인터넷을 통하여 검사를 할 수 없으므로 부팅을 시킨 다음, 정상 여부를 확인하기 위하여 두어 번 재부팅을 해 보고 이상이 없으면 그냥 사용해도 되지만, 마이크로소프트사는 전세계에서 가장 뛰어난 프로그래밍 실력을 가진 전문 프로그래머가 1만 명 이상 포진해 있는 거대 그룹입니다.

부팅할 당시에는 이상이 없어도 며칠 내로 반드시 어떠한 제재가 가해지므로 최소한 윈도우즈 정품 인증은 해 두어야 안심할 수 있습니다.

정품 윈도우즈를 사용하시는 분이라면 당연히 정품 인증 번호를 입력하면 되고요, 비 정품 윈도우즈를 사용하는 분들까지 정품 인증하는 방법을 알려 드릴 수는 없습니다.

그러나 인터넷 검색하면 윈도우즈 정품 인증하는 방법은 헤일 수 없이 많으므로 잘 찾아보면 되고요, 그래서 열심히 공부를 하여 파워 유저가 되어야 하고요, 다만, 불법, 악성 코드 유포 사이트도 있으므로 조심 또 조심해야 합니다.

초보자가 할 수 있는 방법은, 윈도우즈 운영체제에도 백업 기능이 있기는 하지만, 차라리 안 된다고 하는 편이 나으므로 클론 SSD를 2개 이상 만들어놓고 인터넷으로 검색하여 얻은 방식을 사용해 보고 만일 제대로 안 되거나 악성 코드에 감염된다면 다시 추가로 만들어 놓은 예비 클론 SSD로 부팅을 재시도하면서 정품 인증을 하는 방법을 익히시기 바랍니다.(비정품을 정품으로 인증하는 방법을 책에 기술할 수는 없습니다. - 인터넷 검색하면 어렵지 않게 방법을 찾을 수 있습니다.)

그리고 2개 이상의 클론 SSD를 사용하면 한 개 정도는 정품 인증 없이 됩니다.
그래서 클론 SSD는 최소한 2개 이상 준비를 해야 하는 것입니다.

제 3 편 윈도우즈 설치

필자는 현재 컴퓨터 관련 사업을 하는 것은 아니지만, 중년 이후 조립 PC를 무려 수 천 대를 조립 판매하기도 했고요, 각종 교육 기관에서 오랜 기간 동안 강의를 하기도 했는데요, 평생동안 윈도우즈 운영체제를 단 한 번도 인스톨 해 본 적이 없는 사람들이 압도적으로 많다는데 놀라움을 금할 수가 없습니다.

물론 필자도 지금은 윈도우즈 운영체제를 설치하는 작업을 하지 않은지가 언제인지 모릅니다.

앞에서 설명한 HDClone 프로그램으로 SSD를 복제를 해 놓고 비상시 SSD만 교체를 하고 부팅을 하면 되므로 더 이상 윈도우즈 운영체제를 인스톨 할 필요가 없어졌기 때문입니다.

그러나 이것은 필자의 오랜 경험과 기술을 바탕으로 완벽한 PC를 만들어 놓고 그 완벽한 PC의 SSD를 클론을 해 놓았기 때문에 가능한 일이고요, 앞에서도 언급했습니다만, 무언가 문제가 있는 PC의 SSD를 복제를 하면 무언가 문제가 있는 상태로 클론이 되기 때문에 그 SSD로 부팅을 하는 어떠한 PC 라도 무언가 문제가 생길 수 밖에 없습니다.

제 1 부 바이러스 백신 프로그램

그래서 필자는 윈도우즈 운영체제를 최초 설치한 직후 필자가 필요로 하는 각종 프로그램들을 깔고 바로 SSD를 복제를 해 두었고요, 그 파일을 지금까지 사용하는 것입니다.

이 때 바이러스 백신 프로그램은 항상 최신 날짜의 버전을 사용해야 하지만, 바이러스 백신 프로그램들은 오래 된 구 버전이 깔린 상태에서 부팅이 되면 자동으로 (인터넷에 연결되어 있으면) 업데이트가 되어 최신 버전으로 바뀝니다.

지금까지 클린 PC를 클론해야 한다고 여러 번 강조를 했고요, 필자와 같이 아예 처음부터 윈도우즈 운영체제를 깔고 바이러스 백신 프로그램 깔고, 그리고 자기가 필요로 하는 프로그램들을 깔고 혹시 모를 위협에 대비하여 그 즉시 SSD를 클론을 해 두면 좋겠지만, 이렇게 할 수 없는 사람들은 어쩔 수 없이 현재 자기가 사용하고 있는 PC의 SSD를 복제 할 수 밖에 없습니다.

이 경우 최소한 바이러스 백신 프로그램으로 바이러스 및 악성 코드 검사를 하여 바이러스나 악성 코드가 없는 상태에서 SSD를 클론을 해야 합니다.

앞의 화면은 윈도우즈 바탕화면 우측 하단 시스템 트레이에서 (1)을 클릭하여 나타난 화면이고요, 앞의 화면 마우스가 가리키는 V3에 마우스를 가져가니 "실시간 검사가 진행중입니다.." 라고 나옵니다.

만일 여러분 컴퓨터가 이렇게 되어 있지 않다면 참으로 큰일입니다.

아마 컴퓨터를 정상적으로 사용할 수 없을 것입니다.

우리나라는 세계 최고의 IT국가로 국산 토종 바이러스 백신 프로그램이 대표적으로 안랩에서 배포하는 V3와, 이스트소프트사에서 배포하는 알약이 있습니다.

개인의 경우 무료 버전을 사용할 수 있고요,..

원래 윈도우즈 운영체제에도 바이러스 백신 기능이 있습니다.

바로 윈도우즈 디펜더, 마이크로소프트 디펜더인데요, 정품 윈도우즈를 사용하는 사람이라면 윈도우즈 운영체제에 내장된 마이크로소프트 디펜더를 사용해도 됩니다 다만, 마이크로소프트 디펜더를 포함한 어떠한 마이크로소프트 프로그램이라도 정품 프로그램인지 아닌지 검사하는 기능이 있습니다.

그래서 비정품 윈도우즈 사용자는 디펜더를 켰다가는 자칫 컴퓨터를 사용하지 못할 수도 있습니다.

컴퓨터를 사용할 수는 있다 하더라도 컴퓨터를 한 없이 느려지게 하여 복장이 터져서 결국 컴퓨터를 사용할 수 없는 지경에 이르게 하기도 합니다.

따라서 어느 정도만 여유가 있는 사람이라면 윈도우즈 정품을 사용하는 것이 좋고요, 마이크로소프트사의 플랜을 이용하면 다른 프로그램들도 자신이 원하는 프로그램만 골라서 자신에 맞는 금액의 플랜을 선택 구매하여 사용하는 것이 좋습니다.

문제는 개인용 컴퓨터이든 업무용 컴퓨터이든 일반적으로 사용하는 거의 대부분의 프로그램이 마이크로소프트사의 프로그램이라는 점입니다.
그래서 모든 프로그램을 정품으로 사용하기에는 부담이 갈 수 밖에 없는데요, 그래도 정품을 사용하는 것이 원칙이라는 것을 아시기 바랍니다.

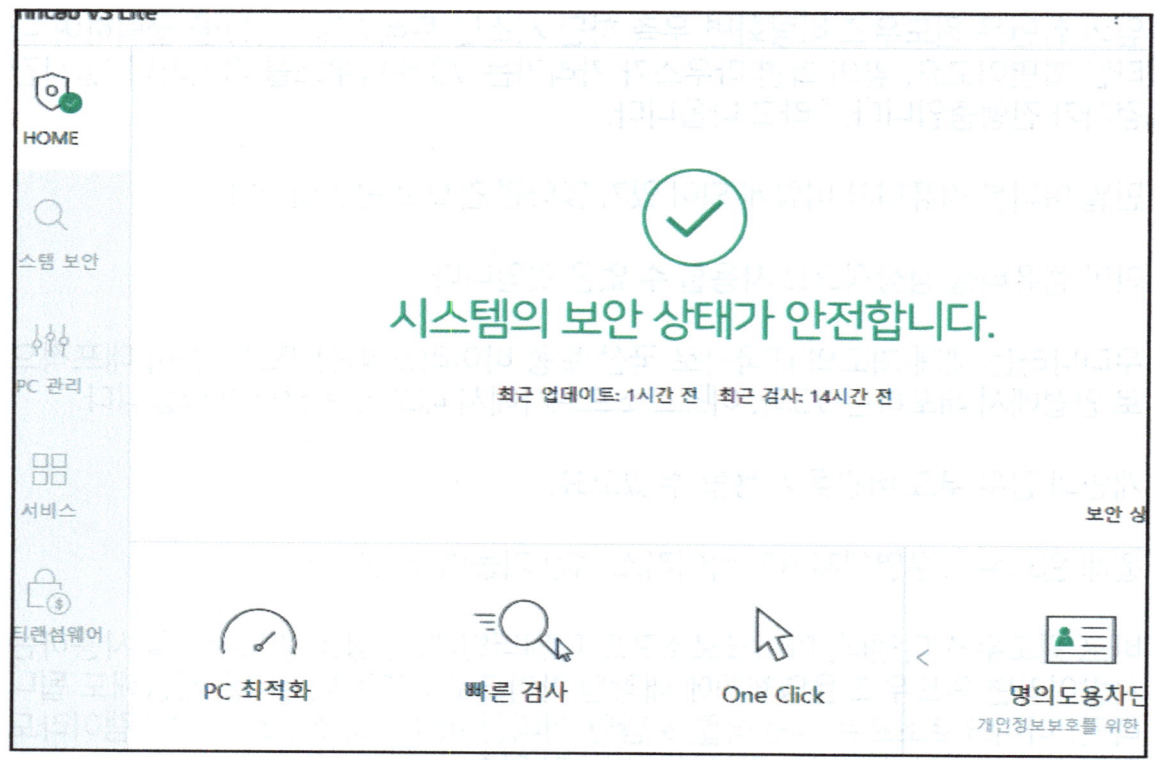

위의 화면은 앞의 화면에서 V3를 클릭한 화면이고요, 위와 같이 안전한 메시지가 나타나야 합니다.

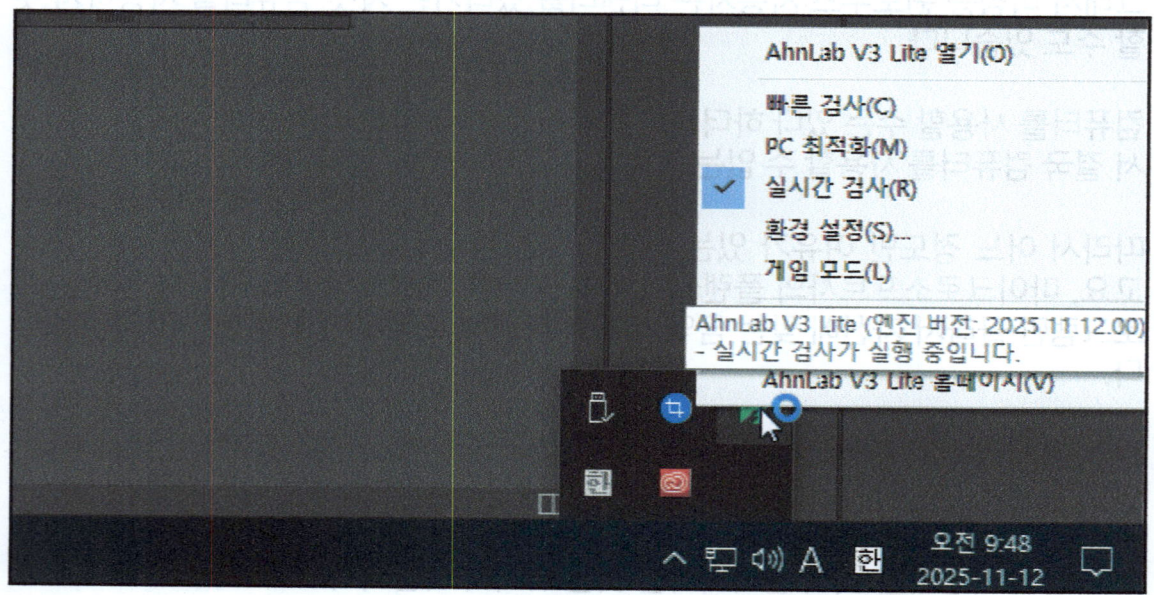

윈도우즈 바탕 화면 우측 하단 트레이에서 V3를 선택하고 마우스 우측 버튼을 클릭하면 앞의 화면에 보이는 메뉴가 나타나며 앞의 메뉴에 보이는 것과 같이 [실시간 검사]에 체크가 되어 있는 것이 기본 값이고요, 경우에 따라서는 새로 설치하는 프로그램을 바이러스로 인식하여 삭제를 해 버리는 일도 있으므로 이 경우에는 앞의 화면에서 [실시간 검사]의 체크를 지워서 V3가 검사를 못 하도록 하고 설치를 해야 합니다.

이 때 [실시간 검사]를 끄면 얼마 동안 끌 것인지 묻는 화면이 나타납니다.

알약도 이와 비슷하고요, 어떤 면에서는 알약이 바이러스 탐지 능력이 더 뛰어날 때도 있지만, 하도 광고 및 팝업을 많이 띄워서 필자는 알약을 사용하지 않고 V3를 사용하는 것이고요, V3나 알약을 설치할 때 타사 백신이 설치되어 있으면 오류가 날 수 있다는 경고가 뜨지만, V3와 알약을 모두 설치해도 상관 없습니다.

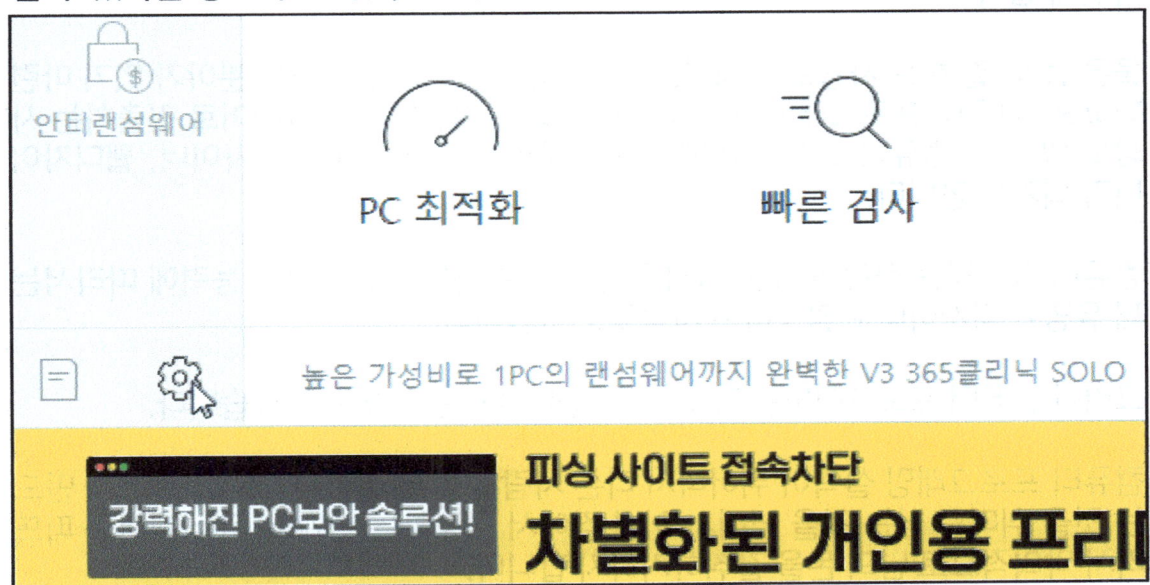

위의 화면, V3가 실행된 화면 좌측 하단, 위의 마우스가 가리키는 톱니바퀴를 클릭하면 환경 설정 창이 열리고요,..

여기서 다른 것은 건드리지 않더라도 광고 팝업을 띄울 것인지 말 것인지 선택하는 메뉴도 있고요, 알약에도 광고를 띄우지 않는 메뉴가 있기는 하지만, V3이든 알약이든 사용자가 임의로 광고가 뜨지 않게 하는 방법은 없고요, 광고가 뜨지 않게 설정을 해도 막무가내로 광고는 사라지지 않습니다.

무료로 쓰기 때문에 이 정도는 감수를 해야 하고요, 이것이 귀찮고 번거롭다면 바이러스 백신 프로그램은 정품으로 구입해도 불과 몇 만원 수준이므로 정품을 구입하면 광고가 완전히 사라집니다.

제 1 장 멀웨어/랜섬웨어

컴퓨터 바이러스라는 것은 실제 인간의 몸에 기생하는 바이러스는 아니지만 마치 인간의 몸에 기생하는 바이러스와 같이 작동을 하기 때문에 컴퓨터 바이러스라고 부르는 것이며, 컴퓨터 바이러스란 미생물이 아니라 바이러스도 컴퓨터 프로그램입니다.

여러분이 이 책으로 공부를 하여 파워 유저가 되면 필연적으로 크게 2가지 부류로 나뉘게 됩니다.

물론 둘 다 잘 하는 사람도 있지만, 사람은 각기 자신이 좋아하는 분야가 있기 마련이고요, 컴퓨터 프로그래밍, 즉, 개발자가 되는 컴퓨터 프로그래머로 진출하는 사람도 있고요, 컴퓨터 그래픽의 매력에 빠져서 컴퓨터 그래픽 디자이너, 웹디자이너가 되기도 합니다.

컴퓨터 그래픽은 화려한 예술 감각을 살리는 분야이므로 사람의 능력에 따라서는 꽤 유명한 디자이너로 활동하는 사람들도 있습니다.

그러나 컴퓨터 프로그래머는 자칫 나쁜 길로 빠지는 수가 왕왕 있습니다.

컴퓨터 프로그래밍 실력이 뛰어나서 다른 사람의 컴퓨터를 해킹하고 못 쓰게 만드는 것을 취미로 삼는 것을 넘어서 이번 장에서 설명하는 멀웨어, 랜섬웨어를 퍼뜨려서 악의적으로 남의 돈을 갈취하기까지 합니다.

필자 생각에 컴퓨터 그래픽은 화려한 그래픽을 다루지만, 컴퓨터 프로그래밍은 딱딱한 코드만 하루종일 들여다보고 디버깅을 하는 등의 작업을 하기 때문에 너무나 따분해서 이런 싸이코 성향이 보이는 것으로 생각됩니다.

그래서 컴퓨터 프로그래머는 정도의 차이는 있을지언정 어떠한 컴퓨터 프로그래머도 어느 정도의 싸이코 성향이 있습니다.

여기서 싸이코라고 하는 것은 반드시 범죄자를 의미하지는 않습니다.

예를 들어 어떤 사람이 공중 화장실에 들어가 변기에 앉았더니 앞에 다음과 같이 써 있었습니다.

"옆을 보시오."
그래서 옆을 보았습니다.
"뒤를 보시오"
그래서 뒤를 보았습니다.
"위를 보시오"
그래서 위를 보았습니다.
"뭘봐"
이렇게 써 있었습니다.

이게 바로 어떠한 프로그래머라도 정도의 차이는 있을지언정 싸이코 성향이 있다고 표현을 한 것입니다.

한 번이라도 클릭을 덜 하게, 한 번이라도 엔터를 덜 치게 프로그래밍을 해야 하지만, 컴퓨터 프로그래머가 프로그래밍을 하면서 한 번이라도 더 클릭하게 하여 사용자가 골탕을 먹는 것을 상상하며 고소한 맛에 미소까지 띄는 컴퓨터 프로그래머를 상상만 해도 소름이 끼칩니다.

이런 점을 염두에 두시고요, 여러분도 이 책으로 공부를 하여 장차 파워 유저가 되어 컴퓨터 프로그래머가 되시는 분이라면 이런 성향을 갖지 않으시기 바랍니다.

제 1 절 멀웨어/랜섬웨어란

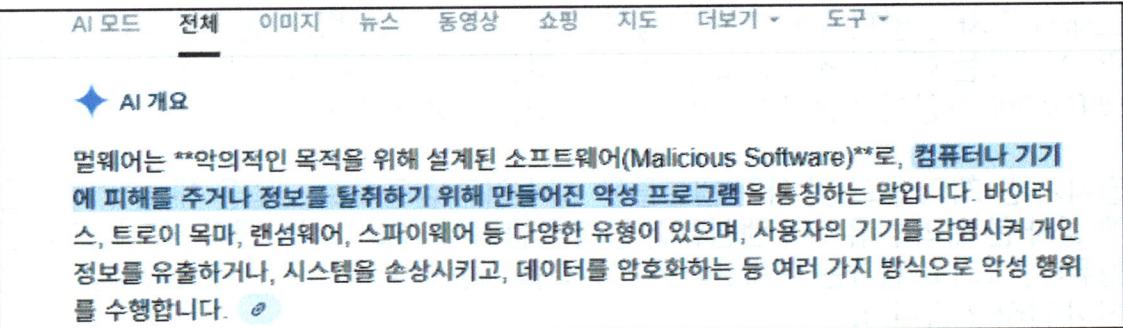

앞의 화면은 방금 구글에서 검색한 화면인데요, 컴퓨터를 사용하면서 주의해야 할 것이 바이러스만 있는 것이 아닙니다.

앞의 화면과 같이 멀웨어는 바이러스 포함 컴퓨터에 위해를 가하는 모든 악성 프로그램을 총칭하는 단어입니다.

필자는 우선 책을 쓰는 것이 제 1 직업입니다.

그래서 필자가 쓰는 책의 원고를 가장 먼저 백업을 해 둡니다.
그것도 이중 삼중으로 백업을 해 둡니다.

책의 주문이 들어와도 책의 원고가 사라지면 인쇄를 할 수 없기 때문입니다.

그리고 필자가 쓴 책 중에는 "카메라 교본" 책도 있고요, 그래서 필자는 카메라를 가지고 여기 저기 다니면서 촬영한 각종 사진을 인쇄를 해서 대형 사진, 중 소형 사진 및 대형 액자, 소형 액자 등에 넣어서 판매를 합니다.

이 때 사진 관련 주문이 들어왔을 때 그 사진의 원본이 없으면 인쇄를 할 수 없기 때문에 큰 일이 아닐 수 없습니다.

그래서 필자의 인터넷 쇼핑몰에서 판매하는 수 많은 사진의 원본 파일들을 역시 이중 삼중으로 백업을 해 놓습니다.

그럼에도 불고하고..
필자와 같이 철저하게 백업을 이중 삼중으로 해 놓을 정도로 컴퓨터의 보안을 철통같이 지키는 사람도 랜섬웨어 공격을 이미 여러 번 받았습니다.

그래서 필자는 일찌기 필자의 일생의 모든 자료를 디지털화 해서 저장해 두었지만, 실제로는 대부분 소실되고 남아 있는 것은 고작 640Mb의 시디롬이나 4.7Gb의 DVD에 저장해 놓은 것이 그나마 남아 있는 자료들입니다.

필자가 쓴 책의 원고 및 사진 원본들은 워낙 이중 삼중으로 백업을 해 놓았기 때문에 설사 한 대의 컴퓨터가 랜섬웨어 공격을 받아서 파일이 사라진다 하더라도 다른 컴퓨터, 그리고 필자는 현재 3대의 컴퓨터를 사용하며 3대 모두 HDD 도킹스테이션이 달려 있습니다.

그래서 수시로 각각의 컴퓨터에 있는 자료들을 각각의 컴퓨터의 HDD 도킹스테이션에 꽂아 놓은 백업 디스크에 원본 파일들을 저장을 합니다.

이렇게 할 때 사용하는 방법은 조금 뒤에 설명하고요,

랜섬웨어란 고도의 프로그래밍 실력을 가진 해커가 다른 컴퓨터에 침입하여 파일에 암호를 걸어놓고, 암호를 풀어주는 댓가로 돈을 요구하는 것입니다.

맹백한 컴퓨터 범죄이기 때문에 국제적으로도 이런 해커를 잡으려고 혈안이 되어 있지만, 얼굴을 드러내지 않고 온라인으로만 활동하기 때문에 잡기가 어려운 것입니다.

그래서 필자의 경우 랜섬웨어 공격을 여러 번 받아서 많은 자료를 잃었지만, 필자의 사업상 중요한 책의 원고 및 사진의 원본 파일은 이중 삼중으로 백업을 해 놓았기 때문에 아직까지 아무 문제 없이 사업을 지속하고 있는 것입니다.

제 2 부 윈도우즈 usb 설치 디스크 만들기

옛날 컴퓨터 초기에는 디스켓에 운영체제 파일이 담겨서, 이후 시디에 운영체제 파일이 담겨서 시판되었고요, 이후 오늘날까지 usb 설치 디스크를 만들어서 설치를 하는 방식이 사용되고 있습니다.

이는 윈도우7/10/11 모두 동일하고요, 이렇게 윈도우즈 운영체제를 설치하기 전에 먼저 알아야 할 사항이 있습니다.

일단 이 책은 이미 예상 페이지를 훨씬 뛰어넘어서 지면이 너무 부족합니다.

그래서 매우 자세하게 설명을 할 지면이 부족하기 때문에 여기서 부족한 설명은 필자의 블로그에 오셔서 관련 검색어로 검색해서 보충하시기 바랍니다.

우선 운영체제를 설치하기 전에, 아니 윈도우즈 usb 설치 디스크를 만들기 전에 먼저 알아야 할 것이 MBR, UEFI 입니다.

MBR은 Master Boot Recorder의 약자로 레거시, 즉, 옛날 방식입니다.

UEFI는 다음 설명을 보세요..

통일 확장 펌웨어 인터페이스 또는 통합 확장 펌웨어 인터페이스(영어: Unified Extensible Firmware Interface, UEFI)는 운영 체제와 플랫폼 펌웨어 사이의 소프트웨어 인터페이스를 정의하는 규격이다. IBM PC 호환기종에서 사용되는 바이오스 인터페이스를 대체할 목적으로 개발되었다. 인텔이 개발한 EFI(Extensible Firmware Interface) 규격에서 출발하였다.

위는 위키백과에서 인용한 것이고요, 한 마디로 최신의 방식이며 대략 10년 이내에 컴퓨터를 구입했다면 대부분 UEFI 방식입니다.

MBR이나 UEFI가 왜 중요한가 하면요, 당장 윈도우즈 운영체제를 인스톨 할 때 사용되는 윈도우즈 usb 설치 디스크를 만들 때 MBR로 만들 것인지 UEFI로 만들 것인지 결정을 해야 하기 때문입니다.

그러나 사실 사용자 입장에서는 MBR이나 UEFI나 전혀 차이가 없기 때문에 어떤 방식으로 윈도우즈 usb 설치 디스크를 만들어도 상관 없지만, 컴퓨터는 시시각각으로 발전하기 때문에 대략 지금으로부터 10 여 년을 기점으로 그 이전에 나온 메인보드는 UEFI를 지원하지 않습니다.

따라서 이런 구형 메인보드는 어쩔 수 없이 MBR 방식으로만 설치가 가능하고요, 지금으로부터 대략 10 여 년을 기점으로 그 당시에 나온 메인보드들은 MBR과 UEFI를 동시에 지원하며 이후 나온 메인보드들은 MBR은 지원하지 않고 오로지 UEFI방식으로만 윈도우즈를 설치할 수 있습니다.

사실 필자가 사용하는 컴퓨터는 모두 10 여 년 정도 된 컴퓨터들이기 때문에 대부분 MBR과 UEFI를 동시에 지원합니다.

그러나 필자는 일부러 모든 컴퓨터의 운영체제를 MBR방식으로 설치하였습니다.

사용자 입장에서 보면 MBR 이나 UEFI나 체감적으로는 차이를 느낄 수 없고요, 다만 MBR은 앞에서 설명한 컴퓨터가 부팅이 될 때 바이오스(BIOS : Basic Input Output System - 부트 로더가 시스템을 점검하여 이상이 없으면 부팅을 하여 시스템 제어권을 운영체제에 넘겨주는 방식)로 부팅을 하며 UEFI는 사실상 똑같은 방식인데 소프트웨어적으로, 즉, Unified Extensible Firmware Interface 방식으로 부팅이 되는 것일 뿐 부팅이 되는 아무 차이가 없기 때문입니다.

물론 새로운 방식인 UEFI 방식이 낫고, 신형 메인보드는 아예 UEFI 방식만 지원하기 때문에 좋건 싫건 무조건 UEFI로만 윈도우즈를 설치를 해야 합니다.

또 한 가지 알아야 할 사항이 GPT 디스크입니다.

지금 설명하는 MBR 방식으로 윈도우즈를 인스톨 했을 경우 디스크를 인식할 수 있는 용량이 약 2Tb입니다.

다시 말해서 4Tb 용량의 HDD를 구입했다 하더라도 MBR 시스템에서는 2Tb로 인식하여 나머지 2Tb는 사용할 수 없습니다.

그러나 MBR방식으로 윈도우즈를 설치했다 하더라도 4Tb 용량의 HDD를 GPT 디스크로 변환을 하면 HDD 용량을 사실상 무제한으로 사용할 수 있습니다.

따라서 사용자 입장에서는 MBR이든 UEFI이든 상관이 없고요, 잠시 후에 설명하게 되는 윈도우즈 usb 설치 디스크를 만들 때 MBR과 UEFI를 동시에 지원하게 만들 수도 있습니다.

이에 대한 설명은 책을 한 권 써야 할 정도이므로 이 정도로 간략하게 설명을 하고요, 또 한 가지 윈도우즈 usb 설치 디스크를 만들기 위해서 윈도우즈 usb 설치 디스크를 만드는 프로그램을 다운로드 해야 합니다.

원래 윈도우즈 운영체제 개발사가 마이크로소프트사이기 때문에 마이크로소프트사에서 윈도우즈 usb 설치 파일을 다운 받아서 설치디스크를 만들어도 되지만, 앞에서 여러번 언급했습니다만, 정품 윈도우즈 사용자는 상관이 없지만, 비정품 사용자는 마이크로소프트에 접속하면 할 수록 어떤 식으로든 정품 사용 여부를 검사하여 비정품 사용자는 응징을 한다는 것을 아시기 바랍니다.

그래서 윈도우즈 usb 설치 디스크를 만드는 프로그램을 따로 다운로드하여 윈도우즈 usb 설치 디스크를 만드는 것이 좋고요, 이 파일도 필자의 블로그에 올려 놓았으므로 유튜브에서 가나출판사 검색하여 동그라미 속에 들어 있는 필자의 얼굴

을 클릭하여 필자의 [유튜브 채널]에 오셔서 필자의 홈페이지 링크를 클릭하여 필
자의 홈페이지에 오셔서 [네이버 블로그]를 클릭하여 필자의 네이버 블로그에 오
셔서 우측 슬라이더를 밑으로 내려서 맨 밑에 있는 검색어 입력란에 'usb 설치' 등
으로 검색하며 아래 포스트에서 다운로드 하시기 바랍니다.

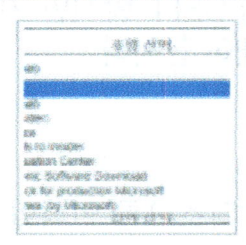

윈도우10 usb 설치 디스크 만들기(221218) | 낙서장

== 아래 내용을 올린 이후에 필자가 실제로 사용해 보니

윈도우10 usb설치 디스크 에러 | 낙서장

지금 무언가 잘 안 되어 윈도우10을 여러 번 재 설치를 하고 있는데요,

윈도우10 usb 설치디스크로 복구가 불가능한 PC,.. 미치겠습니다. |

그래서 얼마 전에도 윈도우10 에러시 복구 불가능할 때 **윈도우10 usb**

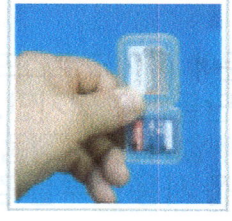

윈도우10 설치하는법, 윈10 설치하는 방법, **윈도우10 U**

클릭하여 **윈도우10USB** 설치 디스크 만드는 법을 보시

Win 10 USB 설치 디스크 이미지 파일, **윈도우10 usb** 디

필자의 네이버 블로그에는 무려 6,000 여개가 넘는 엄청난 포스트가 있고요, 앞의 화면에 보이는 것과 같이 윈도우즈 usb 설치 디스크 관련 포스트도 여러 개가 있고요, 앞의 화면 마우스가 가리키는 포스트를 클릭하면 다음과 같이 윈도우즈 usb 설치디스크를 만드는 프로그램인 Rufus 프로그램 다운로드 링크가 있습니다.

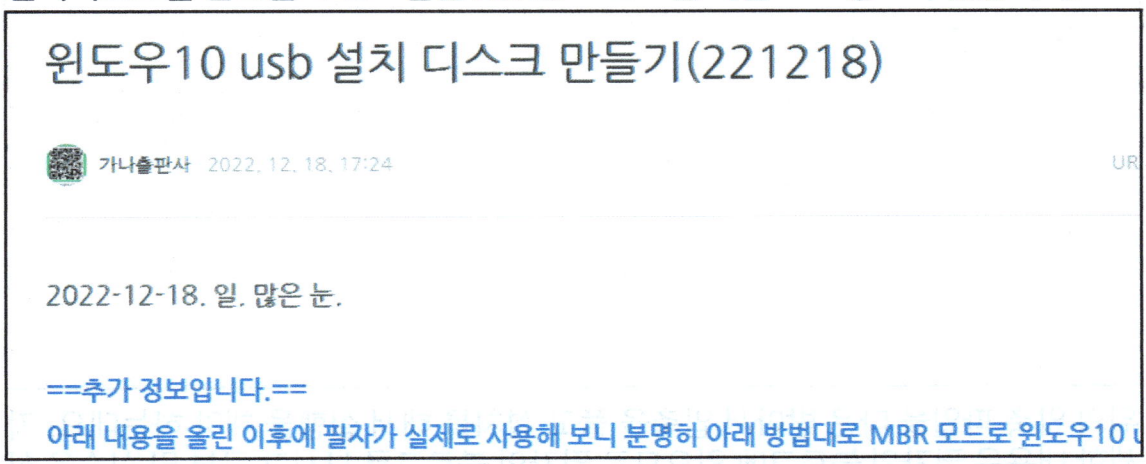

지금 보니 위의 포스트는 윈도우 10 usb 설치 디스크를 만드는 방법이고요, 필자의 블로그에서 검색어 'rufus' 로 검색을 해야 하네요..

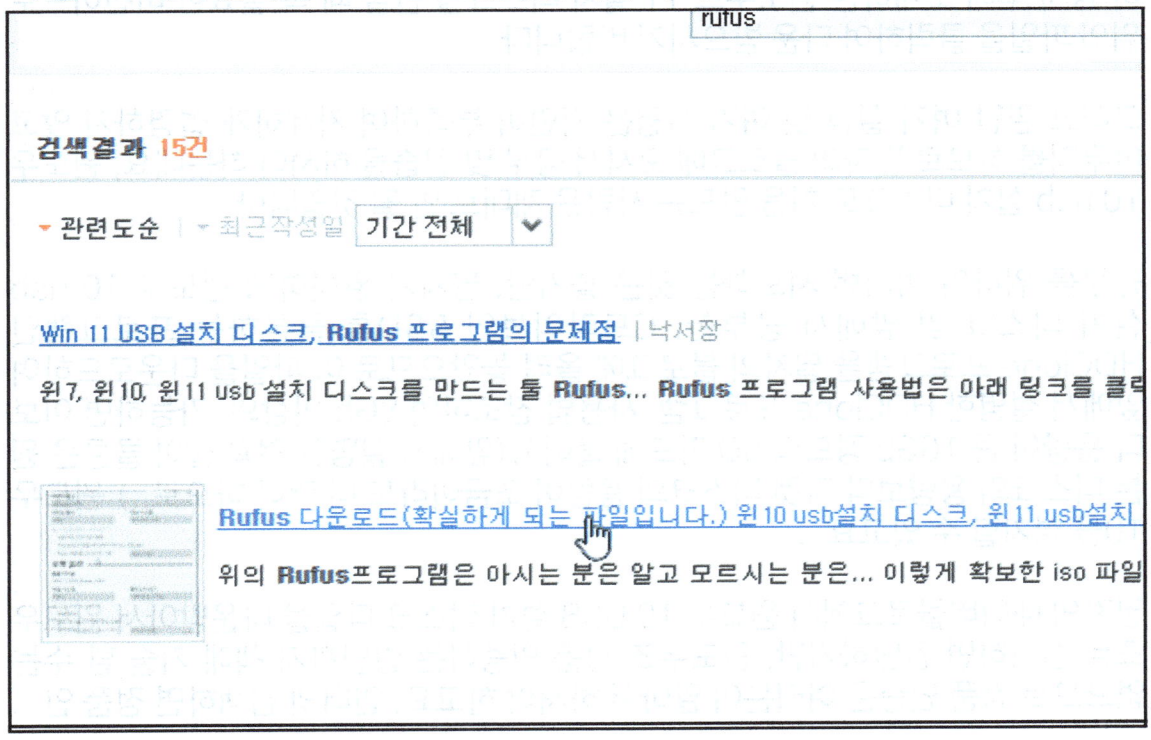

앞의 화면에서 손가락이 가리키는 포스트를 클릭하면 다음 화면에 보이는 것과 같이 Rufus 파일을 다운로드 할 수 있습니다.

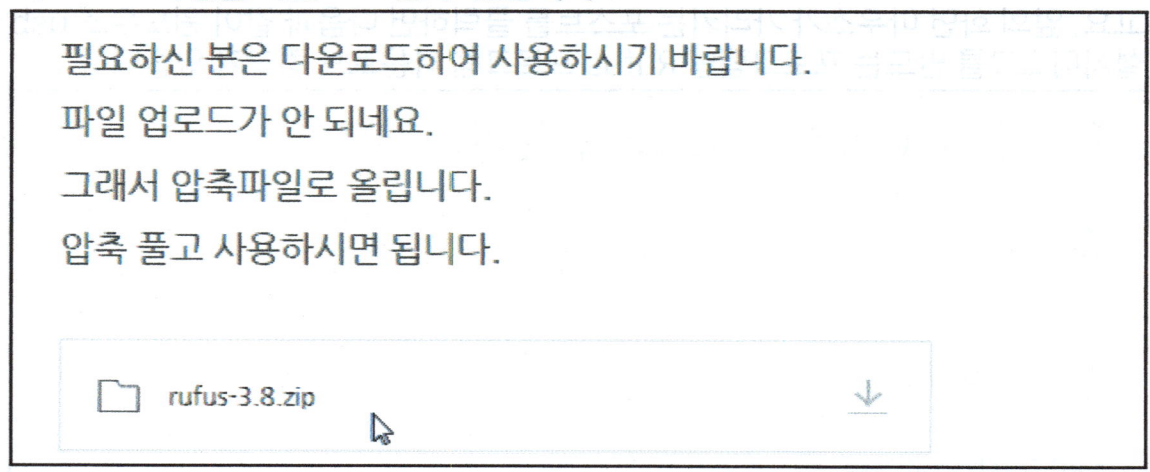

위의 압축 파일을 다운 받아서 압축을 풀고 설치를 해서 실행을 해야 하는데요, 자세한 내용은 필자의 블로그에 있으므로 필자의 블로그를 보시고 공부 및 실습을 하시고요, 위에 보이는 Rufus 파일도 버전이 여러가지가 있고요, 위에 보이는 버전이 잠시 후에 소개하는 윈도우즈 11 설치 디스크를 만들 때 꼭 필요한 버전이므로 위의 파일을 클릭하여 다운 받으시기 바랍니다.

그리고 일단 여기 설명 및 여기 설명은 지면이 부족하여 자세하게 설명하지 않고 마무리를 하므로 필자의 블로그에 오셔서 공부 및 실습을 하셔야 하는데요, 윈도우 10 usb 설치 디스크도 처음 만드는 사람은 제대로 안 될 것입니다.

공부를 위하여 여러번 시도하는 것은 좋지만, 필자가 완벽하게 윈도우 10 usb 설치 디스크 및 앞에서 공부한, C드라이브인 SSD를 클론하는 프로그램인 HDClone 프로그램을 필자의 블로그에 올려 놓았으므로 이 파일을 다운로드하여 앞에서 설명한 HDClone 프로그램 사용법 참조하여 8Gb 이상의, 가능하면 이보다 용량이 큰 16Gb 정도의 SD 카드에 풀어서(앞에서 설명한 것과 같이 클론은 원본 디스크의 용량보다 타겟 디스크의 용량이 조금이라도 더 커야 하므로..) 윈도우 10을 설치할 수 있고요,..

필자의 네이버블로그에서 윈도우 10 USB 설치 디스크 파일을 다운받아서 윈도우즈를 설치하면 간단하지만, 윈도우즈 정품 인증하는 방법까지 책에 기술 할 수는 없으므로 정품 인증은 여러분이 알아서 하셔야 하고요, 인터넷 검색하면 정품 인증을 하는 방법은 많이 있고요, 이 중에서 여러분이 선택하셔서 인증을 해야 하고요, 이것이 다소 까다롭지만, 정품 인증을 하려면 이 정도 수고는 해야 하고요, 그 다음에 해야 할 일은 바이러스 백신 프로그램 설치입니다.

그리고 나서 비로소 여러분이 자주 사용하는 응용 프로그램을 설치해야 하고요, 적당히 설치가 되었을 때 혹시라도 악성 코드 등에 감염되기 전에 클린 PC 상태에서 앞에서 배운 HDClone 프로그램으로 SSD를 복제, 2개 이상 클론을 해 두면 두고 두고 윈도우즈 때문에 골치 아플 일이 없습니다.

그리고 윈도우 11 설치하는 방법은 잠시 후에 진행하기로 하고요, 이번에는 요즘은 HDD 용량이 크므로 새로 구입한 고용량 HDD를 낭비없이 전량 사용할 수 있도록 GPT 디스크로 변환하는 방법을 알아보도록 하겠습니다.

제 1 절 GPT 디스크

여러분이 직접 윈도우즈 운영체제를 설치하고의 여부와 상관없이 2Tb 이상의 디스크를 사용하기 위해서는 GPT 디스크로 변환을 해야 합니다.

필자는 현재 4Tb 용량의 HDD 몇 개 포함 약 10개 이상의 HDD를 사용하고 있는데요, 앞에서 운영체제 설치 단원에서 설명한 것과 같이 레거시, 즉, 구식의 방식인 MBR 방식에서는 최대 디스크 인식 용량이 2TB입니다.

과거에는 이 정도 용량이라면 지구를 너머 우주 최강이라고 여길 정도였지만, 컴퓨터는 하루만 지나면 새로운 기술이 개발되는 시대이기 때문에 지금은 100TB 용량의 디스크가 시판되는 시대입니다.

그래서 고용량 디스크를 사용할 수 있는 기술 개발이 필요했고요,그래서 개발 된 것이 GPT 포맷이고요, 자신이 사용하는 디스크가 GPT인지 아닌지 확인하는 방법은 2가지가 있습니다.

먼저 명령 프롬프트, 즉, 도스 실행창에서 확인하고 GPT로 변환하는 방법입니다.

윈도우즈 바탕화면 좌측 [시작]을 클릭하고 'CMD' 입력하고 [관리자 권한]으로 실행을 클릭하여 도스 실행창을 엽니다.

관리자 권한으로 실행하는 이유가 있습니다.

윈도우즈 제어판에서 [파일 탐색기 옵션]에 들어가면 탐색기에 보이는 파일 중에서 숨길 파일 속성이 있는 파일을 보이게 할 것인지 선택하는 메뉴가 있는데요, 파일의 속성을 숨김 파일 속성으로 하는 이유는, 예를 들어 시스템 파일, 혹시 잘못하여 실수로 삭제하면 윈도우즈 운영체제 자체가 부팅이 안 되는 사태가 발생할 우려가 있는 라이브러리 파일 들은 탐색기에 보이지 않게 히든 속성이 주어져 있습니다.

그런데 각종 프로그램을 인스톨 하다 보면 응용 프로그램이 인스톨 되면서 시스템 파일을 수정해야 하는 경우가 있습니다.

이 경우 관리자 권한으로 실행을 하지 않으면 권한이 부족하여 프로그램이 제대로 설치가 안 됩니다.

그래서 가능하면 어떠한 프로그램을 실행을 할 때는 관리자 권한으로 실행을 하는 것이 좋은 것입니다.

```
관리자: 명령 프롬프트

Microsoft Windows [Version 10.0.19042.1766]
(c) Microsoft Corporation. All rights reserved.

C:\Windows\system32>diskpart
```

프롬프트에 diskpart 입력하고 엔터를 칩니다.

```
관리자: 명령 프롬프트 - diskpart

crosoft Windows [Version 10.0.19042.1766]
) Microsoft Corporation. All rights reserved.

\Windows\system32>diskpart

crosoft DiskPart 버전 10.0.19041.964

pyright (C) Microsoft Corporation.
퓨터: I7-7SPACE

SKPART> list disk_
```

앞의 화면에서 list disk 입력하고 엔터를 칩니다.

```
SKPART> list disk

디스크 ###    상태          크기        사용 가능     Dyn   Gpt
---------    ------       -------     --------      ---   ---
디스크 0     온라인        119 GB         0 B
디스크 1     온라인       1863 GB         0 B
디스크 2     온라인       1863 GB         0 B                *
디스크 3     온라인       1863 GB         0 B

SKPART> _
```

위의 화면을 보면 디스크 2의 마우스가 가리키는 곳에 GPT 디스크라는 표시가 있습니다.

위의 화면에 디스크 1, 2, 3 은 모두 1863Gb로 나타나지만 모두 2Tb 용량의 하드 디스크이고요, 디스크 2가 GPT 디스크이고요, 나머지는 모두 GPT가 아닌 MBR 디스크입니다만, 2Tb가 넘지 않는 용량이기 때문에 상관이 없습니다.

만일 디스크 3 이 4Tb 용량이라면 위의 화면에는 4Tb 용량이 표시되지만, 윈도우즈에서는 2Tb로 인식이 됩니다.

그래서 2Tb 이상의 디스크를 사용하기 위해서는 반드시 GPT로 변환을 해야 합니다.

참고 : 지금 화면에 보이는 검정 창이 도스 실행창이고요, 옛날 도스(Dos) 운영체제를 사용하던 시절에는 이렇게 모든 것을 키보드로 명령어를 입력해야만 컴퓨터를 사용할 수 있었습니다.

지금은 모두 윈도우즈 운영체제를 사용합니다만, 사실 키보드로 타자를 쳐서 명령을 내리는 것을 마우스로 대신 한 것 뿐입니다.

또한 옛날에는 흑백 모니터였다가, 8색 모니터, 16색 모니터, 이후에 오늘날과 같은 24비트 컬러 모니터가 나왔고요, 또 모니터 자체도 옛날에는 엄청나게 크고 무겁고, 그리고 열이 엄청나게 하는 CRT 모니터를 사용했고요, 이후 오늘날과 같은

LCE 모니터, 그리고 LED 모니터가 개발되어 널리 보급된 것입니다.

컬러 모니터가 보급되면서 포토샵 개발사인 미국의 어도비 사와 프린터의 원조인 HP사는 서로 쌍방간에 문제가 발생합니다.

어도비는 모니터가 컬러이므로 24비트 컬러를 표현을 해야 하겠는데, HP사에서 만드는 프린터는 잉크라는 매체를 가지고 종이라는 매체에 인쇄를 해야 하기 때문에 절대로 모니터와 같은 색상을 구연할 수가 없습니다.

일단 모니터는 빛의 삼원색이고 합치면 흰색이고 빛이 나며, 인쇄는 염료의 삼원색이며 모두 합치면 검정색이 되며 종이에 인쇄를 하는 것이기 때문에 빛이 나는 것이 아니라 우중충하게 인쇄가 되어 이후 sRGB가 개발된 것입니다.

```
 list disk

 ###   상태              크기        사용 가능       Dyn   Gpt
 ---   ----            ------      -------       ---   ---
 0     온라인           119 GB          0 B
 1     온라인          1863 GB          0 B
 2     온라인          1863 GB          0 B             *
 3     온라인          1863 GB          0 B

 select disk 3
```

위와 같이 select disk 3 입력하고 엔터를 칩니다.

```
 ###   상태              크기        사용 가능       Dyn   Gpt
 ---   ----            ------      -------       ---   ---
 0     온라인           119 GB          0 B
 1     온라인          1863 GB          0 B
 2     온라인          1863 GB          0 B            *
 3     온라인          1863 GB          0 B

 select disk 3
```

```
디스크 1        온라인         1863 GB              0 B
디스크 2        온라인         1863 GB              0 B
디스크 3        온라인         1863 GB              0 B

DISKPART> select disk 3

3 디스크가 선택한 디스크입니다.

DISKPART> convert gpt_
```

위와 같이 convert gpt 입력하고 엔터를 쳐서 GPT 디스크로 변환을 할 수 있는데 요, 필자는 여기서 진행을 하지 않고 다스 디스크 1을 진행해 보겠습니다.

```
DISKPART> list disk

디스크 ###   상태              크기        사용 가능       D
--------    -------          -------      ---------      -
디스크 0     온라인           119 GB           0 B
* 디스크 1   온라인          1863 GB           0 B
디스크 2     온라인          1863 GB           0 B
디스크 3     온라인          1863 GB           0 B

DISKPART> select disk 1

1 디스크가 선택한 디스크입니다.

DISKPART> convert gpt

가상 디스크 서비스 오류:
페이지 파일 볼륨을 포함하는 디스크에서는 이 작업을 수

DISKPART> _
```

앞의 화면을 잘 보세요.

디스크 1은 페이지 파일이 있기 때문에 변환할 수 없다고 나옵니다.

페이지 파일은 앞에서 자세하게 설명을 했는데요, 다시 설명하자면, 컴퓨터는 전원을 켜서 끌 때까지의 모든 것이 램(메모리)에서 이루어지는데 여러가지 이유로 아무리 돈이 많아도 메모리를 무한정 끼울 수는 없으므로 어떠한 경우이든지 메모리는 부족할 수 밖에 없습니다.

그래서 옛날에는 메모리가 부족하여 실행할 수 없습니다.. 라는 메시지와 함께 먹통이 되곤 했는데요, 오늘날에는 가상메모리 기법이 생겨서 이런 일이 생기지 않습니다.

가상 메모리란 시스템에 설치된, 속도는 느리지만 용량이 큰 HDD의 일부를 끌어다가 램처럼 사용하는 기법이며 이렇게 HDD의 일부, 일정 용량 지정한 만큼 페이지 파일이 생성되도록 지정되어 있기 때문에 변환 할 수 없다고 메시지가 나오는 것입니다.

필자의 경우 어차피 모든 드라이브가 2Tb 를 넘지 않기 때문에 디스크 2는 이미 GPT 로 변환을 했고요, 나머지는 GPT로 변환을 하지 않아도 상관이 없기 때문에 여기서 중단했습니다.

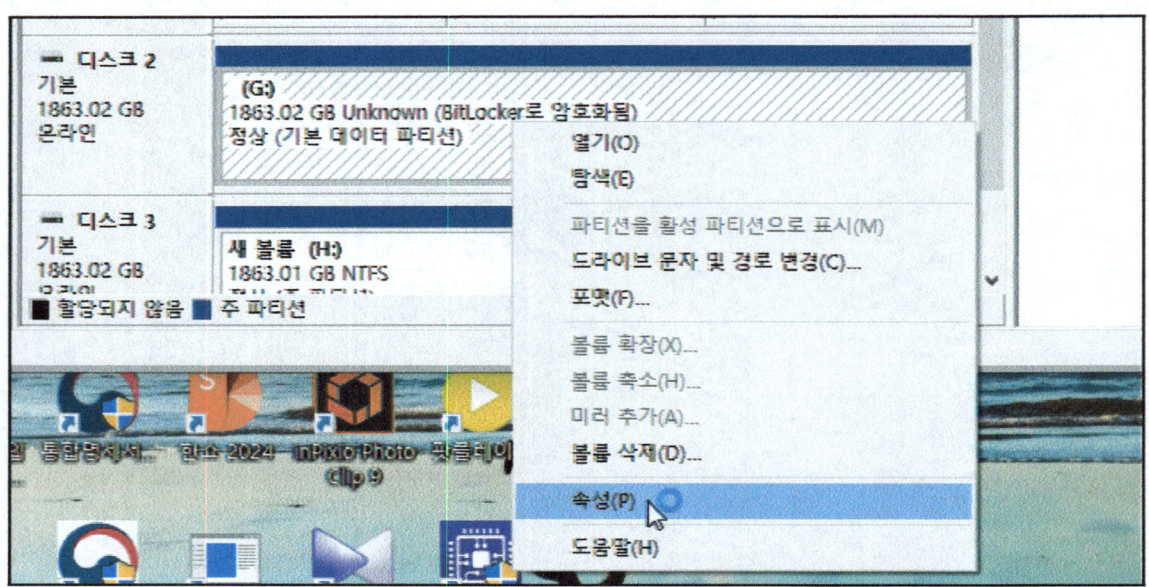

앞의 화면은 윈도우즈에서 확인하는 화면인데요, 윈도우즈 바탕 화면에서 [시작]-[제어판]-[관리 도구]-[컴퓨터 관리]-[디스크 관리]를 클릭한 화면이고요, 앞의 화면에서 G 드라이브를 선택하고 마우스 우측 버튼을 클릭하여 나타난 부메뉴에서 [속성]을 클릭하면 다음 화면이 나타납니다.

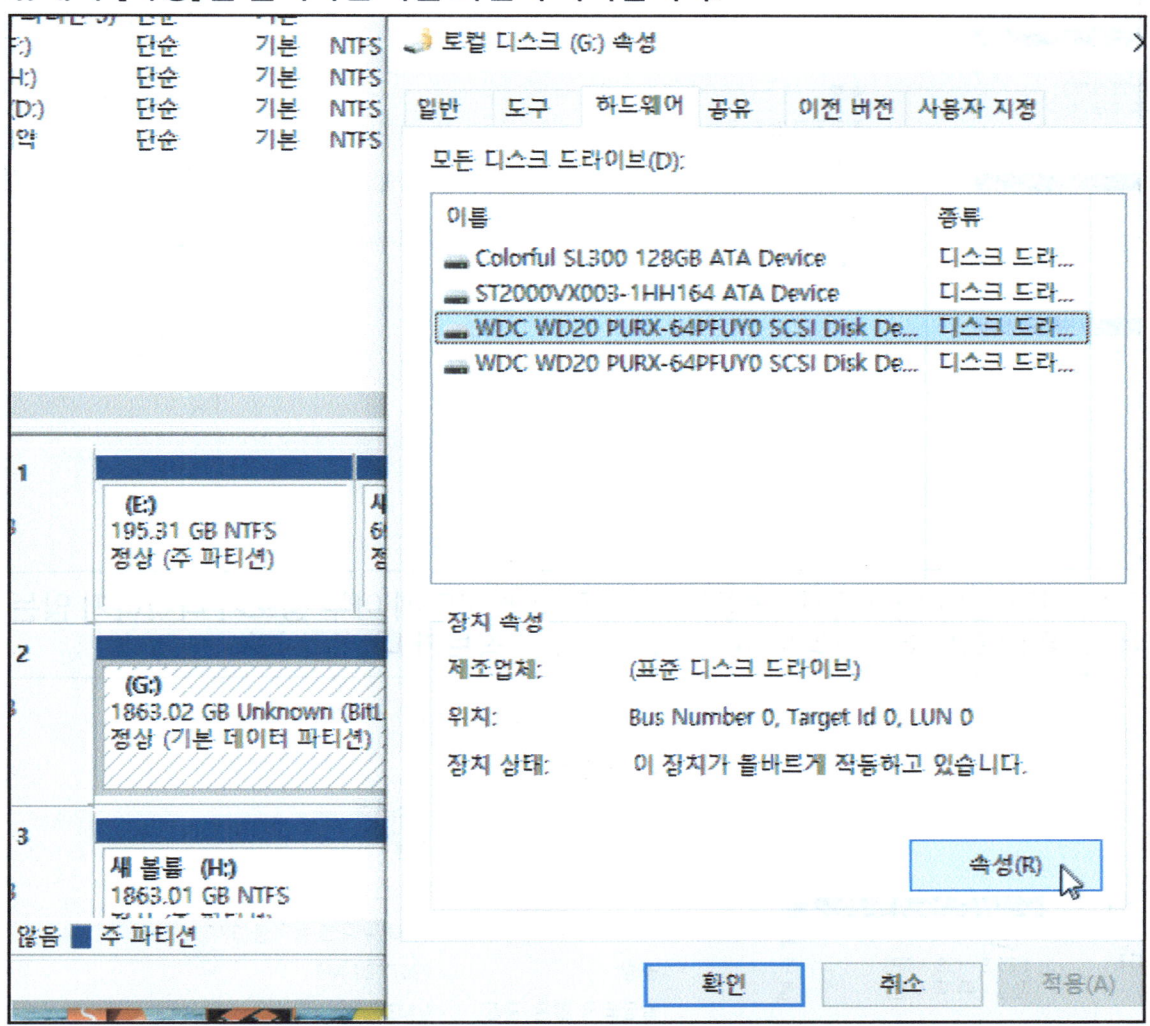

위의 화면 상단 메뉴에서 [도구] 탭을 클릭하면 디스크 검사를 할 수 있는 메뉴가 나타나는데요, 파워 유저가 되면 앞에서 보았던 도스 명령을 자주 사용합니다.

위의 화면 상단 [하드웨어]를 선택하고 가운데 디스크 목록에서 원하는 디스크를 선택하고 [속성]을 클릭하면 다음 화면이 나타납니다.

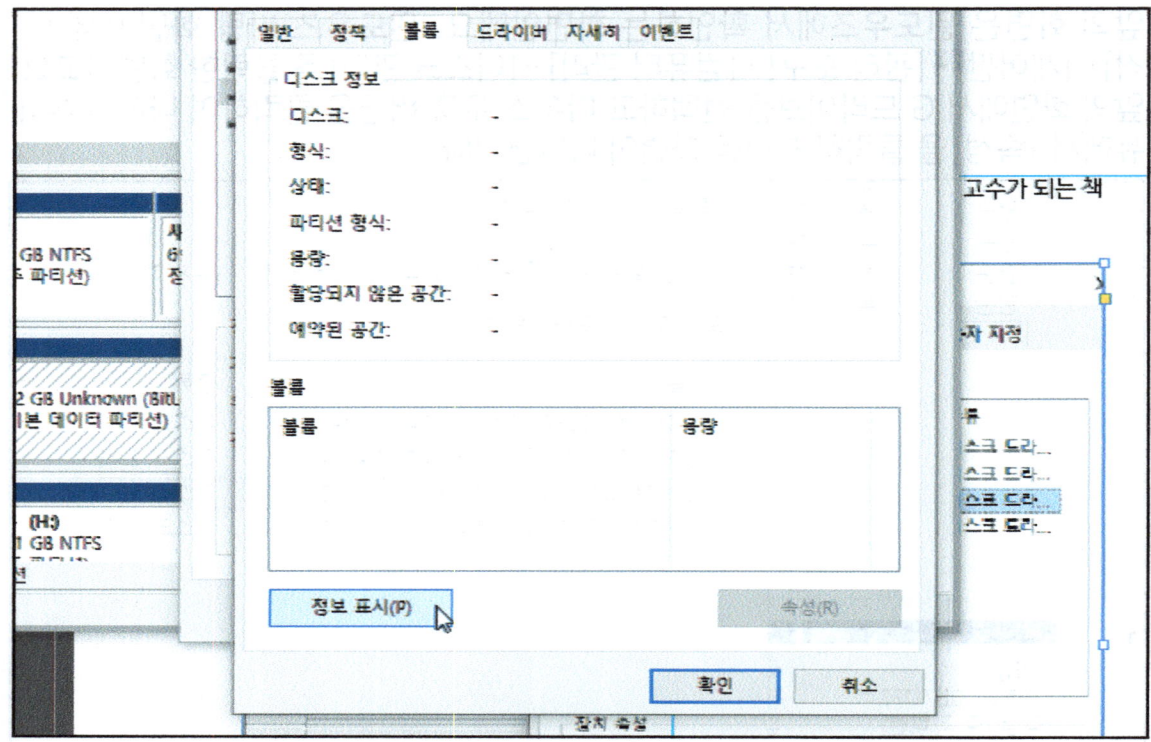

위의 화면 상단 메뉴에서 [볼륨] 탭을 클릭하면 하단에 아무 정보가 나타나지 않는데요, 위의 화면 하단 [정보 표시]를 클릭해야 정보가 나타납니다.

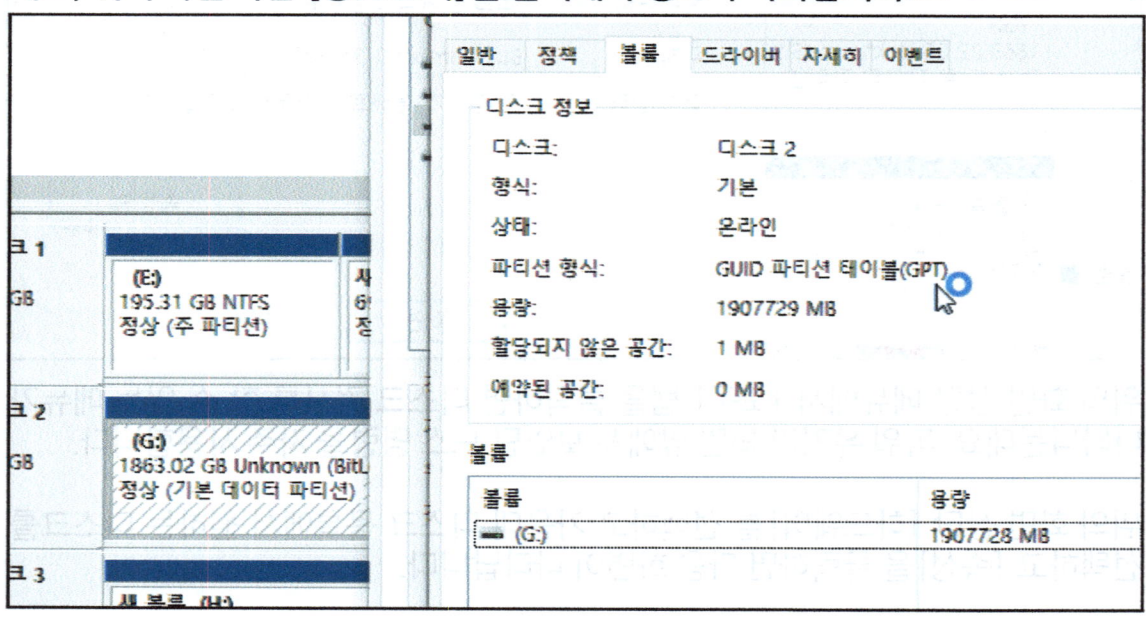

화면에 나타난 메뉴 하단의 [정보 표시]를 클릭하면 앞의 화면 마우스가 가리키는 곳에 GPT 디스크라고 나타납니다.

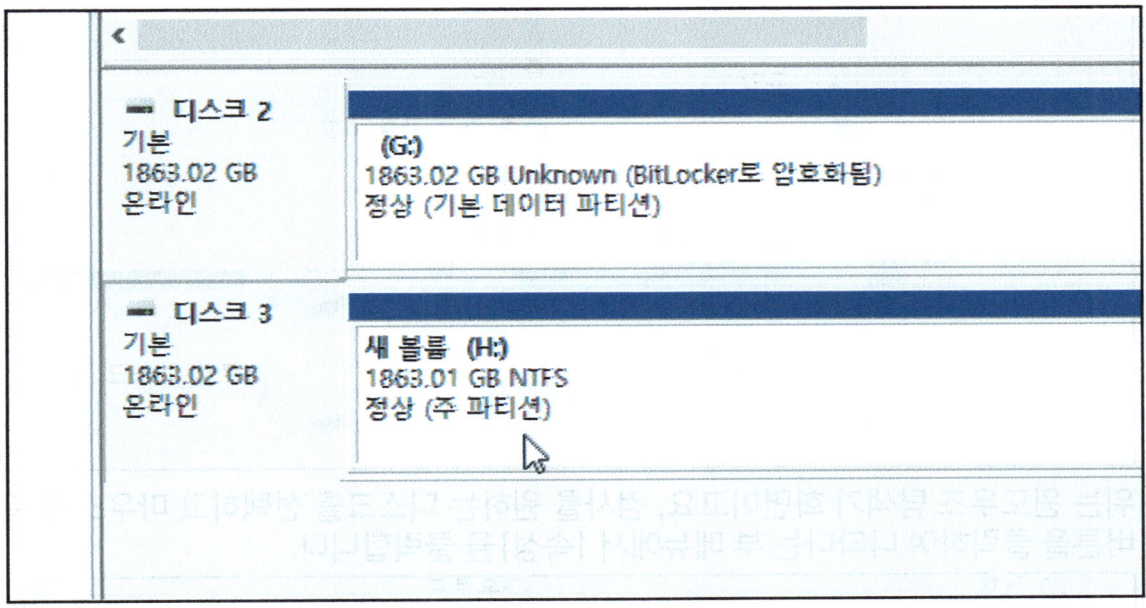

그리고 화면을 자세하게 보면 위와 같이 보이고요, 마우스가 가리키는 디스크는 하나의 디스크로 사용하지만, 하나의 디스크로 사용하더라도 파티션을 생성해야 디스크를 사용할 수 있고요, 위에 보이는 것과 같이 현재 선택된 디스크에는 파티션이 있기 때문에 GPT로 변환할 수 없고요, GPT로 변환을 하려면 파티션을 먼저 삭제를 해야 하는데요, 파티션을 삭제를 하면 현재 2TB에 이르는 엄청난 용량의 디스크에 저장된 데이터가 다 날아가게 됩니다.

그래서 현 상태에서는 마우스 우측 버튼을 클릭해도 GPT로 변환 메뉴가 나타나지 않는 것입니다.

다만, 디스크 오류 검사를 할 수 있는데요, 이것은 윈도우즈 탐색기에서도 가능합니다.

그러나 여러분도 이 책으로 공부를 하여 파워 유저가 되면 디스크 관리는 윈도우즈 보다는 도스 실행창에서 작업을 하는 것을 선호하게 됩니다.

윈도우즈는 육안으로 보기에는 GUI 환경이기 때문에 화려하게 보이지만, 내부적으로는 여전히 도스 명령어로 작동하기 때문에 도스 실행창에서 디스크 관리를 하는 것이 더 빠르고 정확하고 편리하고 무엇보다 윈도우즈에서 안 되는 것도 도스 실행창에서는 강력하게 실행되기 때문입니다.

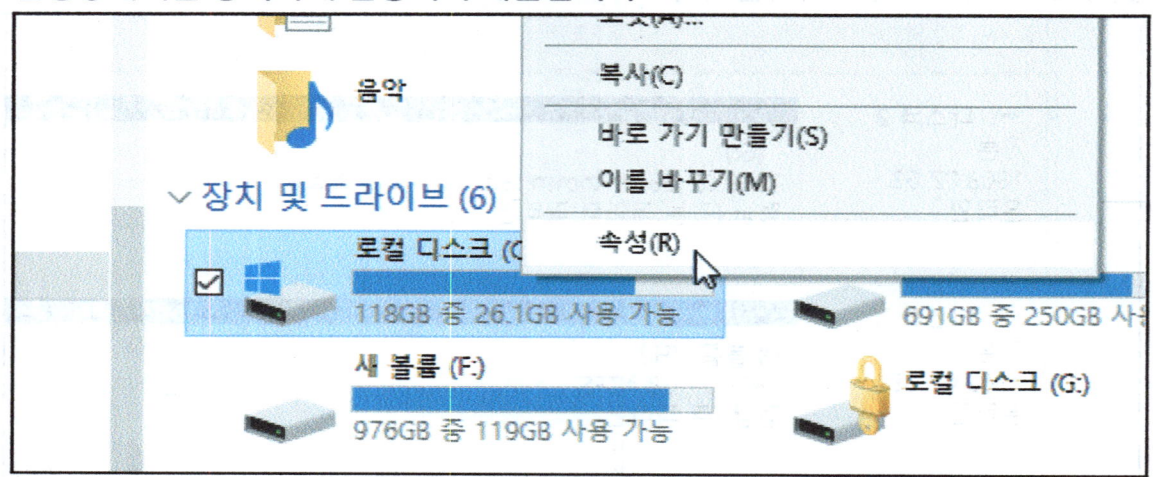

위는 윈도우즈 탐색기 화면이고요, 검사를 원하는 디스크를 선택하고 마우스 우측 버튼을 클릭하여 나타나는 부 메뉴에서 [속성]을 클릭합니다.

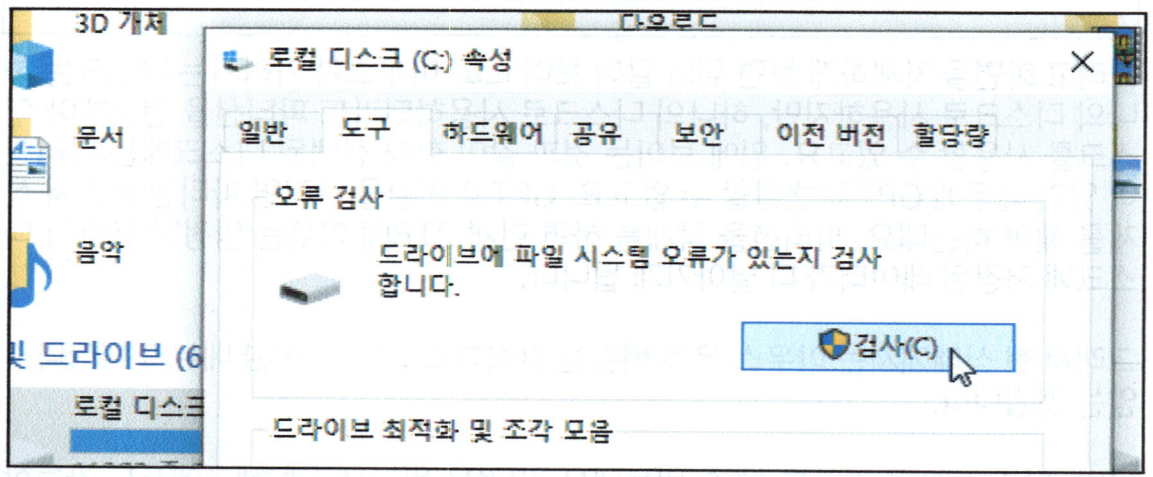

위의 화면 상단 메뉴에서 [도구]를 선택하고 마우스가 가리키는 [검사]를 클릭하면 디스크 오류를 검사할 수 있습니다.

요즘은 기술이 발달해서 디스크 오류는 좀처럼 나지 않지만, 아무리 그래도 오랜 기간 데이터를 저장 및 삭제를 반복하다 보면 오류가 나는 수가 있습니다.

이 때 위의 화면에서 디스크 오류를 검사할 수 있습니다.

자꾸 관련 설명을 하다보니 점점 페이지가 늘어나서 여기서 윈도우즈 11을 인스톨 하는 과정을 진행하도록 하겠습니다.

윈 11을 인스톨 하는 과정은 필자의 다른 저서 "WIN 11 완벽 가이드" 책에 수록된 원고를 그대로 옮겨 수록하겠습니다.

어차피 필자가 쓴 책이므로 저작권 문제도 없고, 필자가 여기서 그대로 인용한다고 밝혔으므로 문제 될 것이 없고요, 윈도우즈 11을 인스톨하는 방법을 그대로 수록 하는 것이므로 윈도우즈 11을 인스톨할 때 큰 도움이 될 것입니다.

제 2 절 Win 11 설치하기

윈도우즈 운영체제를 단 한 번도 인스톨 해 본 적이 없는 사람은 다소 어려울 수도 있습니다만, 사실 현대인으로서 윈도우즈 운영체제 설치는 선택이 아니라 필수입 니다.
따라서 어렵다고 생각하지 마시고요, 현대인이라면 컴퓨터를 못하면 현대 생활을 할 수 없고, 따라서 컴퓨터의 가장 기본이 되는 운영체제 설치를 못하면 이 또한 현 대 생활에서 낙오한다는 생각으로 반드시 설치할 줄 알아야 합니다.
지금까지의 설명을 이해하시고 잘 따라오신 분은 이제 Win 11 MBR 방식의 usb 설치 디스크를 넣고 부팅을 하면 다음 화면이 나타납니다.

필자가 20번 이상 Win 11 설치를 시도하면서 위의 메시지가 나타나지 않는 경우도 있지만, 윈7이든, 윈10이든, 윈11이든 위의 메시지가 나타나며, 위의 메시지가 나타났을 때 키보드의 아무 키나 누르면 다음 화면이 나타납니다.

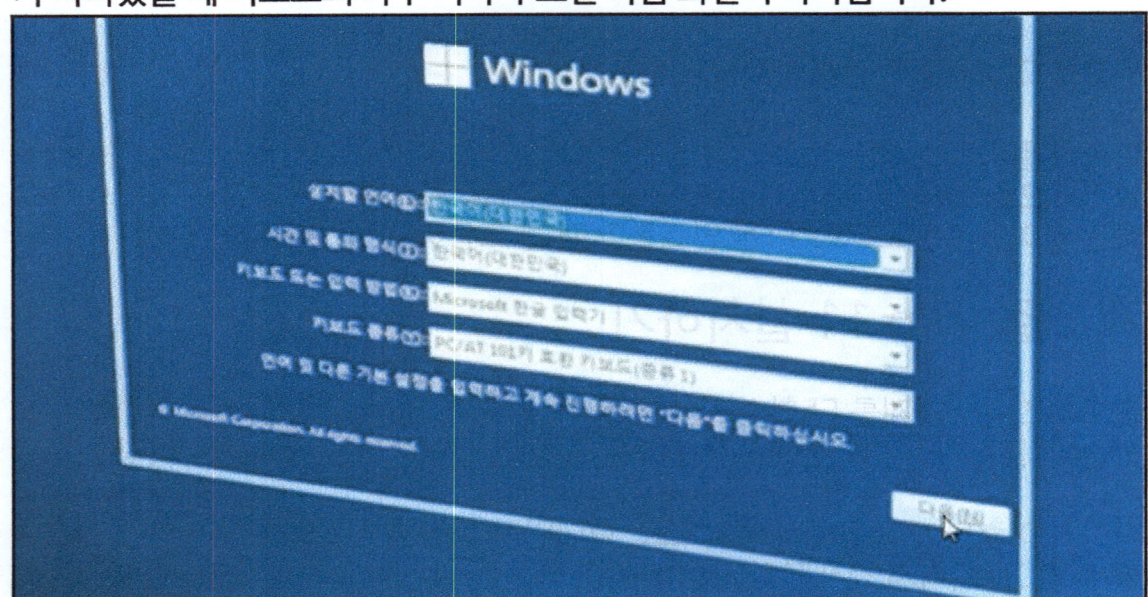

위의 화면에서는 그냥 다음을 클릭하면 다음 화면이 나타납니다.

필자가 윈도우 11 을 설치하면서 필자 옆 뒤쪽에서 촬영하여 화면이 이렇게 보이는 것이고요, 앞의 화면에서 [지금 설치]를 클릭합니다

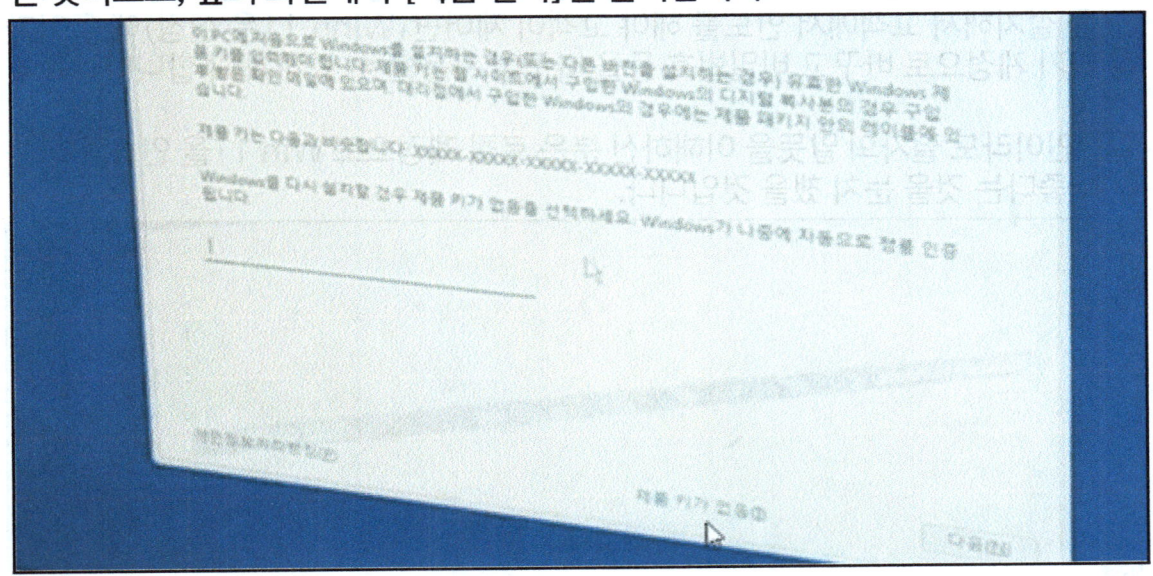

[참고] 현재 랜선을 빼고 설치하는 것입니다.

정품 사용자이고 시스템의 사양이 높다면 랜선을 끼우고 설치하는 것이 정석이지만, 특히 PC정비사라면 고객의 PC에 운영체제를 설치하는 것이므로 랜선을 빼고 설치를 하면서 로컬 계정으로 Win 11을 인스톨해야 합니다.

위의 화면에서는 라이센스 키를 입력하는 화면인데요, 어차피 랜선을 빼고 설치하는 것이므로 정품 사용자라 하더라도 지금은 라이센스 키를 입력할 수 없고요, 모든 설치를 완료하고 랜선을 꽂고 그 때 인증하면 됩니다.

따라서 위의 화면에서는 [제품 키 없음] 을 눌러서 일단 진행을 합니다.

여담입니다만, 마이크로소프트사에서 이렇게 만들어 놓았기 때문에 이 방법을 사용하는 것이고요, 예를 들어 PC정비사의 경우 자신이 사용하는 PC가 아니라 고객들의 PC에 운영체제를 설치해 주는 것이며 경우에 따라서는 여러 대 납품을 하는 경우도 있을 것입니다.

이 경우 자신의 아이디로 마이크로소프트사에 로그인을 하고 인증을 해서 Win 11 을 설치해서 고객에게 보낼 경우 고객은 마이크로소프트 계정과 암호를 물어

올 것입니다.

그래서 특히 PC 정비사라면 반드시 랜선을 빼고 설치를 하고 로컬 계정으로 Win 11을 설치해서 고객에서 인도를 해야 고객이 제어판(Winn 11은 설정)에 들어가서 자기 계정으로 바꾸고 비밀번호 등을 바꾸어 사용할 수 있게 해야 합니다.

일반인이라도 필자의 말뜻을 이해하신 분은 로컬 계정으로 Win 11을 인스톨 하는 것이 좋다는 것을 눈치 챘을 것입니다.

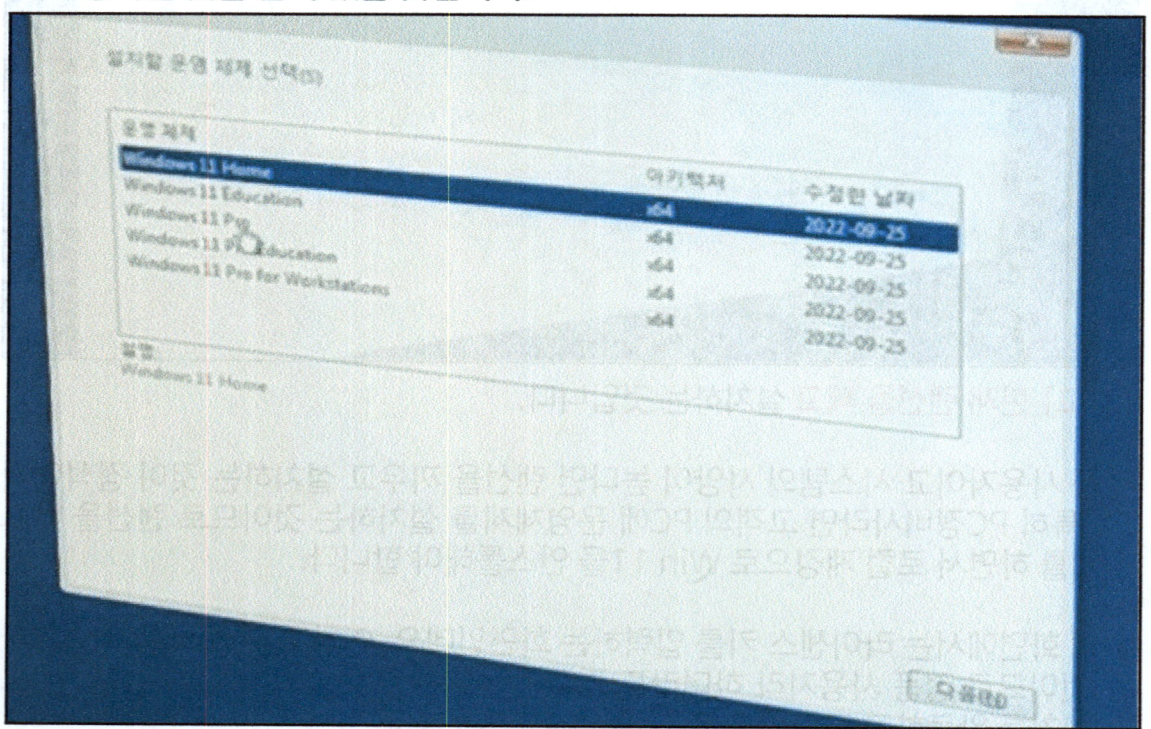

위의 화면에서 Win 11 설치 버전을 선택하는 화면인데요, 개인이라면 HOME 버전을 사용하는 사람도 있을 것이고요,..

학원이나 대학교 등이라면 Education 버전을 선택하면 될 것이고요,..

원칙적으로 위의 화면에서는 자신이 가지고 있는 볼륨 라이센스에 맞는 버전을 선택하는 것입니다만 PC정비스는 여기서 또 기지를 발휘해야 합니다.

일단 여기서는 Windows 11 Pro 버전을 선택해서 진행을 했고요, 나중에 인증을 해 주면 됩니다.

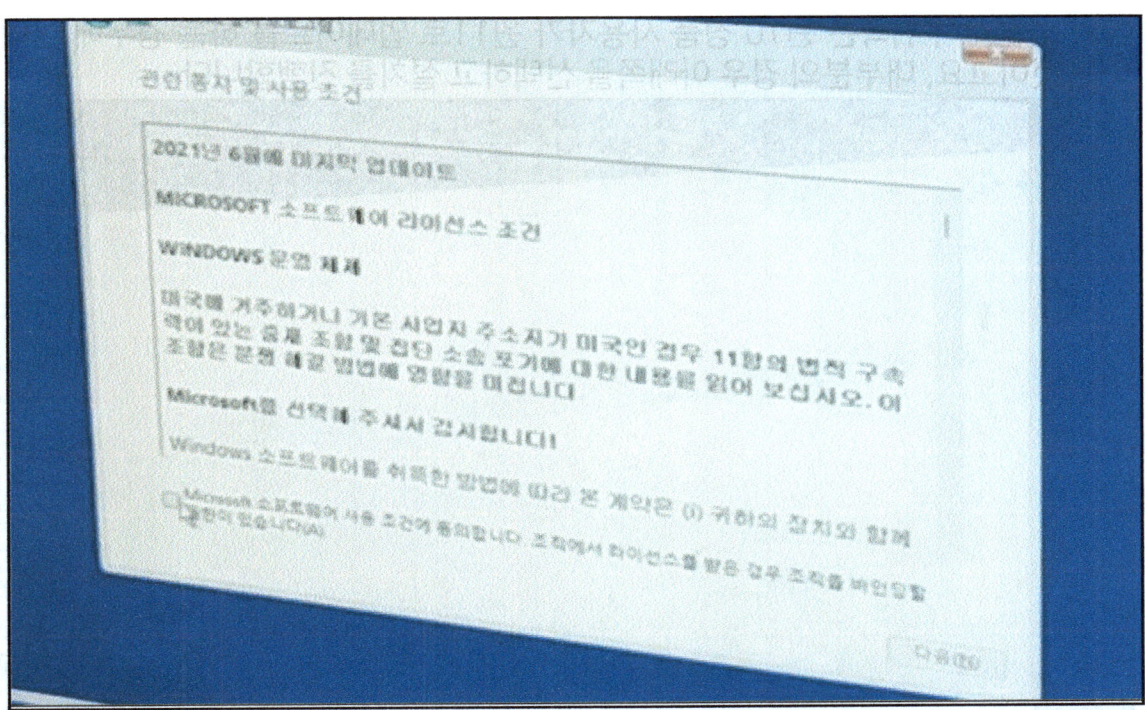

위의 화면은 라이센스에 관한 내용이고요, 수락에 체크를 하지 않으면 다음으로 진행할 수 없으므로 위의 마우스가 가리키는 곳을 클릭하여 수락을 하고 진행..

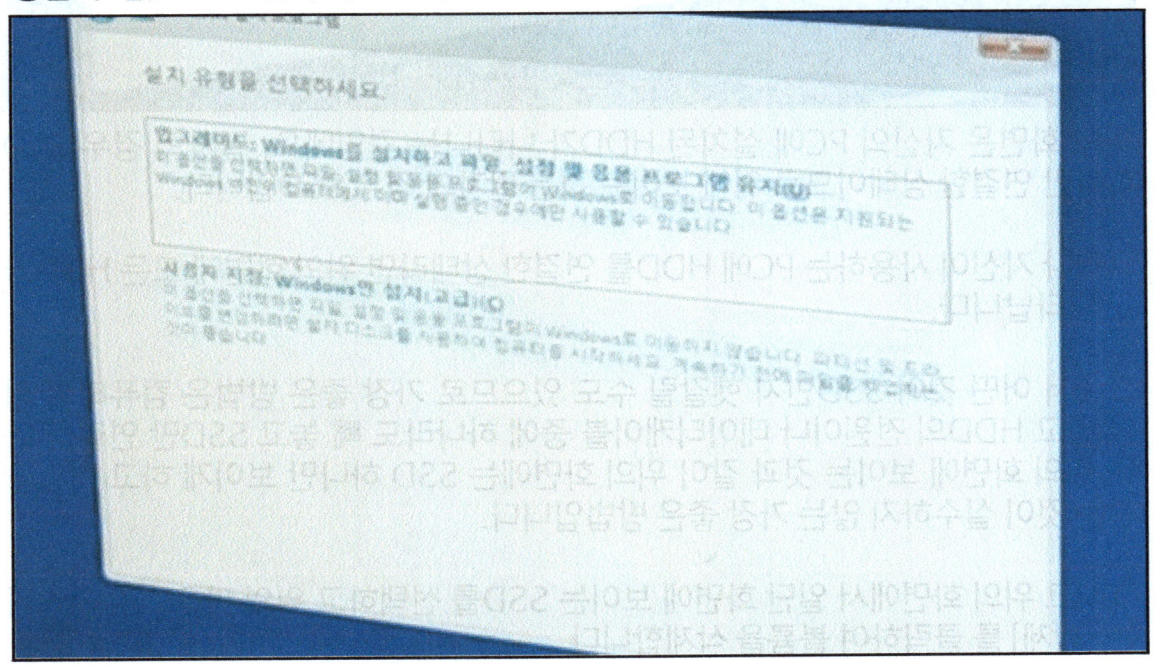

앞의 화면에서 위쪽은 윈10 정품 사용자가 윈11로 업데이트를 하는 경우에 선택하는 것이고요, 대부분의 경우 아래쪽을 선택하고 설치를 진행합니다.

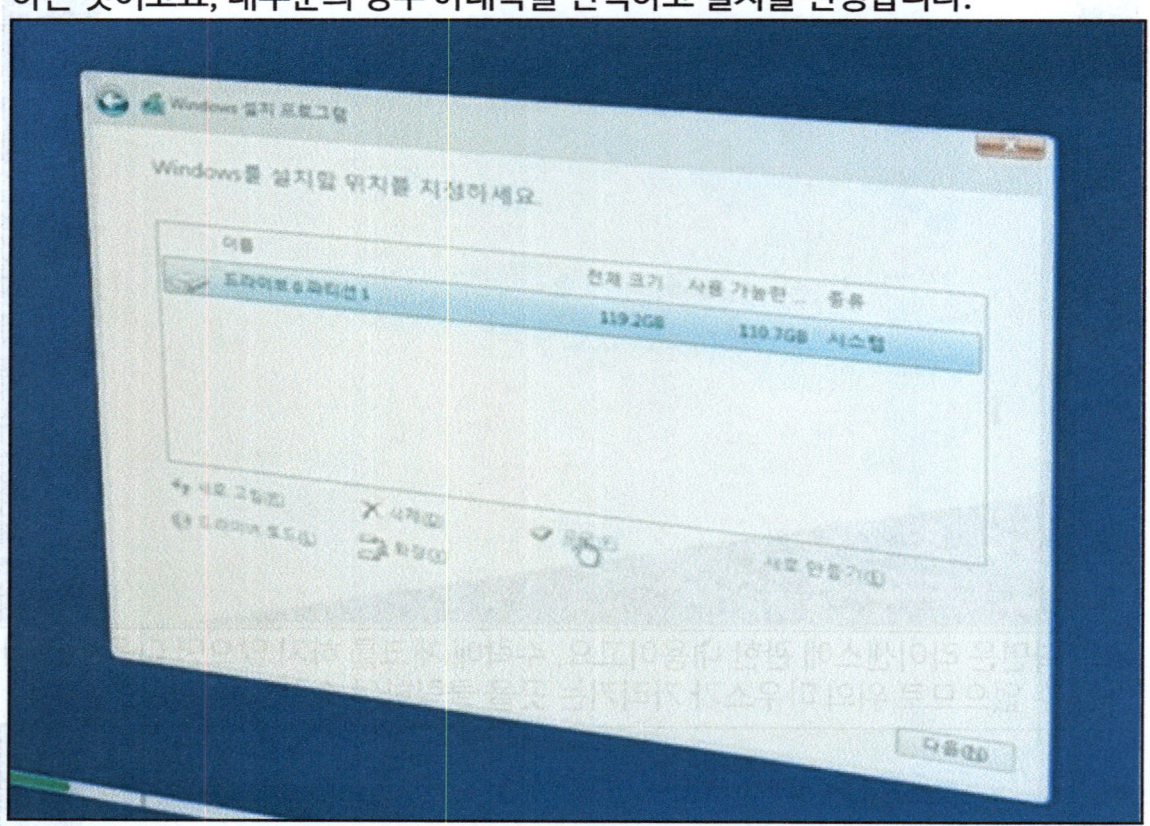

위의 화면은 자신의 PC에 설치된 HDD가 나타나는 것인데요, 필자의 경우 SSD 하나만 연결한 상태이므로 위에 보이는 것은 필자의 경우 SSD입니다.

그러나 자신이 사용하는 PC에 HDD를 연결한 상태라면 위의 화면에 모든 HDD가 다 나타납니다.

그래서 어떤 것이 SSD인지 헷갈릴 수도 있으므로 가장 좋은 방법은 컴퓨터 뚜껑을 열고 HDD의 전원이나 데이터케이블 중에 하나라도 빼 놓고 SSD만 연결을 하여 위의 화면에 보이는 것과 같이 위의 화면에는 SSD 하나만 보이게 하고 작업을 하는 것이 실수하지 않는 가장 좋은 방법입니다.

그리고 위의 화면에서 일단 화면에 보이는 SSD를 선택하고 위의 마우스가 가리키는 [삭제]를 클릭하여 볼륨을 삭제합니다.

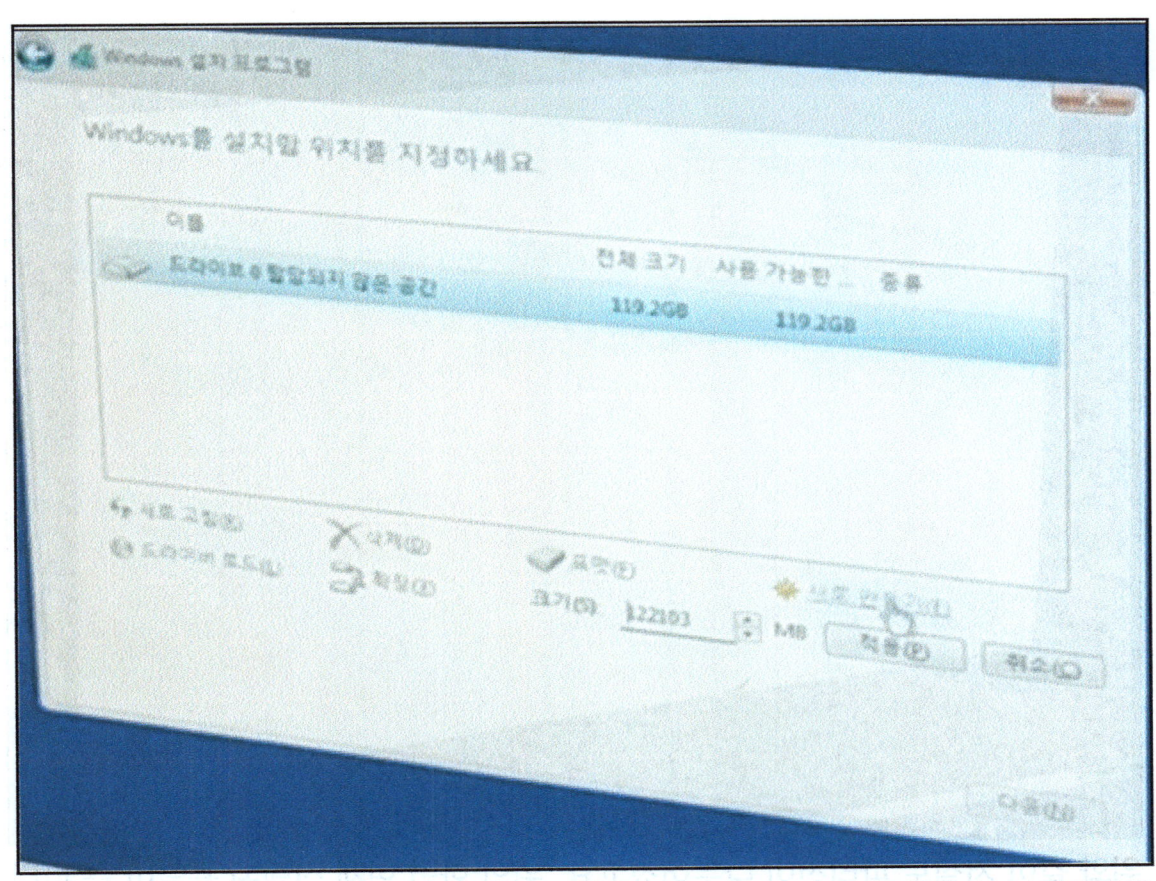

그래서 위의 화면에서 SSD가 선택된 상태에서 위의 마우스가 가리키는 만들기를 클릭하고 모든 용량이 보이는 그대로 [적용]을 클릭하면 위에 보이는 SSD가 하나의 디스크가 되면서 저절로 작은 용량 한 개가 떨어져 나와 작은 파티션이 하나 생기면서 파티션이 분할됩니다.

윈도우 10 시절부터 생겨난 마이크로소프트사의 독특한 방식 때문이고요, 사용자 입장에서는 전혀 필요 없는 작업이지만, Win10 혹은 Win 11을 설치하면서 마이크로소프트사에서 만들어 놓은대로밖에 할 수 없는 노릇이므로 거의 무조건적으로 이렇게 하는 것입니다.

컴퓨터 파워유저가 되면 디스크 관리 혹은 백업 등도 마이크로스프트사에서 만들어놓은 방법을 따르지 않고 각자도생으로 실력이 있는 사람은 기발한 방법으로 디스크 관리 또는 시스템 복원 등을 합니다.

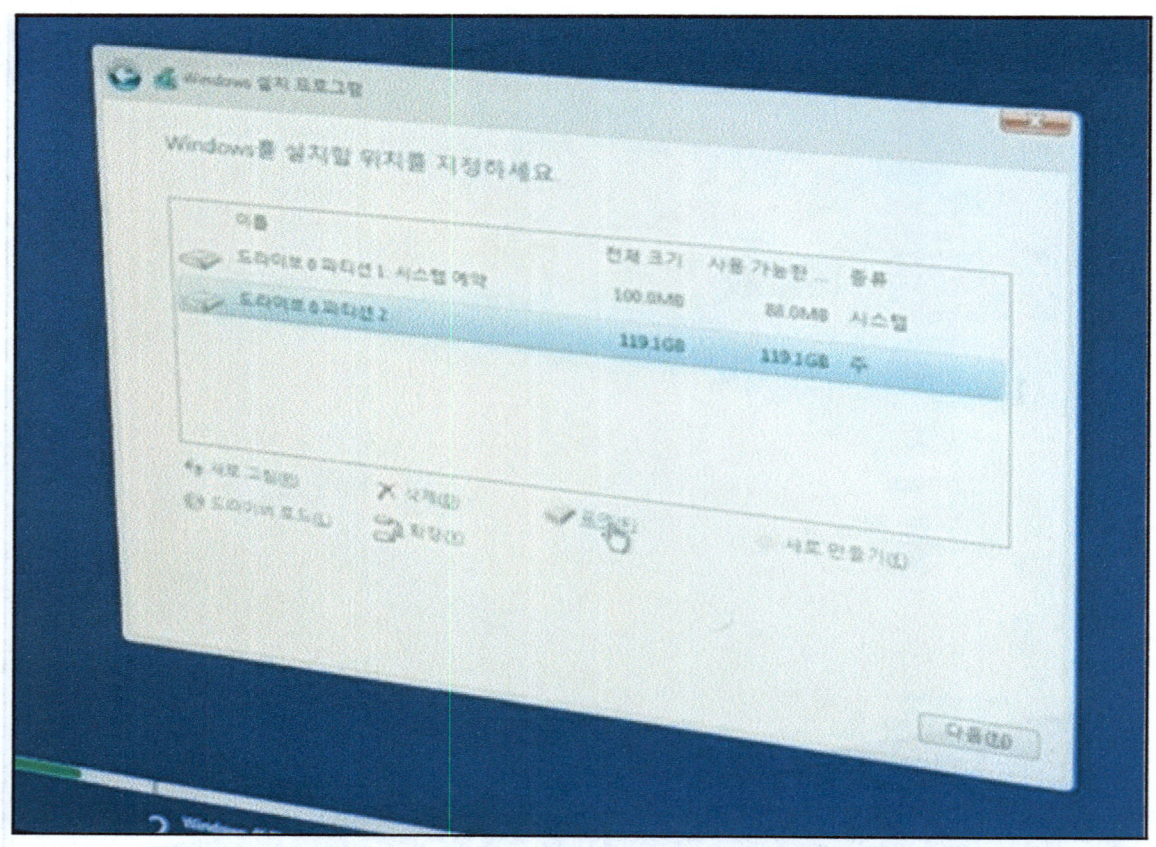

위와 같이 저절로 파티션이 나누어졌고요, 위의 화면 현재 선택된 용량이 큰 파티션을 선택하고 위의 손가락이 가리키는 곳을 클릭하여 포맷을 합니다.

필자는 컴퓨터 자격증도 여러 개 가지고 있고요, 관련 서적도 수십권 집필했고요, 조립 PC를 무려 수 천 대를 조립한 경험이 있는 사람이지만, 이런 필자도 Win 11 은 난생 처음 설치를 해서 현재 사용 중이고요,..

이 과정에서 무려 20번 이상 실패를 했고요, 여러가지 원인이 있지만, 가장 큰 원인은 Rufus 버전 3.16을 사용하지 않은 원인이 가장 크고요, 이 과정에서..
위의 화면에서 파티션이 3개로 나누어진 경우도 있었습니다.
현재 MBR로 설치를 하는 중이고요, 혹시 UEFI로 설치하면 파티션이 3개로 나누어지는 것은 아닌지 그것까지는 확인하지 못했습니다.
필자가 실패를 하면서 MBR로 설치를 했다 UEFI로 설치를 했다 여러 번 반복했고요, 이 때 UEFI는 GPT 디스크에만 설치가 되므로 SSD를 GPT로 변환을 했다가 다시 MBR로 설치를 할 때는 또 다시 SSD를 MBR로 변환을 하는 등 여러 번 반복을 하여 에러가 나서 그랬을 수도 있습니다만, 사용자는 상관할 필요는 없습니다.

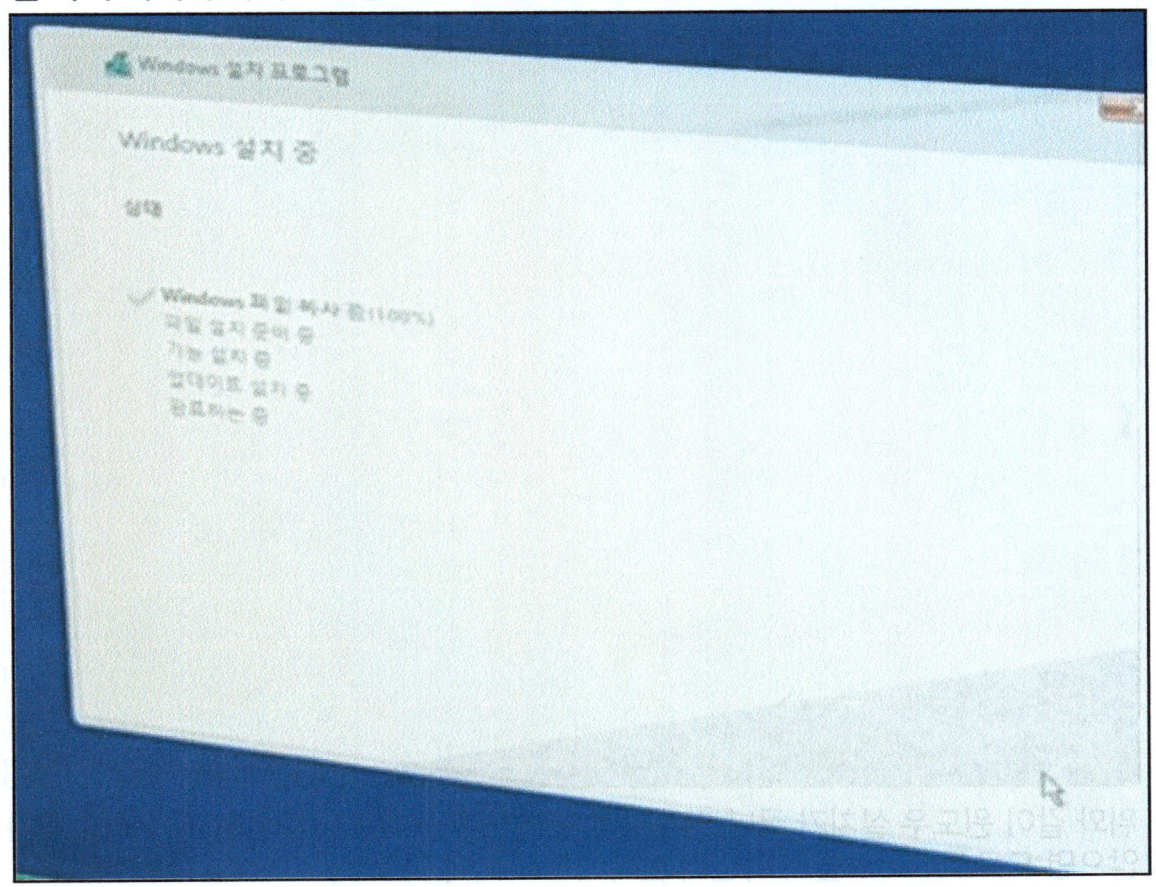

이제 비로서 Win 11 설치가 위와 같이 진행되고요, 위의 과정은 불과 몇 분 아니면 10분 정도 밖에 걸리지 않습니다.

물론 앞의 과정을 정상적으로 진행을 했고, 설치 디스크나 컴퓨터의 디스크 모두 이상이 없을 경우입니다.

필자의 경우 앞에서 소개한 바와 같이 비교적 저사양 PC인데도 10분이 안 걸렸고요, 이는 윈도우7이나 윈도우10이나 윈도우11이나 거의 동일합니다.

그래서 어디 가지 말고 지켜서서 바라보고 있다가 다음과 같이 재부팅이 될 때 USB에 있는 Win 11 usb 설치 디스크를 빼야 합니다.

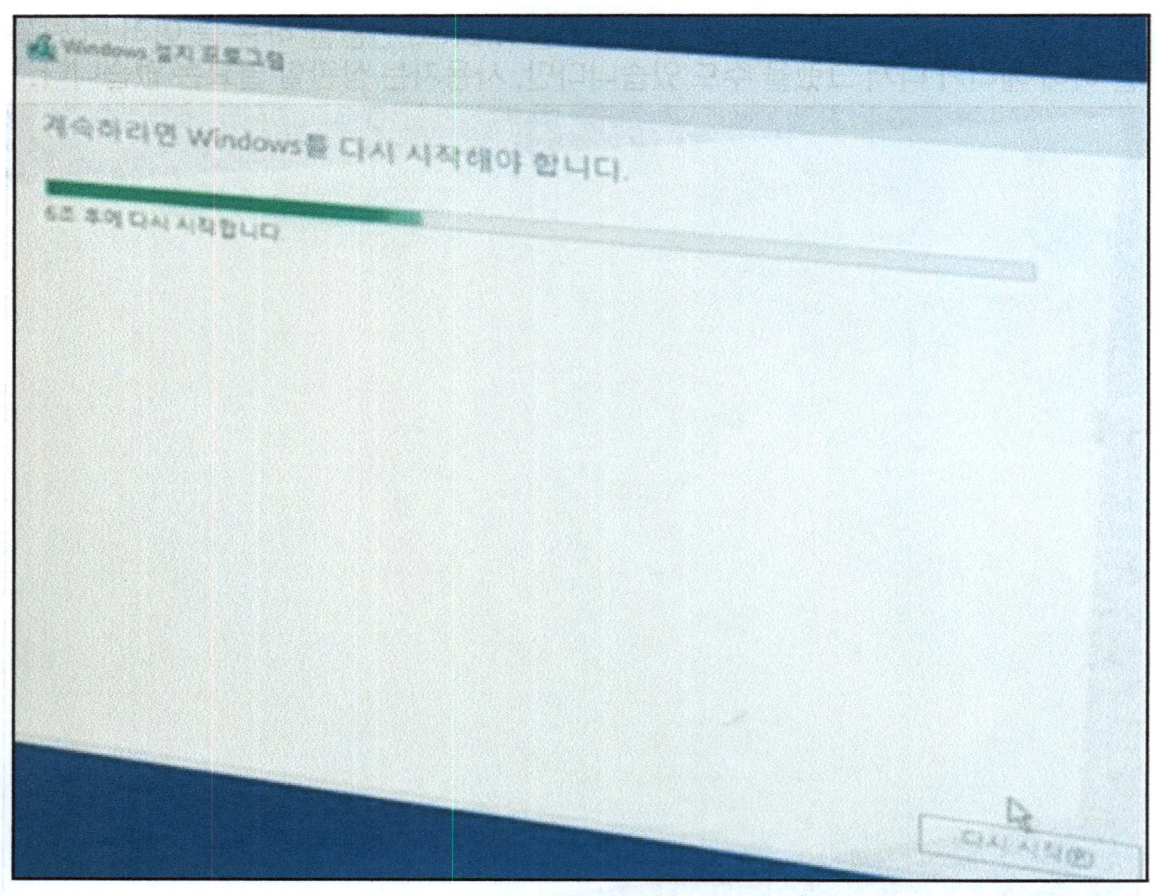

위와 같이 윈도우 설치가 끝나고 재부팅이 될 때 Win 11 usb 설치 디스크를 빼지 않으면 도로 Win 11 설치 화면이 반복되므로 빼야 하고요,..

다른 방법은 재부팅이 될 때 다시 키보드의 Del키를 눌러서 앞에서 설명한 셋업으로 들어가서 부팅 관련 메뉴를 찾아서 맨 처음 부팅되는 순서 를 이제는 SSD로 바꿔주면 됩니다.

중요한 것은 이제부터입니다.

다음과 같이 진행되면서 막히는 부분이 있습니다.

그래서 이 책을 보시거나 필자의 블로그 혹은 [유튜브 채널]에 오셔서 필자가 올린 정보를 보셔야 하는 것입니다.

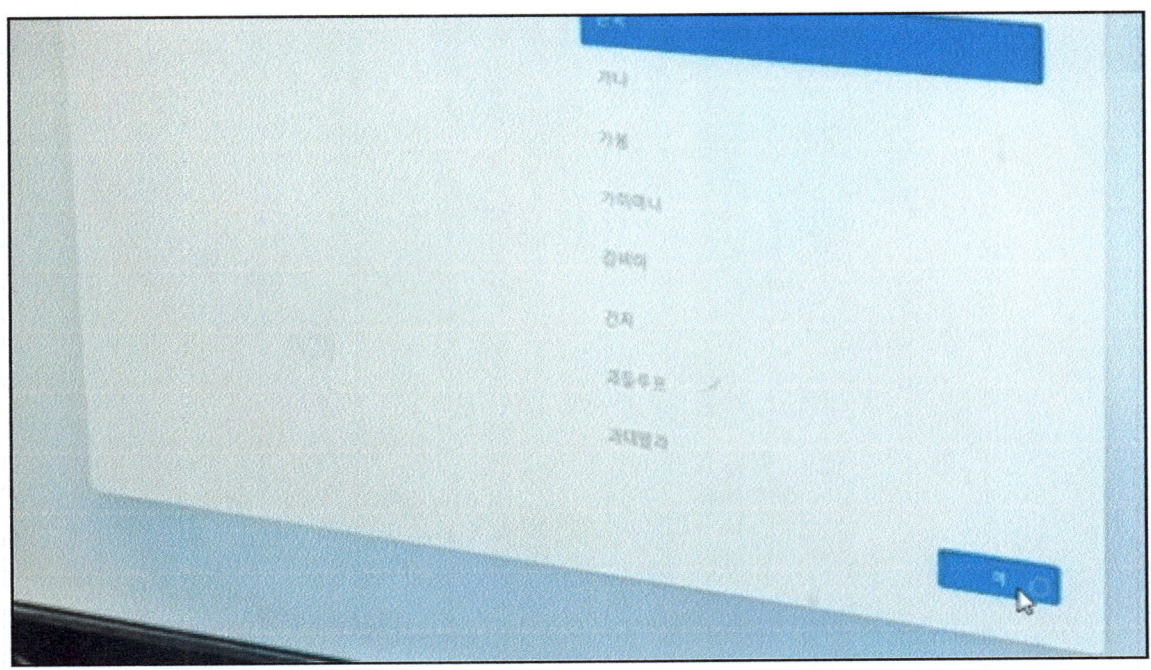

국가를 물어보는 위의 화면에서는 기본 값으로 한국이고요, [예]을 클릭합니다.

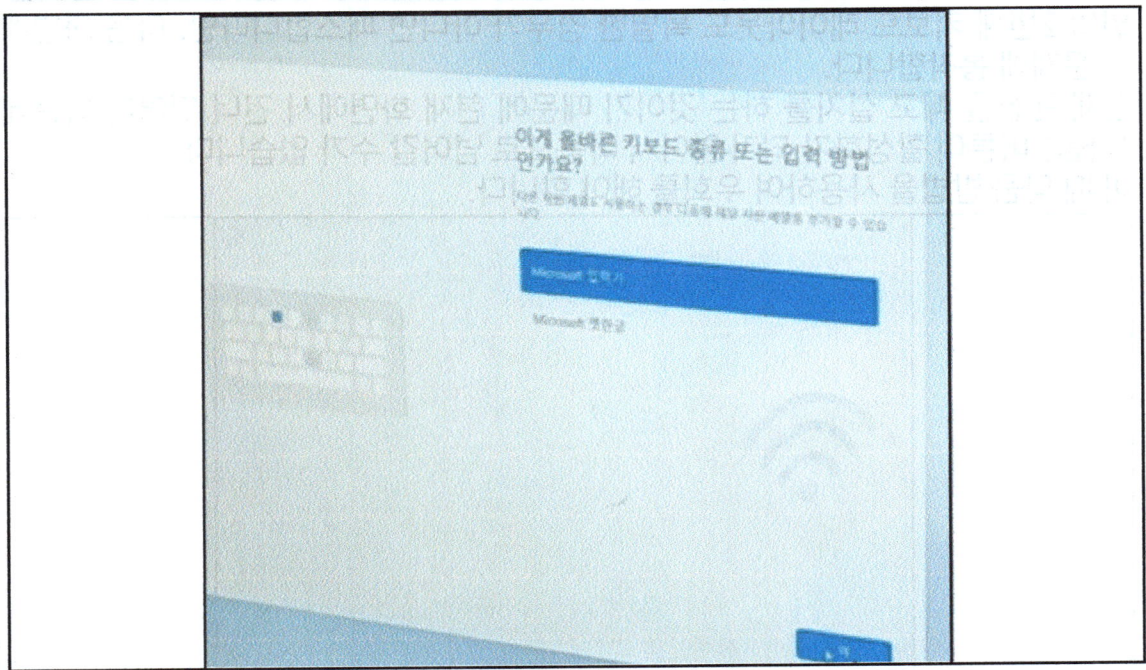

위의 화면에서도 기본으로 선택하고 [다음]을 클릭합니다.

위의 2번째 키보드 레이아웃도 특별한 경우가 아니면 패스합니다만, 다음 화면에서 문제에 봉착합니다.

현재 랜선을 빼고 설치를 하는 것이기 때문에 현재 화면에서 건너 뛰어야 하는데 [다음] 버튼이 활성화가 되지 않아서 다음으로 넘어갈 수가 없습니다.

이 때 다음 방법을 사용하여 우회를 해야 합니다.

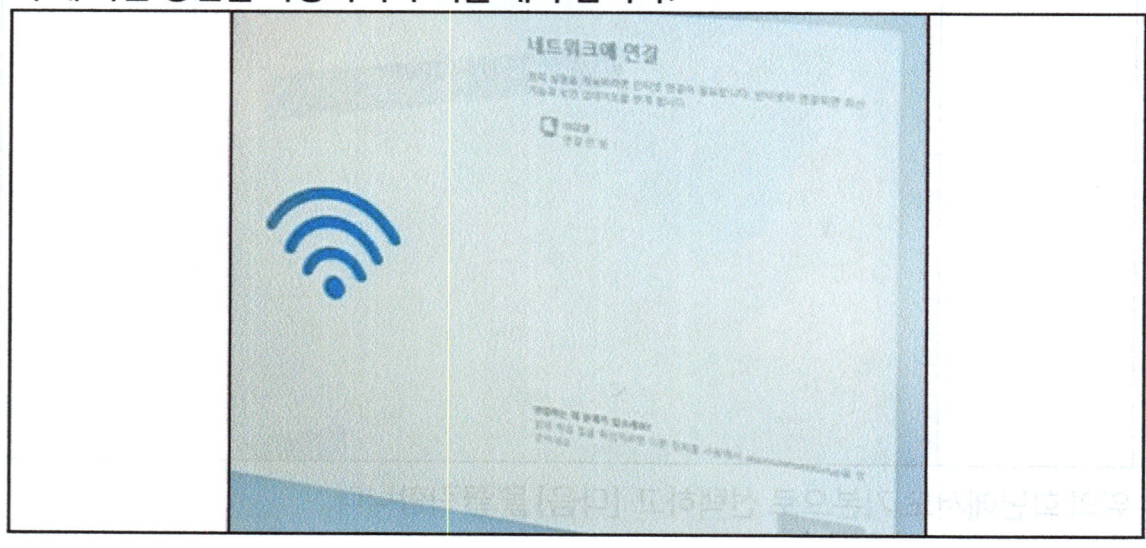

[Shift + F10]을 누르면 다음 cmd창, 도스 화면이 나타납니 다.

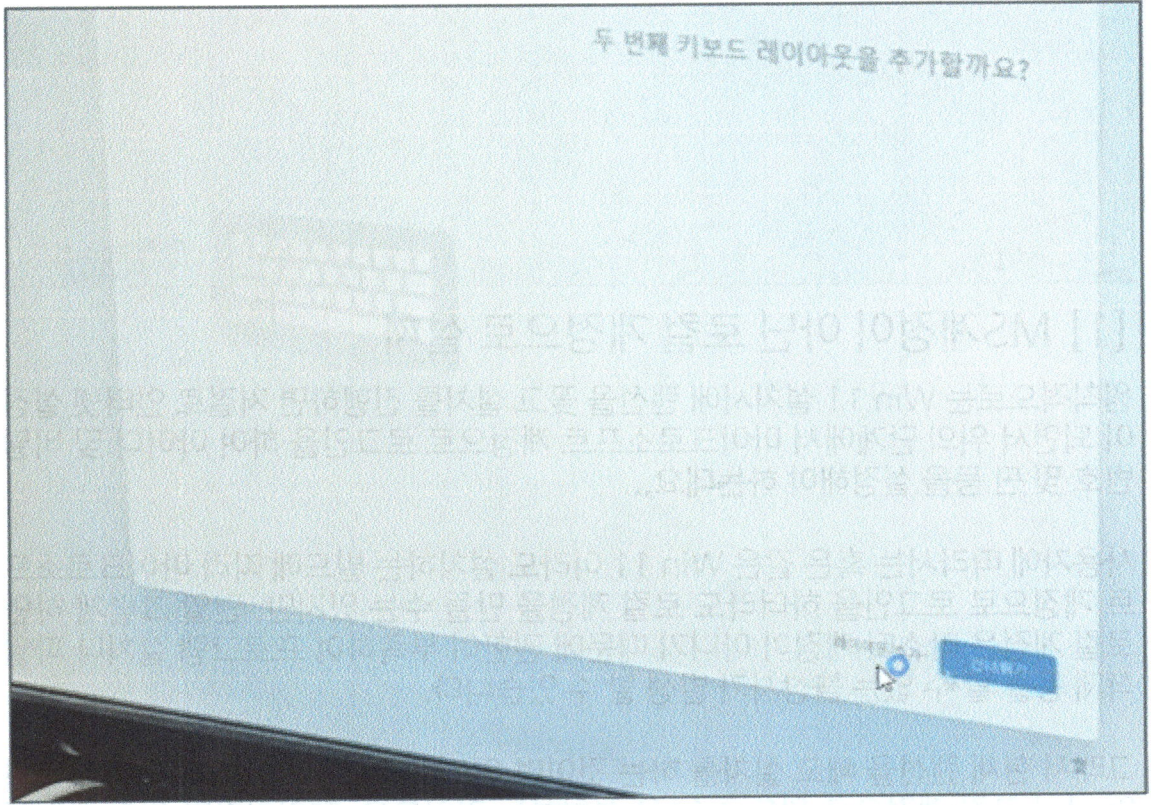

위와 같이 입력을 해야 하는데요, 실제로는 화면에 'OOBE₩BY' 까지만 입력하고 엔터를 치면 뒷 부분 명령어는 저절로 입력되면서 진행됩니다.

위와 같이 다시 진행이 되면서 이번에는 위의 화면에 보이는, 마우스가 가리키는 이 단계 건너뛰기 메뉴가 나타납니다.

위의 마우스가 가리키는 [이 단계 건너 뛰기]를 클릭하면 다음 화면이 나타납니 다.

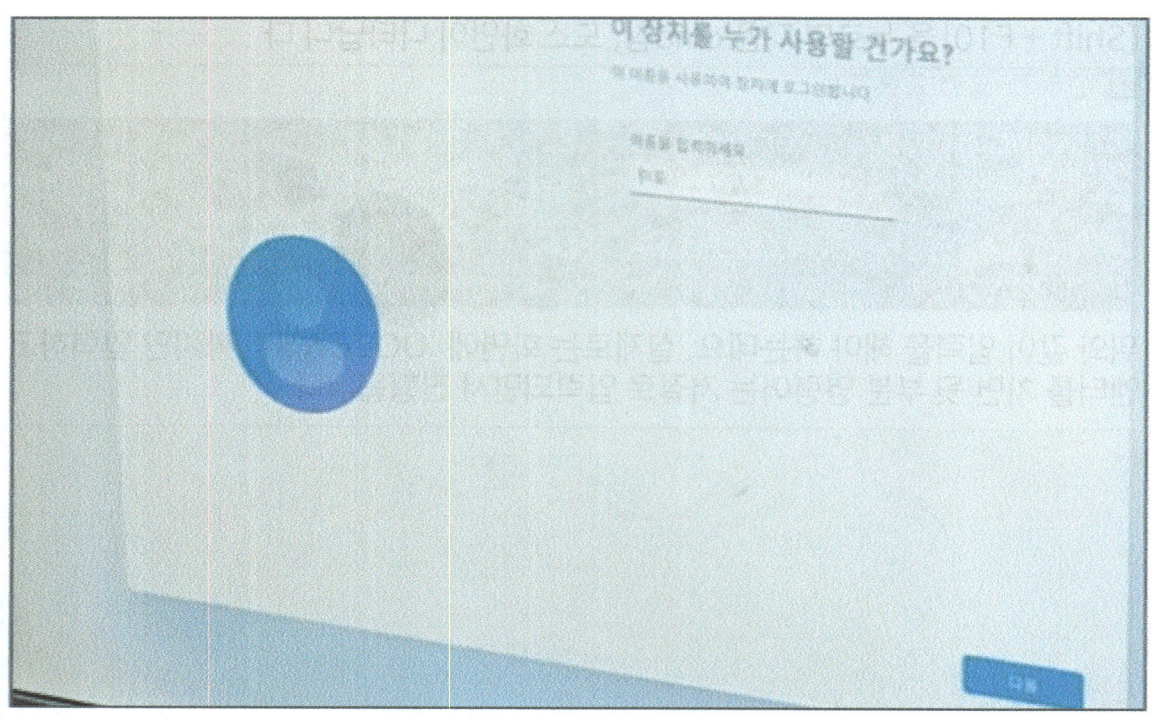

[1] MS계정이 아닌 로컬 계정으로 설치

원칙적으로는 Win 11 설치시에 랜선을 꽂고 설치를 진행하면 저절로 인터넷 설정이 되면서 위의 단계에서 마이크로소프트 계정으로 로그인을 하여 아이디 및 비밀번호 및 핀 등을 설정해야 하는데요,..

사용자에 따라서는 혹은 같은 Win 11 이라도 설치하는 빌드에 따라 마이크로소프트 계정으로 로그인을 하더라도 로컬 계정을 만들 수는 있지만, 만일 그렇게 하면 로컬 계정은 마스터 계정이 아니기 때문에 권한이 부족하여 프로그램 설치나 파일 삭제 등을 할 수 없는 불상사가 발생 할 수 있습니다.

그래서 현재 랜선을 빼고 설치를 하는 것이며 위의 단계에서 마이크로소프트 계정이 아닌 로컬 계정으로 윈도우 11을 설치하는 것이고요, 개인이라면 위의 화면에서 자신이 사용할 이름을 입력해도 되고요, PC정비사 등 다른 사람의 PC에 Win 11을 설치하는 것이라면 위의 로컬 계정 입력 화면에 영문이든 한글이든 숫자든 어떤 것을 입력해도 되고요, 이것은 나중에 설정에 들어가서 자신의 계정 이름을 바꾸고 비밀번호도 바꿀 수 있으므로 타인의 PC라면 반드시 이렇게 해야 합니다.

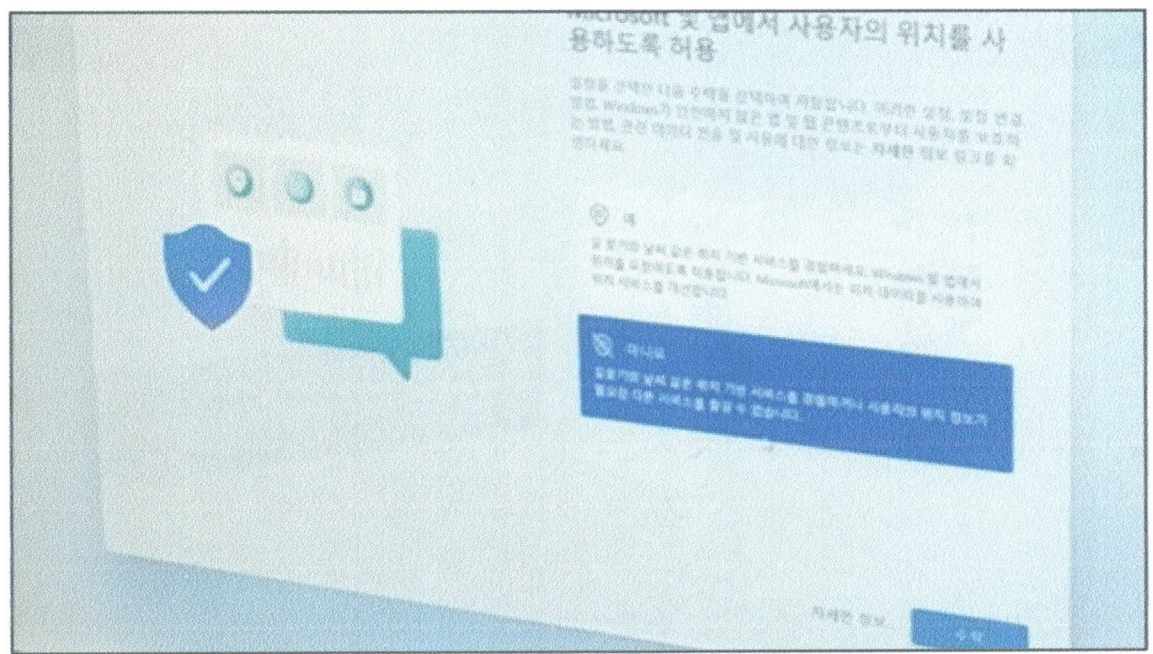

지금부터는 화면의 안내를 잘 읽어보고 답변을 해야 합니다만, 대체로 밑에 있는 항목을 선택하면 무난합니다.

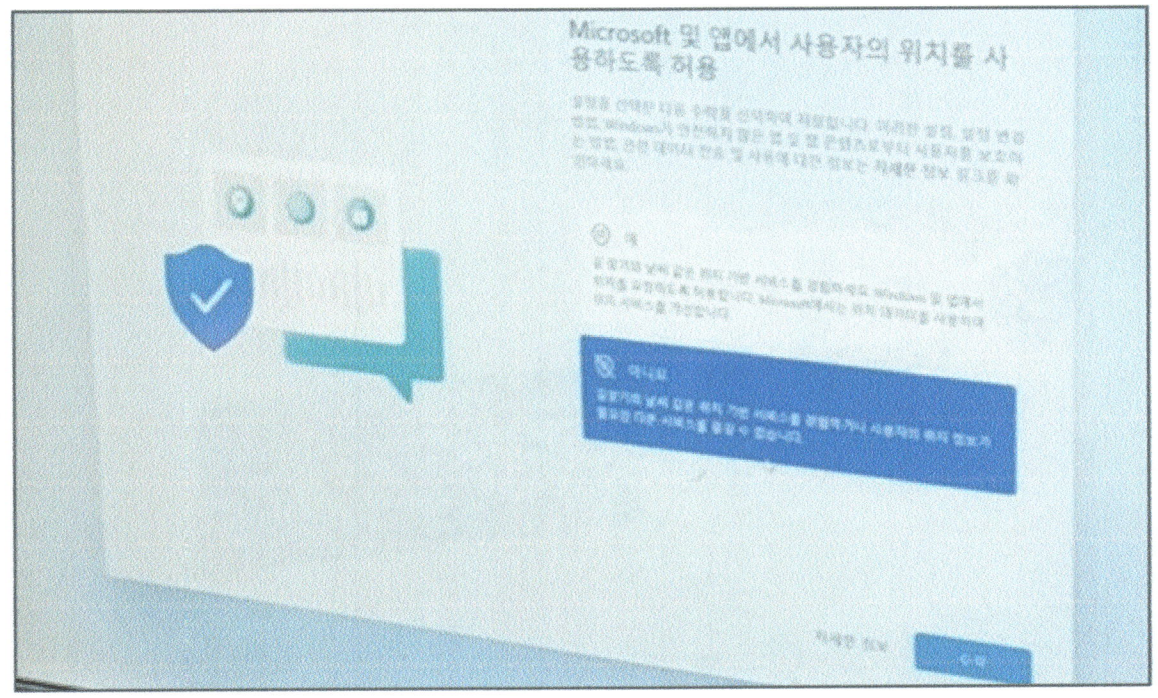

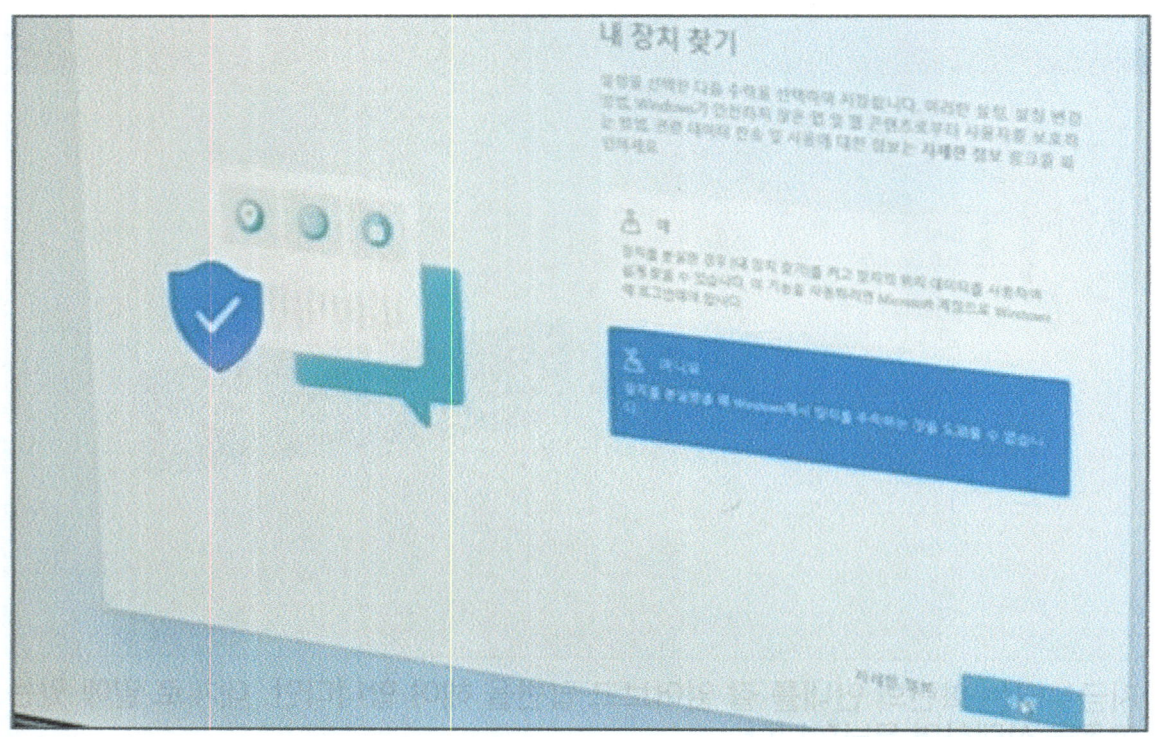

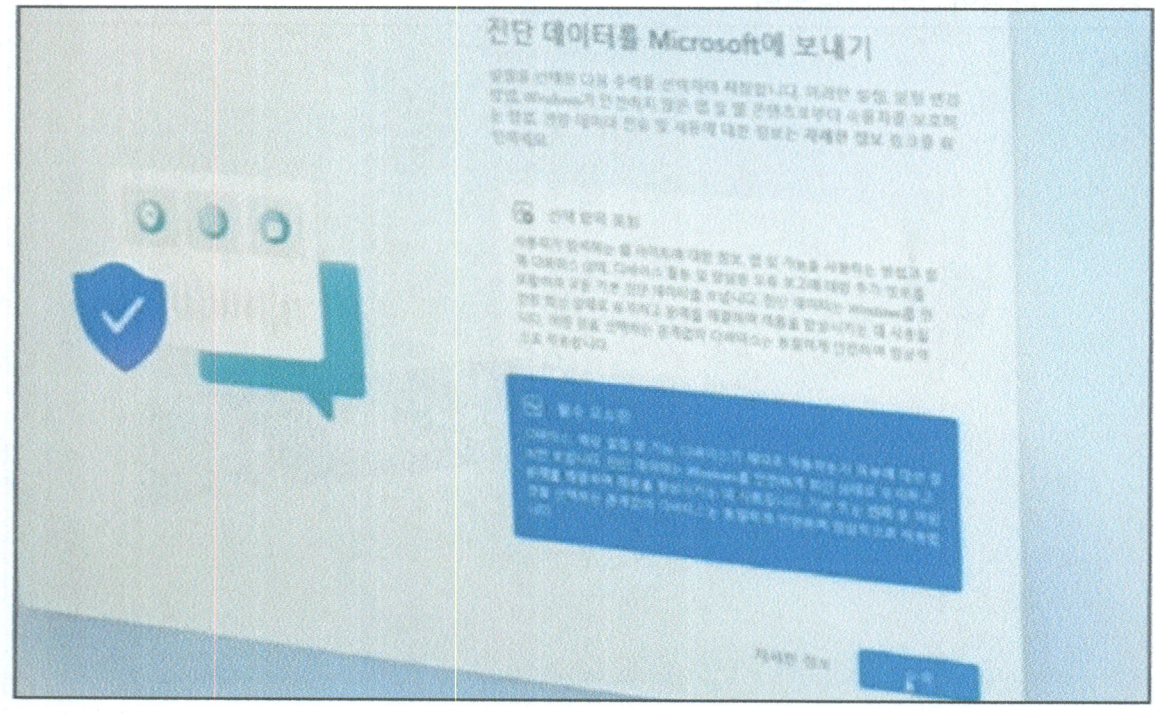

앞의 진단 데이터 보내기도 안함으로 했습니다만, 이 역시 개인이라면 잘 읽어보고 선택을 해야 하고요,..

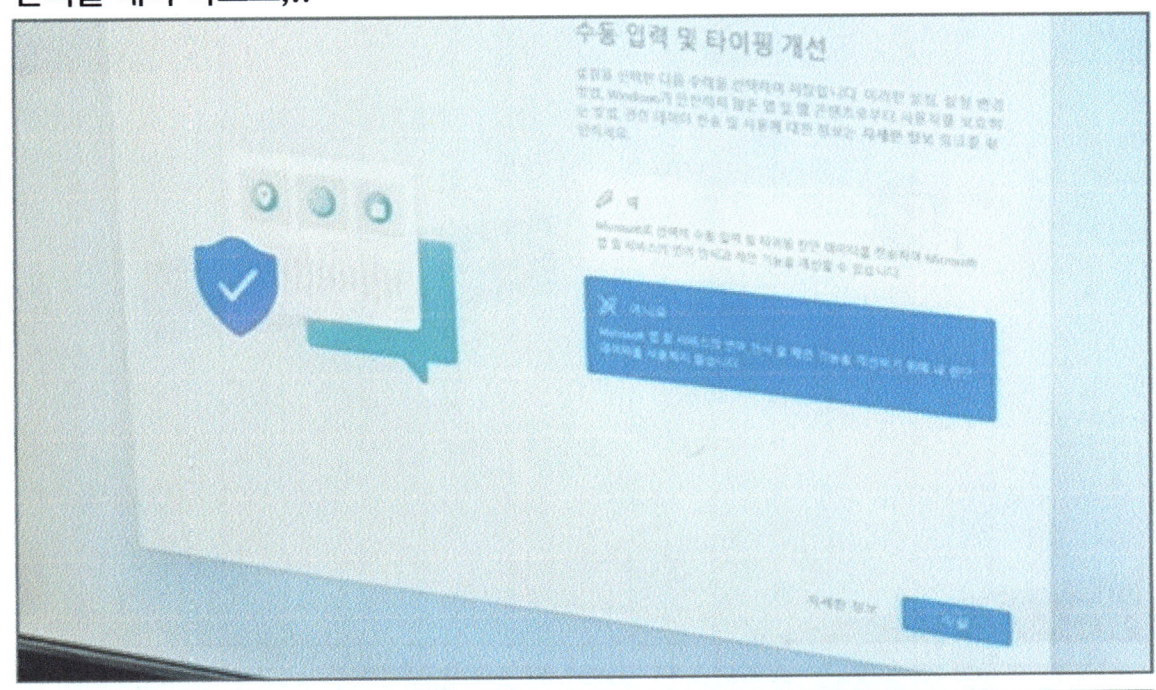

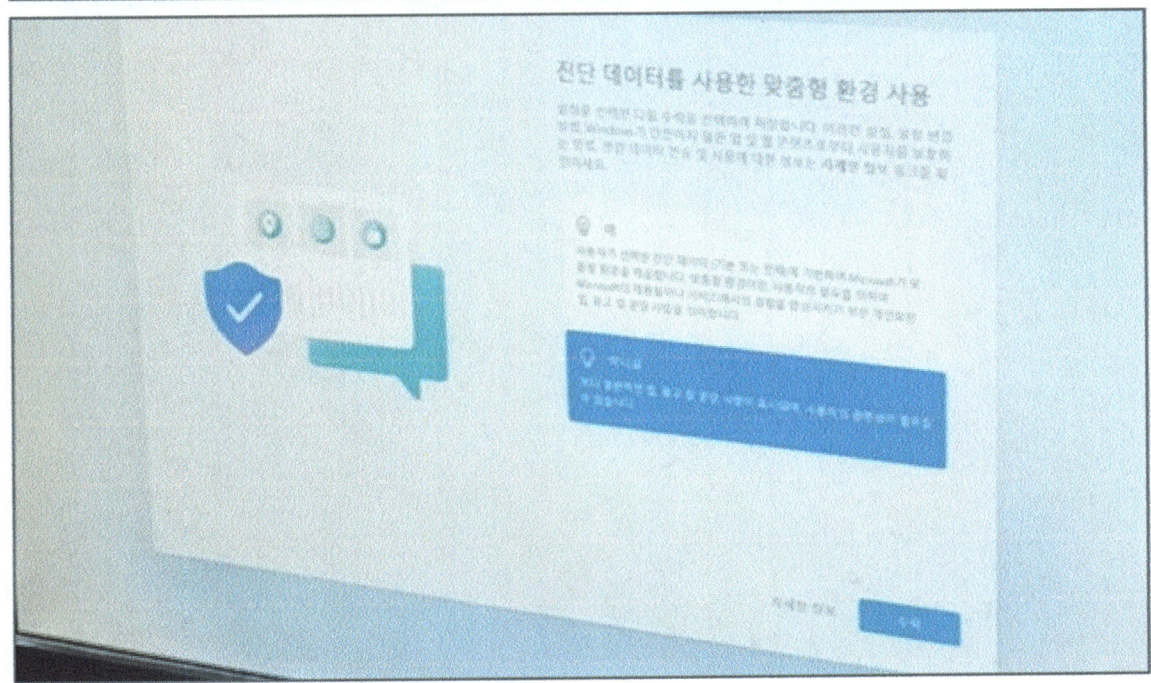

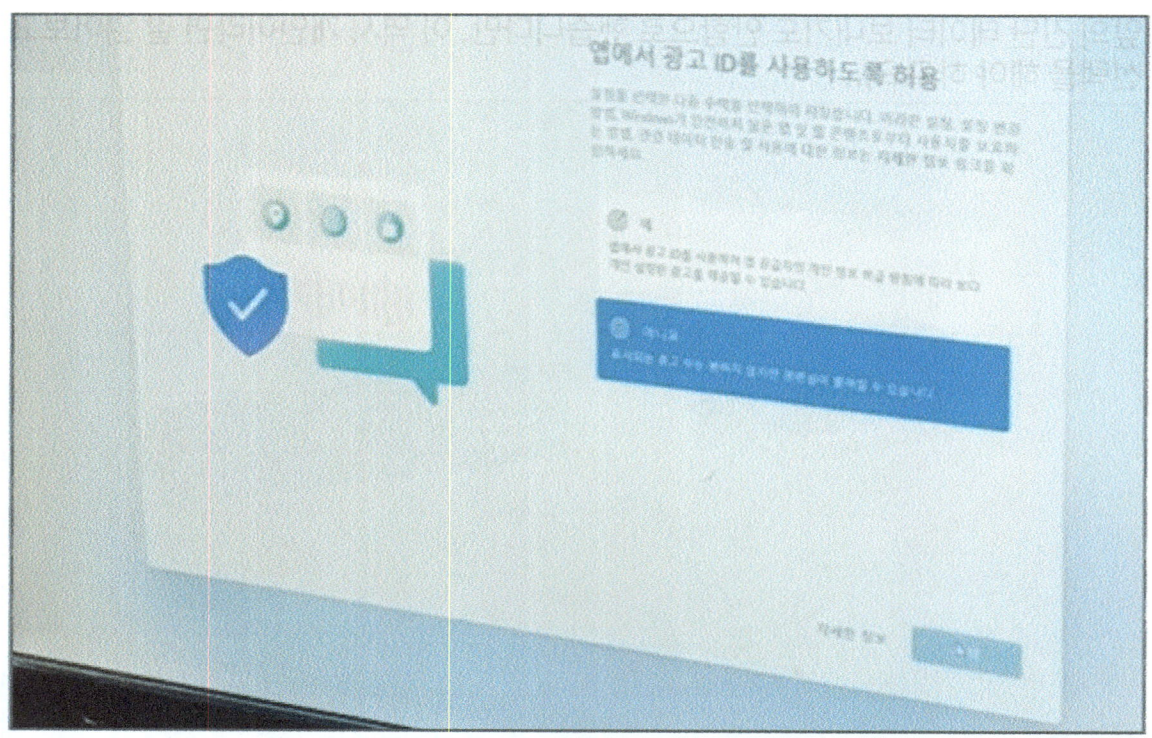

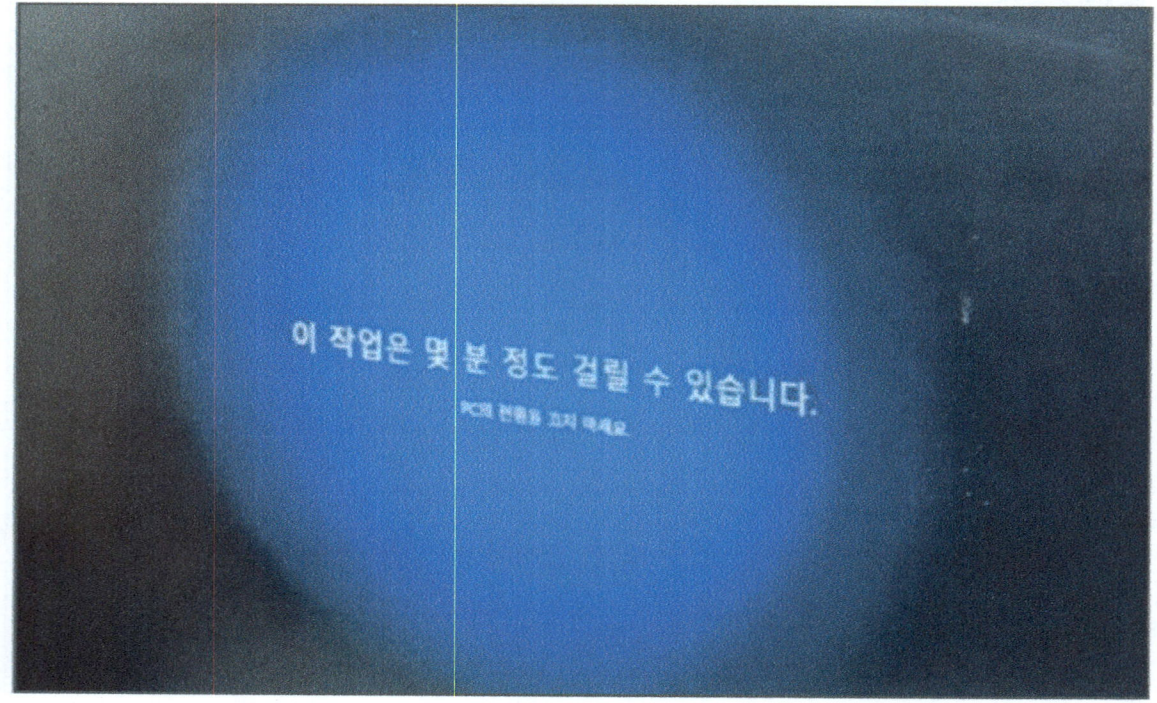

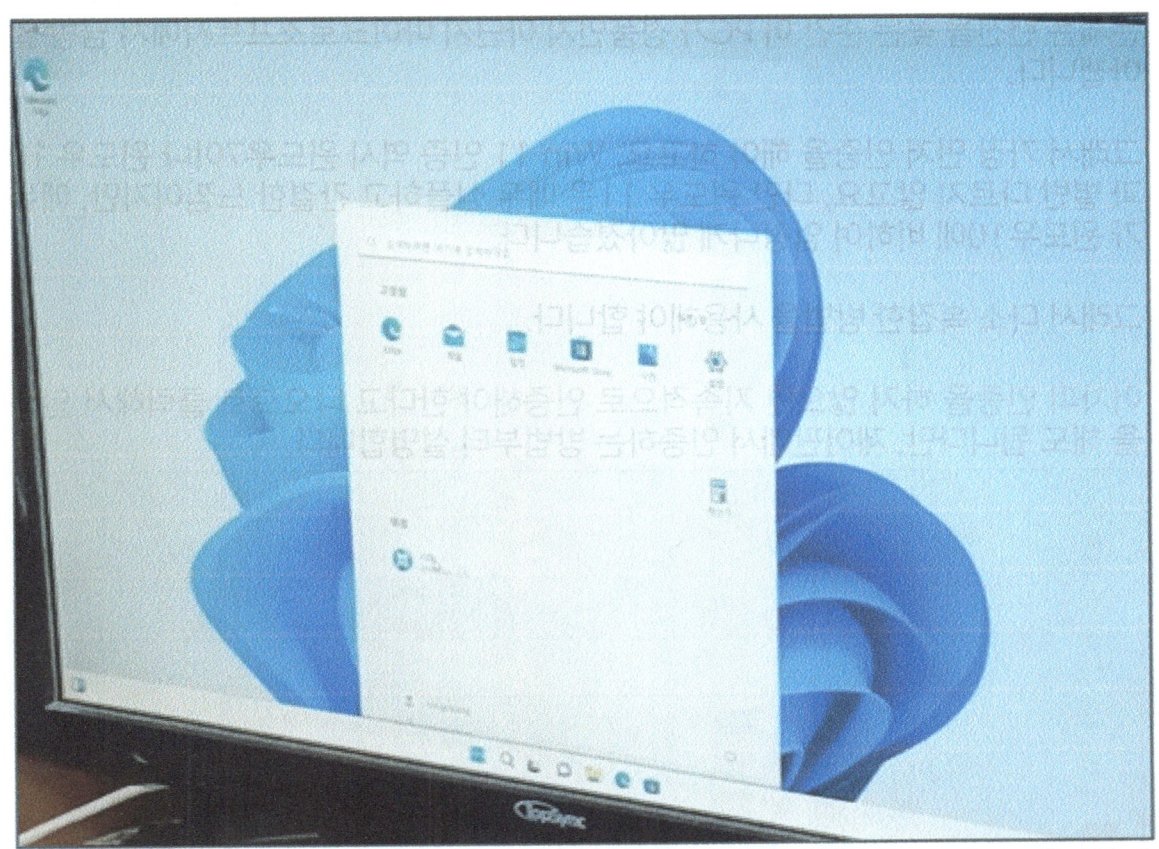

드디어 윈도우 11 설치가 끝이 났습니다. 그러나 끝이 아니라 이제부터 시작입니다.

인터넷을 하기 위해서는 랜선을 꽂아야 하며 랜선을 꽂으면 필연적으로 인증을 해야 합니다.

[2] Win 11 정품 인증

자신이 산 속에서 세상과 인연을 끊고 혼자 살겠다고 하는 사람이라면 랜선을 꽂지 않아도 되지만, 현대인이라면 인터넷에 연결하지 않으면 안 됩니다.

Win 11은 랜선을 꽂으면 모든 것이 완전 자동으로 인터넷에 연결됩니다.

물론 네트워크 구성은 다른 문제이므로 뒤에 다시 설명을 하고요,..

문제는 랜선을 꽂는 순간 이 PC가 정품인지 아닌지 마이크로소프트사에서 금방 알아챕니다.

그래서 가장 먼저 인증을 해야 하고요, Win 11 인증 역시 윈도우7이나 윈도우 10과 별반 다르지 않고요, 다만 윈도우 11은 매우 심플하고 간결한 느낌이지만, 메뉴가 윈도우10에 비하여 엄청나게 많아졌습니다.

그래서 다소 복잡한 방법을 사용해야 합니다.

어차피 인증을 하지 않으면 지속적으로 인증해야 한다고 나오므로 클릭해서 인증을 해도 됩니다만, 제어판에서 인증하는 방법부터 설명합니다.

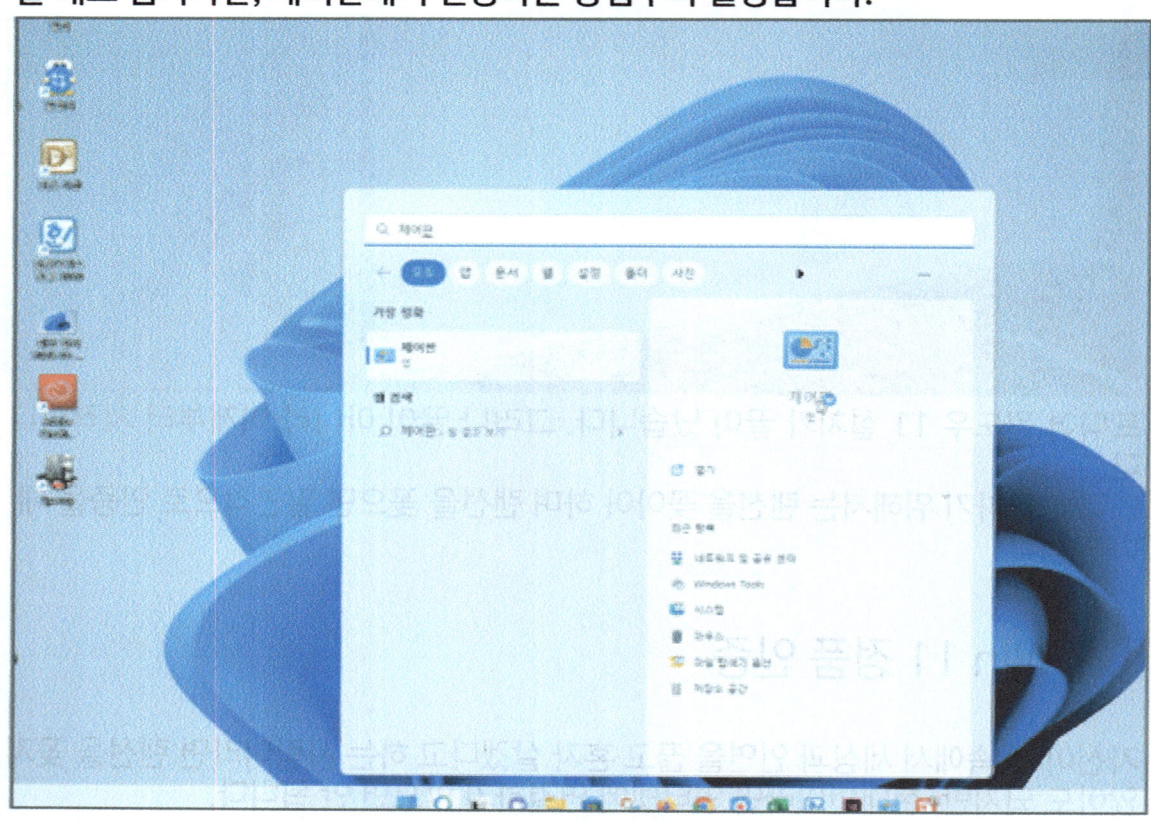

윈도우 11은 위와 같이 매우 간결하고 매우 심플합니다.

메뉴는 엄청나게 많으므로 대부분 검색해서 찾아야 하고요, 시작 버튼도 좌측에 있는 것이 아니라 가운데 있습니다.

그러나 필자의 오랜 경험으로 보아 Win 11 설치 이후 화면이 필자와 다를 수도 있다는 것을 염두에 두시고요, 조금씩 틀리는 부분은 여기 설명 참조하여 찾으면 됩니다.

일단 인증을 하기 위해서는 앞의 화면에 보이는 것과 같이 화면 가운데 쯤에 있는 시작을 누르고 제어판을 입력하여 제어판으로 들어갑니다.

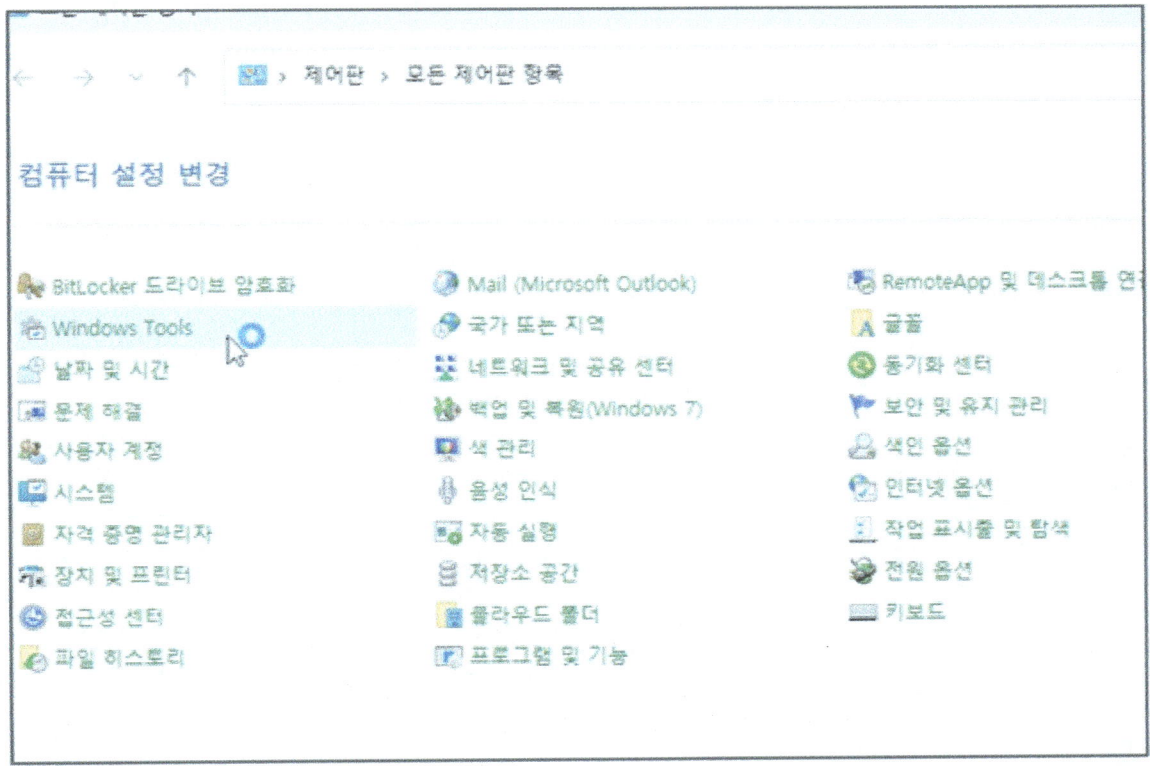

제어판 초기 화면은 윈도우7이나 윈도우10과 별반 다르지 않게 보입니다.

그러나 위의 마우스가 가리키는 [Windows Tools]를 클릭하면 수 많은 메뉴가 들어 있고요,. 그리고 필자가 윈도우 11을 설치하고 맨 처음 제어판을 들어 왔을 때는 제어판에 설정 메뉴가 있었습니다.

그러나 일단 맨 처음 설정 화면에 들어간 후에는 설정 메뉴가 제어판에 나타나지 않고 시작을 누르면 바로 나타납니다.

다음 화면을 보세요..

위의 화면 하단 맨 좌측 작은 사각형 4개가 모여 있는 것이 시작 버튼이고요, 이것 역시 필자와 다른 사람이 있을 수도 있고요, 위의 화면 우측 상단 마우스가 가리키는 [설정] 메뉴가 맨 처음에는 제어판에 있었지만, 처음 메뉴를 클릭하여 들어간 후에는 위에 보이는 것과 같이 제어판에는 나타나지 않고요, 시작을 눌러야 나타나고요, 위의 마우스가 가리키는 [설정]을 클릭하면 다음 화면이 나타납니다.

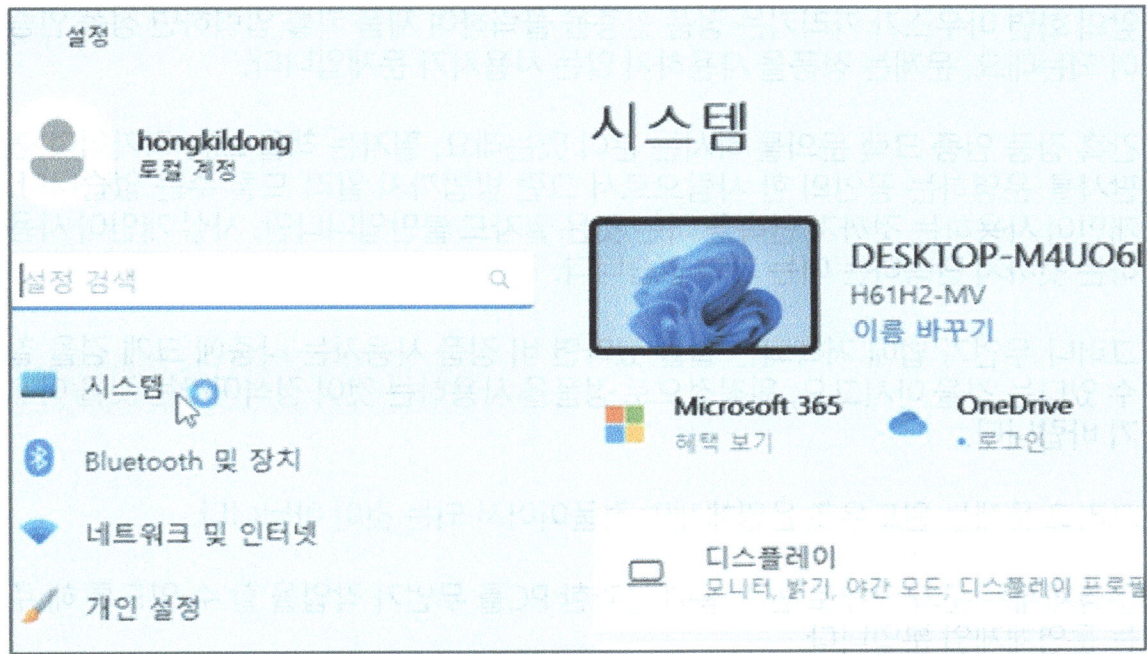

위의 화면에서 마우스가 가리키는 시스템을 다시 한 번 클릭하면 다음 화면이 나타납니다.

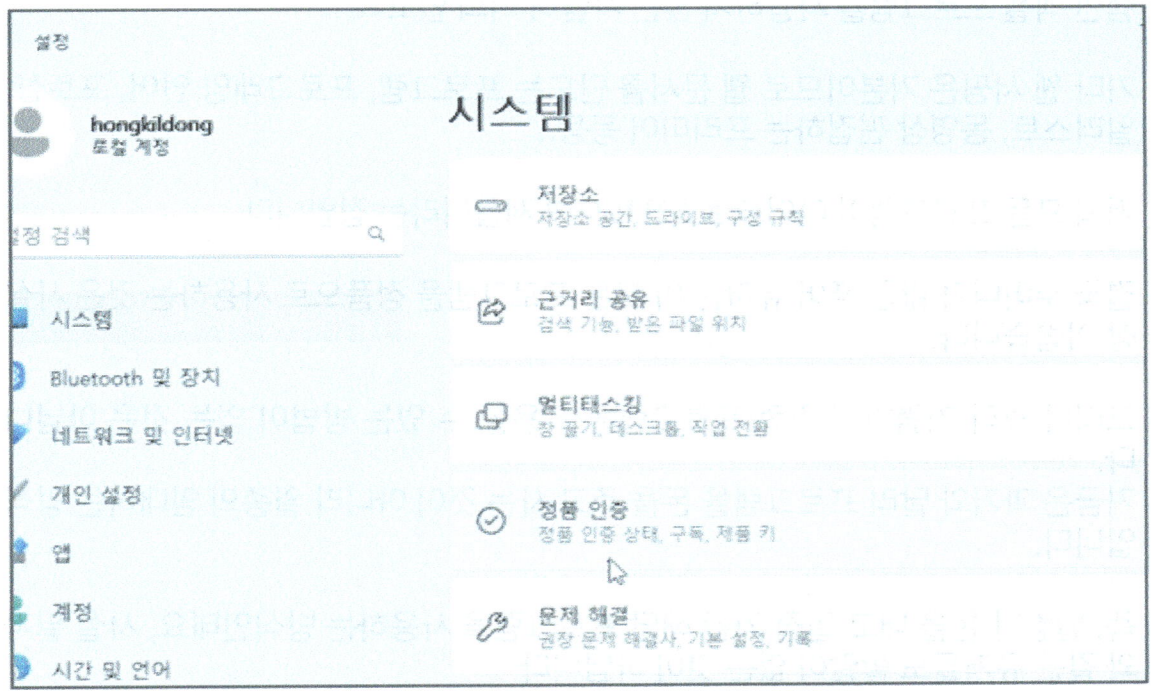

앞의 화면 마우스가 가리키는 정품 인증을 클릭하여 제품 키를 입력하면 정품 인증이 되는데요, 문제는 정품을 사용하지 않는 사용자가 문제입니다.

간혹 정품 인증 크랙 문의를 하시는 분이 있는데요, 필자는 책을 쓰는 작가이며 출판사를 운영하는 공인의 한 사람으로서 그런 방법까지 알려 드릴 수는 없습니다. 개인이 사용하는 것까지 단속을 하는 것은 필자도 불만입니다만, 사실 개인이 사용하는 것까지 단속하는 예는 거의 없습니다.

그러나 무언가 법에 저촉되는 일을 했다면 비 정품 사용자는 나중에 크게 경을 칠 수 있다는 것을 아시고요, 원칙적으로 정품을 사용하는 것이 정석이라는 것을 아시기 바랍니다.

그리고 문제는 윈도우즈 운영체제만 정품이어서 되는 것이 아닙니다.

운영체제는 문자 그대로 빈 깡통에 불과한 PC를 무언가 작업을 할 수 있도록 해 주는 운영체제일 뿐입니다.

하다못해 문서를 작성하기 위해서는 MS워드나 한글 프로그램, 수치 계산 프로그램인 엑셀 프로그램을 사용하지 않는 사람이 거의 없고요,..

기타 웹 서핑은 기본이므로 웹 문서를 만드는 프로그램, 프로그래밍 언어, 포토샵, 일러스트, 동영상 편집하는 프리미어 등등..

거의 모든 프로그램이 마이크로소프트사의 제품이라는 점입니다.

결국 주머니가 얇은 푸어 유저는 이 모든 프로그램을 정품으로 사용하는 것은 사실상 어렵습니다.

그러나 보다 저렴하게 각종 프로그램을 사용할 수 있는 방법이 없는 것은 아닙니다.
지금은 과거와 달리 프로그램을 돈을 주고 사는 것이 아니라 일종의 임대하는 방식입니다.

즉, 일정한 돈을 내고 일정 기간 해당 프로그램을 사용하는 방식인데요, 사실 필자와 같은 유저들도 할말이 없는 것이 아닙니다.

세상에는 알려지지 않는 기인이사가 많기 때문에 전세계 어디에서든지 뛰어난 프로그래머가 나와서 어떠한 프로그램을 개발을 해서 조금만 유명해지면 마이크로소프트사에서는 금액을 불문하고 인수해 버립니다.

장차 자신들의 경쟁 상대를 미리 꺾어 버리는 것인데요, 마이크로소프트와 쌍벽을 이룰 정도로 거대한, 포토샵을 만든 어도비사 역시 마이크로소프트사에서 인수를 하여 지금은 마이크로소프트 어도비가 되었고요,..

웹에디터로 유명한 매크로미디어사의 플래시나 드림웨버 등도 마이크로소프트사에서 인수를 하여 사라져 버렸고요, 사실상 전세계에서 가장 큰 독과점 업체가 바로 마이크로소프트사입니다.

우리나라의 한글과 컴퓨터사 역시 마이크로소프트사에 매각될 위기에 처했을 때 한글8.15를 시판하여 필자도 구입했고요, 국민적 성원을 받아서 다행히 우리나라는 전세계 유일의 자국 토종 워드 한글 프로그램이 마이크로소프트사로 넘어가지 않고 지금도 명맥을 유지하고 있고요, 필자는 한글 2020 책을 집필하면서 역시 한글 2020 정품을 구입했고요,.

포토샵 등의 다른 프로그램들도 저렴하게 사용할 수 있는 플랜이 있습니다

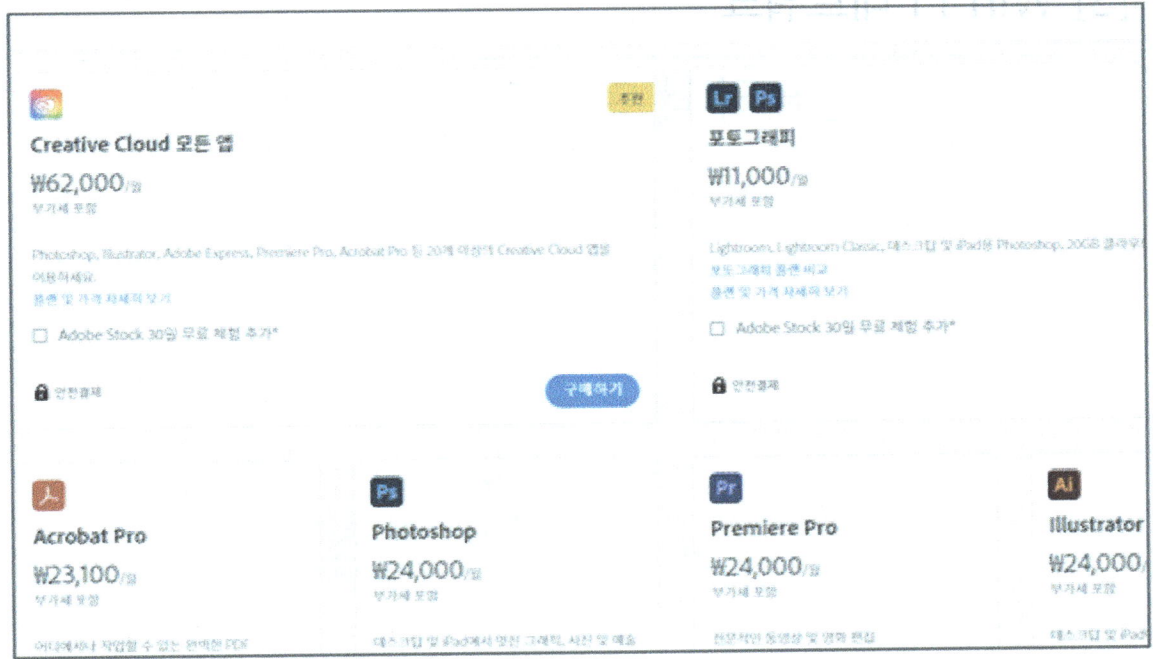

매월 24,000원에서 6,2000원 정도면 원하는 프로그램을 사용할 수 있고요, 가장 저렴한 비용으로 월 11,000원의 플랜도 있습니다.

따라서 정품 구입이 사실상 불가능한 개인의 경우 이런 다양한 어도비 플랜 등을 이용하여 저렴한 가격으로 정품 프로그램을 사용할 수 있는 길이 있으며 대학생의 경우 학생용 플랜을 사용하면 이보다 더 저렴하게 이용할 수 있습니다.

사실 사용자 입장에서 보면 정부 기관, 관공서, 은행, 중소기업 이상 대기업 등에서는 어김없이 정품을 사용하고 있고요, 이러한 기관에서는 정품을 사용하지 않으면 정품 구입 비용보다 더 많은 비용을 지불해야 하기 때문에 정품을 사용할 수 밖에 없고요, 따라서 마이크로소프트사에서는 이렇게 전세계의 모든 국가에서 정품을 사용하는 곳이 많기 때문에 전세계에서 가장 큰 부자이며 따라서 개인에게까지 정품 인증을 요구하는 것은 너무한 것이 사실입니다.

이러한 정품 인증과는 별개로 자사의 프로그램이 일단 널리 펴져서 많은 사람들이 그 프로그램을 익혀서 많은 사람들이 그 프로그램을 사용해야 프로그램 개발사도 이익이므로 사실상 개인이 사용하는 프로그램까지 제한을 하지는 않습니다만, 엄밀하게는 개인도 정품을 사용하는 것이 원칙이라는 것을 알아야 합니다.

[3] Win 11 네트워크

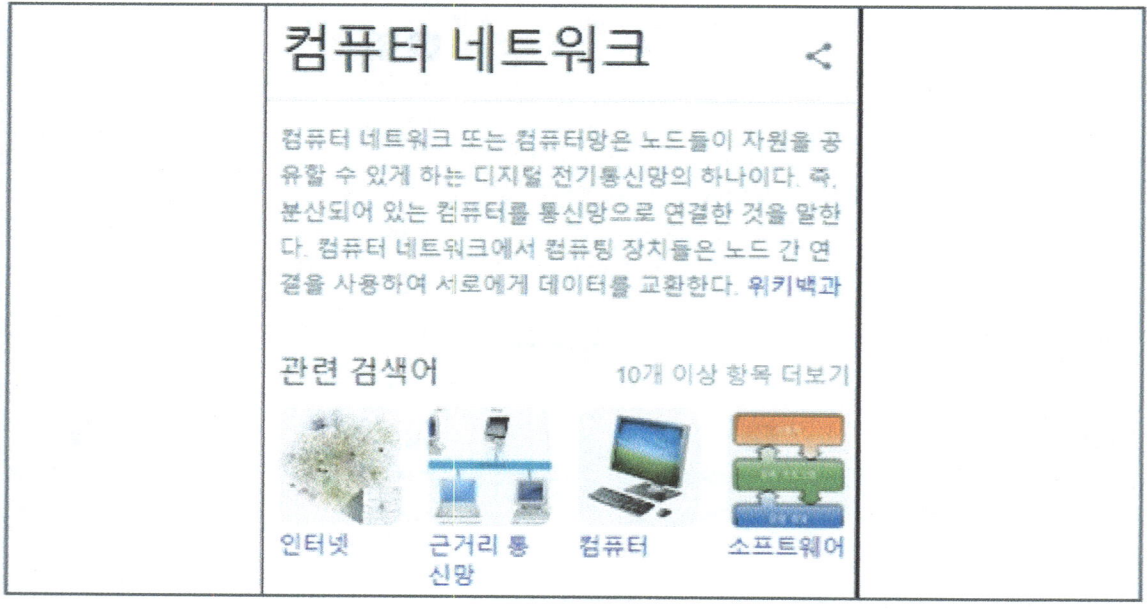

앞의 화면은 방금 구글 크롬에서 검색 한 것이고요, 앞의 화면의 설명과 같이 네트워크, Network 는, Net과 Work 가 합쳐진 언어로 그물망처럼 짜여진 통신 형태라고 할 수 있습니다.

초기 컴퓨터 네트워크는 미국에서 군사용으로 개발된 것이 시초이고요, 오늘날에는 앞에 보이는 것과 같이 정의할 수 있고요, 한국통신 혹은 SK텔레콤 등에 가입하면 깔아주는 선이 WAN, 즉, 광대역 통신망이고요, 이것을 공유기에 꽂아서 가정이나 사무실에 2대 이상의 컴퓨터를 연결하는 것이 바로 LAN, 즉, Local Area Network, 즉, 근거리 통신망이고요, 일부 특수한 사람들 이외에는 네트워크라 하면 바로 이렇게 랜선을 끼우고 옆에 있는 컴퓨터와 연결하는 근거리 통신망, 즉, LAN을 의미한다고 할 수 있습니다.

사실 네트워크는 이렇게 간단히 설명해서 될 일은 아닙니다.

제대로 파고들면 대학교에서 4년간 전공을 해야 할 정도입니다만, 개인이 가정이나 사무실에서 PC를 사용하는 것은 LAN, 즉, 근거리 통신망만 알면 됩니다.

이런 복잡성은 제쳐두고라도 요즘은 가정이라도 PC가 보통 2대 이상이며 소규모 사무실이라도 최소한 PC가 2대 이상입니다.

이렇게 2대 이상의 PC를 랜선을 이용하여 혹은 무선으로 연결하는 것을 네트워크라고 할 수 있으며 Win 11을 설치한 후에 옆에 있는 윈도우10이나 윈도우7을 사용하는 PC와 공유기를 거쳐서 랜선을 꽂아서 서로 네트워크가 돼야 합니다.

그런데 나날이 복잡해지는 사회 구조와 맞물려서 PC 운영체제 역시 새로운 보안문제가 대두되어 마이크로소프트사에서 새로 나오는 운영체제는 어김없이 개인은 네트워킹을 쉽게 할 수 없도록 갈수록 어렵게 하고 있습니다.

그래서 윈도우11도 윈도우10과 마찬가지로 일반 개인은 네트워크 구성을 쉽게 할 수가 없습니다.

PC설정을 아무리 잘 해도 네트워크가 안 되기 때문입니다.

윈도우7에서는 그토록 쉽던 네트워킹이 윈도우10 이후에는 일반 설정으로는 도저히 네트워킹이 되지 않으며 물론 필자보다 더 훌륭한 고수라면 네트워킹을 쉽게 하는 사람도 있을 것입니다.

그러나 필자 역시 네트워크를 전공한 것은 아니지만, PC간 네트워크 정도는 식은 죽 먹기로 할 수 있는데도 불구하고 그냥 설정을 해서는 좀처럼 네트워킹이 되지 않습니다.

그래서 필자가 나름대로 연구를 하여 알아낸 방법이 있습니다.

윈도우10과 윈도우11은 부팅 후 네트워크를 초기화시키고 다시 재부팅을 해서 네 트워크를 개인 네트워크로 지정해 주는 방식입니다.

참고 : 윈도우10과 윈도우11 인스톨 후 업데이트가 되면 자동으로 네트 워킹이 되지만, 운영체제 설치 직후에는 이렇게 해야 네트워크가 됩니 다.

[4] 네트워크 초기화

그래서 윈도우10과 윈도우11은 일단 부팅 후 네트워크를 초기화 시키고 다시 재부팅을 해서 네트워크를 개인 네트워크로 지정을 해야 하는데요, 네트워크 초기화는 다음 방법으로 합니다.

위의 화면에 보이는 것과 같이 [시작]클 릭, 위의 화면 마우 스가 가리키는 [설정]을 클릭합니다.

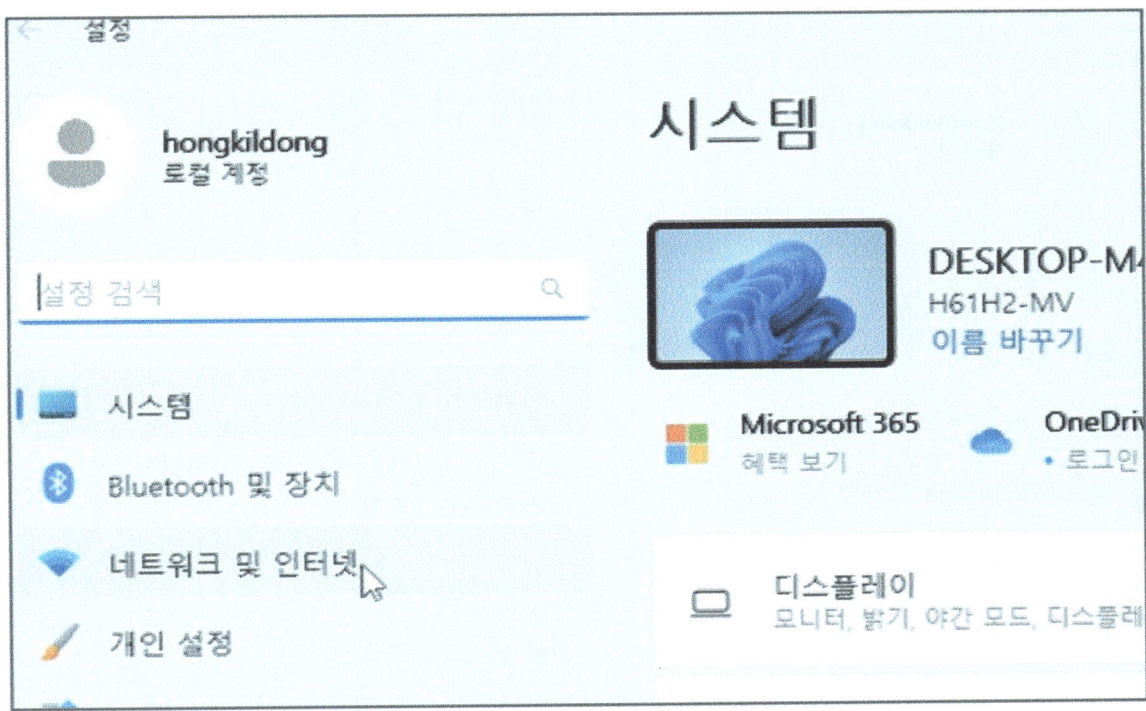

위의 화면 검색어 입력란에서 검색을 하거나 위의 마우스가 가리키는 [네트워크 및 인터넷]을 클릭하고, 아래 화면에 보이는 창에서, 우측 메뉴를 스크롤하여 밑으로 내려서 아래 화면에 보이는 [고급 네트워크 설정]을 클릭합니다.

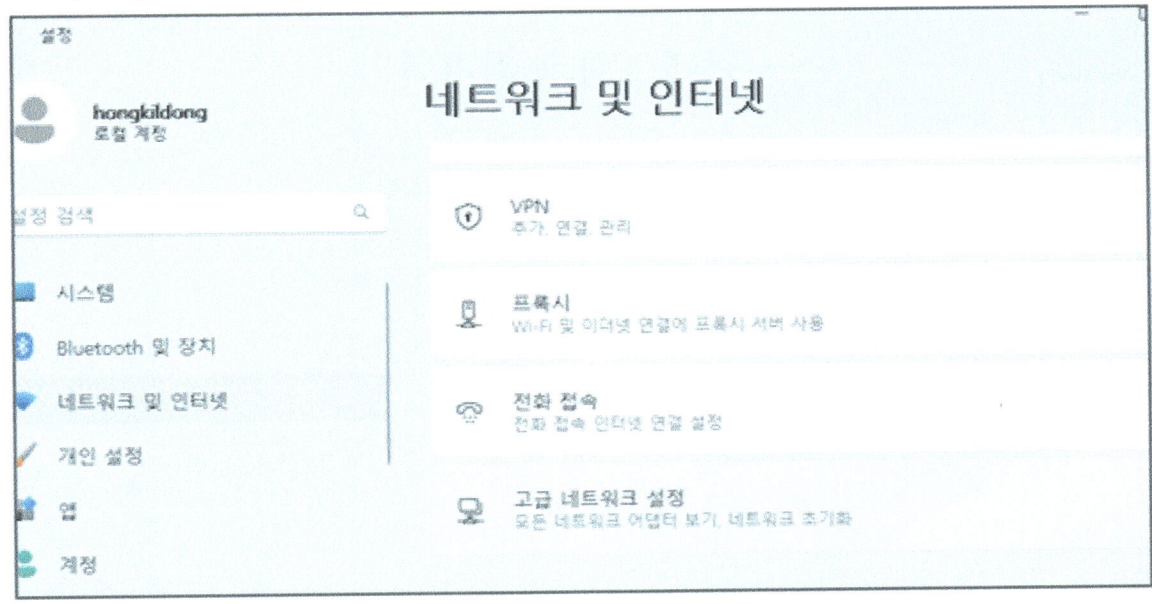

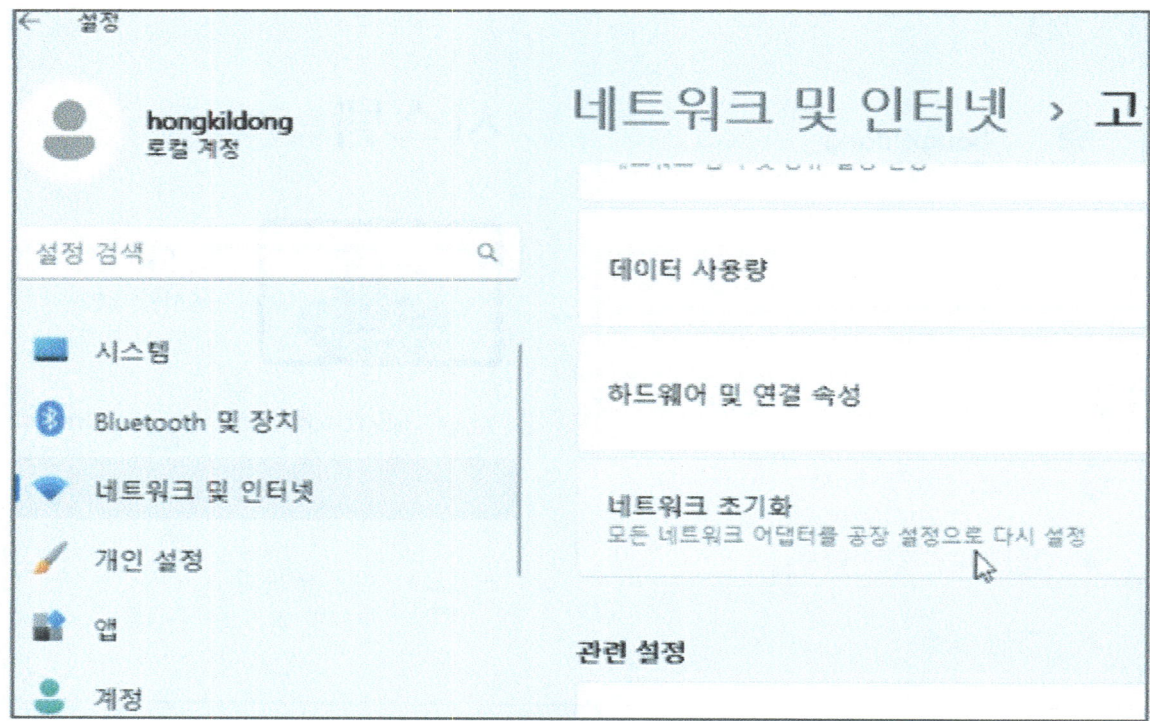

위의 마우스가 가리키는 [네트 워크 초기화]를 클릭합니다.
만일 보이지 않으면 마우스 휠을 위 아래로 스크롤하면 나타납니다.

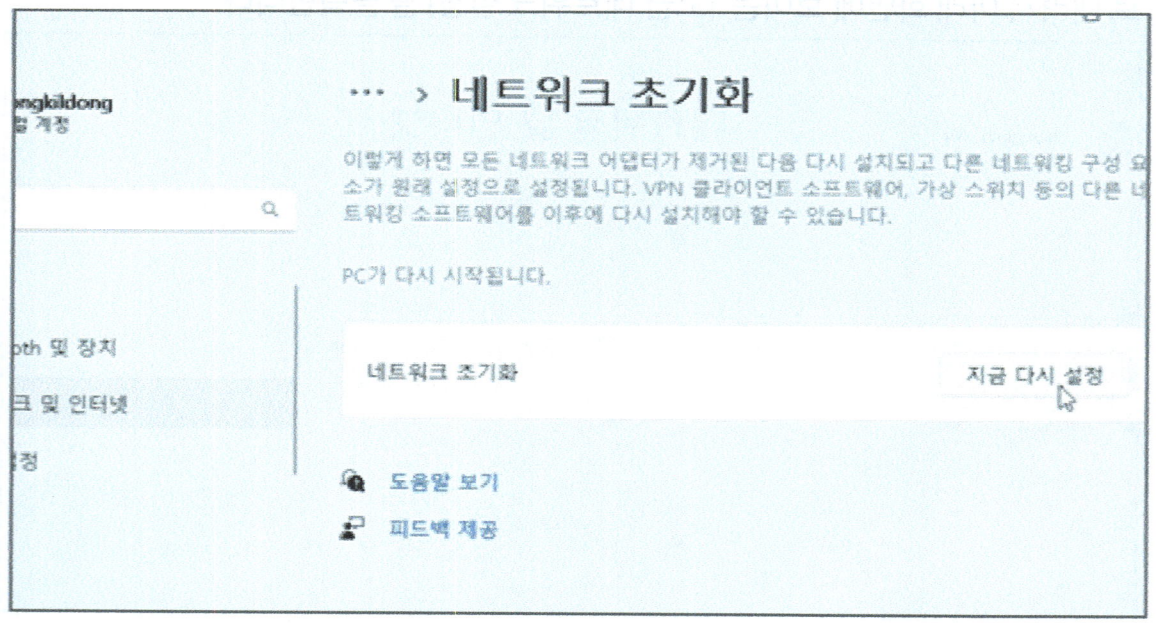

앞의 화면에서 [지금 다시 설정]을 클릭하고 나타나는 팝업에서 예를 클릭하고 재부팅을 하는데요, 필자의 경우 필자가 지금 이 책을 집필하는 Win 11을 사용하는 컴퓨터는 시작을 눌러서 종료 버튼이 나오지 않습니다.

대신 시작 버튼을 마우스 우클릭하면 우측 화면에 보이는 메뉴가 나타나서 종료 혹은 재시작 할 수 있고요,..

또 한 가지 방법은 종료 하고 싶을 때 키보드의 [Ctrl + Alt + Del] 키를 누릅니다. 이렇게 [Ctrl + Alt + Del] 키를 누르면 화면이 까맣게 변하면서 우측에 종료 및 재시작 버튼이 나타납니다.

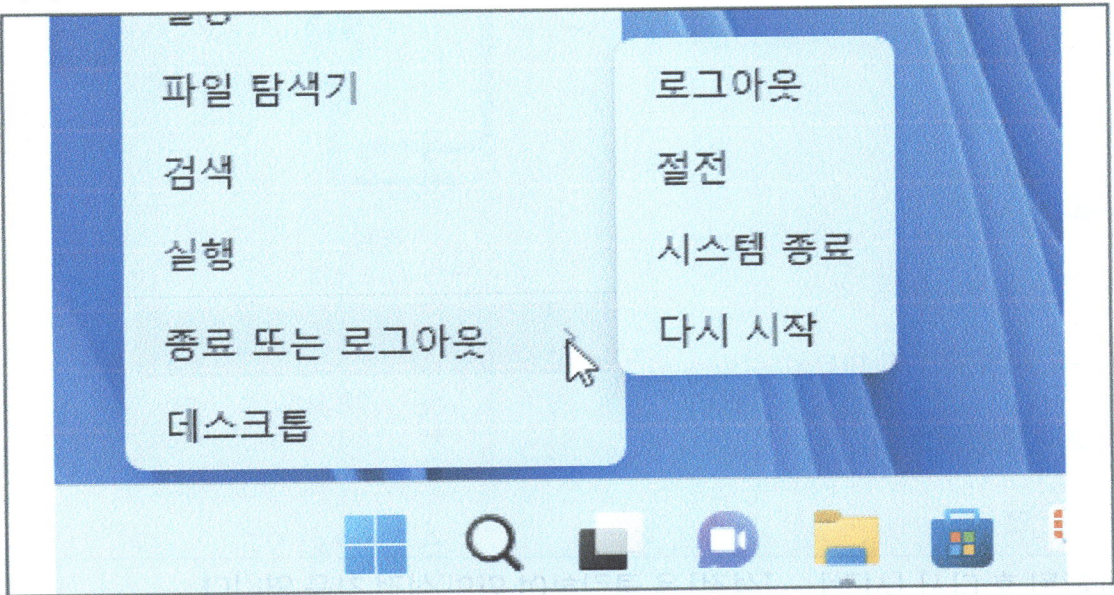

[5] 재부팅 후 개인 네트워크로 설정

앞에서도 언급했습니다만, 윈도우10과 윈도우11 에서는 네트워크 전문가가 아니면 설정으로 네트워킹을 하는 것은 사실상 불가능합니다.
필자도 여러가지 방법으로 시도를 해 보았는데요, 설정에서는 분명히 네트워킹이 되도록 설정을 해도 네트워킹이 되지 않았습니다.
이 또한 필자보다 더 훌륭한 실력을 가진 사람은 설정을 조절해서 네트워킹을 하는 사람도 있을 것입니다.
그러나 필자의 경험상 필자를 포함한 일반인은 지금 설명하는 방법으로 네트워킹을 하는 것이 가장 쉽고 머리 아프게 고민하지 않아도 되는 방법입니다. 그러나 아직 끝난 것이 아닙니다.

재 부팅 후 반드시 네트워크를 개인 네트워크로 설정을 해야 다른 컴퓨터와 네트워킹이 됩니다.

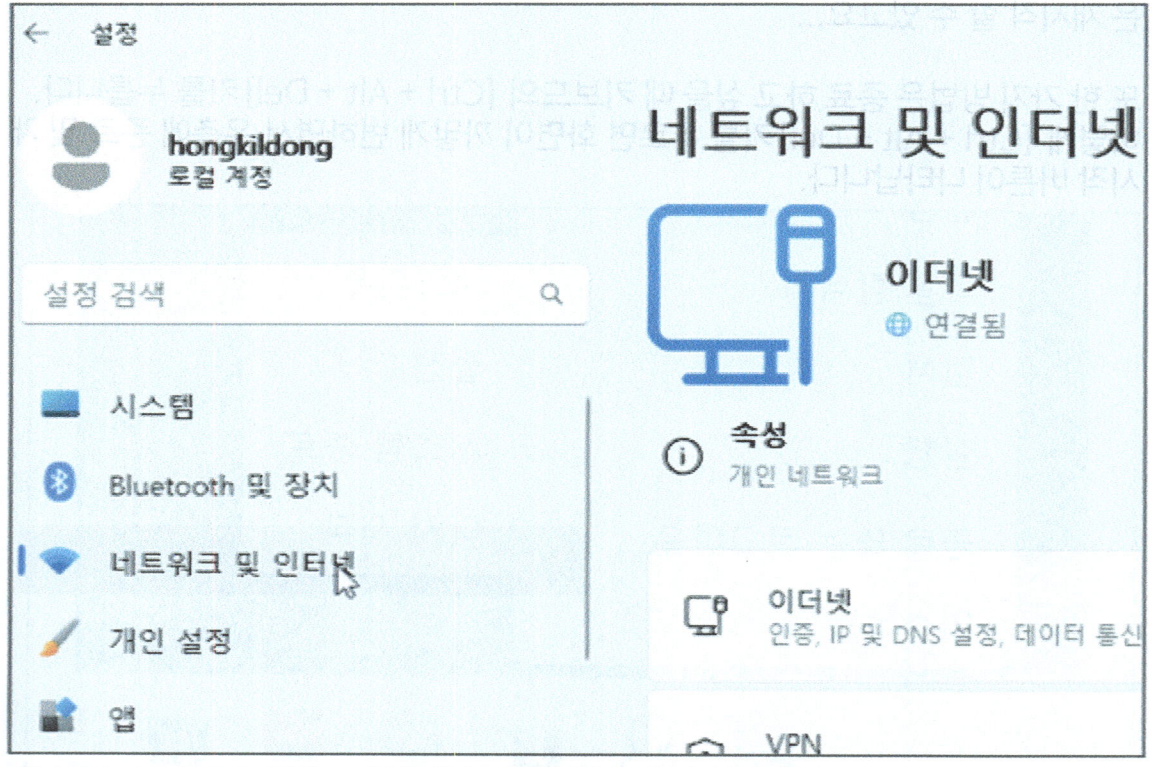

재 부팅 후 다시 [시작] – [설정]을 클릭하여 위의 설정 창을 엽니다.

위의 설정 창에서 마우스가 가리키는 [네트워크 및 인터넷]을 클릭하면 화면 우측에 위에는 [속성 – 개인 네트워크]로 나타나지만, 조금 전에 네트워크를 초기화 시키고 재부팅이 된 직후에는 이곳이 공용 네트워크로 되어 있습니다.

그래서 위의 [속성 개인 네트워크]로 보이는 곳을 클릭하여 공용 네트워크로 되어 있는 것을 개인 네트워크로 클릭 지정해야 하는데요,..

이 메뉴가 그냥은 나타나지 않습니다.
마우스 휠로 스크롤하여 아래 위로 올리면 나타납니다.

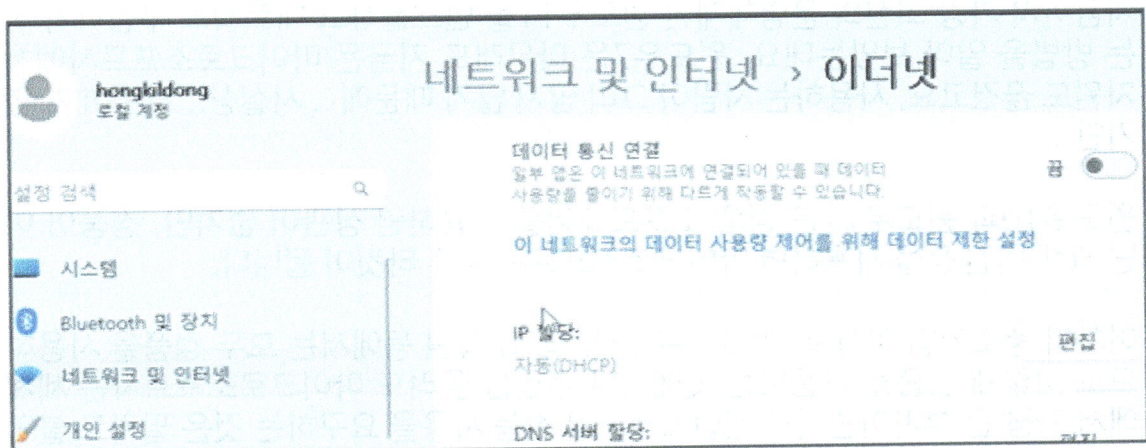

앞의 설명을 참조하여 속성을 클릭해서 들어가도 위에 보이는 것과 같이 공용 네트워크 및 개인 네트워크 설정 메뉴가 나타나지 않습니다.

위의 우측 화면에서 마우스 휠을 스크롤하여 밑으로 내렸다가 다시 올리면 다음과 같이 메뉴가 나타납니다.

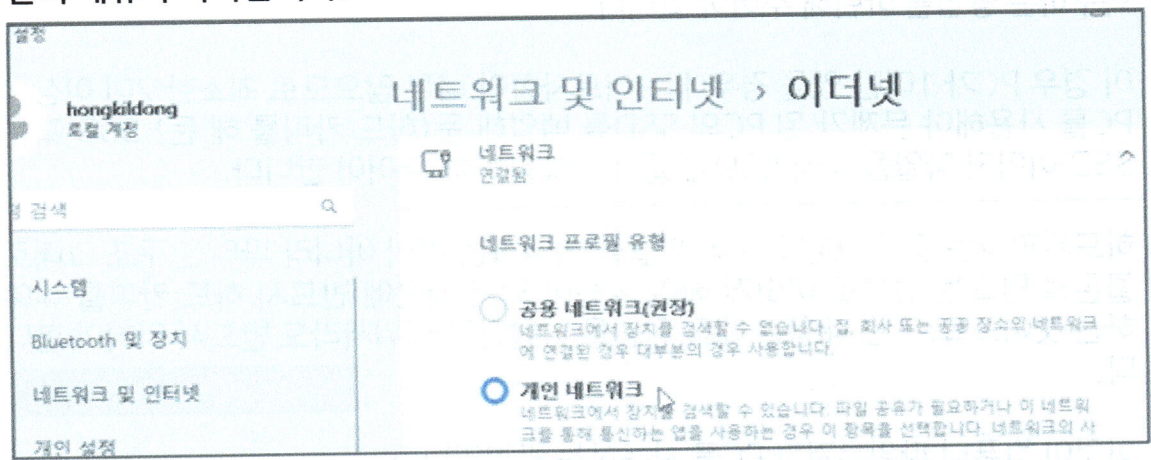

위와 같이 우측 화면을 마우스 휠로 드래그하여 화면을 밑으로 내렸다가 다시 올리면 위에 보이는 것과 같이 나타나고요,..

네트워크를 초기화하고 재부팅을 한 직후에는 위의 화면에 [공용 네트워크]로 되어 있고요, 이렇게 되어 있으면 보안을 이유로 다른 컴퓨터와 네트워킹이 되지 않습니다.
위의 화면에서 [개인 네트워크]를 클릭해야 다른 PC와 네트워킹이 됩니다.

지금까지 가장 최신의 운영체제인 윈도우11을 인스톨하고 네트워크 구성까지 하는 방법을 알아 보았는데요, 윈도우7은 아무래도 지금은 마이크로소프트사에서 지원도 끊겼고요, 사용하는 사람이 그리 많지 않기 때문에 .. 사실상.. 별 문제가 없지만,..

윈도우10과 윈도우11은 정품 소프트웨어를 사용하면 상관이 없지만, 정품이 아닌 크랙 버전 등을 사용하면 마이크로소프트사의 주 타킷이 됩니다.

어차피 중소기업 이상 은행이나 관공서, 학교, 학원 등에서는 모두 정품을 사용하므로 이렇게 정품을 사용하는 곳에서만 수입을 올려도 마이크로소프트사는 세계에서 가장 큰 부자이면서도 개인에게까지 정품 사용을 요구하는 것은 필자도 불만이지만, 어쨋튼 정품을 사용하는 것이 원칙이므로 필자가 딱히 대책을 알려드릴 수는 없습니다.

다만, 이 책에서 여러 번 강조하는 하드카피 프로그램을 달달 외우고 숙달하여 SSD를 항상 복제를 해 두거나 이미지로 저장을 해 두었다가 문제가 생기면 즉시 북구하는 방법을 마련해 두어야 합니다.

이 경우 PC가 1대만 있을 경우에는 애로사항이 너무 많으므로 최소한 2대 이상의 PC를 사용해야 문제가 된 PC의 SSD를 백업해 둔(하드 카피를 해 둔) SSD 혹은 SSD 이미지 파일을 다시 SSD에 풀어서 복원을 해 두어야 합니다.

하드카피라는 것은 그냥 단순히 파일을 복사하는 것이 아니라 파티션 구조 그대로 클론을 만드는 것으로 이렇게 해야 부팅이 되기 때문에 반드시 하드 카피를 해야 하는 것이고요, 관련 내용은 해당 단원을 달달달달 외워서라도 반드시 익혀야 합니다.

이것이 컴퓨터 파워유저가 PC를 사용하는 방법입니다.

여러분도 이제는 파워 유저라는 자신감을 가지고 단순히 PC 정비를 넘어서 PC를 자유자재로 사용할 수 있는 파워 유틸리티를 두루 섭렵을 해야 합니다.

다행히 지금은 인터넷이 발달하여 인터넷으로 얻지 못하는 정보는 거의 없습니다. 전세계 어디에서든지 인터넷 접속하여 원하는 검색을 하면 어떠한 프로그램이라도 다운로드 할 수 있으므로 이 책에서 거론하지 않은 여타의 프로그램이나 하드 웨어 등은 여러분 스스로 익혀야 합니다.

다행히 지구상에는 80억이 넘는 많은 인구가 있으며 알려지지 않은 수 많은 기인 이사가 많기 때문에 PC에 관한한 어떠한 문제가 생겨도 근본적으로 해결하지 못할 문제가 없습니다.

단지 원하는 방법, 꼭 맞는 프로그램을 찾지 못할 뿐입니다.

그래서 구글 등에서는 웹 상에 너무 많은 정보 중에서 원하는 정보만 쉽게 찾을 수 있는 인공지능 검색 기능을 제공하기도 합니다만, 아직은 키워드로 검색하는 것이 대세이므로 정밀한 검색을 하는 방법을 연구를 해야 합니다.

사실 PC 정비사.. PC 하드웨어는 일정 수준 이상이 되면 더 이상 배울 것이 없습니 다.

앞에서도 언급했습니다만, PC는 어떠한 대기업이라도 만들 수 있는 회사는 없습 니다.

오로지 조립을 하는 것이라고 했고요, 그래서 일정 수준 이상이 되면 더 이상 배울 것이 없는 것처럼 느끼지만, 필자는 컴퓨터 자격증도 많고 책도 많이 썼고, 조립 PC도 무려 수 천 대를 조립한 경험이 있지만, 항상 난생 처음 부딪치는 문제로 고 민을 하곤 합니다.

이렇게 정석으로 해서 안 되는 것이 PC이며, 어떻게 가든 서울만 가면 된다고 이 때부터는 어떠한 수단 방법을 가리지 말고 스스로 연구하고 터득하든지 인터넷으 로 검색하여 해결 방법을 찾아야 합니다.

그래서 경험이 많아야 합니다만, 경험이 아무리 많아도 자신이 알고 있는 지식대로 해도 안 될 때는 상황에 맞는 임기응변을 할 줄 알아야 합니다.

기본적으로 PC 부품은 호환이 안 된다거나 충돌 등의 문제가 발생하면 아무리 정석대로 해 도 안 됩니다.

이 때는 이유를 불문하고 해당 부품을 교체를 해야 해결 되는 수가 있습니다.

참고 : 지금까지 설명한 것과 같이 윈 11에서는 다른 컴퓨터와 네트워크가 잘 안 됩니다.
앞에서 설명한 방법으로 다른 컴퓨터와 네트워크가 되게 할 수는 있지만, 잘 되다가 또 안 되는 수가 하루에도 여러 번 반복됩니다.
그래서 필자는 지금은 아예 PC끼리 네트워크를 하지 않고, 스마트폰을 중계기로 써서 스마트폰과 모든 PC를 네트워크로 연결하고 스마트폰에서 A PC의 파일을 복사해서 B PC에 붙여 넣는 방식을 사용하고요, 필자의 [유튜브 채널], [네이버 블로그]에 관련 영상 및 포스트를 올려 놓았습니다.

제 3 절 백업하는 방법

백업은 원본 파일을 복사해 두는 것입니다.
필자의 경우 책을 쓰는 것이 주 직업이므로 필자가 쓴 책의 원고가 재산목록 1호이고요, 원고 파일이 사라지면 책의 주문이 들어와도 인쇄를 할 수 없으므로 큰일 납니다.

그래서 필자가 쓰는 책의 원고는 이중 삼중으로 백업을 해 놓는데요, 간단한 파일한 두 개 복사하는 것은 탐색기에서 간단히 복사를 해도 충분하지만, 대용량 파일, 복사하는데 하루종일 걸리는 파일은 문제가 다릅니다.

필자와 같은 데이터는 아니더라도 예를 들어 영화 좋아하시는 분들 영화 많이 다운받아서 저장해 두시는 분들이 많은데요, 영화 한 편은 대략 4Gb 정도 되므로 영화 편수가 많다면 이 또한 천문학적인 용량이므로 이런 엄청난 용량을 복사하는 것은 일반적인 탐색기로 복사를 해서는 복사하는 도중에 에러가 나서 실패를 할 수도 있습니다.

이 때 사용할 수 있는 방법으로 윈도우즈 운영체제에 들어 있는 로보카피 명령입니다.

[1] 로보카피(Robocopy)

이 책의 앞 부분에서 미국의 빌 게이츠가 인류 최초로 만든 개인용 PC 운영체제 도스(Dos)에 대한 설명을 했는데요, 도스(Dos)를 개발한 빌게이츠가 도스 운영체제 안에 파일을 복사할 때 사용하는 명령어로 copy 명령어를 만들어서 넣어 놓았습니다.

옛날 도스(Dos) 시절에는 컴퓨터라는 것이 한 번에 한 가지밖에는 할 수 없고요, 오늘날과 같이 마우스는 커녕 처음에는 모니터도 흑백 모니터였고요, 컴퓨터로 어떠한 작업을 하든지 오로지 타자를 쳐서 명령을 내려야 했습니다.

C 드라이브에 있는 A 라는 파일을 D 드라이브에 있는 B 라는 디렉토리(옛날에는 폴더를 디렉토리라고 불렀습니다.)에 복사를 한다면 "copy C:/A D:/B 엔터" 이런 식으로 모든 것을 일일이 키보드로 타자를 쳐서 명령을 내려야 했습니다. ("/"는 편의상 "₩"를 표기한 것입니다.)

지금 설명한 copy 는 파일 복사 명령이고요, 파일이 아닌 디텍토리를 복사할 때는 카피보다 더 쎈 xcopy라는 명령어를 사용했습니다.

그리고 오늘날에 사용하는 윈도우즈 운영체제도 내부적으로는 도스 명령어로 작동을 하기 때문에 아주 오랜 옛날의 copy 명령이나 xcopy 명령도 지금도 사용할 수 있고요, 물론 지금은 이보다 더 진보된 로보카피 명령이 있습니다.

Robocopy는 인공지능 카피라고도 할 수 있고요, 앞에서 C 드라이브로 사용하는 SSD를 HDClone 프로그램으로 디스크 구조 그대로 클론을 하는 방법을 배웠는데요, 지금 소개하는 로보카피는 원본 파일 및 폴더를 완전 똑같이 클론을 해 버리는 강력한 파일 복사 명령입니다. (부팅은 안 됩니다.)

그리고 옛날 도스 시절의 카피 명령을 사용할 때는 와일드카드 문자를 사용했습니다.

예를 들어 앞에서 설명한 복사 명령을 와일드 카드를 써서 사용한다면 다음과 같이 입력합니다.

copy C:₩ *.* D:₩ 엔터..

이 명령은 C 드라이브의 루트 디렉토리에 있는 모든 파일을 D 드라이브의 루트 디렉토리에 복사를 하라는 명령입니다.

그러나 지금 설명하는 진보된 로보카피 명령은 와일드카드 문자를 쓰지 않아도 됩니다.

예를 들어 C 드라이브의 A라는 폴더에 수 많은 폴더 및 파일들이 들어 있고, 이 폴더 안에 들어 있는 폴더 및 파일들을 그대로 몽땅 D 드라이브의 B 라는 폴더로 복사를 할 때 다음 명령을 사용합니다.

robocopy C:₩A D:₩B /mir

명령어 뒤에 /mir 옵션을 주는 것은 미러 즉, 거울같이 디렉토리 구조 및 파일 구조 그대로 똑같은 형태로 복사를 하라는 강력한 명령으로 타켓 디렉토리에 혹시 파일이 있으면 강제로 삭제를 하고 원본 디렉토리(폴더)와 똑같이 만들어 버립니다.

그래서 필자와 같이 수 많은 책의 원고, 혹은 사진 원본 등 대용량 폴더 및 파일들을 백업을 할 때 원래 원본 디렉토리(폴더)와 똑같이 클론을 해 버리기 때문에 아주 유용합니다.

더구나 저녁에 명령을 내리고 밤에 잠을 자고 아침에 일어나 보면 복사가 완료되어 있어서 오랜 시간이 걸리는 대용량 파일 및 폴더를 복제할 때 아주 편리한 명령입니다.

다만, 도스 명령이므로 [시작] - [cmd] 입력하고 [관리자 권한으로 실행] 클릭하여 다음 도스 실행창에서 실행을 해야 합니다.

```
관리자: 명령 프롬프트

Microsoft Windows [Version 10.0.19042.1766]
(c) Microsoft Corporation. All rights reserved.

C:\Windows\system32>robocopy C:\A D:\B /mir_
```

위의 명령은 C 드라이브의 A의 폴더를 C 드라이브의 B라는 폴더로 디렉토리 구조 그대로 거울같이 미러, 즉, 카피, 즉, 클론을 하라는 명령입니다.

앞에서 배운 HDClone는 부트 로더가 있는 C 드라이브를 부트 로더를 그대로 클론하는 명령이고요, 조금 전에 설명한 copy, xcopy, robocopy 명령은 클론을 하는 것은 동일하지만, 이 명령은 C 드라이브를 클론하여 부팅은 할 수 없습니다.

이것이 다른 점입니다.

C 드라이브는 단순히 클론만 해서는 아무 소용이 없습니다.

C 드라이브를 클론한 디스크, 즉, 다른 SSD를 다른 PC에 연결하고 부팅을 했을 때 부팅이 되어야 하기 때문입니다.

그래서 C 드라이브를 클론 할 때는 HDClone을 사용하고, 지금 설명하는 백업을 하는 용도는 HDClone이 아닌 robocopy 명령을 사용하는 것입니다.

물론 HDClone 프로그램으로 백업 할 수도 있지만, 필자가 백업하는 파일의 용량은 어마어마하게 큰데 HDClone으로 이미지로 클론을 해 놓으면 다시 HDClone 프로그램으로 이미지를 일반 파일로 풀어야 탐색기에서 볼 수 있습니다.

반면 robocopy 명령으로 클론한 파일들은 탐색기에서 바로 열어 볼 수 있습니다.

앞에서 본 robocopy 명령어 뒤에 붙이는 옵션은 /mir 이었는데요, 도스 명령어는 이 밖에도 옵션이 매우 많습니다.

도스 실행창에서 명령어의 옵션을 보는 방법은 명령어 뒤에 / ? 를 입력하고 엔터를 치면 됩니다.

```
자: 명령 프롬프트

oft Windows [Version 10.0.19042.1766]
crosoft Corporation. All rights reserved.

dows\system32>robocopy /?

-------------------------------------------------------------------

OCOPY     ::     Windows용 견고한 파일 복사
-------------------------------------------------------------------

림: 2025년 11월 13일 목요일 오전 10:17:49
        사용법 :: ROBOCOPY 원본 대상 [파일 [파일]...] [옵션]

        원본 :: 원본 디렉터리(드라이브:\경로 또는 \\서버\공유\경로)
        대상 :: 대상 디렉터리(드라이브:\경로 또는 \\서버\공유\경로)
        파일 :: 복사할 파일입니다. 이름/와일드카드: 기본값은 "*.*"입니


  옵션:

        /S :: 비어 있는 디렉터리는 제외하고 하위 디렉터리를 복사합
        /E :: 비어 있는 디렉터리를 포함하여 하위 디렉터리를 복사합
   /LEV:n :: 원본 디렉터리 트리의 최상위 n개 수준만 복사합니다.

        /Z :: 다시 시작 모드에서 파일을 복사합니다.
        /B :: 백업 모드에서 파일을 복사합니다.
       /ZB :: 다시 시작 모드를 사용합니다. 액세스가 거부된 경우 백
              모드를 사용합니다.
        /J :: 버퍼를 사용하지 않는 I/O로 복사합니다(큰 파일에 권장
   /EFSRAW :: EFS RAW 모드에서 암호화된 모든 파일을 복사합니다.

Y:copyflag[s] :: 파일에 대해 복사할 내용입니다. 기본값은 /COPY:DAT입니
```

앞의 화면에 보이는 것과 같이 'robocopy /?' 입력하고 엔터를 쳤더니 이 명령은 Window용 견고한 파일 복사 명령이라고 나옵니다.

그리고 그 밑으로 이 명령에 사용할 수 있는 수 많은 옵션들이 나타나는데요, 도스 명령어는 이런 식으로 명령 뒤에 수 많은 옵션을 붙여서 실행합니다.

그러나 사실 일반적으로 앞에서 설명한 /mir 옵션 이외에는 개발자들이나 사용하는 메뉴들이고요, 일반 유저가 사용할 옵션은 거의 없습니다.

robocopy 명령을 내릴 때는 복제할 디렉토리의 이름을 가능한 짧게, 한글 이름도 안 되는 것은 아니지만, 가능한 영문으로 하는 것이 좋습니다.

이와 같은 점을 염두에 두고 robocopy 명령을 내리면 다음과 같이 명령이 실행됩니다.

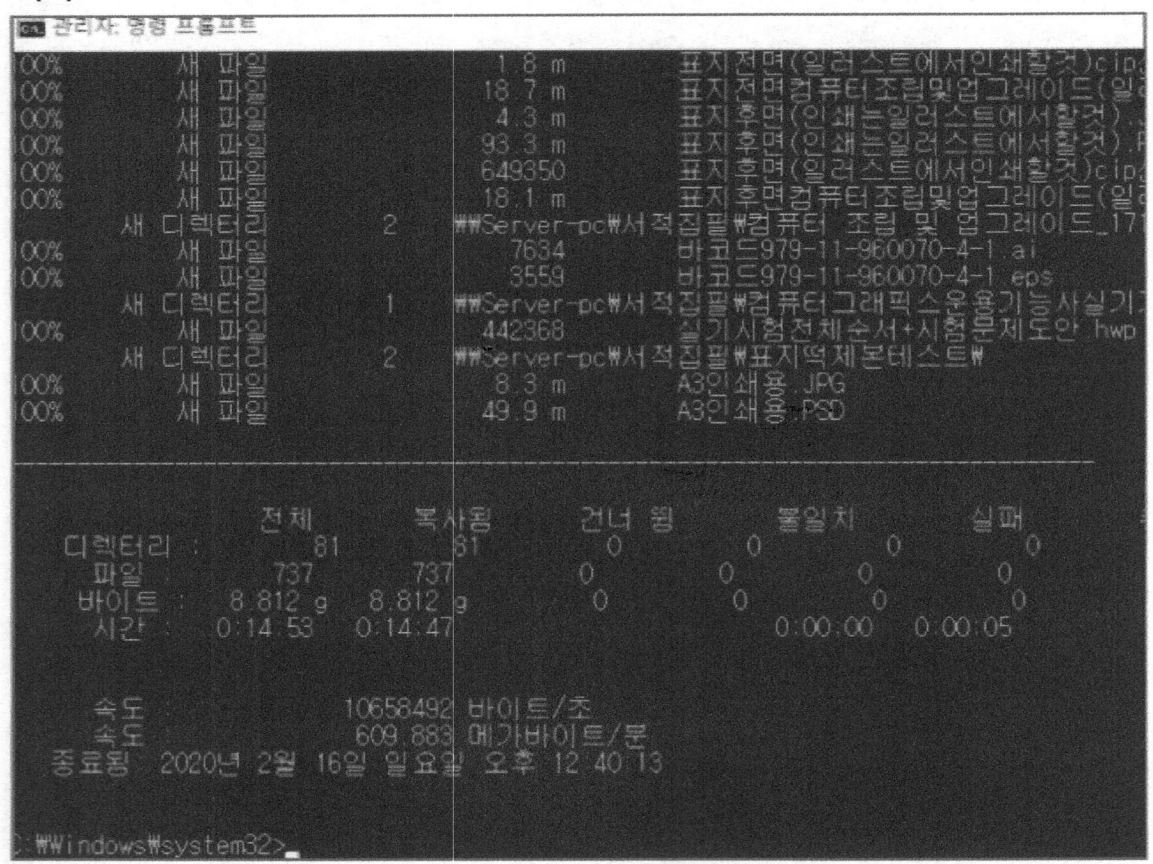

앞의 화면은 필자의 블로그에 올려 놓은 것을 화면 캡쳐한 것인데요, 지금 설명하는 robocopy 명령에 대한 포스트도 여러 개 있으므로 여기서 부족한 설명은 필자의 [네이버 블로그]에 오셔서 검색어 robocopy 명령으로 검색하여 보시기 바랍니다.

제 4 편 유튜브

지금까지 컴퓨터 초보 및 중급에서 파워 유저까지 보실 수 있는 컴퓨터에 관한 일반적인 내용을 중심으로 다뤘습니다.

아마도 PC정비사가 아니라면 이 정도만 마스터를 하여도 파워 유저 소리를 들을 수 있을 것입니다.

물론 지금까지 설명한 각각의 프로그램들, 예를들어 PC정비사 전문 서적이 아니므로 더 깊은 정보를 원하시는 분은 정보량이 부족할 수도 있습니다.

그러나 필자의 [유튜브 채널]에는 동영상이 무려 수 천 개 올라가 있고요, 필자의 [네이버 블로그]에는 무려 6,000개가 넘는 어마어마한 포스트가 있습니다.

이렇게 필자의 [유튜브 채널] 및 [네이버 블로그]에 있는 정보까지 감안한다면 이 책은 1,000페이지 이상 되는 책이라는 것을 아셔야 합니다.

그래서 일반적인 PC 사용법에 대해서는 너무 많은 지면을 사용했으므로 이번 장에서는 유튜브에 대해서 다뤄볼까 합니다.

필자의 블로그는 동영상 및 각종 강좌 및 일상적인 SNS, 또는 개인 일기장으로 사용할 수도 있습니다만, 동영상의 경우 네이버 블로그에는 용량도 제한이 있을 뿐만 아니라 너무 느리고 버벅거려서 네이버 블로그에는 아주 짧은 동영상 외에는 올리는 것이 사실상 불가능합니다.

그러나 유튜브에는 동영상 용량의 제한이 없습니다.

유튜브는 동영상 플랫폼이기 때문입니다.
여기서 유튜브를 다루는 이유는 유튜브는 단순한 SNS 수단이 아니라 수익 창출

수단이면서 사업자의 경우 자신의 사업을 홍보할 수 있는 막강한 홍보 채널이기 때문입니다.

물론 유튜브에서 많은 수익을 올리기 위해서는 구독자도 많아야 하며 시청률이 높아야 합니다.

그래서 유튜브에 올린 동영상 시청률이 수십만 뷰에 달하면 그야말로 억 소리가 나는 수익을 올릴 수 있습니다.

필자의 경우 크토록 많은 책을 썼고, 필자가 쓴 저서 관련 동영상을 그렇게 많이 올리고, 그리고 또 여기는 시골이기 때문에 양봉을 하고 있는데요, 양봉 관련 동영상을 그렇게 많이 올려도 아직 구독자는 오늘 현재 3,260명이고요 수익도 그리 크지 않습니다.

유튜브에 동영상을 올린다고 바로 수익이 창출되는 것은 아니라는 뜻입니다.

그러나 무슨 일이든지 시작이 반이라고, 일단 유튜브도 시작을 해야 수익이 나오는 것입니다.

그리고 유튜브는 동영상 플랫폼이므로 동영상을 촬영을 하고 편집을 해서 올리는 기술이 있어야 합니다.

필자의 다른 저서 [유튜브책]은 사실상 동영상 편집의 최강자 어도비 프리미어 프로 프로그램을 다룬 책이고요, 유튜브에서 수익을 올리는 방법, 사업을 홍보하는 방법 등을 필자의 경험을 토대로 필자의 유튜브 채널을 모델로 광범위하게 설명한 책입니다.

일단 이러한 동영상 편집 기술을 익혀서 유튜브에 동영상을 올리고 구독자가 1,000명이 넘어야 그 때부터 수익 창출 자격이 됩니다.

사실 말은 이렇게 단단히 했습니다만, 결코 간단하지가 않습니다.

우선 동영상 편집은 컴퓨터 그래픽 분야에서는 상당히 높은 난이도의 작업이기 때문에 컴퓨터 실력이 상당히 좋아야 합니다.

여러분이 이 책으로 공부를 하여 파워 유저가 된 뒤에는 자연스럽게 눈을 뜨게 되는 것이 바로 컴퓨터그래픽입니다.

컴퓨터그래픽의 첫걸음은 사진 편집의 대명사 어도비 포토샵이고요, 포토샵은 사진, 즉, 평면 그래픽, 2D 그래픽, 컴퓨터에서 마우스를 움직여서 그림을 그릴 수도 있고, 사진이나 동영상을 편집할 수 있는 것은 모니터에 보이지 않는 좌표가 있고, 이 좌표를 따라서 작업을 하는 것입니다.

이 때 가로와 세로, 즉, X, Y 좌표만 있는 것이 포토샵이고요, 2D 그래픽으로 유명한 것은 지금은 작고한 애플 창업자 스티브 잡스가 만든 토이스토리, 그리고 미국의 디즈니 애니 아이스에이지가 있습니다만, 하도 오래 전 작품들이라 지금 어린이들은 아마도 이런 애니가 있는지도 모르는 아동들도 있을지 모르겠습니다.

요즘은 컴퓨터그래픽이 발달하여 요즘 세계적으로 선풍적 인기를 끌고 있는 케이팝 데몬 헌터스, 이른바 케데헌을 보고 자랄 테이까요..

겨울왕국만 하더라도 대단했는데요, 케데헌이 나오면서 우리나라 위상이 한없이 올라가서 필자 역시 절로 어깨가 으쓱해 집니다.

이렇게 케데헌 등의 영상은 2D가 아닌, 좌표가 X, Y, Z의 3개가 있는 입체 영상 즉 3D 영상입니다.

여러분이 이 책으로 공부를 하여 파워 유저가 된 뒤에 컴퓨터그래픽 외에 개발자로, 전문 컴퓨터 프로그래머가 된다면 좌표를 많이 다루게 됩니다.

모든 것을 컴퓨터 프로그래밍 언어로 만들어야 하기 때문에 이 책에서는 위 화면의 마우스가 가리키는 곳.. 이라는 표현을 많이 했지만, 컴퓨터 프로그래밍에서는 그렇게 하면 컴퓨터가 알아듣지 못하기 때문에 컴퓨터가 알아듣는 언어, 좌표 등을 지정해야 하기 때문입니다.

유튜브에서 다루는, 유튜브에 올리는 동영상은 2D나 3D로 표현을 하지는 않습니다.

동영상은 우리 육안으로 보아서는 움직이는 것처럼 보이지만, 실제로는 움직이는 것이 아니라 아주 짧은 시간에 움직이는 사진을 여러 장 보여주어 마치 움직이는 것처럼 보이는 것이지만, 엄밀하게 말하면 결국 동영상은 정지 화상인 사진을 여러 장 빠른 속도로 보여주는 것이기 때문에 3D라고 할 수는 없고요, 2D에 가까운 그 래픽이라고 할 수 있습니다.

이렇게 여러 장의 사진을 1초에 몇 장을 보여 주는가 하는 것을 프레임이라고 하며 지금은 마이크로소프트사에서 인수를 하여 마이크로소프트 어도비 포토샵에 애니 메이션 기능으로 통합된, 과거 그 유명한 매크로미디어사의 플래시는 12프레임이 기본 값이었고요, 영화는 보통 24프레임, 오늘날 누구나 가지고 있는 스마트폰으 로 동영상을 촬영하면 기본적으로 30프레임은 기본이고요, 삼성 갤럭시 스마트폰 의 경우 960프레임을 지원하기도 합니다.

이렇게 프레임 수가 많으면 고속 촬영이라는 뜻이고요, 영상을 고속으로 촬영하기 위해서는 최소한 수 백만원에서 수 천만원 혹은 수억이 넘는 고가의 장비를 사용해 야 합니다만, 스마트폰에서 960프레임을 구현하는 것은 화면을 아주 작게 만들어 서 960프레임이 나오기는 하므로 틀린 말은 아니지만 사실상 사용할 수 없는 기능 이므로 결국 쓸모없는 기능이라고 할 수 있습니다.

그러나 오늘날 세계 최고의 디지털 메이커인 삼성전자에서 카메라 사업을 접었지 만, 사실상 갤럭시 스마트폰 카메라 기능이 너무나 막강하기 때문에 사실상 일본의 모든 카메라 업체를 평정하고 카메라 부문에서도 명실상부한 세계 1위라는 사실 이 우리나라 국민의 한 사람으로서 매우 가슴 뿌듯한 일이 아닐 수 없습니다.

필자는 카메라 교본 책도 펴 냈으므로 사진 하면 죽어도 고, DSLR을 고집했습니다 만, 오늘날에는 그 비싼 DSLR이 스마트폰과 같이 사진이나 동영상이 잘 나오게 촬 영하기 위하여 사용한다는 기가 막히는 아이러니한 일이 벌어지고 있습니다.

제1부 유튜브 촬영 장비

유튜브는 동영상 플랫폼이기 때문에 동영상을 촬영하는 카메라가 먼저 있어야 합 니다.

그러나 앞에서 잠깐 언급했습니다만, 기본적으로는 스마트폰만 있으면 됩니다만, 스마트폰으로 촬영하더라도 카메라에 대해서 최소한의 기본 지식은 있어야 합니 다.

제 1 장 DSLR

카메라를 논하면서 DSLR을 빼 놓을 수는 없습니다.
카메라의 원조는 DSLR은 아니지만, 결과적으로 DSLR이니까요..

지금도 카메라는 옛날 필름 카메라 시절의 필름 1칸에 해당하는 이미지 센서를 장착한 DSLR을 풀프레임 카메라라고 부릅니다.

그러나 풀프레임 카메라는 가격이 너무 비싸서 잘 팔리지 않자 DSLR을 널리 보급시키기 위하여 필름 카메라의 필름 한 칸에 해당하는 이미지 센서의 크기를 잘라서, 잘랐다는 영문 Crop을 써서 이미지 센서의 크기를 줄인 크롭바디라는 것이 널리 보급되었습니다.

DSLR이란 Digital Single Lens Reflex 의 약자로서 렌즈 교환식 카메라를 의미합니다.

지금은 스마트폰이 대세로서 스마트폰으로 촬영한 영화가 나오기도 한 시대이지만, 그럼에도 불구하고 스마트폰으로 안 되는 것..

DSLR은 렌즈 교환식 카메라이므로 망원렌즈, 광각렌즈, 표준 줌렌즈, 어안렌즈 등등 여러가지 렌즈를 바꾸어 끼우고 여러가지 특수 촬영을 할 수 있습니다.

그러나 요즘은 스마트폰 카메라의 성능이 오히려 DSLR을 추월하면서 그 비싼 DSLR이 스마트폰과 같이 잘 나오게 촬영하기 위하여 사용하는 장비가 된 웃지 못할 사건의 연속인 시대입니다.

물론 지금도 스마트폰으로 안 되는 것은 어쩔 수 없이 DSLR을 사용해야 합니다만, 각종 SNS에 V로그를 올리는 용도로는 스마트폰만한 카메라가 없습니다.

필자는 스마트폰이 여러 대입니다만, 고가의 스마트폰은 없고요 대부분 저가의 보급형 스마트폰을 사용하는데도 불구하고 놀라운 화질에 벌어진 입을 다물 수가 없습니다.

따라서 여러분도 특별한 경우가 아니라면 스마트폰으로만 촬영해도 충분하다는 것을 아시고요, 카메라에 따로 돈을 들일 필요는 없습니다.

그러나 여전히 망원 촬영에서는 스마트폰은 DSLR을 따라 갈 수가 없습니다.

스마트폰에서도 일부 광각 망원 기능 및 디지털 줌을 지원하기는 하지만, DSLR 제조사에서는 스마트폰 시대에 살아남기 위하여 고성능 하이엔드 카메라를 출시하여 스마트폰에 대항하고 있습니다.

니콘 쿨픽스 P1000의 경우 DSLR 렌즈 환산 무려 3,000mm 망원이 되며 DSLR 망원 렌즈로 3,000mm 망원이란 있지도 않지만, 만일 있다면 3억이 아니라 30억은 줘야 할 겁니다.

이렇게 어마어마한 망원 렌즈를 장착한 하이엔드 카메라를 불과 100만원대에 판매를 하니 참 좋은 세상입니다만, 사실 100만원대 3,000mm 카메라 화질은 상당히 열악한 편입니다.

여기서 카메라의 모든 것을 설명할 수는 없고요, 필자의 다른 저서 "카메라 교본" 책을 보시면 사진 및 카메라에 대해서 자세하게 공부를 하실 수 있고요..

일단 유튜브를 시작하는데는 스마트폰만 있어도 충분하므로 스마트폰으로 촬영한 동영상을 유튜브에 올리면 됩니다만, 스마트폰으로 동영상을 촬영을 하면 동영상만 촬영이 되는게 아니라 각종 잡음, 바람소리 등이 같이 녹화가 되기 때문에 그대로 유튜브에 올리면 매우 어색한 동영상이 되고 맙니다.

특히 무언가 설명하는 영상의 경우 말하는 사람의 뜸들이기, 헛기침 소리 등등 이러한 영상의 조회수가 많이 올라가기는 어려운 것입니다.

그래서 동영상을 편집을 하여 어색한 장면이나 불필요한 장면은 잘라내고 간결하고 보기 좋은, 마치 방송국에서 송출하는 영상과 같이 만들어서 올려야 조회수가 올라가는 것입니다.

이렇게 하기 위해서는 스마트폰으로 동영상을 촬영할 때 같이 녹음된 소리를 잘라내 버리고 동영상을 실행하면서 나레이션을 하여 동영상에 대한 설명을 조용한 스튜디오에서 녹음을 하여 이 소리를 동영상의 소리를 잘라낸 부분(트랙이라고 합니다.)에 삽입하여 씽크를 맞추고 렌더링을 하여 간결하고 잡음 없는 깨끗한 동영상으로 다시 만들어서 올려야 조회수가 올라가는 것입니다.

필자는 필자가 펴 내는 각종 도서에 대한 강좌 영상, 그리고 여기는 시골이기 때문에 양봉을 하면서 촬영한 영상을 PC에서 재생을 하면서 이것을 그대로 화면 녹화를 하면서 따로 나레이션을 하면서 녹음을 합니다.

이렇게 원래 동영상을 PC에서 재생을 하면서 화면 녹화를 한 동영상과 따로 녹음한 소리를 동영상 편집의 최강자 어도비 프리미어 프로에서 불러들여 편집을 해서 여러분이 보는 동영상으로 만들어서(이것을 렌더링이라고 합니다.) 필자의 유튜브 채널에 올리는 것입니다.

여전히 이 책은 동영상 편집의 최강자 어도비 프리미어 프로 책이 아니므로 동영상 편집에 대한 자세한 설명을 할 수는 없습니다.

동영상을 편집하는 프로그램은 이 밖에도 여러가지가 있습니다만 무료 버전의 경우 편집이 제한적이거나 영상에 워터마크가 나타나는 등 영상의 조회수를 늘리기 어려우므로 동영상 편집의 최강자 어도비 프리미어를 반드시 배워야 합니다.

필자의 다른 저서 "유튜브책" 이 실질적으로 동영상 편집의 최강자 어도비 프리미어 프로 책이므로 이 책으로 공부를 하여 스마트폰으로 촬영한 동영상을 편집을 하여 보기 좋은 동영상으로 만들어서 여러분의 유튜브 채널에 올려야 조회수가 많이 올라가는 것입니다.

제 1 절 구글 애드센스

여러분이 이 책으로 공부를 하여 파워 유저가 되면 여러가지 활용할 방안이 무궁무진하며 그 중의 하나가 지금 설명하는 유튜브에서 유튜버로 활동하면서 수익을 올리는 것인데요, 앞의 설명과 같이 어떠한 방법을 사용하든 유튜브에 동영상을 올려서 구독자 1,000명이 넘어가면 수익 창출 자격이 되고요, 이 때 자신의 유튜브 계정을 구글 애드센스에 연결을 해야 합니다.

이 과정에서 약간 헤매게 되는데요, 우리나라는 동방예의지국이고요, 구글, 메타죠.. 미국 기업이기 때문에 소통의 차이에서 오는 괴리 때문이고요, 유튜브에서 구독자 1,000명을 넘기고 자신의 계정을 구글 애드센스에 연결하고 4주 정도 지나면 구글 본사에서 온라인이 아닌 오프라인으로 우체국으로 등기 우편으로 코드가 옵니다.

생뚱맞은, 엉뚱한, 괴팍한 구글의 얄팍하고 심오한 정책 때문인데요, 유튜브는 온라인으로 연결된 유튜브에 접속하여 모든 것을 인터넷으로 진행하는 것인데 유독 유튜브에서 수익을 내서 돈을 받기 위해서는 오로지 우편으로 배달되는 등기 우편으로 코드를 받아야만 합니다.

이 과정에서 미국에서 우편물이 오는 것이기 때문에 배달 지연으로 몇 달이 걸릴 수도 있고요, 배달되지 않을 수도 있습니다.

이 과정에서 다시 코드를 요청을 해야 할 수도 있고요, 이 과정이 힘들고 어려워서 포기하는 사람도 있을 정도입니다.

구글에서 얼마나 전세계의 유튜버를 마음대로 쥐락 펴락 하는지 단적으로 보여주는 단 하나의 사례일 뿐이고요,..

여러분은 유튜브에서 수익을 창출해야 하므로, 돈을 받아야 하므로 자신의 유튜브 계정을 구글 애드센스에 연결하고 우편으로 오는 코드를 받아서 입력하고 승인이 나야 드디어 유튜브에서 나오는 수익을 받을 수 있습니다.

모든 나라가 다 그러하듯이 수익이 있는 곳에는 어김없이 세금을 내야 하고요, 유튜브 수익 또한 필자의 경우 수익의 10%를 우리나라에 내는 세금으로 공제를 하고 필자의 통장으로 입금이 됩니다.

구글 애드센스는 구글 광고 플랫폼입니다.

필자와 같은 사업자가 구글 애드센스를 통해서 구글에 광고료를 내고 광고를 게재하는 광고 플랫폼인데요, 구글 유튜브에서 생뚱맞게 구글 애드센스에 계정을 만들고 유튜버들의 유튜브 계정을 구글 애드센스에 연결을 해야 유튜브 수익금을 주니 어쩔 수 없이 이렇게 해야만 합니다.

구글 유튜브에서 얻은 수익은 구글 애드센스에서 써라.. 는 심오한 의미가 담겨 있다고 할 수 있고요, 자신의 유튜브 계정을 구글 애드센스에 연결할 때 무척 애를 먹게 됩니다.

구글 애드센스에 자신의 유튜브 계정을 연결할 때 광고 계정을 입력해야 하는데요, 도대체 어떤 광고 계정을 입력하라는 것인지 여기서 무척 애를 먹게 됩니다.

필자는 구글이나 네이버 공히 거의 원년 멤버이고요, 네이버에는 네이버 애드포스트라는 네이버 자체 광고 플랫폼이 있기 때문에 네이버 블로그는 연결이 안 됩니다.

그래서 필자는 할 수 없이 카카오에서 운영하는 카카오 티스토리 블로그를 연결해서 겨우 패스했는데요, 여러분도 이 과정에서 꽤 어려움을 겪게 될 것입니다.

앞에서 설명한 바와 같이 우리나라 사람들의 정서와 천민, 천천민자본주의의 상징인 미국의 자본가들의 정서가 너무나 달라서 이런 일이 발생한다는 생각입니다.

유튜브에서 발생하는 수익이니 그냥 유튜브에서 돈을 주면 될 것을 무지하게 복잡한 과정을 거쳐야 돈을 받을 수 있는 구조로 만들어 놓았습니다.

한글로 번역은 되어 있지만, 영문을 일종의 번역기를 돌려서 번역한 것과 비슷하게 번역이 되어 있어서 몇 번을 읽어보아도 도무지 이해가 안 되는 문구도 있습니다.

그러나 유튜브에서 고소득을 올리는 사람 모두 이런 어려운 과정을 거친다는 것을 알고 여러분도 포기하지 말고 수익금을 받을 때까지 끝까지 노력하시기 바랍니다.

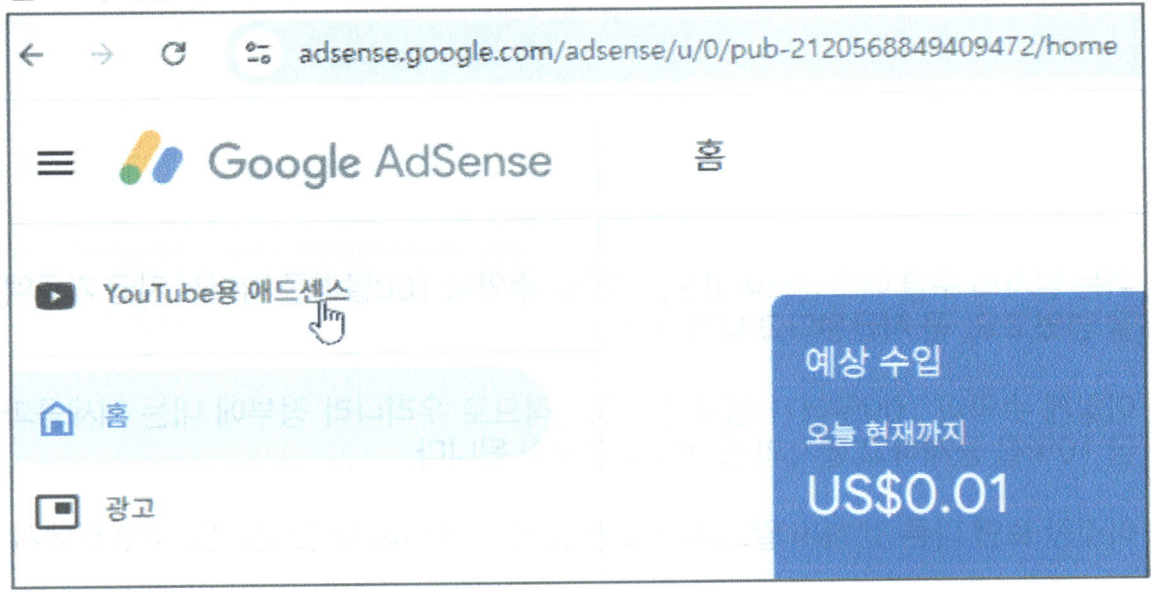

여러분이 광고주가 아니더라도 유튜브에서 발생하는 수익을 지급받기 위해서는 구글 애드센스에 가입을 하고 로그인을 하면 다음 화면이 나타납니다.

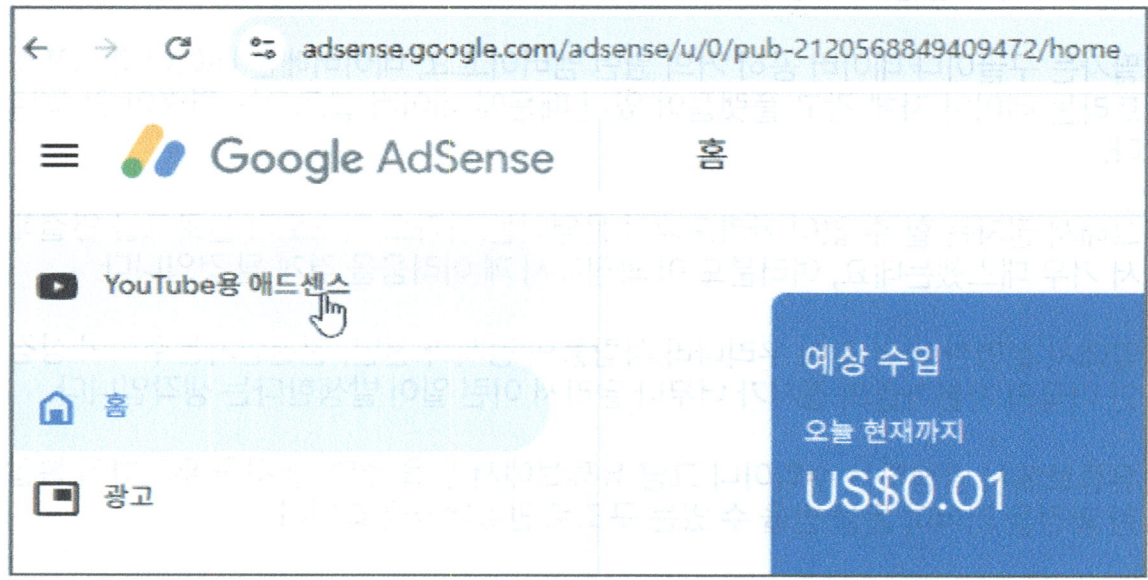

위의 화면에서 손가락이 가리키는 [유튜브용 애드센스]를 클릭하면 다음 화면이 나타납니다.

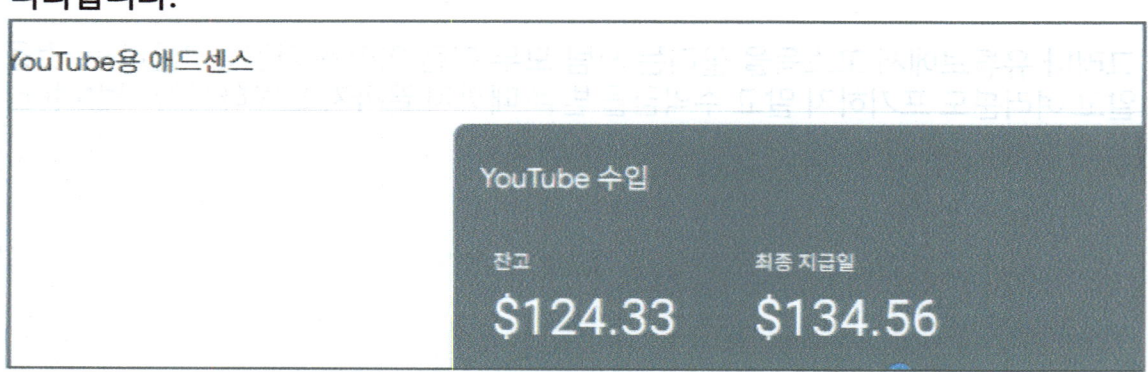

위는 필자의 구글 애드센스이고요, 이번 달 수익이 100달러를 넘어서 지급 기준액을 넘었고요, 곧 지급된다고 나옵니다.

이렇게 수익이 100달러가 넘으면 부정기적으로 우리나라 정부에 내는 제세공과금 10%를 공제하고 필자의 통장으로 입금이 됩니다.

이것만 보면 다른 것 하지 말고 유튜브만 잘 해도 수입이 날 것 같지만, 유튜브에서 수익을 내는 것이 결코 쉽지 않습니다.

물론 하찮은 가십거리, 예를 들어 옛날 동화를 운치있게 읽어주는 이런 유튜버도 많은 구독자와 많은 조회수를 올려서 필자보다 훨씬 많은 수익을 올리는 유튜버도 수두룩합니다.

그러나 반면에 유튜브에서 조회수를 늘리기 위한 가짜 뉴스를 퍼뜨리는 유튜버가 많은 것도 큰 문제입니다.

조회수를 늘리기 위하여 자극적인 콘텐츠, 영양가 없는 콘텐츠를 눈요기만 할 수 있도록 요란하게 영상을 만들어 올리는 유튜버가 너무나 많습니다.

그래서 필자는 요즘은 필자 스스로 유튜버이면서도 다른 유튜버가 올린 영상은 거의 안 봅니다.

유튜브를 오래 하다보면 쓸만한 영상이 거의 없다는 것을 알게 됩니다.

그래서 필자는 유튜브는 많이 하니까, 정규 방송사에서 만든 다큐 프로나 각종 스포츠 영상 등은 많이 보지만 개인 유튜버들이 올린 가짜 뉴스, 자극적 뉴스, 허황된 영상 등은 저절로 가려지는 눈이 생겼습니다.

이 세상에 돈을 벌든, 지위가 높아지든, 성공의 지름길은 없습니다.

하루 아침에 떼 돈을 버는 벼락부자도 결코 없습니다.

현재 벼락 부자가 된 사람들도 처음에는 여러분 모두와 동일한 위치에서 차곡 차곡 밟아 올라서 지금의 부자가 된 것입니다.

혹여 유튜버가 되더라도 가짜 뉴스, 자극적인 영상, 엉터리 영상, 잘 못 된 영상으로 심지어 조회수를 사고 파는 일까지 있는데요, 이렇게 해서는 결코 유튜버로 성공할 수 없다는 것을 아시기 바랍니다.

유튜브에서 가장 선호하는 유튜버는 필자와 같이 가식없이 조회수는 그리 많지 않더라도 영상의 시청 시간이 긴 유튜버입니다.

필자는 구독자도 그리 많지 않고, 영상의 조회수도 그리 높지 않는데도 상당한 수익이 발생하잖아요..

따라서 허황된 영상으로 거짓으로, 가짜로 구독자를 끌어 모으려는 시도는 하지 않는 것이 좋고요, 아무리 하찮은 영상이라도 정성을 들여서 사실적으로 올리다보면 필자와 같이 유튜브를 오래 한 사람들은 쓰레기 영상들 중에서도 옥석을 가려서 볼 만한 영상은 계속 시청하면서 구독한다는 것을 아시기 바랍니다.

유튜브 성공 전략의 하나로 고가의 영상 장비를 구입해서 초고해상도 영상을 꾸준히 보여주는 것 만으로도 성공하는 유튜버도 있는데요, 그런 장비는 엄청나게 비싸고 사용법을 익히는데도 상당한 노력을 해야 하기 때문에 뱁새가 황새를 따라 가다가는 가랭이가 찢어진다는 것을 명심하고 자신의 형편에 맞는 유튜버가 돼야 한다는 것을 아시기 바랍니다.

단지 스마트폰 하나로도 얼마든지 조회수를 늘리고 고수익을 올리는 유튜버도 많다는 것을 아시기 바랍니다.

이런 점을 염두에 두신다면 어느정도 경제적 여유가 있으신 분이라면 따로 조용한 스튜디오를 마련해서 영상 작업에 몰두한다면 의외의 성과를 거둘 수 있을 수도 있을 것입니다.

이 책은 필자의 다른 저서 [유튜브책] 이 아니므로 더 이상 자세한 내용은 다루지 않았습니다.

유튜브에서 수익을 올리는 보다 자세한 정보를 원하시는 분은 필자의 다른 저서 [유튜브책]을 꼭 보시기 바랍니다.

제 5 편 쇼핑몰

필자는 책을 쓰는 것이 제 1 직업이지만, 동시에 출판사를 운영하며 출력소 및 제본소를 운영하고 있고요, 그리고 인터넷 쇼핑몰을 운영하고 있습니다.

원래 서울에서 무려 수십 년 동안 인터넷 쇼핑몰을 운영하다가 약 5년 전에 갑자기 쓰러져서 심장 수술을 받고 거의 폐인이 되어 시골로 내려 왔고요, 여기는 시골이라 공기가 좋아서 다행히 5년 정도 지난 오늘날에는 일상적인 생활을 하는데는 전혀 지장이 없을 정도로 건강을 회복하였습니다.

그래서 여기는 시골이기 때문에 양봉을 하면서 필자의 유튜브 채널에 양봉에 관한 영상을 많이 올리는 것입니다.

그리고 인터넷 쇼핑몰을 운영하기 때문에 매일 택배 포장해서 발송을 하고 있고요, 여기는 시골이라 매일 보내는 택배를 택배사에 가져다 줘야 하는데요, 택배사가 멀기 때문에 중간 지점에 있는 동네 슈퍼까지만 가져다 놓으면 택배사에서 와서 가져갑니다.

오늘도 오후에 이렇게 중간 기착지인 동네 슈퍼에 오늘 보낼 택배를 가져다 놓고 왔고요, 이렇게 인터넷 쇼핑몰은 서울이든 부산이든 전국 어디에서든지 오프라인 매장 없이 운영할 수 있는 장점이 있습니다.

다만 우리나라는 납세의 의무가 있고요, 소득이 있는 곳에는 어김없이 세금이 있으므로 인터넷 쇼핑몰을 운영하기 위해서는 우선 사업자등록을 해야 하며 인터넷 쇼핑몰이기 때문에 반드시 통신판매신고를 해야 합니다.

앞의 화면은 필자의 홈페이지 초기 화면이고요, 앞의 화면을 보면 필자의 사업자 정보가 고스란히 나와 있습니다.

사업자등록번호, 통신판매업등록번호, 사업장 주소 및 전화번호, 이메일 주소 등의 사업자 정보가 있어야 인터넷 쇼핑몰을 운영할 수 있습니다.

그리고 필자는 출판사를 운영하기 때문에 여기에 더해서 출판사 등록도 해야 하며 매년 면허세도 납부를 해야 합니다.

다행히 필자는 출판사이기 때문에 정부의 출판 장려 정책의 일환으로 출판사는 부가가치세가 면제되어 면세사업자이기 때문에 일반 사업자와 같이 부가세 신고는 하지 않아도 되고요, 매년 초, 사업장 현황신고만 하면 됩니다.

인터넷 쇼핑몰을 운영하기 위해서는, 어떠한 사업을 하든지 가장 먼저 해야 할 일이 국세청에 사업자등록을 하고 사업자등록증을 교부받아야 합니다.

요즘은 거의 대부분 온라인으로 가능하기 때문에 세무서에 직접 가지 않고도 등록할 수 있고요, 사업자 등록을 할 때 일반 과세자로 할 것인지 간이 과세자로 할 것인지 선택해야 하고요, 필자와 같이 출판사를 운영한다면 면세사업자로 등록할 수 있습니다.

이와 별개로 면허가 필요한 사업의 경우, 예를 들어 주류판매업이나 총포와 같은 무기류, 가스 등의 위험물 등은 해당 면허가 있어야 하며 매년 면허세를 내야 합니다.

일반 과세자로 사업자 등록을 할 경우, 일반 사업자가 되었든, 간이 과세자가 되었든, 필자와 같이 면세 사업자가 되었든 우리나라 국민이라면 누구나 국가에 대부분의 물건을 살 때 물건 값의 10%는 부가가치세로 납부하고 있습니다.

이 때 일반 과세자는 물건을 살 때 물건 값의 10%를 부가가치세로 더 냈다가 부가세 신고를 할 때 돌려 받을 수 있고요, 간이 과세자 및 필자와 같은 면세 사업자는 부가가치세를 냈다 하더라도 부가세 신고는 하지 않아도 되지만, 그 동안 물건을 사면서 알게 모르게 납부를 한 부가세는 한 푼도 돌려받지 못 합니다.

이게 일반 과세자와 간이 과세자 혹은 필자와 같은 면세사업자의 가장 큰 차이점인데요, 그렇다고 무조건 이렇게 선택 할 있는 것이 아니고요, 년간 매출액이 현재 시점에서 1억 400만원 미만이면 본인이 간이 과세자로 등록할 것인지 일반 과세자로 등록할 것인지 선택할 수 있지만, 매출액이 1억 400만원이 넘으면 간이 과세자라 하더라도 세무서에서 직권으로 일반 과세자로 전환이 됩니다.

이상의 기초 지식을 가지고 국세청 홈텍스에 접속하여 사업자 등록을 하면 되는데요, 미리 필요한 서류가 무엇인지 알아야 합니다.

이 중에서 사업장이 임차인 경우 임대차 계약서가 있어야 하고요, 앞에서 설명한 인허가 업종의 경우 인허가증, 면허증 등이 있어야 합니다.

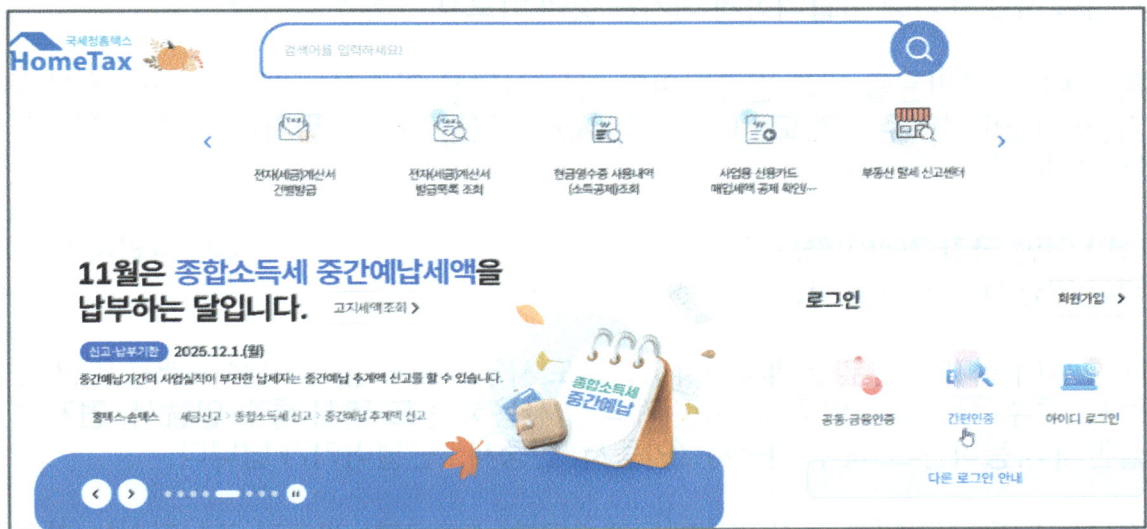

제 1 부 국세청 홈텍스

위는 국세청 홈텍스 초기 화면이고요, 로그인을 해야 하는데요, 일반인이라면 그냥 간편 인증을 하고 접속해도 되지만, 사업자, 특히 일반 과세자는 년간 11만원을 내야 하는 사업자용, 사업용 인증서를 나중에 발급받아야 합니다.

세금계산서를 발행하기 위해서인데요, 간이 과세자는 부가세 신고를 하지 않아도 되지만 세금계산서를 발행할 수 없습니다.

그래서 고객들에게 세금계산서를 발행하기 위하여 매출액이 적어도 일부러 일반 과세자로 사업자등록을 하는 수도 있고요, 이렇게 일반 사업자는 년간 11만원을 내는 사업용 인증서를 발급 받아야 합니다.

제 1 장 인증서

사업자용 인증서 발급 기관은 몇 군데 되지만, 필자는 과거 일반 사업자일 때는 한국전자인증, 지금은 면세사업자이면서도 면세사업자용 전자계산서를 발급할 때 사용하는 특수용도 인증서가 있어야 합니다.

필자는 군대생활을 제외하고는 거의 한 평생을 개인 사업을 하고 있는데요, 필자가 사업을 하면서 가장 불합리하게 여기는 것이 바로 이 인증서입니다.

특히 년간 11만원을 내고 발급받아야 하는 사업용 인증서는 사업자 인증서 발급 기관의 배만 불려주는 제도인데 이것이 사라지기는 아마도 필자가 죽기 전에는 안 될 겁니다.

아니 어떤 국가 기관이라도 간편인증을 하면 모조리 통과인데 어째서 사업자만 사업용 인증서가 있어야 하는가 이 말입니다.

예를 들어 필자의 경우 면세사업자이면서도 사업자용 인증서, 은행 거래용 일반 인증서, 특수용도 범용 인증서, 출판 계약시 사용하는 또 역시 특수 인증서, 전자책 출판시 사용하는 또 특수 인증서.. 인증서, 인증서.. 넌덜머리가 납니다.

정부는 너무나 거대한 조직이기 때문에 이러한 불합리한 제도가 고쳐지기는 참으로 어렵기 때문에 언제까지 이런 불편을 겪어야 할지는 아무도 모릅니다.

따라서 여러분도 일단 사업자가 된다면 어쩔 수 없이 필자의 전철을 밟을 수 밖에 없습니다.

그리고 사업자등록 및 통신판매업 신고를 하고 인터넷 쇼핑몰을 운영하려면 네이버에서 운영하는 네이버스마트스토어, 쿠팡, 옥션, 지마켓, 11번가 등의 대형 마켓에 가입 및 입점을 해서 상품을 올려야 하는데요, 이들 마켓에 가입할 때 또 한번 죽음보다 더한 고통을 맛 보게 됩니다.

각 마켓마다 요구하는 서류가 틀리고, 예를 들어 인감증명서가 필요한 마켓, 인감

증명서 대신, 반드시 본인서명사실확인서를 요구하는 마켓도 있고요, 임대차 계약서 내지 자가일 경우 집문서를 등기 서류로 요구하는 마켓도 있고요, 주민등록 등본을 요구하는 마켓도 있고요, 반드시 주민등록 초본을 요구하는 마켓도 있고요, 자다가도 깜짝 놀라자빠질 귀신씨나락 까먹는 마켓이 대부분입니다.

그러나 사업자는 판매자가 되어 대형 마켓에 입점해서 판매를 해야 하므로 입점하려는 마켓에서 요구하는 서류를 모두 준비를 해야 하며 대형 마켓에 가입 서류를 냈다 하더라도 며칠 심사를 거쳐서 승인이 나야 상품 등록을 할 수 있습니다.

각 마켓별 상품 등록 방법 등은 필자의 다른 저서 "인터넷 쇼핑몰 창업" 책을 보셔야 하고요, 여기서는 인터넷 쇼핑몰의 개요 및 국내 인터넷 쇼핑몰 상황에 대한 개략적인 소개만 합니다.

일단 이 책은 해당 분야 전문 서적이 아니며, 이미 예상 페이지를 훨씬 뛰어 넘었기 때문에 많은 페이지를 사용할 수 없기 때문입니다.

필자의 다른 저서 "온라인 쇼핑몰 창업" 책에서는 자세하게 다루었습니다만, 우리나라는 예비 창업자, 현재 사업자, 이른바 소상공인에게 많은 혜택과 지원을 해 주고 있습니다.

그럼에도 불구하고 일단 워낙 불경기이다보니 개인사업자, 이른바 소상공인은 이미 고사 직전이고요, 인터넷 쇼핑몰도 워낙 경쟁이 심하다보니 쉽게 돈을 벌기는 쉽지 않습니다.

그러나 이 세상에 어떠한 사업이든지 쉬운 일은 없습니다.

성공한 사람들이 가만히 앉아서 성공한 것이 아닙니다.

감나무 밑에서 입을 벌리고 누워있어 보았자 평생을 누워 있어도 감은 절대로 입속으로 떨어지지 않습니다.

감이 먹고 싶으면 감나무에 올라가서 따서 먹어야 하는 것입니다.

이것이 필자의 지론입니다.

제 2 장 정부 정책 자금

조금 전에 언급한 바와 같이 사실 정부에서는 소상공인을 살리기 위하여 엄청난 지원을 하고 있기 때문에 정부의 지원을 효과적으로 받는 것이 사업의 성패를 좌우하기도 합니다.

그러나 아쉽게도 정부의 사업자 지원 정책은 너무 많아서 책으로 엮어도 두꺼운 책이 될 정도이고요, 정작 정부의 지원이 필요한 사업자는 몰라서 지원을 못 받고, 정부의 지원책을 잘 아는 브로커들만 정부 지원을 받게 해 주고 수수료를 챙기는 괴상한 일이 반복되는 것이 현실입니다.

일단 사업자가 되면 소상공인진흥공단을 뻔질나게 드나들면서 소상공인 지원을 조금이라도 더 받는 것이 사업 성공의 열쇠입니다.

그러나 정부에서는 아무리 돈을 많이 쌓아 놓았더라도 돈을 마구 퍼 주지는 않습니다.

정부 지원이라는 것도 정부에서 돈을 주는 것이 아닙니다.

정부에서는 정부 지원을 신청하는 사업자를 심사를 하여 자격이 되면 정부에서 보증을 서고 이 보증서를 가지고 일반 시중 은행에서 대출을 받는 것입니다.

다만 이렇게 대출을 받는 정책 자금은 금리가 거의 없다고 해도 과언이 아닐 정도로 매우 저리이기 때문에 정부 정책 자금을 효과적으로 받는 사업자는 빠른 성공을 할 수가 있습니다.

그러나 정부에서 아무리 지원책을 많이 내 놓아서 신용불량자는 모든 지원에서 제외입니다.

현대 사회는 신용 사회이므로 자신의 신용을 잘 지켜야 하는 가장 큰 이유이기도 합니다.

필자는 사실 이재명 현 대통령을 지지하지 않았습니다.

그러나 이재명 대통령이 전국의 수 많은 신용불량자들의 부채를 탕감해 주어 이들이 신용불량자로 경제 활동을 못 하기 때문에 국가적으로는 큰 손해이기 때문에 이들의 부채를 탕감해서 신용 불량에서 벗어나게 하여 경제 활동에 끌어들이는 것이 국가적으로 이익이라는 말을 듣고 필자의 마음이 변한 것입니다.

우리나라는 현재 국민소득이 4만불에 육박하는 부자 나라입니다.

이는 국민 1인당 소득이고요, 4인 가족 기준으로 보면 무려 12만 달러이고요, 한화로는 거의 2억 가까이 되는 돈입니다.

이 정도 소득을 올리는 가정이라면 못 사는 사람이 어딨어요?

그러나 실제로는 빈익빈 부익부로, 가진 자는 배가 터져 죽을 정도로 많이 가지고 없는 자는 배가 고파 죽을 정도로 차이가 많이 나니 문제인 것입니다.

국민 소득이 아무리 높고 수출을 아무리 많이 하면 무슨 소용인가 이 말입니다.

가난해서 심지어 극단적 선택을 하는 사람이 OECD 국가중 1위인 나라가 바로 우리나라입니다.

이에 대한 의견은 여러분 개개인이 모두 틀릴 것이므로 여기서는 더 이상 거론하지 않겠습니다.

다만, 창업을 꿈꾸고 있다면 자신이 있는 지역의 창업보육센터 등을 통해서 창업을 하면 가장 빠른 성공을 할 수 있다는 것을 아시고요, 창업보육센터를 통하든 개인적으로 사업을 시작하든 정부 정책 자금을 효과적으로 끌어다 쓰는 사람이 가장 빠른 성공을 한다는 것을 명심하시기 바랍니다.

제 3 장 소상공인진흥공단

뉴스를 보면 가끔씩 정부 지원을 못 받아서 모녀가, 부자가, 온 식구가 극단적 선택을 하는 사례가 보도되곤 하는데요, 기본적으로 정부에서는 이런 일이 일어나지 않도록 제도적으로 거의 완벽하게 마련되어 있습니다.

그리고 개인사업자는 물론 중소기업 및 대기업에 이르기까지 정부의 지원 정책은 그야말로 완벽하게 마련되어 있다고 해도 과언이 아닙니다.

사업은 기술로 하는 것이 아닙니다.

기술이 필요하면 기술자를 데려다 쓰면 됩니다.

자기 기술만 믿고 자기 혼자 다 하려고 하면 안 되는 것입니다.

정부 지원 제도가 완벽하다고 할 정도로 많고도 많은데 왜 정부 지원 제도를 이용할 생각을 하지 않는가 이 말입니다.

이 말에 반론을 제기하실 분도 분명히 있을 것입니다.

죽는 사람이 오죽했으면 죽었겠느냐.. 등의 의견이 있을 수 있겠지요..

그러나 분명한 것은 분명히 정부의 지원책은 마련되어 있으나 기본적으로는 수혜를 받을 국민이 그것을 잘 모르고 그것을 잘 아는 담당 공무원은 적극적으로 정책을 펴지 않고, 그것을 잘 아는 브로커만 배를 불리는 불합리한 사회입니다만, 이것이 우리가 살아가는 세상입니다.

그래서 인생을 고해(고통의 바다)라고 하며 죽을 때까지 헤엄을 쳐야 하는 것입니다.

사실 필자가 여기서 장황하게 설명할 필요도 없습니다.
앞의 화면에 보이는 소상공인진흥공단에 들어가면 모든 정부 정책 자금이 다 나와 있습니다.

사람이, 정상적인 사람이 걷는 연습을 한다면 믿으시겠습니까?

그러나 필자는 젊은 시절 군에 가서 후보생 시절 걷는 연습을 무진장 했습니다.

걷기 시험에서 탈락하면 졸업을 못 하기 때문입니다.

그래서 지금 나이가 들어 늙었어도, 비록 심장 수술을 받아서 지금은 힘도 못 쓰고 보잘것 없는 사람이지만, 걸음걸이는 아직도 현역 군인 못지 않습니다.

군에서 걷는 연습, 그냥 걷는 연습이 아니라 그야말로 절도 있는, 군기가 바짝 잡힌 사내 대장부의 걷는 연습을 많이 했기 때문입니다.

필자가 필자 자랑을 하려고 이런 말을 하는 것이 아닙니다.

고기도 먹어 본 사람이 잘 먹고, 걸음도 걷는 연습을 많이 한 사람이 절도 있게 잘 걸을 수 있듯이, 앞에서 본 소상공인징흥공단을 뻔질나게 드나들면서 정부 지원 정책을 샅샅이 뒤져서 달달달달 외워서 정부 정책 자금을 알선 해 주는 브로커들과 같이 정부정책자금을 잘 받는 전문가가 되라 이 말입니다.

물론 아무리 이자가 싼 정부정책자금이라 하더라도 결국은 빚입니다.

최대한 빠른 시일 내에 갚는 것이 가장 좋은 방법이지만, 창업 초기 부족한 자금난을 해결할 수 있는 가장 좋은 방법이기 때문에 반드시 정부정책자금을 지원받아야 하는 것입니다.

정부 정책 자금은 대부분 이자가 시중 은행 대출 금리의 절반 정도이며 보통 2년 거치 5년 혹은 7년 분할 상환 방식입니다.

1억 혹은 5천만원 대출 받아서 2년 동안 저리의 아주 적은 이자만 내고 2년 후부터 균등 분할 혹은 자금 여유가 될 때 조금 많은 금액을 갚아 나가면 됩니다.

예를 들어 집을 담보로 맡기고 은행에서 1억을 빌릴 경우 원리금 균등 분할 상환을 하면 5% 이자로 빌릴 경우10년 동안 매월 106만원씩 내야 합니다.

그러나 정부정책자금 1억을 대출 받았을 경우 2년 거치 5년 분할 상환이라면 2년 동안은 매월 20만원 조금 넘는 돈만 내면 됩니다.

이렇게 2년 동안 적은 돈만 내다가 2년 후부터 균등 분할 상환을 하다가 자금 여유가 생겼을 때 조금 많은 돈을 상환하면 됩니다.

물론 사업이란 잘 안 되어 파산을 할 수도 있지만, 사업은 기술로 하는 것이 아니라 돈으로 하는 것이라는 것을 알아야 합니다.

자금만 충분하면 실패할 사업이 거의 없는 것입니다.

따라서 정부정책자금을 이용하면 사업 성공률이 매우 높는 것입니다.

돈을 많이 가지고 있다면야 무엇하러 정부정책자금을 받을 것이며 사업은 또 무엇하러 하겠어요?

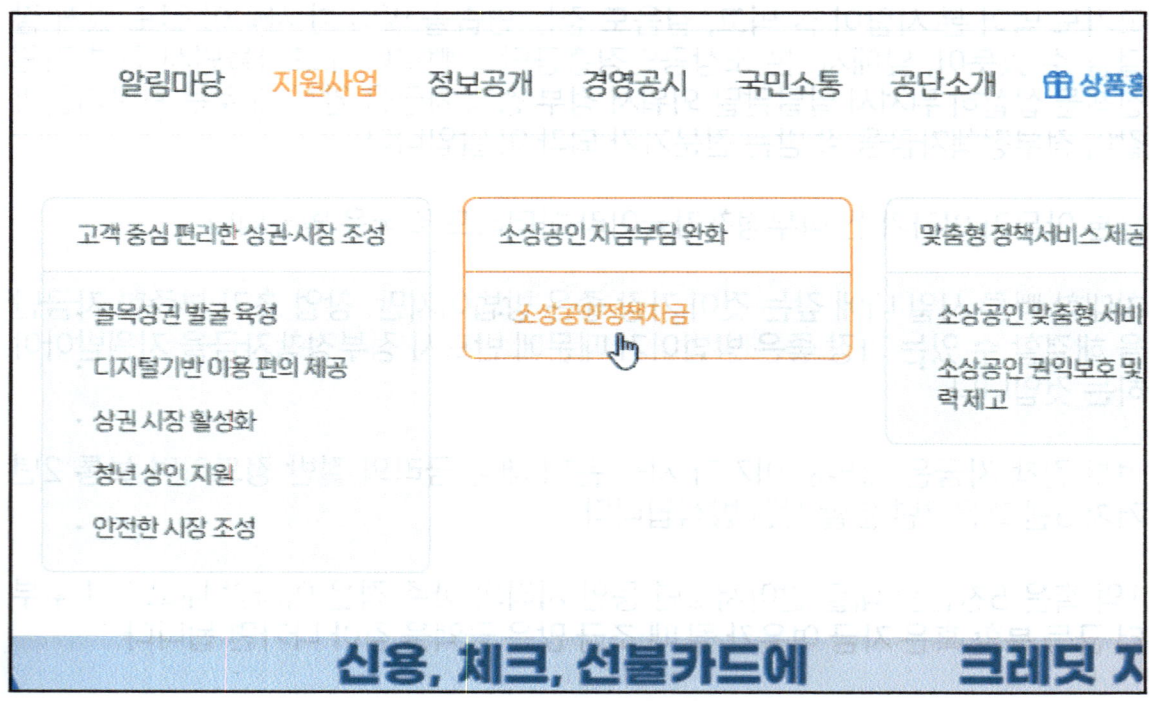

돈이 없으니까 돈을 벌기 위해서 사업을 하는 것이 아닙니까?

다시 강조합니다만 사업은 기술로 하는 것이 아닙니다.

기술이 필요하면 기술자를 고용하면 됩니다.

사업의 성패는 기술이 아니라 바로 돈이라는 것을 명심해야 합니다.

앞의 화면은 소상공인진흥공단 홈페이지이고요 상단의 [지원사업] 탭에서 마우스가 가리키는 [소상공인 정책자금]을 클릭하면 다음 화면이 나타납니다.

> **세부 지원요건(2025년 정책자금)**

구분	세부	신청대상 *세부 신청요건은 반드시 공지사항을 참고해
성장 기반자금	소공인 특화자금	**(대리대출)** 제조업을 영위하는 상시근로자수 10인 미만의 소상공인
	혁신성장촉진자금	**(직접대출)** ① **(혁신형)** 수출 소상공인, 2년 연속 매출 10% 이상 신장, 스마트 공장 5 로컬크리에이터, 소상공인 졸업후보기업 ② **(일반형)** 스마트기술, 백년소공인(백년가게), 사회적경제기업, 신사업
	민간투자연계형 매칭융자	**(직접대출)** 소상공인시장진흥공단에 의해 지정된 전문 운영기관을 통해 추천서를 발급받은 소상공인
일반경영 안정자금	일반자금	**(대리대출)** 업력무관 소상공인
	긴급경영안정자금 (재해피해)	**(대리대출)** 재해 피해를 입고, 지자체에서 "재해 중소기업(소상공인) 확인 * 「국세징수법」에 따른 압류·매각의 유예, 「조세특례제한법」에 따른 징수 경우에 한해 직접대출 지원
	긴급경영안정자금 (일시적 경영애로)	**(대리대출)** 지역경제 위기가 우려되는 지역 또는 감염병 등으로 영업에 ㅍ * 연매출 1억 4백만원 미만이면서, 업력 7년 미만인 경우에 한해 직접대
	장애인기업지원자금	**(대리대출)** 장애인복지카드(국가유공자 카드(또는 증서)) 또는 장애인기

앞의 화면에 2025년도 정부 정책 자금에 대해서 자세하게 보이는데요, 여기서 설명할 필요도 없습니다.

여러분이 직접 들어가서 확인 해 보시면 분명히 자신에게 맞는 정책 자금이 있을 것입니다.

이해가 안 되는 부분은 전화를 해서 문의를 하면 되고요, 직접 방문하여 상담을 할 수도 있고요, 사업성만 있다면 정부에서는 적극적으로 지원을 해 주기 때문에 꼭 소상공인진흥공단을 들려 보시기 바랍니다.

마지막으로 다시 한 번 강조합니다만, 이 책은 원래 집필 계획이 없었습니다.
그러나 무려 5년 전에 집필한 정가 5,900원짜리 컴퓨터 기초 책의 주문이 자꾸 들어와서 아예 페이지를 늘려서 이번에는 책값이 조금 비싸지더라도 가능한 많은 내용을 담으려고 노력을 하였습니다.

일단 이 책의 타이틀인 초보에서 중급 및 파워 유저까지 보실 수 있도록 컴퓨터를 사용하면서 일어날 수 있는 여러가지 상황에 맞는 응급처치 등을 위주로 책을 엮었고요, 여러분이 이 책으로 공부를 하여 파워 유저가 되신 후에 나아갈 길도 제시를 하였습니다.

모쪼록 이 책으로 공부하시는 모든 분들이 필자보다 더 훌륭한 컴퓨터 파워 유저가 되시기를 진심으로 기원합니다.

감사합니다.

-저자 윤관식-

〈필자 약력〉
1. 한국방송통신대학교 미디어 영상학
   과 4년 수료
2. 컴퓨터 자격증 다수 보유
3. 컴퓨터 관련 서적 및 사진, 그래픽 등
   각종 서적 수십 권 이상 집필
4. 현 가나출판사 운영

제 목 : 컴퓨터 기초부터 중급에서 파워
         유저까지
부 제 : 컴퓨터 고수가 되는 책
가 격 : 23,000원
발행일 : 2025. 12. 08.
발행처 : 가나출판사
대 표 : 윤관식
충남 예산군 응봉면 신리길 33-4
HP : 010-6273-8185
Fax : 02-2604-8185
Home : 가나출판사.kr